Ghada Al-Hashimi　　**Jamal Nassar Hussein**

La Parapsychologie entre le marteau et l'enclume

Une recherche expérimentale et pionnière sur les merveilles muhammadiennes de la Tariqa Casnazaniyyah

Order this book online at www.trafford.com
or email orders@trafford.com

Most Trafford titles are also available at major online book retailers.

Printed in the United States of America.

ISBN: 978-1-4669-0313-5 (sc)
ISBN: 978-1-4669-0312-8 (hc)
ISBN: 978-1-4669-0311-1 (e)

Library of Congress Control Number: 2011960021

Trafford rev. 11/07/2011

 www.trafford.com

North America & international
toll-free: 1 888 232 4444 (USA & Canada)
phone: 250 383 6864 ♦ fax: 812 355 4082

Table des matières

Introduction 1

Premier Chapitre: La Parapsychologie 9

1-1   Aperçu historique 9
1-2   La psychokinésie (PK) 13
1-3   La perception extra-sensorielle (PES) 16
       Premièrement—La télépathie 16
       Deuxièmement—La précognition 17
       Troisièmement—La clairsentience 17
1-4   Autres phénomènes parapsychologiques 19
       Premièrement—le poltergeist 20
       Deuxièmement   l'expérience «hors-du-corps» 21
       Troisièmement—la marche sur le charbon ardent 21
       Quatrièmement: la téléportation 22
       Cinquièmement: la matérialisation 23
1-5   L'évaluation des recherches de la parapsychologie 24
1-6   Le refus non scientifique des phénomènes parapsychologiques 43
1-7   La science et les scientifiques entre la réalité et le regard idéaliste 53

Deuxième Chapitre: La guérison paranormale 66

2-1   Définition préliminaire 66
2-2   Les moyens curatifs non traditionnels 69
       Premièrement—La visualisation 70
       Deuxièmement—La méditation 70
       Troisièmement—L'hypnose 72

Quatrièmement—Le training autogène 73

Cinquièmement—La rétroaction biologique 73

Sixièmement—L'acupuncture...74

Septièmement—L'homéopathie..76

Huitièmement—L'ostéopathie...78

Neuvièmement—La chiropraxie.......................................78

Dixièmement—L'aromathérapie.......................................79

2-3 La guérison paranormale 80

2-4 La relation entre la guérison paranormale, le diagnostic psychique et les phénomènes psi.................................88

2-5 Aperçu historique de la théorie de la médecine occidentale 93

2-6 La guérison paranormale et le besoin d'un nouveau modèle médical 101

2-7 La chirurgie psychique..113

2-8 Ce que disent les guérisseurs et ceux qui possèdent les pouvoirs paranormaux à propos des phénomènes paranormaux 120

Troisième Chapitre: Les états modifiés de conscience 136

3-1 La conscience 136

3-2 Le terme «les états modifiés de conscience» entre la définition et la mal utilisation..................................139

3-3 La transe: un autre terme ambigu 146

3-4 Y a-t-il des caractéristiques psychologiques qui distinguent les états modifiés de conscience?...............150

3-5 Est-ce qu'il y a des caractéristiques physiologiques qui distinguent les états modifiés de conscience?...............156

3-6 Est-elle une recherche des caractéristiques qui distinguent les états modifiés de conscience ou une supposition de celles-ci?..167

3-7 La classification des états modifiés de conscience 175

3-8 Les états modifiés de conscience et les phénomènes parapsychologiques...180

Quatrième Chapitre: Une Recherche Originale **187**

-L'étude scientifique de la guérison instantanée et paranormale
des blessures: un rapport de cas 187
-Introduction 188
-Rapport de cas 191
-Méthodes..192
-Résultats 194
-Discussion...196
-Commentaire éditorial
La guérison instantanée des blessures: une perspective
multidimensionnelle...200

**Cinquième Chapitre: Les merveilles dans la Tariqa
Casnazaniyyah** **208**

5-1   La guérison paranormale des lésions corporelles produites
      intentionnellement..208
5-2   Les différences entre la réforme des lésions corporelles
      produites intentionnellement chez les disciples et les non
      disciples...222
5-3   Les différences entre la résistance aux lésions corporelles
      produites intentionnellement chez les disciples et les non
      disciples...228
5-4   La réforme des lésions corporelles produites
      intentionnellement dans les belles-lettres scientifiques 234
5-5   La résistance aux lésions corporelles produites
      intentionnellement dans les belles-lettres scientifiques 245
5-6   La guérison paranormale des lésions corporelles produites
      intentionnellement et l'hypnose 253
      Premièrement—La réforme des lésions corporelles
      produites intentionnellement et l'hypnose 258
      Deuxièmement—La résistance aux lésions corporelles
      produites intentionnellement et l'hypnose 264
5-7   Un aperçu historique des laboratoires du programme
      Paramann 272
5-8   Les résultats des expériences des laboratoires du programme
      paramann et les résultats des autres chercheurs 277

Sixième Chapitre: Le fond spirituel des phénomènes parapsychologiques dans la pensée de la Tariqa Casnazaniyyah 294

Le sommaire du livre 318

References 323

Introduction

Nous voulons, au début, remercier et avoir de l'estime et du respect pour Sheikh Muhammad Abdul-Kareem al-Kasnazani, le maître de la Tariqa Qadiriyya Casnazaniyyah, sans qui ce livre n'aurait pas été publié. Car grâce à l'attention faite par le Sheikh Muhammad al-Kasnazani à ce que les miracles de la Tariqa Casnazaniyyah soient à portée de la recherche scientifique, un groupe d'adeptes de la Tariqa Casnazaniyyah a participé à des expériences de laboratoire qui constituent la base du côté pratique du sujet que traite le livre. De même, à partir des conférences de valeur faites par le Sheikh Muhammad al-Kasnazani pour jeter la lumière sur des aspects différents de la pensée de la Tariqa Casnazaniyyah, on a pu donner l'image que donne le livre du regard du soufisme islamique envers les miracles en particulier et les phénomènes paranormaux en général.

Il y a beaucoup de livres qui traitent la parapsychologie et il y a aussi de nombreux livres qui ont traité le soufisme, néanmoins, il n'y a jusqu'à maintenant aucun livre spécialisé qui étudie les phénomènes parapsychologiques dans le soufisme islamique ou ce qui est connu par les miracles d'une façon scientifique, précise et détaillée. Parce qu'il n'y a aucune étude des miracles qui dépasse l'exposition de certains parmi ceux-ci pour traiter la pensée spirituelle qui représente le fond que signalent ces miracles et comme corollaire, il n'y a aucune étude qui traite la place des phénomènes paranormaux en général dans la pensée soufie. Ensuite, on néglige le besoin urgent de découvrir les points de ressemblance et de différence entre le regard scientifique moderne envers les phénomènes paranormaux et le regard spirituel qu'a porté le soufisme islamique au cours des siècles et qui est représenté par les

1

versets du Coran, la tradition noble du Prophète et les avis des cheikhs de l'ordre. La nature de la recherche de ce livre ne le rend pas un livre recherché par la bibliothèque arabe seulement, mais la bibliothèque mondiale recherche aussi tout traitement scientifique de ce sujet qui est très important.

Ce livre est le fruit de nombreuses années de travail durant lesquelles les deux auteurs ont fait une étude scientifique et exhaustive, théorique et pratique des phénomènes parapsychologiques en général et des miracles en particulier dans les laboratoires du programme Paramann. Et un des points fondamentaux dans cette recherche est l'étude expérimentale qui a traité un genre particulier de miracles qu'il est possible de connaître le temps de leur apparition, ce qui les rend des phénomènes convenables à l'étude de laboratoire. Ces phénomènes traités en détail par le livre dans son cinquième chapitre, n'ont pas été étudiés d'une façon scientifique, développée et précise auparavant, parce qu'il n'y a que trois recherches de laboratoire très limitées sur des phénomènes pareils et qui étaient faites durant les années soixante-dix et au début des années quatre-vingt aux Etats-Unis d'Amérique et en Allemagne.

Le livre comporte six chapitres qu'on peut les diviser en deux parties. La première partie comprend les trois premiers chapitres et traite le sujet de la parapsychologie. Quant à la deuxième partie qui est constituée des trois derniers chapitres, elle se concentre sur le soufisme principalement et les miracles. Le livre est écrit avec un style simplifié qui n'exige pas l'existence d'une connaissance avancée chez le lecteur de la parapsychologie ou du soufisme, et pour cela il peut être une base pour connaître chacun de ces deux sujets. Néanmoins, le livre est en même temps très utile pour le chercheur spécialiste comme il est utile pour le lecteur ordinaire. Car le livre étudie à fond d'une manière progressive les phénomènes parapsychologiques en soutenant tout ce qui est posé dans ce qui est mentionné dans les livres scientifiques et les recherches publiées dans des périodiques scientifiques spécialisés écrits par des chercheurs distingués dans ce domaine et que les deux auteurs ont un contact continuel avec un grand nombre de ceux-ci. De plus, le livre traite l'explication de certaines notions essentielles de la pensée spirituelle dans l'Islam, avant de traiter le regard de cette pensée envers le phénomène parapsychologique.

Il y a ci-dessous un aperçu rapide du contenu de chacun de ces chapitres:

Le **premier chapitre** traite l'histoire de la science de la parapsychologie et la manière de son développement en plus de l'exposition des genres de phénomènes parapsychologiques les plus importants. Le chapitre traite ensuite la discussion des causes du débat continuel entre les scientifiques autour de la valeur scientifique des recherches de la parapsychologie et détermine d'une manière objective les causes de ce débat et les arguments que fournissent les partisans et les adversaires de la parapsychologie pour soutenir leurs attitudes. Le chapitre montre que le refus des phénomènes parapsychologiques en tant que phénomènes «qui ne peuvent pas exister» est une attitude qui contredit les preuves scientifiques existantes et contredit la bonne méthode scientifique qui doit conduire la recherche scientifique. Et en vue d'éliminer la contradiction apparente dans le fait de dire que le refus de la société «scientifique» du phénomène parapsychologique est un refus «non scientifique», le chapitre traite dans sa dernière partie les points faux dans le regard parfait de la grande majorité des gens ordinaires envers le «scientifique» et le degré de sa contradiction avec ce que découvre l'histoire de la science elle-même.

Le **deuxième chapitre** est consacré à la discussion des phénomènes parapsychologiques très importants qui sont connus par les phénomènes de «la guérison paranormale». En plus, ces phénomènes sont étudiés généralement dans les belles-lettres scientifiques d'une manière séparée du reste des phénomènes parapsychologiques qu'a traités le premier chapitre, alors la relation directe entre ces phénomènes et les genres de miracles étudiés par le livre dans des chapitres suivants est une autre cause pour consacrer un chapitre à leur étude. Il y a d'abord une définition concise des moyens médicaux et non traditionnels de la guérison ensuite, il y a une exposition de certains moyens de ce genre de guérison les plus connus que la plupart des chercheurs ont tendance à ne pas les classer avec les phénomènes parapsychologiques malgré qu'ils se distinguent par une certaine étrangeté. Ensuite, on définit la guérison paranormale et on signale des types de recherches scientifiques qui prouvent la justesse du phénomène de la guérison paranormale. La partie suivante traite la relation entre la guérison paranormale et les

3

phénomènes parapsychologiques connus par les phénomènes «psi». La partie qui suit cela étudie le développement du paradigme théorique de la médecine occidentale moderne. Cette partie est suivie d'une autre partie qui montre combien le paradigme médical actuel est limité et incapable de contenir les phénomènes de la guérison paranormale, et explique le genre du changement qu'imposent ces phénomènes. Ensuite, la partie suivante traite un des phénomènes de la guérison paranormale qui est «la chirurgie paranormale» comme un exemple des tentatives infructueuses pour expliquer la guérison paranormale en utilisant le regard médical actuel. Tandis que la dernière partie de ce chapitre contient des exemples de pouvoirs expliqués par des personnes qui peuvent elles-mêmes pratiquer la guérison paranormale.

Quant au **troisième chapitre**, il traite le phénomène du conscient humain que les chercheurs le considèrent actuellement comme le moyen pour dévoiler les secrets du phénomène parapsychologique, car la plupart des parapsychologues prétendent qu'il est la cause de la survenance du phénomène parapsychologique, pour cela, ce chapitre est une tentative pour découvrir le degré de précision de ce lien entre le phénomène parapsychologique et le conscient humain. Le chapitre commence par un regard rapide envers la notion du conscient humain et certaines de ses significations. Cela est suivi d'une étude de l'ambiguïté et de la mal compréhension qui sont devenues les compagnons inséparables de deux termes parmi les termes les plus importants qui sont utilisés dans la science du conscient humain et les plus répandus et qui sont «les divers états du conscient» et «l'évanouissement». Où on prouve ensuite qu'il n'y a pas de critères psychologiques ou physiologiques sur lesquels on est d'accord pour déterminer les divers états du conscient et les états d'évanouissement et que la recherche scientifique de ces critères est très proche d'être une tentative pour prouver la présence par force de ce qui n'existe jamais. Ensuite, la partie suivante traite la possibilité de classer les divers états du conscient et l'effet négatif qu'a produit la non-existence d'un tel classement. Le chapitre se termine par une discussion qui découvre les erreurs méthodiques et de compréhensibilité renfermées dans la tentative d'explication des phénomènes parapsychologiques comme étant des changements dans le conscient humain.

A la fin des trois premiers chapitres consacrés à la parapsychologie, commence la deuxième partie du livre qui se concentre essentiellement sur les miracles du soufisme. Le **quatrième chapitre** commence par l'étude des notions fausses concernant la Tariqa (la pratique soufie) et ses origines. Cela est suivi d'une explication des notions et des pratiques de la Tariqa telles qu'elles sont mentionnées dans le Coran, les hadiths du Prophète (qu'Allah le bénisse et le salue) et les paroles des cheikhs de la Tariqa. La partie suivante traite en détail le sujet de l'adepte de la Tariqa qui accompagne le cheikh de la Tariqa et qui suit son maître, puisque le fait d'accompagner et le fait de suivre représentent deux piliers essentiels parmi les piliers sur lesquels sont basées les notions et les pratiques de la Tariqa. Ensuite, il y a une étude de certaines notions essentielles de la Tariqa. Et considérant que les recherches des laboratoires du programme Paramann se sont concentrées sur l'étude des prédispositions paranormales qu'ont les adeptes de la Tariqa Qadiriyya Casnazaniyyah (connue, en un mot, par la Tariqa Casnazaniyyah), il y a une partie qui raconte l'histoire de la Tariqa Casnazaniyyah, et qui est suivie d'une exposition rapide et concise des pratiques d'adoration de la Tariqa Casnazaniyyah.

Le **cinquième chapitre** traite les activités paranormales qui sont connues par «la guérison paranormale des lésions corporelles produites intentionnellement» que pratiquent les adeptes de l'ordre Tariqa Casnazaniyyah et qui sont étudiées dans les laboratoires du programme Paramann. La première partie définit deux genres d'activités de la guérison paranormale des lésions corporelles produites intentionnellement: la réforme du dommage corporel causé intentionnellement et la résistance au dommage corporel causé intentionnellement. Quant à la deuxième et la troisième parties, elles discutent en détail les points de ressemblance et de différence entre les activités de la guérison paranormale des lésions corporelles produites intentionnellement par les adeptes de l'ordre Tariqa Casnazaniyyah et des activités semblables qui sont pratiquées dans des lieux différents du monde. Ensuite, la deuxième partie compare les activités de la réforme du dommage corporel causé intentionnellement par les adeptes à celles que pratiquent les autres, tandis que la troisième partie compare la résistance au dommage corporel causé intentionnellement par les adeptes aux activités semblables pratiquées par les autres. Ensuite, la quatrième et la cinquième parties présentent successivement un dénombrement de ce qui est mentionné dans les belles-lettres scientifiques à propos de la réforme du dommage corporel causé intentionnellement et la résistance au dommage corporel causé intentionnellement. Et considérant que plusieurs chercheurs lient les prédispositions à la guérison paranormale des lésions corporelles produites intentionnellement à l'hypnose, la sixième partie est consacrée à la discussion des différences fondamentales entre la guérison paranormale des lésions corporelles produites intentionnellement avec ses deux genres et les prédispositions auxquelles on peut parvenir à partir de l'hypnose. Quant à la septième partie, elle présente un aperçu historique des étapes de la naissance et du développement des laboratoires du programme Paramann où sont étudiées les prédispositions d'un groupe d'adeptes de l'ordre Tariqa Casnazaniyyah. La huitième et dernière partie étudie les résultats des expériences des laboratoires du programme Paramann et les conclusions théoriques qu'on peut tirer de ces expériences et elle compare ces résultats et ces conclusions avec ce qu'ont apporté les autres chercheurs qui avaient étudié des phénomènes pareils.

Après qu'on a étudié dans les chapitres précédents le regard scientifique envers les phénomènes parapsychologiques, le sixième et dernier chapitre étudie ces phénomènes du point de vue religieux et étudie la possibilité d'unir les deux points de vue. Le chapitre étudie le regard spirituel de l'ordre Tariqa Casnazaniyyah envers l'homme et le monde en général et traite l'explication des phénomènes paranormaux du point de vue de l'ordre Tariqa Casnazaniyyah et les dimensions spirituelles que renferment ces phénomènes. Et cette partie explique certaines erreurs communes chez les chercheurs et les gens ordinaires concernant l'explication de certains phénomènes paranormaux, ensuite, elle pose une des diverses prémisses à partir desquelles il est possible d'unir le regard spirituel de l'ordre Tariqa envers les phénomènes parapsychologiques et les nouvelles découvertes scientifiques, et efface de cette façon la fausse impression qu'il est impossible d'unir le regard spirituel envers les phénomènes paranormaux et les nouvelles connaissances scientifiques.

On a fait attention à ce que le livre soit riche en références scientifiques, jusqu'à ce qu'il devînt en guise d'une révision complète des publications scientifiques dans ce domaine. Et pour faciliter la tâche de tout chercheur qui veut suivre les sujets traités dans le livre, on a signalé dans chaque endroit les recherches auxquelles il est possible de se référer pour connaître plus de détails. De même, on a mis entre parenthèses chaque citation relevée d'une recherche et après chaque citation on a signalé la recherche concernée et on a déterminé le numéro de la page aussi et on a mis les informations entre parenthèses. Par exemple, la parenthèse (Al-Kilani 1989: 67) signale que la citation qui la précède est relevée du paragraphe mentionné à la page 67, édition publiée en 1989, du livre écrit par le Cheikh Abdel-Qader Al-Kilani. Quant aux autres informations concernant le même livre, il est possible de les trouver dans la liste des références établies à la fin du livre. Au cas où on mentionne l'année de la publication de la référence suivie d'une lettre, par exemple (Braude 1992a), cela signale que l'auteur dont plus qu'un livre ou recherche est mentionnée à l'année mentionnée, est dans la liste des références. Et il est possible de déterminer la référence voulue en retournant à la liste des références. Les références arabes et étrangères sont mises dans deux listes séparées et elles sont classées dans chaque genre selon l'ordre alphabétique du nom de famille de l'écrivain. Et il y a ci-dessous les façons générales d'écrire les références:

1-Les livres en arabe: le nom complet de l'écrivain, l'année de la publication, le titre du livre, le rédacteur du livre (s'il existe), le lieu de la publication, l'éditeur. Par exemple:
Le Cheikh Abdel-Qader Al-Kilani (1989), **La clarification de la pensée écrit par le Cheikh Abdel-Qader**, réalisé et publié par le Cheikh Muhammad Abdul-Kareem al-Kasnazani, Bagdad, Ishtar Publishing House.

2-Les livres en anglais: le nom de famille de l'écrivain, la première lettre du prénom (et du second prénom s'il existe) de l'écrivain, l'année de la publication, le titre du livre, le lieu de la publication, l'éditeur. Par exemple: Gauld, A. (1992), *A History of Hypnosis*, Cambridge, Cambridge University Press.

3-Un chapitre d'un livre en anglais qui renferme des chapitres écrits par plusieurs écrivains: le nom de famille de l'écrivain du chapitre, la première lettre du prénom (et du second prénom s'il existe) de l'écrivain du chapitre, l'année de la publication, le titre du chapitre, le nom de famille du rédacteur du livre, la première lettre du prénom (et du second prénom s'il existe) du rédacteur du livre, les noms du reste des rédacteurs (s'ils existent), le titre du livre, le numéro du volume (s'il existe), le lieu de la publication, l'éditeur, les numéros des pages du chapitre dans le livre. Par exemple:

Kaplan, H. (1980), «History of Psychosomatic Medicine», In: Kaplan, H., Freedman, A., & Saddock, B. (Eds.), *Comprehensive Textbook of Psychiatry*, Volume II, Baltimore, Williams & Wilkins, 1155-1160.

4-Les recherches prises des périodiques publiés en anglais: le nom de famille de l'écrivain, la première lettre du prénom (et du second prénom s'il existe) de l'écrivain, l'année de la publication, le titre de la recherche, le titre du magazine, le numéro du volume (et le numéro de la revue s'il existe), les numéros des pages. Par exemple:

Myers, S.S., & Benson, H. (1992), «Psychological Factors in Healing: A New Perspective on an Old Debate», *Behavioral Medicine*, 18, 5-11.

Ce livre ne prétend en aucune façon être parfait et il traite un sujet très compliqué et précis, mais plutôt il constitue une tentative modeste comme la raison modeste qui étudie ce qui dépasse les raisons et l'œil qui se promène en cherchant ce que les yeux ne peuvent pas le voir. Pour cela, le but principal d'écrire ce livre est qu'il soit une initiation à des recherches scientifiques, théoriques et pratiques, sur le terrain et de laboratoire, sur un sujet qui mérite qu'on lui prête une grande attention, néanmoins, il a été trop négligé jusqu'à maintenant.

Les deux auteurs ont beaucoup de plaisir à recevoir du lecteur toute sorte d'avis, qu'il soit une critique ou une discussion ou des suggestions de ce qui est mentionné dans le livre, surtout que le sujet traité par le livre est très ample et il n'a pas été traité par une recherche scientifique sérieuse auparavant. De même, les deux auteurs ont du plaisir à envoyer au lecteur intéressé des copies de ce qui a été publié ou est en train d'être publié parmi les recherches des laboratoires du programme Paramann. Et il est possible de contacter les deux auteurs aux deux adresses suivantes:

Jamal Nassar Hussein
P.O.B: 841271 Jabal Amman
Amman 11184
Jordan

San Francisco, California 1/4/1995

Premier Chapitre

La Parapsychologie

1-1 Aperçu historique

Depuis l'antiquité, l'homme a remarqué et a reconnu l'existence des évènements qui semblent étranges et différents des phénomènes auxquels il s'est habitué et cela parce qu'ils violent les lois naturelles auxquelles il s'était habitué. Et l'homme s'expose à ces phénomènes ou spontanément tel qu'il a lieu, par exemple, quand il fait un rêve qui marque des évènements qui se produisent ultérieurement et lors de la survenance de la télépathie entre lui et une autre personne ou d'autres évènements et coïncidences étranges, ou d'une manière intentionnelle comme dans plusieurs pratiques de magie qui visent à produire des effets paranormaux de prédispositions, comme le traitement des maladies sans médicaments ou un des moyens traditionnels du traitement. Et à partir de l'étude de l'histoire et des rédactions qu'ont laissées les diverses civilisations et du fait de remarquer celles-ci se concentrer trop sur les phénomènes étranges et les pouvoirs paranormaux qu'ont possédés certains individus, il est possible de comprendre le rôle important qu'ont joué de tels phénomènes et pouvoirs dans le devenir et le développement de la vie sociale des gens et l'influence qu'ils ont eue sur les divers domaines de la vie de l'individu et la société. Car parmi les vérités indiscutables, il y a le fait que les phénomènes et les pouvoirs surnaturels influencent trop les opinions des gens et en conclusion la pratique de chaque jour.

A l'époque avant la renaissance scientifique, il y avait beaucoup d'anarchie et d'imprécision dans la description des phénomènes de la nature en général, qu'ils soient ceux qui sont connus aujourd'hui comme étant des phénomènes paranormaux ou ceux qui sont traités comme étant des phénomènes naturels. Et avec l'arrivée de l'époque de la renaissance scientifique, on a commencé à trouver des méthodes précises et organisées pour l'étude des phénomènes naturels. Néanmoins, cette attention scientifique prêtée par l'homme aux phénomènes naturels, physiques, chimiques, biologiques et autres, n'était ni accompagnée d'une attention pareille prêtée à l'étude des phénomènes surnaturels ni des buts limités comme la tentative pour séparer les phénomènes paranormaux de ceux qu'on a mal compris et de ceux qui sont une charlatanerie et faire paraître distinctement ceux qui semblent vraiment être de ceux qui doivent être classés comme étant paranormaux. Car on a exclu les phénomènes paranormaux parmi les phénomènes qu'étudient les sciences différentes. Et à cause de cette négligence intentionnelle, ceux qui étudient les sciences et la grande majorité des gens ont cru progressivement que le regard de la science envers ces phénomènes est un regard de négation de leur existence. Et parmi les causes qui ont mené à approfondir cette attitude négative de la science envers les phénomènes paranormaux est qu'il n'y avait pas, parmi les théories qu'ont apportées les sciences différentes au cours des années de leur développement pour expliquer les phénomènes de la nature, une théorie capable d'expliquer ces phénomènes surnaturels. Donc, l'existence de ces phénomènes était toujours en elle-même en guise de doute au moins dans la généralité des théories scientifiques répandues pendant ce temps. Plutôt il y a parmi ces phénomènes ce qui accuse d'erreur certaines théories qu'ont adoptées les scientifiques, ce qui rend l'existence de tels phénomènes une accusation faite contre plusieurs théories scientifiques à propos du monde et de l'homme d'être limitées et d'avoir renfermé beaucoup de points faibles. Mais malgré qu'une philosophie mécanique morte poussât la tendance scientifique rationaliste et expérimentale qui a mené le trajet de la science et son développement dans l'Occident, les phénomènes paranormaux ont pu attirer l'attention d'un groupe de scientifiques traditionnels. La progression de cette attention scientifique d'une façon lente mais certaine a fait trouver à ces phénomènes une science propre qui les étudie et les enseigne en suivant les mêmes bases rationnelles et expérimentales que suivaient et suivent les études dans les sciences traditionnelles. Cette science est connue par «**la parapsychologie**».

Michael Thalbourne a défini la parapsychologie dans le livre des termes de la parapsychologie qu'il a écrit, en disant qu'elle est «l'étude scientifique des phénomènes paranormaux»[1] (Thalbourne 1984: 51). Néanmoins, le parapsychologue et le psychologue célèbre, John Palmer, pense que cette définition n'est pas précise car elle contient la reconnaissance que le phénomène à l'étude est défini d'avance comme étant un phénomène «paranormal» et même avant qu'il soit étudié. Tandis que la réalité, comme dit Palmer, est que «la recherche [parapsychologique][2] est faite en réalité pour déterminer si le phénomène était vraiment paranormal». Pour cela, Palmer pense que la définition de la parapsychologie doit prendre cette réalité en considération et par conséquent il pense que la définition de Thalbourne doit être changée en la forme suivante: «la parapsychologie est l'étude scientifique de phénomènes déterminés «qui semblent» paranormaux ou «il est probable» qu'ils soient paranormaux» (Palmer 1986a: 33).

On est tombé d'accord sur le fait d'appeler «psi» les phénomènes que la science de la parapsychologie se préoccupe de les étudier. Cette appellation est utilisée pour la première fois de la part de Thouless (Thouless 1942) avant plus d'un demi-siècle. Et en utilisant le nouveau terme «psi», Thouless voulait que ce terme, qui ne cache rien de particulier, remplace les termes multiples qui étaient utilisés pour désigner les phénomènes paranormaux différents. Car Thouless a vu que les termes qui étaient utilisés n'étaient pas de simples appellations pour désigner les phénomènes, mais plutôt chacun de ceux-ci contenait

---

[1] Le terme «paranormal» va être utilisé pour traduire le terme anglais «paranormal». Néanmoins, il est important de remarquer que le terme «paranormal» veut dire dans le langage scientifique dans ce contexte «ce qu'on ne peut pas expliquer selon les théories scientifiques connues et ce qui se trouve en dehors des limites de ces théories», pour cela le fait de reconnaître l'existence de tels phénomènes est en réalité le point de désaccord principal entre les partisans et les adversaires de la parapsychologie.

[2] Tout ce qui est mentionné entre crochets dans un paragraphe pris d'une référence quelconque ne fait pas partie de la citation, mais il représente une information de clarification que la nature de la citation exige qu'on la mette.

une certaine explication du phénomène qu'il désigne. C'est-à-dire que la création de Thouless du terme psi était à cause du neutralisme de ce terme tant qu'il ne donne pas une explication déterminée des phénomènes qu'il décrit et par conséquent, l'utilisation de ce terme est une sorte de confirmation du besoin de beaucoup d'étude sérieuse dans ce domaine avant même qu'on puisse «supposer» des explications pour un des phénomènes psi.

Les premières recherches sur les phénomènes paranormaux étaient faites au dix-neuvième siècle de la part de certains chercheurs qui ont prétendu que la pratique du mesmérisme (et l'hypnose ultérieurement), peut causer l'apparition de certains effets paranormaux, comme la transmission des pensées entre l'hypnotiseur et le sujet hypnotique. Néanmoins, la recherche scientifique traditionnelle sur les phénomènes paranormaux précisément a commencé à se cristalliser au milieu du dix-neuvième siècle à partir de l'étude des phénomènes qui sont connus par la médiumnité[3]. L'attention prêtée à ces phénomènes a accompagné la naissance de ce qui est connu par le mouvement spirituel moderne aux Etats-Unis d'Amérique et en Europe. Et l'attention prêtée au phénomène de la médiumnité en particulier a poussé un groupe d'académiciens à l'université de Cambridge à fonder la société britannique de recherche psychique en 1882, pour qu'un groupe d'académiciens américains, parmi eux le psychologue célèbre William James, leur succède en fondant la société américaine en 1885 à Boston. Donc, c'est la recherche sur les phénomènes de spiritisme et de médiumnité qui a stabilisé relativement la recherche sur les merveilles. Néanmoins, trois ou quatre décennies devaient passer avant que commence une recherche scientifique et régulière pour découvrir la nature de ces phénomènes.

La première recherche expérimentale et principale sur la parapsychologie a été faite en 1917 de la part de John Coover à l'université américaine Stanford. Néanmoins, la recherche scientifique

---

3   La médiumnité est une tentative faite par certaines personnes pour communiquer et «évoquer» certaines créatures qu'on les appelle généralement les esprits. On évoque le plus souvent ceux qu'on les croit être les esprits des morts durant les séances de la médiumnité, néanmoins, cette croyance est complètement fausse comme on va le voir dans le sixième chapitre.

dans ce domaine n'a commencé d'une manière continue qu'en 1927 quand le sociologue William McDougall est nommé le recteur de la faculté de psychologie à l'université Duke dans la Caroline du Nord, et le botaniste Joseph Rhine qui est considéré comme le vrai fondateur de la parapsychologie et son épouse se sont installés à la même faculté où les trois ont travaillé ensemble d'une manière intensive jusqu'à ce qu'ils aient établi le laboratoire de parapsychologie à l'université Duke en 1934.

Malgré que la classification des phénomènes psi soit un des sujets qui étaient souvent l'objet de discussion entre les parapsychologues, on s'est habitué à répartir ces phénomènes en deux groupes principaux de phénomènes qui sont les suivants: la psychokinésie et la perception extra-sensorielle.

1-2 La psychokinésie (PK)

Holt (Holt 1914) avait utilisé ce terme pour signaler le pouvoir nécessaire pour communiquer avec les esprits par l'intermédiaire d'un médium. Néanmoins, l'utilisation de Joseph Rhine de ce terme, qui est l'utilisation répandue dans la parapsychologie, était pour signaler le phénomène d'influencer de loin un objet quelconque sans utiliser un moyen physique perçu comme la force musculaire ou toute énergie du système neuromusculaire dans le corps (Rhine & Rhine 1943). C'est-à-dire que le terme psychokinésie désigne le phénomène de bouger des objets sans les toucher directement avec les mains ou une des autres parties du corps et sans utiliser un moyen connu pour influencer l'objet comme le fait d'avoir recours à un instrument quelconque ou l'air à travers l'insufflation . . . etc. Beaucoup de chercheurs désignent le phénomène de psychokinésie par le terme connu «la pensée sur la matière». Il est clair que cette appellation contient une explication déterminée du phénomène, qui dit que la raison influence la matière sans l'intervention physique d'une autre partie des parties du corps. Ce sont ces termes, qui suggèrent des explications déterminées des phénomènes qu'ils désignent, qui ont poussé Thouless à suggérer l'utilisation du terme psi. L'homme a connu le phénomène de psychokinésie depuis l'antiquité, où les livres de certains historiens, par exemple, ont signalé que des morceaux de pierre des grandes pyramides avaient été bougés et étaient mis les uns sur les autres au moyen de la psychokinésie.

La force remarquée dans le phénomène de psychokinésie ne semble être influencée ni par la distance entre l'agent et l'objet qu'il influence ni par l'existence des obstacles entre les deux. Car il y a des évènements produits par des personnes qui possèdent la faculté de psychokinésie et qui influencent des objets qui sont très loin ou isolés d'elles par un obstacle. Ces caractéristiques précisément laissent ce phénomène avoir une importance particulière par rapport à certaines sciences traditionnelles ; parce qu'il semble par exemple violer les lois essentielles parmi les lois de la physique que l'une de celles-ci, qui est connue par la loi en carré inverse, stipule que les forces dans la nature (à l'exception des forces nucléaires) correspondent inversement au carré de la distance entre les objets en interaction. Néanmoins, la psychokinésie n'est pas le seul phénomène parapsychologique qui semble ne pas être soumis à la loi en carré inverse, mais il y a aussi d'autres phénomènes comme on va le voir ultérieurement.

Beaucoup de gens passent par des moments où il leur semble qu'ils étaient témoins d'un évènement parmi les évènements de la psychokinésie. Néanmoins, beaucoup parmi eux ont tendance à mettre en doute ce qu'ils ont vu de ces merveilles et le démentir au lieu de reconnaître sa survenance. Et la cause principale du fait que la plupart des gens mettent en doute ce qu'ils voient de ces phénomènes et que de tels évènements inattendus ne se gravent pas généralement dans leur mémoire et que leur préoccupation de ceux-ci ne dure pas longtemps est qu'ils sont des évènements rares et des phénomènes que les gens en général ne peuvent pas contrôler leur reproductibilité. Et plusieurs livres signalent des évènements et des phénomènes de psychokinésie que les gens ont connus. Néanmoins, les scientifiques n'attachent pas une grande importance à de telles histoires qui peuvent être imprécises ou fausses. Pour cela, ceux parmi les scientifiques qui se préoccupent de ce phénomène ont fait des expériences pour s'assurer de sa justesse. Et il y a dans les archives de la science qui étudie ce phénomène, et comme est le cas avec les autres phénomènes psi, un nombre d'expositions des évènements de psychokinésie faites par certaines personnes qui ont des prédispositions rares et qui peuvent contrôler leurs prédispositions et par conséquent les exposer quand elles veulent. Et parmi les personnes les plus célèbres qui ont des prédispositions à la psychokinésie et que

14

des chercheurs célèbres ont signalé leurs pouvoirs sont Nina Kulagina qui est de nationalité russe et le clerc indien Sathya Sai Baba qui a exposé plusieurs fois ses prédispositions à la psychokinésie devant les deux psychologues Erlendur Haraldsson et Karlis Osis, même s'il refusait de participer à des expériences scientifiques pures (Haraldsson & Osis 1977 ; Osis & Haraldsson 1979).

Quant à Nina Kulagina, elle a participé à un groupe d'expériences de laboratoire faites par le neurophysiologiste Genday Sergeyev qui travaillait dans le centre Atomsky à Leningrad (Saint-Pétersbourg maintenant). Dans une de ces expériences, on a demandé à Kulagina d'essayer de séparer le blanc du jaune de l'œuf après qu'on l'a cassé et l'a mis dans une dissolution salée qui est mise dans un récipient particulier. Bien sûr, Kulagina devait séparer sans toucher l'œuf ou le récipient. Cette expérience est faite sous la surveillance des caméras qui enregistraient d'une manière continue et précise tous les détails de l'expérience pour exclure toute probabilité que Kulagina agisse frauduleusement. Durant l'expérience le corps de Kulagina était lié à des appareils médicaux pour enregistrer tous changements qui surviennent à des énergies physiologiques déterminées dans le corps. L'appareil cardiographique a enregistré une élévation des battements du cœur de Kulagina durant l'expérience à 240 battements par minute, ce qui équivaut à presque le quadruple du rythme normal. Ce changement a été accompagné d'une augmentation soudaine du taux de sucre dans le sang qui indique le stress. Kulagina a pu après une demi-heure du commencement de l'expérience réussir à séparer le blanc du jaune de l'œuf. Durant cette expérience, Kulagina a perdu à peu près un kilo de son poids et elle a senti durant ce jour-là une forte faiblesse et elle est devenue atteinte d'une cécité temporaire.

Quand on parle de la prédisposition à la psychokinésie, il est nécessaire de signaler la personne la plus célèbre qui a prétendu avoir ces prédispositions et qui est Uri Geller. Car lors de son arrivée aux Etats-Unis d'Amérique au début des années soixante-dix, Uri Geller a fait une tourmente médiatique en prétendant posséder le pouvoir de tordre les métaux de loin, et précisément les clés et les cuillères. Néanmoins, les expériences scientifiques auxquelles a participé Geller pour mesurer ses pouvoirs, ont fait du vacarme parmi les chercheurs et qui continue jusqu'à nos jours. Car pendant que certains chercheurs prétendent qu'ils ont mesuré ses prédispositions et se sont assurés de leur justesse (Targ & Puthoff 1974), il y a ceux qui signalent que son vrai pouvoir est comme celui du magicien des théâtres, car il attire l'attention des spectateurs sur un certain évènement tandis qu'en réalité il tord la clé ou la cuillère avec l'autre main (Marks & Kammann 1980 ; Randi 1982). Et le regard de la plupart des parapsychologues actuellement est qu'Uri Geller utilise en réalité certaines ruses pour faire croire aux spectateurs qu'il tord vraiment les métaux. Néanmoins, ce regard diffère certainement du regard des gens ordinaires qui ont laissé Geller gagner de ses expositions des dizaines de million de dollars.

1-3 La perception extra-sensorielle (PES)

Et comme se trompent beaucoup de chercheurs contemporains en supposant que le terme «psychokinésie» est créé par Joseph Rhine, alors un grand nombre parmi ceux-ci se trompent aussi en supposant que le terme «perception extra-sensorielle» est créé par Rhine qui a publié en 1934 son fameux livre intitulé «la perception extra-sensorielle» (Rhine 1934). Car ce terme était utilisé depuis 1924 de la part de Pagenstecher (Pagenstecher 1924) qui peut être celui qui l'a créé aussi. Néanmoins, c'est le livre de Rhine, qui est mentionné ci-dessus et qui a renfermé le résultat des années de ses expériences scientifiques à l'université Duke sur la perception extra-sensorielle, qui a ouvert la porte de l'expérimentation scientifique devant ces phénomènes. Les phénomènes de la perception extra-sensorielle sont répartis généralement en trois genres:

Premièrement—La télépathie: ce phénomène signifie la transmission des pensées et des images mentales entre les êtres vivants sans avoir recours à un des cinq sens. Le premier qui a utilisé le terme «télépathie» était Frederick Myers en 1882 en signalant que ce phénomène contient une sorte de communication imperceptible entre les parties du phénomène. Myers a choisi ce terme à une époque où étaient inventés plusieurs moyens de communication à distance comme le télégraphe et le téléphone, ce qui montre que ces phénomènes étaient observés comme étant une sorte d'échange des énergies comme il se passe dans ces moyens de communication. Ce qu'il faut mentionner ici est que ce phénomène a occupé la plus grande place dans la recherche expérimentale faite par les scientifiques de la parapsychologie sur les phénomènes psi.

Deuxièmement—La précognition: elle signifie le pouvoir de connaître des évènements futurs avant qu'ils se produisent. Il y a un autre phénomène parmi les phénomènes psi qui sont très proches de ce phénomène et que Frederick Myers l'a appelé la rétrocognition (Myers 1895) qui signifie connaître des évènements du passé sans avoir recours à un des sens. Néanmoins, il est naturel de trouver que la précognition a attiré beaucoup plus d'attention que la rétrocognition et cela à cause du désir fort qu'exprime l'homme pour connaître les évènements futurs. Quand le temps était considéré dans la physique et les mathématiques comme une quatrième dimension qui s'ajoute aux trois dimensions desquelles sont constitués les corps qui circulent dans celles-ci, certains physiciens et mathématiciens parmi les parapsychologues observent ces deux phénomènes comme s'ils représentent «un dépassement» de l'obstacle du temps. Car la précognition est le dépassement du présent vers l'avenir, tandis que la rétrocognition représente un mouvement inverse dans la dimension du temps vers le passé. Néanmoins, celles-ci sont certes de simples théories et paradigmes mathématiques qu'il n'y a aucune preuve de leur justesse.

Troisièmement—La clairsentience: elle est l'acquisition des informations sur un évènement loin ou un objet loin sans l'intervention d'un des sens. Pendant que les parapsychologues observent les phénomènes de précognition comme étant un dépassement de l'obstacle du temps, ils considèrent la clairsentience comme un dépassement de l'obstacle du lieu. Ce phénomène a été soumis aussi à beaucoup de recherche scientifique. Et peut-être une parmi les personnes talentueuses les plus célèbres qui avaient cette prédisposition et qui avaient participé à des recherches scientifiques est Ingo Swann dont les pouvoirs ont été mesurés dans le laboratoire de l'institut de recherche Stanford (son nom est actuellement SRI International) à Menlo Park en Californie sous la surveillance des deux scientifiques célèbres Harold Puthoff et Russell Targ. Dans ces expériences on donnait à Ingo Swann les dimensions d'un lieu quelconque par la direction de la longitude et la latitude et on lui demandait de décrire le lieu de destination. Et on choisissait des lieux qui renfermaient des points de repère qui ne sont pas placés généralement sur les cartes pour s'assurer qu'Ingo Swann ne les a pas vus sur une carte. La nature des pouvoirs distingués de Ingo Swann que ces expériences les ont montrés était la cause de la suggestion de Puthoff de désigner ces prédispositions par le terme «vision à distance» (Targ & Puthoff 1977).

Et parce que la clairsentience n'est pas nécessairement visuelle, c'est-à-dire attachée au sens de la vue, le parapsychologue Stephen Schwartz a suggéré l'utilisation du terme «télédétection». Tandis que le professeur Robert Jahn, le fondateur et l'ancien directeur des laboratoires d'Ingénierie de la Recherche des Anomalies de Princeton et le recteur de la faculté d'Ingénierie à l'université de Princeton jusqu'à l'année 1986, voit que le terme «perception à distance» est le plus convenable (Jahn & Dunne 1987). Cet exemple de l'existence de plusieurs termes par lesquels on désigne un seul phénomène, montre le degré de l'ambiguïté qui enveloppe ce phénomène, comme est le cas de beaucoup d'autres phénomènes psi. Car chacun des termes mentionnés ci-dessus laisse un exemple déterminé dans la mémoire du lecteur pour expliquer ce qui se passe dans le phénomène et diffère de celui que lui inspire un des deux autres termes. Car le terme «vision à distance», créé par Puthoff, montre que ce phénomène reflète le pouvoir de la personne de «regarder» au loin ; tandis que la suggestion de Schwartz du terme «télédétection» semble moins définie que celle de son précédent puisqu'il n'a pas laissé le phénomène se borner nécessairement au sens de «la vue» et il laisse, par conséquent, la porte de la probabilité ouverte devant l'intervention d'autres sens dans ce phénomène. Quant au terme «perception à distance» créé par Jahn, il est plus réticent que les deux termes précédents car il évite de signaler toute intervention des sens dans le phénomène et il s'occupe seulement du lieu de regroupement ou d'apparition des informations et qui est la raison. Il y a aussi d'autres termes qui sont utilisés parfois pour désigner ce phénomène tout en prenant en considération le moyen de la transmission des informations à la personne. Car le terme «clairvoyance» (en français clair + voir) montre l'acquisition des informations nécessaires visuellement, c'est-à-dire sous forme d'images déterminées comme dans le cas de Ingo Swann par exemple, et la clairaudience montre l'acquisition des informations sous forme de sons.

Malgré que les parties des phénomènes psi mentionnées ci-dessus semblent montrer la possibilité de répartir ces phénomènes en genres déterminés que les uns se distinguent des autres, néanmoins, l'affaire est en réalité beaucoup plus compliquée que de ce qu'elle semble à première vue. Car il y a dans ce domaine beaucoup de difficultés et le plus souvent on ne peut pas les surmonter. Et il est possible de clarifier ces difficultés à travers l'exemple suivant: Supposons que la personne (A) a pu, sans avoir recours à un des moyens traditionnels d'acquisition des informations, connaître ce qui est écrit dans un cahier qui appartient à une autre personne (B) ; alors quel phénomène parapsychologique désigne-t-il cet évènement? De tel évènement peut être observé comme si (A) lisait les pensées de (B) pour connaître les contenus de son cahier, c'est-à-dire le phénomène de télépathie ; et on peut le considérer comme un signe de la survenance de la clairsentience ou de la clairvoyance de la personne (A) puisqu'elle a «perçu» mentalement les contenus du cahier ou une image de ces contenus est apparue dans sa raison ; de même on peut expliquer l'évènement comme étant une précognition si nous considérons que (A) allait prendre connaissance en un certain temps dans l'avenir, à travers ses sens traditionnels, des contenus du cahier de (B), et par conséquent (A) a eu une précognition d'une connaissance à laquelle elle allait parvenir dans l'avenir naturellement à travers ses sens. De telle incapacité d'attribuer l'évènement à un genre déterminé parmi les genres de phénomènes psi mentionnés ci-dessus, veut dire qu'on ignore trop la réalité de ces phénomènes et elle est par conséquent un des aspects des diverses difficultés qui entourent les phénomènes psi comme des barbelés et rendent le fait de s'approcher de ceux-ci à une limite déterminée une chose presque impossible, au moins à présent.

1-4 Autres phénomènes parapsychologiques

Beaucoup de parapsychologues essayent de présenter les parties des phénomènes psi mentionnées ci-dessus comme si elles comprennent tous les phénomènes paranormaux. Par exemple, des phénomènes comme la marche sur le charbon ardent, l'attouchement du feu et le poltergeist sont considérés généralement comme les autres formes du phénomène de psychokinésie. Malgré que le fait de limiter les phénomènes à des genres déterminés semble comme si on facilite l'étude de ces phénomènes, il y a un grave danger qui réside dans le fait de suivre cette méthode et qui est de tomber dans l'erreur d'égaliser des phénomènes qui diffèrent trop, ce qui représente une erreur méthodique qui influence l'étude de ces phénomènes. Autrement dit, en l'absence du minimum de compréhension de ces phénomènes, et comme est le cas actuellement, il est très important et essentiel de se préoccuper des plus petits détails de chaque phénomène et de ne pas négliger ce qui semble être de simples différences entre un phénomène et un autre en vue d'essayer d'unir le plus grand nombre possible de ces phénomènes et de les répartir en le plus petit nombre possible d'appellations. Pour cela, et en vue de prendre en considération toutes les probabilités, ce livre va utiliser le terme «phénomènes parapsychologiques ou paranormaux» au lieu du terme «phénomènes psi» pour signaler tous les phénomènes surnaturels considérant que les phénomènes psi qu'on a déjà expliqués ne peuvent être que certains parmi les phénomènes paranormaux et par conséquent il est probable qu'au moins certains parmi les autres phénomènes paranormaux soient différents des phénomènes psi. Et on signale ci-dessous brièvement certains parmi les autres phénomènes parapsychologiques les plus importants:

Premièrement—le poltergeist: il y a un grand nombre d'évènements documentés concernant un phénomène étrange dont on a remarqué la survenance dans certaines maisons et lieux comme les bruits, le chahut, le mouvement des objets et des meubles dont on ne connaît pas la cause apparente de leur déplacement. Et un autre aspect des aspects de l'étrangeté dans ce phénomène est la nature du mouvement des objets et des meubles. Car ces objets prennent le plus souvent une route irrégulière et ils s'arrêtent durant leur déplacement et ils restent suspendus dans l'air pour un certain temps. Malgré que le nom de ce phénomène (qui est emprunté à la langue allemande et est composé des deux mots geist qui veut dire esprit ou fantôme et poltern qui veut dire qui fait du bruit ou qui fait du chahut) montre que ce sont des êtres supra-humains qui produisent ce phénomène, la plupart des scientifiques de la parapsychologie préfèrent observer ces phénomènes comme étant une manifestation des effets d'une psychokinésie que pratique inconsciemment une des personnes présentes dans le lieu déterminé à cause d'un stress interne caché duquel se débarrasse la personne inconsciemment en produisant ces effets. Cela va sans dire que de telle explication à laquelle ont recours les chercheurs n'est pas plus qu'une supposition dont le but est de rendre le phénomène plus accepté logiquement et d'essayer d'éliminer l'élément supra-humain par lequel il semble se distinguer. Et le phénomène de poltergeist a été connu par l'homme au cours de l'histoire. Car on a signalé ce phénomène dans des écritures très anciennes comme certaines écritures égyptiennes sur papyrus qui parlent des «familles torturées par des esprits méchants qui lancent des objets différents sur les murs et renversent les meubles».

Deuxièmement—l'expérience «hors-du-corps»: il y a beaucoup de rapports concernant des personnes qui ont fait l'expérience hors-du-corps. Dans de tels cas, l'homme sent qu'il «s'est divisé» en deux parties l'une est matérielle (corporelle) et l'autre immatérielle (certains l'appellent l'âme ou le conscient). Néanmoins, le corps continue à agir d'une manière naturelle. Et la forme la plus répandue du phénomène est que l'homme trouve lui-même comme s'il contrôle son corps de sorte qu'il prend connaissance de son corps de «l'extérieur» et le plus souvent d'un haut point donnant sur le corps. De même, celui qui fait cette expérience trouve lui-même, le plus souvent, capable de voir ou apercevoir des choses qui se trouvent en dehors du champ de perception de son corps, comme si la personne voit des choses et des évènements qui se produisent dans un certain lieu en dehors de la chambre où repose son corps et qu'elle n'aurait pas pu les voir si elle avait regardé du lieu où repose son corps. Malgré que ce phénomène se produise la plupart du temps d'une manière spontanée et sans que la personne le choisisse ou le contrôle, néanmoins, il semble qu'il y a certaines personnes qui peuvent parfois produire ce phénomène quand elles veulent. Et parmi ceux qui prétendent être capables de contrôler ce pouvoir c'est-à-dire l'expérience hors-du-corps, il y a le chercheur célèbre de la parapsychologie Keith Harary.

Troisièmement—la marche sur le charbon ardent: ce phénomène est connu et pratiqué dans plusieurs sociétés. Et beaucoup de chercheurs ont publié leurs observations de la pratique de cette activité dans plusieurs pays du monde comme le Paraguay (Ahearn 1987), l'île de Bali (Guberman 1983), la Bulgarie (Slavchev 1983), le Sri Lanka (McClenon 1983, 1988), le Singapour (Heinze 1985), la Chine (Barclay 1973), les îles Fidji (Brown 1984), l'Inde (Sayce 1933), les Etats-Unis d'Amérique (Gibson 1985, Vilenskaya 1983 ; Tart 1987 ; 1952), le Japon (Leikind & McCarthy 1988), la Grèce (Manganas

1983), et beaucoup d'autres. Malgré que le terme anglais qui désigne ce phénomène semble comprendre «la marche sur le feu», la manière dont on pratique ce phénomène généralement est la marche pieds nus sur un fossé rempli le plus souvent de charbon ou de bois enflammé, de sorte que le pied sera en contact direct avec la surface brûlante. Dans ce contexte, les deux chercheurs Leikind et McCarthy font paraître distinctement que «la marche sur le feu» comprend en réalité la marche sur le charbon ardent mais pas sur «le feu» (Leikind & McCarthy 1988: 314). Considérant que la traduction littérale du terme «la marche sur le feu» va avoir des significations imprécises, on a pensé à traduire ce que le phénomène représente vraiment et qui est «la marche sur le charbon ardent». Malgré que certains parmi ceux qui pratiquent ce phénomène ne s'exposent pas en réalité au danger de brûlure réelle, comme s'ils marchent sur le charbon tout en étant dans les dernières étapes de brûlure, il y a aussi ceux qui pratiquent cette activité d'une manière qui comprend l'exposition à un danger réel de brûlure. Et dans ce dernier cas, il y a toujours un nombre de pratiquants qui ne réussissent pas à franchir le fossé rempli de charbon en sécurité et ils se font des degrés différents de brûlures. Et malgré que l'élément principal de l'étrangeté dans ce phénomène soit le fait de ne pas laisser se brûler les pieds de ceux qui marchent sur le fossé rempli de feu, les rapports de certains chercheurs concernant ce phénomène ont signalé une chose qui n'est pas moins étrange et qui est le fait que certains parmi ceux qui marchent sur les fossés remplis de feu les franchissent en portant leurs chaussettes sans qu'elles brûlent ou que le feu brûle leurs pantalons, plutôt sans que le pantalon brûle (Barclay 1973 ; Stillings 1985a ; Inglis 1986). Il y a une explication détaillée de ces phénomènes dans le cinquième chapitre.

Quatrièmement: la téléportation: ce phénomène montre le pouvoir de certains gens de téléporter des objets des lieux lointains et très rapidement sans utiliser un moyen visible de transport. Un de ceux qui ont cette prédisposition est l'Indien Sathya Sai Baba. Et les deux chercheurs Erlendur Haraldsson et Karlis Osis ont mentionné plusieurs évènements où ils ont vu Sai Baba pratiquer son pouvoir de téléportation (Osis & Haraldsson 1979, Haraldsson & Osis 1977). Et d'après la description qu'ont faite ces deux scientifiques, il semble qu'il n'y a pas de justification pour supposer que Sai Baba pratique une sorte de tromperie durant l'exposition de ses prédispositions et la réalité est qu'on n'a pas découvert Sai Baba dans un état où il pratique une certaine ruse durant une de ses activités qu'il pratique toujours, contrairement à ce qui s'est passé avec certains de ceux qui prétendent posséder les pouvoirs paranormaux, comme Uri Geller par exemple. Et ce qu'il faut mentionner est que certains rapports des chercheurs ont signalé qu'on remarque parfois le phénomène de téléportation accompagnant le phénomène de poltergeist (Bender 1969).

Cinquièmement: la matérialisation: la différence entre les deux phénomènes de matérialisation et de téléportation est que la dernière montre le fait d'apporter des objets qui déjà existaient mais dans un lieu lointain sans utiliser un des moyens concrets de transport, mais dans le cas du phénomène de matérialisation les chercheurs croient que les matières que montrent soudainement ceux qui possèdent ces pouvoirs n'existaient pas auparavant et elles sont supposées être formées en même temps que leur apparition. Et les adversaires de la parapsychologie mettent en doute ce phénomène exceptionnellement pour deux raisons. La première est qu'il ressemble à quelque chose que font les magiciens des théâtres qui adoptent dans leurs activités la légèreté de main et son habileté et l'utilisation des matériaux qu'ils avaient préparés particulièrement pour cacher ce qu'ils veulent le montrer ultérieurement. C'est-à-dire que les sceptiques (tels qu'ils sont appelés les scientifiques qui ne croient pas que les phénomènes parapsychologiques contiennent des effets paranormaux réels, et qui constituent la majorité de la société scientifique) qui mettent en doute les phénomènes parapsychologiques considèrent le phénomène comme étant une sorte de prestidigitation et de ruse. Et la deuxième raison est que ce phénomène, s'il existe vraiment, il est difficile qu'il y ait une explication physique naturelle de celui-ci. Et il est clair d'après les deux définitions des deux phénomènes de téléportation et de matérialisation que la séparation des deux phénomènes est basée sur les prévisions théoriques pures des chercheurs, car il est impossible de s'assurer définitivement que l'évènement de la matérialisation d'un objet déterminé n'était pas une téléportation de celui-ci d'un autre lieu.
Les phénomènes mentionnés ci-dessus ne comprennent certainement pas tout ce qu'on peut appeler «phénomènes parapsychologiques», car la définition de ceux-ci précisément ne sera possible qu'en déterminant

tous les facteurs qui peuvent créer des phénomènes parapsychologiques. Néanmoins, ces phénomènes représentent les genres principaux parmi lesquels sont classés la plupart des phénomènes parapsychologiques.

1-5 L'évaluation des recherches de la parapsychologie

Malgré que des phénomènes étranges comme les phénomènes psi et les autres phénomènes parapsychologiques déjà mentionnés aient été connus par l'homme depuis l'aube de l'histoire, l'attitude scientifique envers ces phénomènes est restée pour longtemps très négative. Et la réalité est que l'attitude générale de la science envers ces phénomènes était non seulement une négligence mais aussi une négation de leur existence d'une façon absolue. Car les sceptiques ont non seulement mis en doute et nié les évènements racontés qui confirment l'existence des phénomènes paranormaux, mais aussi ils ont mis en question les résultats de nombreuses expériences scientifiques qu'ont faites et que font les chercheurs spécialistes. Et pour évaluer combien cette attitude est naturelle du côté scientifique, il faut observer les causes par lesquelles les sceptiques expliquent la naissance et l'affermissement de leur regard négatif envers les phénomènes parapsychologiques.

Premièrement—Il y a dans la nature des pouvoirs des individus doués de prédispositions parapsychologiques une caractéristique qui a laissé même plusieurs chercheurs sincères avoir un doute si ce n'est sur l'existence réelle de ces phénomènes alors sur les taux de leur reproductibilité. Cet obstacle se représente dans la réalité qu'à l'exception des cas rares, les personnes douées de pouvoirs parapsychologiques ne peuvent pas réussir toujours à produire leurs prédispositions. C'est-à-dire qu'elles ne peuvent pas produire des effets parapsychologiques chaque fois qu'elles veulent. Cela est adopté par beaucoup de sceptiques comme un argument dans leurs discussions qui nient l'existence des prédispositions parapsychologiques. Car les sceptiques arguent du fait que si ces prédispositions paranormales étaient réelles, les personnes douées de celles-ci pouvaient les produire n'importe où et n'importe quand elles veulent. Néanmoins, cette attitude contient un sophisme logique car il est basé sur une supposition non prouvée qui dit: le fait que les phénomènes parapsychologiques sont réels veut dire qu'ils sont toujours reproductibles. Cette description précédente des phénomènes contredit la méthode scientifique qui conditionne l'étude du phénomène tel qu'il est et non tel qu'il «doit» être selon les prévisions théoriques ou un principe déterminé. Donc, l'argument des sceptiques mentionné ci-dessus n'a pas une base réelle et il est basé sur une supposition qu'on ne peut pas justifier expérimentalement pourquoi on l'a faite.

En insistant sur le fait de lier leur acceptation des phénomènes parapsychologiques à la capacité des personnes douées de pouvoirs paranormaux de produire leurs prédispositions dans les laboratoires scientifiques et de «répéter» ces expositions quand veulent les chercheurs qui les étudient dans le laboratoire, les scientifiques sceptiques essayent d'appliquer la méthode pratique adoptée dans l'étude des phénomènes physiques précisément, où une des conditions du fait d'adopter les résultats d'une expérience déterminée est qu'il soit possible d'obtenir les mêmes résultats en répétant l'expérience en des temps et dans des laboratoires différents et selon ce que propose celui qui fait l'expérience. Même la plupart des parapsychologues sont tombés dans cette erreur méthodique, eux qui ont voulu que la parapsychologie soit comme la psychologie expérimentale, au dix-neuvième siècle, qui a utilisé la méthode expérimentale suivie dans la physiologie qui, à son tour, a emprunté cette méthode à la physique. Néanmoins, une des critiques précises qui étaient faites à cette méthode est que les chercheurs doivent tenir compte de la réalité qu'on ne peut pas étudier tous les phénomènes avec la même méthode par laquelle on étudie les phénomènes physiques et par conséquent, il est impossible de traiter toutes les sciences par cette méthode de laboratoire. Et comme exemple de ces sciences, le parapsychologue célèbre Gardner Murphy mentionne la géoscience et l'astronomie. Et pour que les astronomes étudient l'éclipse du soleil par exemple, ils ne peuvent qu'attendre la survenance de l'évènement pour l'observer avec les télescopes et les satellites artificiels, parce qu'ils ne peuvent pas produire le phénomène dans le laboratoire quand ils veulent (Murphy 1966: 16).

Une des caractéristiques possédées par beaucoup de phénomènes parapsychologiques est ce qui est connu par la spontanéité. Et le phénomène spontané est celui qui se produit naturellement sans qu'une certaine personne le produise. Et comme on remarque à travers la définition du phénomène spontané, il n'est pas digne de l'expérimentation de laboratoire parce qu'il se produit soudainement et il est impossible de prévoir le temps ou le lieu de sa survenance. Néanmoins, il est important ici d'assurer que la spontanéité n'est pas une caractéristique limitée aux phénomènes parapsychologiques seulement. Car dans l'astronomie, par exemple, il y a de nombreux phénomènes qui se produisent soudainement de sorte que les scientifiques n'aperçoivent leur survenance qu'après qu'ils se terminent ou qu'ils soient sur le point de se terminer. Bien sûr, il y a des différences fondamentales entre la nature des phénomènes astronomiques et celle des phénomènes parapsychologiques. Néanmoins, certains phénomènes des deux genres s'unissent par le fait qu'ils semblent spontanés du point de vue de celui qui observe de l'extérieur.

En prenant en considération la caractéristique de la spontanéité par laquelle se distinguent la plupart des phénomènes parapsychologiques et la difficulté de soumettre les prédispositions parapsychologiques à l'expérimentation traditionnelle de laboratoire, Gardner Murphy a proposé un remplaçant du fait d'insister sur une méthode de laboratoire pure qu'on ne remarque à la fin que sa stérilité et celui-ci est le fait de se concentrer sur la méthode de l'«histoire de cas» dans l'étude de ces phénomènes. Murphy entend par cette méthode l'imitation de l'astronomie et de la géoscience dans leur étude des phénomènes qui s'étaient produits loin de l'observation scientifique. Et cela veut dire dans le cas de la parapsychologie le fait de se concentrer sur l'étude des phénomènes qui s'étaient produits spontanément dans leur environnement naturel et non celui que les scientifiques essayent de le fabriquer dans leurs laboratoires.

Si l'insistance des sceptiques sur le fait que l'étude des phénomènes parapsychologiques doit être dans le laboratoire et que toute preuve de ces phénomènes doit provenir des études de laboratoire, était une chose prévue à cause de la négligence de la part de ces chercheurs du fait qu'il est probable que ces phénomènes aient une caractéristique qui les distingue des autres phénomènes, la précipitation inconditionnée des parapsychologues vers la recherche expérimentale de laboratoire est une cause pour une critique plus sévère considérant qu'ils connaissent mieux les caractéristiques de ces phénomènes. Et la réalité est que la démarche expérimentale de laboratoire dans la parapsychologie a été critiquée même de la part de certains parapsychologues. Le parapsychologue et le philosophe Stephen Braude dit: «la recherche de laboratoire sur la parapsychologie est anticipée à un point ridicule, car les chercheurs n'ont pas une idée de la fonction organique qu'ils sont en train d'étudier. Nous ignorons non seulement les manifestations précises du psi, mais aussi nous ne connaissons pas leur but général, si elles ont un, et ni leur histoire naturelle. Nous ne savons pas si le comportement paranormal est un pouvoir (tel que la prédisposition à faire de la musique) ou il est un don inné tel que la prédisposition à voir ou à bouger les membres. Pour cela, il est clair que nous ne savons pas quel genre de pouvoirs ou prédispositions est le psi, et comment il fonctionne en dehors du laboratoire». Pour cela, Braude conclut qu'«en l'absence d'une telle connaissance antérieure du psi, nous ne pourrons pas avoir une idée si (ou à quel point) nos méthodes expérimentales convenaient à ces phénomènes» (Braude 1992a: 208).

Il est naturel que les phénomènes parapsychologiques soient à un degré de complexité qui dépasse trop le degré de complexité des phénomènes naturels et matériels purs, parce que les phénomènes parapsychologiques résultent des interactions desquelles font partie des systèmes biologiques, tels que l'homme, qui sont certainement beaucoup plus compliqués que les compositions matérielles pures qui causent la survenance des phénomènes matériels. Les mécanismes de la liaison directe entre la cause et l'effet remarqué dans les phénomènes naturels en général sont des systèmes d'interaction beaucoup plus simples que ceux dans lesquels interviennent des systèmes biologiques compliqués tels que l'homme. Car dans le dernier cas, le nombre des variables est très grand et les interactions entre ces variables sont très compliquées et elles ont lieu à un niveau autre que le niveau matériel auquel ont lieu les interactions matérielles pures. Et dans cet ordre et contrairement au regard répandu parmi les gens ordinaires, ce qu'on prévoit d'une science comme la psychologie par exemple est qu'elle soit beaucoup plus compliquée que toutes les autres sciences matérielles pures comme la physique ou la chimie. Néanmoins, cette conclusion ne signale pas la psychologie actuelle qui a échoué à diagnostiquer et traiter les maladies de l'âme humaine, mais plutôt elle signale la psychologie idéale qui représente la bonne étude objective de l'âme humaine. Donc, la parapsychologie, à travers son étude des phénomènes que l'homme fait partie de la plupart de ceux-ci d'une manière ou d'une autre, est supposée être en relation ferme avec la psychologie malgré qu'elle diffère de la psychologie certainement.

Néanmoins, les phénomènes parapsychologiques renferment aussi des interactions desquelles font partie des genres différents de ce qu'on appelle dans le langage de la physique moderne les énergies et les espaces. Et la réalité est que cela est la cause du fait que beaucoup parmi ceux qui se préoccupent des phénomènes parapsychologiques sont des physiciens. Néanmoins, ici aussi, il faut assurer que la parapsychologie diffère de la physique. Et peut-être on peut imaginer la parapsychologie être une science qui étudie des expériences physiques qui dépassent en complexité et diffèrent en qualité de celles étudiées par la physique. Et autrement dit, d'après le point de vue des sciences actuelles, on peut décrire la parapsychologie comme étant un mélange, au moins, des deux sciences la psychologie et la physique. Et il y a naturellement d'autres dimensions que renferment les phénomènes parapsychologiques et qui sont complètement loin de la perception des sciences traditionnelles et qui sont connues généralement par la théosophie. C'est-à-dire que l'appellation parapsychologie qui renferme une concentration sur l'âme humaine a en réalité des significations fausses, car les phénomènes parapsychologiques renferment un mélange de variables dont l'une est l'âme humaine. Le fait de prendre en considération toutes ces réalités est une chose essentielle et très importante pour admettre certaines caractéristiques étranges des phénomènes parapsychologiques avec un esprit large. Parce que l'obstacle qui a empêché l'acceptation de nombreux scientifiques des phénomènes parapsychologiques est que ceux-ci ont découvert des caractéristiques paranormales propres à ceux-ci dans les phénomènes naturels et même humains purs, comme nous allons voir dans le paragraphe suivant. Et en essayant d'évaluer les phénomènes parapsychologiques tout en utilisant les critères des sciences naturelles, les scientifiques ont échoué à arriver à comprendre ces phénomènes et ils se sont mis à les mettre en doute.

Une des caractéristiques des phénomènes parapsychologiques produits par la recherche de laboratoire est que la personne qui fait l'expérience peut aussi influencer les résultats de l'expérience d'une manière qui convient à la nature de son regard envers le phénomène à l'étude tant que la personne douée a une influence changeante qu'on ne peut pas la prévoir d'avance sur les résultats d'une expérience quelconque. Ce phénomène est connu par «l'effet de l'expérimentateur» (Rao & Palmer 1987: 548). Et on a remarqué que les expériences faites par des chercheurs qui «croient» à l'existence des phénomènes psi apportent des résultats positifs qui montrent l'existence des effets psi, et quand les mêmes expériences sont répétées dans les mêmes conditions de laboratoire par des chercheurs qui «nient» l'existence des phénomènes psi, les expériences ne montrent aucun résultat positif[4]. Ce phénomène a été pris par plusieurs adversaires de la parapsychologie pour un point qui menace la crédibilité des expériences faites par les parapsychologues parce qu'il est un phénomène qui est sans pareil dans les sciences traditionnelles. Et pendant que les sceptiques voient dans le phénomène de l'effet de l'expérimentateur une preuve du fait que les parapsychologues commettent des erreurs intentionnellement ou spontanément, ce qui laisse leurs expériences montrer des effets de psi qui n'apparaissent pas dans ces mêmes expériences quand les sceptiques les font, alors les parapsychologues observent ce phénomène d'un point de vue complètement différent car ils le considèrent comme une caractéristique parmi les caractéristiques des phénomènes parapsychologiques. Quant au fait que les sceptiques mettent en doute les résultats des parapsychologues, cela ne représente pas une accusation portée contre les parapsychologues autant qu'elle est une accusation portée contre les sceptiques mêmes. Car cette accusation est une arme à deux tranchants que les parapsychologues peuvent, à leur tour, l'utiliser pour critiquer les méthodes utilisées par les sceptiques pour faire les expériences et mettre en doute leur honnêteté et l'exactitude de leurs résultats. Quant au fait que les parapsychologues croient que l'effet de l'expérimentateur représente un phénomène réel qui entre dans le mécanisme des phénomènes parapsychologiques, considérant que ces derniers peuvent se produire avec ou en présence de celui qui croit à ceux-ci beaucoup plus que ceux qui se produisent en présence de celui qui ne croit pas à ceux-ci, car cela est une chose qu'il n'y a rien qui la rend une probabilité inacceptable surtout que les phénomènes

---

[4] John Palmer signale une autre caractéristique des phénomènes parapsychologiques (voir Palmer 1986b: 120), malgré que les parapsychologues n'insistent pas trop sur celle-ci comme est le cas avec le phénomène de l'effet de l'expérimentateur, et c'est que des effets psi apparaissent dans certains laboratoires mieux que dans les autres laboratoires. Cela rappelle la réalité connue que beaucoup de phénomènes parapsychologiques se produisent dans des lieux déterminés précisément, comme le phénomène des poltergeists.

parapsychologiques comme on a déjà montré, sont des phénomènes qui ne peuvent pas être décrits comme ayant un mécanisme simple, parce que beaucoup de facteurs interviennent dans leur survenance.

Deuxièmement—Peut-être une des causes les plus importantes du refus des scientifiques des phénomènes parapsychologiques était qu'ils donnent une image du monde et de la position de l'homme dans celui-ci et du genre et du degré de son influence et de l'influence du monde sur lui, qui est très différente de celle adoptée par la plupart des scientifiques. Car le scientifique qui cherche une image simple du monde qu'il peut la renfermer dans sa raison et la contrôler, ne lui plaira absolument pas un exemple qui donne une image très compliquée avec des variables que le fait de les contrôler, au moins actuellement, est une chose presque impossible. Car une des réalités qu'on ne peut pas la nier est que l'existence des interactions et d'un échange étrange de l'énergie entre l'homme d'une part et le reste des créatures et le monde d'autre part du genre que signalent les phénomènes parapsychologiques rend l'image du monde compliquée à un degré où on ne peut absolument pas la comparer avec l'image simple proposée par le regard scientifique traditionnel envers l'homme et le monde. Et par exemple, selon le regard mécanique et matériel, il y a plusieurs probabilités qui peuvent causer le détraquement d'une machine quelconque, par exemple le fait que l'ouvrier mal utilise la machine. Néanmoins, l'exemple matériel ne prend pas en considération, par exemple, la probabilité que la cause soit une influence cachée et inaperçue de l'ouvrier qui travaille sur cette machine. Une telle interaction entre l'homme et la matière n'existe pas dans l'exemple scientifique et matériel. Pour cela, les pensées de l'homme et son état psychologique, par exemple, ne peuvent pas influencer des choses comme les machines.

Quand le professeur Robert Jahn, ainsi qu'un groupe de ses collègues à l'université de Princeton, a fait des expériences de laboratoire qui ont montré clairement l'existence et la possibilité du renforcement de l'interaction entre l'homme et la machine (Jahn & Dunne 1987), il croyait que de telles expériences allaient contribuer à pousser ses collègues parmi les scientifiques à négliger le regard matériel et abstrait ou au moins à le limiter considérant qu'il est sain dans des espaces limités seulement et non d'une façon absolue. Mais au lieu que de telles expériences faites sous la surveillance d'un scientifique connu dans une des universités les plus connues du monde contribuent à changer le regard répandu dans la société scientifique envers les phénomènes parapsychologiques et par conséquent à changer le regard scientifique et matériel envers le monde, leur résultat principal était la démission de Jahn de sa présidence de la faculté d'Ingénierie à l'université pour ne plus avoir affaire avec ses collègues qui sont devenus des adversaires à cause de ses expériences.

Du même acabit, la logique scientifique n'accepte pas d'expliquer une maladie adventice d'une certaine personne en disant qu'elle est causée par le fait qu'un de ses proches a souffert d'un état maladif soudain en même temps que la première personne est tombée malade, comme si la maladie est transmise de celle-ci à celle-là d'une façon instantanée et de loin. Car dans une recherche publiée par Berthold Schwarz en 1967, ce médecin a groupé huit cas maladifs qui sont apparus en des personnes déterminées en même temps que leurs proches se sont exposés à des atteintes déterminées malgré que de grandes distances séparent ces personnes (Schwarz 1967). Le professeur de psychiatrie à l'université américaine de Virginie, Ian Stevenson, a consacré plusieurs décennies à l'étude de tels évènements (Stevenson 1970). Comme exemple de ces évènements, le médecin Larry Dossey mentionne l'évènement suivant: «une mère écrivait une lettre à sa fille qui faisait ses études dans une faculté située dans une autre ville. Soudain, la mère a commencé à sentir une douleur de brûlure dans sa main droite. Et la douleur était atroce à tel point qu'elle a laissé le crayon et s'est arrêtée d'écrire. Après moins qu'une heure, la mère a reçu un appel téléphonique de la faculté pour lui dire que sa fille s'est fortement brûlé la main droite à cause de l'acide qui est tombé sur sa main pendant qu'elle travaillait dans le laboratoire. Sa fille s'est brûlé la main en même temps qu'elle a senti la douleur de brûlure dans sa main» (Dossey 1992: 132). De telles influences et réceptivités ne peuvent pas être expliquées selon le regard scientifique médical actuel et pour cela les médecins refusent le plus souvent de reconnaître l'existence de tels phénomènes. Et le reste des scientifiques fait le même en refusant d'accepter l'existence d'une interaction entre l'homme et la matière.

Les scientifiques ne veulent pas reconnaître l'existence des phénomènes où il y a un échange de l'influence du genre mentionné ci-dessus parce qu'ils voient que ceux-ci mettent en danger le rang duquel jouit le regard scientifique matériel et traditionnel dans la société scientifique et même parmi les gens ordinaires. Néanmoins, les scientifiques en réalité tombent dans une grave erreur en adoptant cette attitude. Car les phénomènes parapsychologiques, comme assure le philosophe célèbre Stephen Braude, ne menacent pas les bases scientifiques du regard biologique pur envers l'homme plus que les menace tout phénomène ordinaire duquel fait partie la volonté de l'homme. Le problème fondamental dans le regard scientifique actuel envers l'homme est qu'il a une nature matérielle, mécanique, et physique pure. Car on attribue toutes les énergies de l'homme à des facteurs biologiques, physiologiques et matériels purs sans prendre en considération la réalité que l'homme n'est pas une composition matérielle dans le même sens qu'une machine quelconque par exemple est considérée comme une composition matérielle. Car pendant que la machine représente une composition matérielle dont les parties s'attachent les unes aux autres par des liaisons mécaniques, l'homme, même s'il était d'origine matérielle aussi, néanmoins, il possède des énergies qu'on ne peut pas les observer à travers ce point de vue mécanique pur, et celles-ci sont désignées généralement par «**le conscient**». Car le phénomène du conscient humain ne peut pas être compris du point de vue de la mécanique ; et la réalité est qu'il n'y a pas un exemple scientifique, jusqu'à maintenant, qui explique le conscient. De même, le regard mécanique réductionniste qui essaye d'attribuer toutes les énergies de l'homme à des agents matériels, a échoué rapidement à traiter les phénomènes du conscient humain, comme on va le discuter en détail dans un chapitre suivant.

Donc, les phénomènes parapsychologiques ne sont pas les seuls phénomènes qui semblent être en dehors du cadre du regard matériel envers l'homme, mais l'existence même du conscient et de la volonté est une chose que la théorie mécanique est complètement incapable de l'expliquer. Autrement dit, l'homme est lui-même comme un phénomène qu'on ne peut pas le comprendre mécaniquement (Braude 1987).

Ce que montrent les phénomènes parapsychologiques et le phénomène du conscient humain n'est pas ce que pensent et le craignent beaucoup de scientifiques et qui est le fait que ces phénomènes réfutent le modèle scientifique mécanique et matériel adopté qui a été réussi dans plusieurs domaines. Ce que montrent ces phénomènes est que la réussite de ce modèle est liée au fait de l'appliquer à un genre déterminé de phénomènes et non à tous les phénomènes qui existent. Cette réalité montre une erreur que les scientifiques l'ont souvent commise et ils la commettent encore et c'est qu'ils ne distinguent pas les limites des théories qu'ils bâtissent et par conséquent ils pensent faux qu'elles sont générales, complètes et applicables dans tous les cas. Il est triste que la science n'ait pas pu jusqu'à maintenant se débarrasser du problème de la généralisation. Et ce qui est étrange ici est que les théories scientifiques qui essayent d'expliquer le phénomène humain et qui sont basées sur le système mécanique sur lequel sont fondées les théories physiques, n'ont pas été développées jusqu'à maintenant de manière à rendre claires leurs limites malgré que les mêmes théories physiques aient subi durant les périodes de leur histoire des changements très importants. Ces changements ont montré que le fait de déterminer clairement le champ d'application de la théorie n'est pas moins important que le fait d'élucider le contenu de la même théorie. Et parmi les exemples de ces changements, il y a l'apparition des deux théories des quanta et de la relativité restreinte.

Il est connu que la mécanique classique d'Isaac Newton est restée considérée à peu près deux siècles comme une théorie complète pour expliquer le mouvement des corps dans tous les phénomènes mécaniques. Néanmoins, Albert Einstein a apporté en 1905 la théorie de la relativité restreinte qui a montré que la précision des résultats que fournit la mécanique de Newton diminue quand la vitesse des corps qu'elle étudie se rapproche de la vitesse de la lumière. Autrement dit, la mécanique de Newton est juste mais dans des limites déterminées et non d'une manière absolue. Quant à la théorie moderne des quanta dans la physique, elle a changé essentiellement la nature du regard mécanique et physique et a rendu le fait d'établir des limites et des possibilités de ce que peut fournir toute théorie, une des bases de cette théorie, et comme il est clair dans le principe d'incertitude qu'a posé le scientifique allemand Werner Heisenberg. Car le principe d'incertitude stipule que durant l'étude du micro-cosmos on ne peut pas déterminer exactement la place d'un corpuscule quelconque sauf si cette exactitude est au compte de l'exactitude dans la détermination de sa vitesse. Ce que ce principe a fait dans la physique moderne n'est pas moins révolutionnaire en ce qui concerne le fait de changer complètement le genre du regard mécanique qui était répandu en un regard complètement nouveau envers le changement que peut faire la reconnaissance de l'existence des phénomènes parapsychologiques dans la nature mécanique du regard scientifique répandu.

Troisièmement—Une des causes qui laissent un grand nombre des membres de la société scientifique refuser les phénomènes parapsychologiques est la non-existence d'une définition claire de ces phénomènes, car ils sont désignés par ce qu'ils ne représentent pas et non par ce qu'ils représentent. Et comme le psychologue John Palmer montre (Palmer 1986b: 114), un phénomène quelconque est considéré comme un des phénomènes psi non à travers le fait de prouver qu'il est vraiment ainsi mais à travers le fait de prouver qu'il ne peut pas être expliqué à partir des théories scientifiques traditionnelles. Car par exemple le chercheur célèbre de la parapsychologie, Stanley Krippner, définit **le psi** en disant qu'elles sont «des interactions entre les êtres vivants et leur environnement (y compris les autres êtres vivants) qui n'ont pas lieu en utilisant les fonctions motrices et sensorielles connues» (Krippner 1977: 2). Il est clair ici que cette définition contient deux choses: la première est que ces interactions (entre l'être vivant et l'environnement) dans les phénomènes psi n'ont pas lieu en utilisant les membres sensori-moteurs connus et la deuxième est que les agents substitutifs qui interviennent dans la survenance de ces phénomènes ne sont pas connus jusqu'à maintenant. Et la réalité est que la première partie de la définition décrit le phénomène, tandis que la deuxième partie nie qu'il est possible de donner une définition ayant une nature explicative parce que ces phénomènes sont incompris. Donc, la définition des phénomènes parapsychologiques comme la montrent beaucoup de sceptiques, contient vraiment un genre d'ambiguïté et d'incertitude. Néanmoins, cette ambiguïté et cette incertitude représentent la réalité du contenu de la connaissance scientifique actuelle de ces phénomènes. Le problème des sceptiques avec une telle définition réside dans le fait qu'ils voient qu'elle est une façon incorrecte de désigner le phénomène parapsychologique par ce qu'il ne représente pas et non par ce qu'il représente. Et en ce sens le professeur américain de psychologie, James Alcock, qui est un de ceux qui insistent sur la dénégation de l'existence des phénomènes parapsychologiques, écrit que «pour montrer qu'un phénomène déterminé est du genre psi, l'homme doit prouver d'abord qu'on ne peut pas avoir recours à toutes les explications concernant les systèmes sensori-moteurs naturels pour expliquer le phénomène»

(Alcock 1987: 55). Une telle critique représente un échec dans la compréhension des significations des deux parties de la définition de Stanley Krippner des phénomènes parapsychologiques mentionnée ci-dessus. Car la première partie de la définition de Krippner qui est critiquée par Alcock ici et qui montre la non-existence d'une cause motrice ou sensorielle naturelle pour la survenance du phénomène, les parapsychologues ne sont pas responsables de sa réfutation, comme prétend Alcock, mais ce sont les scientifiques traditionnels qui le sont. Parce que les phénomènes parapsychologiques se distinguent par l'absence totale de toute cause connue de leur survenance. Donc, la prétention de la parapsychologie de la non-existence d'une cause naturelle qui explique le phénomène est une description du phénomène seulement et elle ne blâme pas la parapsychologie. Ce que les sceptiques peuvent montrer est l'incapacité des parapsychologues de donner une explication des phénomènes parapsychologiques et c'est ce sur quoi tombent d'accord les scientifiques de la parapsychologie, néanmoins, en même temps, elle ne critique pas la parapsychologie.

L'attitude d'Alcock mentionnée ci-dessus est une chose très ordinaire chez ceux qui mettent en doute la parapsychologie et qui, pour s'assurer du phénomène parapsychologique, demandent une précision qu'ils ne la demandent pas des recherches scientifiques dans les autres domaines. Car Hansel dit à propos de la perception extra-sensorielle: «l'existence de toute possibilité d'expliquer les résultats des expériences quelconques comme n'étant pas un signe de la survenance d'une perception extra-sensorielle, veut dire que ces expériences ne peuvent pas être considérées comme une preuve de l'existence d'une perception extra-sensorielle». Cette attitude basée sur la philosophie du philosophe britannique David Hume n'est suivie par les scientifiques que lors du traitement des phénomènes de la parapsychologie. Et quand les scientifiques acceptent la théorie explicative d'un phénomène déterminé, ils n'imposent pas des conditions que cette théorie soit la seule qui peut expliquer le phénomène. Cela est considéré du côté scientifique comme une chose impossible, car on peut proposer un nombre infini de modèles théoriques qu'on peut expliquer. Ensuite, il y a un point faible essentiel dans cette philosophie douteuse qui la rend inutilisable dans l'explication et l'évaluation des résultats des expériences scientifiques. Car ce regard peut avoir des doutes infinis sur les résultats de toute expérience. Quoi qu'on puisse contrôler les conditions d'une expérience quelconque pour exclure l'existence des agents déterminés qui influencent l'évaluation et l'explication des résultats de l'expérience, il va y avoir certainement des choses déterminées qu'on ne peut pas les exclure et parmi celles-ci il y a, par exemple, le fait d'accuser ceux qui font l'expérience d'avoir altéré les résultats ou qu'elle était à cause de la survenance des coïncidences déterminées.

L'attitude de ceux qui mettent en doute les phénomènes parapsychologiques peut être résumée en une phrase attribuée à Phillip Abelson, le rédacteur du magazine scientifique connu «Science» où il a dit: «les phénomènes surnaturels exigent une preuve surnaturelle» (Abelson 1978). Quant à l'essence de cette preuve «surnaturelle», elle est ce que même les sceptiques ne le déterminent pas comme remarque John Palmer (Palmer 1986a) qui signale que les sceptiques ne déterminent pas ce qu'ils peuvent accepter comme étant «une preuve convaincante» qu'un phénomène déterminé est un phénomène parapsychologique, c'est-à-dire qu'il renferme des influences qu'on ne peut pas les expliquer avec les théories scientifiques traditionnelles. Car même si les sceptiques se montrent conciliants et reconnaissent l'existence des phénomènes tels que la télépathie, ils s'empressent de prétendre que même s'il était difficile d'expliquer ces phénomènes d'une manière scientifique à travers les théories scientifiques traditionnelles et actuelles, le développement de ces théories dans l'avenir va rendre possible l'explication de ces phénomènes «naturellement» et sans avoir besoin de supposer des explications «paranormales».

Quatrièmement—Les phénomènes parapsychologiques semblent violer les lois essentielles sur lesquelles est fondée la science moderne ou que ces lois exigent des modifications convenables pour qu'elles renferment les phénomènes parapsychologiques. Par exemple, la plupart des parapsychologues observent les phénomènes tels que la télépathie et la psychokinésie comme des phénomènes qui renferment la transmission d'une énergie entre les parties du phénomène, comme suppose Robert Becker par exemple (Becker 1992). Néanmoins, ces phénomènes semblent violer la loi en carré inverse qu'on a déjà mentionnée. Et d'après plusieurs scientifiques, cela est une cause profonde pour mettre en doute ces phénomènes et les refuser. De même, les phénomènes parapsychologiques semblent violer certaines limites des prédispositions naturelles des humains selon ce sur quoi les théories scientifiques tombent d'accord (Broad 1953).

Cinquièmement—Les gens en général, y compris les scientifiques, ont peur des phénomènes psi et les preuves de l'existence de ces phénomènes les laissent sentir une faiblesse et une incapacité devant ceux-ci. Car est-ce que l'homme a intérêt qu'un phénomène tel que la télépathie soit réel, ce qui veut dire que les autres peuvent parvenir sans sa permission à connaître ce à quoi il pense? Tout individu possède ses secrets et ses affaires honteuses qui s'établissent dans son for intérieur et c'est la dernière chose qu'il souhaite que les autres puissent les découvrir. Et l'histoire suivante que raconte le professeur Charles Tart montre clairement la peur cachée chez l'homme des phénomènes paranormaux sans qu'il y ait un motif pour commenter plus cette affaire:

«Avant quelques années, j'ai été invité à une réception qui a eu lieu après que j'ai donné une conférence aux élites de la société des scientifiques de la parapsychologie. J'ai mentionné que j'avais remarqué une peur du psi qui apparaissait en moi de temps en temps, et je me suis demandé si toute autre personne avait senti aussi la même chose. Néanmoins, elles étaient indifférentes à ma question et personne ne m'a répondu. Est-ce que j'étais la seule personne qui avait peur du psi? Cela a semblé une probabilité lointaine. Ensuite, je me suis demandé si certains gens ont vraiment peur, toutefois, ils ne veulent pas faire face à leur peur. Et pour que j'éprouve la justesse de cette probabilité, j'ai préparé une «expérience de croyance» et je l'ai faite tout de suite.

J'ai commencé à faire l'expérience en demandant à mes collègues de croire à ce que je leur ai dit autant qu'ils peuvent et pour dix minutes, et ensuite d'observer leurs réactions contre cette croyance. Ensuite, j'ai commencé à expliquer que j'ai développé un nouveau médicament appelé «Tilibsin». Ce médicament a un seul effet principal et permanent: il rend tous ceux qui le prennent capables de deviner, à travers la télépathie, «tous» les pensées et les sentiments de toute personne présente à une distance de cent yards. En plus, il n'y avait pas un neutralisant pour le médicament. Ensuite, j'ai demandé: «Qui veut prendre le médicament?» Personne n'a levé la main, mais une discussion générale a commencé au sujet des probabilités et des résultats. Il était clair que la discussion est pour éviter ma question. Ensuite, j'ai demandé de nouveau: «Qui veut prendre le médicament?» et il y avait plus de discussions générales. Pour cela, j'ai enfin crié: «Qui veut prendre le médicament?» et aussi personne n'a levé la main et il y a eu un silence. Quand les gens ont observé leurs sentiments intérieurs, ils ont aperçu que quand ils se sont trouvés devant la probabilité que la télépathie soit un moyen radical, même dans une expérience de croyance, ils ont fait des réserves basées sur la peur. Et ainsi l'idée que j'ai voulu la donner est devenue claire.

Cette expérience a été faite avec des gens qui se préoccupent du psi d'une manière exceptionnelle et qui sont prêts à sacrifier leur réussite dans leur vie pratique pour travailler dans ce domaine plein de problèmes. Car si les parapsychologues avaient peur, alors dans quel état se trouvent les gens ordinaires? Qu'en est-il des gens qui nient le psi avec enthousiasme?» (Tart 1986: 3).

Ce qui a été mentionné ci-dessus renferme la plupart des objections les plus importantes desquelles les scientifiques sceptiques arguent quand ils refusent l'existence des phénomènes parapsychologiques. Néanmoins, la discussion a montré que la plupart de ces objections ne sont pas en réalité des preuves contre l'existence des phénomènes parapsychologiques précisément, mais elle a montré que certains de ces phénomènes au moins se distinguent par des caractéristiques paranormales. De même, la cause du refus de ces phénomènes est le regard matériel et mécanique faux envers l'homme et le monde. Néanmoins, il y a vraiment beaucoup de bonnes critiques qu'on peut faire aux méthodes suivies dans les recherches de la parapsychologie. Et peut-être une des plus importantes critiques est le fait que les recherches se sont écartées de l'étude des phénomènes parapsychologiques qui existent naturellement, tels que les prédispositions des personnes douées et les évènements qui se produisent spontanément, et que la parapsychologie était fondée à l'origine pour les étudier, et elles se sont dirigées vers la tentative pour créer les phénomènes parapsychologiques et les étudier dans le laboratoire. Pour cela, certains parapsychologues qui se préoccupent des phénomènes spontanés, et parmi eux le psychologue Ian Stevenson, ont incité à retourner à l'étude des «cas spontanés» de phénomènes parapsychologiques (Stevenson 1987). Car malgré qu'il y ait des recherches à travers lesquelles ont été étudiées les prédispositions parapsychologiques desquelles jouissent certains individus doués, la plupart des recherches de la parapsychologie se sont concentrées sur l'étude des prédispositions des gens ordinaires, c'est-à-dire qu'ils n'ont pas des prédispositions parapsychologiques distinguées, à produire des effets psi dans le laboratoire. De sorte que dans ces expériences on utilise des techniques différentes comme la méditation, l'hypnose et autres et on étudie l'influence qu'ont ces techniques sur les pouvoirs psi que produisent les sujets de l'expérience. Cela s'ajoute à ce qu'on a déjà mentionné en disant que le fait de supposer que les phénomènes parapsychologiques peuvent nécessairement être étudiés dans le laboratoire est une supposition sans justification.

Une des causes qui ont laissé les parapsychologues diriger les recherches vers le laboratoire est que leur préoccupation principale ne consistait pas à étudier scientifiquement et abstraitement les phénomènes parapsychologiques mais à «contrôler» ces phénomènes pour inventer des pouvoirs parapsychologiques. Et le fait que les scientifiques ont eu recours à des individus ordinaires qui n'ont pas des prédispositions parapsychologiques distinguées pour les soumettre à la recherche scientifique, a mené à diriger les expériences dans ce domaine vers la recherche des effets très faibles de psi. Et ces effets sont tellement faibles qu'on ne peut les sentir que lorsqu'on fait certaines comparaisons statistiques qui étudient si les résultats de l'expérience diffèrent de ce qu'on prévoit qu'il aurait lieu d'habitude par hasard. Et pour élucider cette méthode, il y a ci-dessous une explication concise des moyens que les parapsychologues ont suivis et suivent pour étudier les deux phénomènes de psychokinésie et de clairsentience.

Les premiers moyens qui étaient utilisés pour expérimenter la psychokinésie des individus différents étaient à l'aide du dé. De sorte que l'expérimentateur lance le dé ou utilise plusieurs fois un appareil quelconque et demande à la personne soumise à l'expérience d'essayer d'influencer «mentalement» le dé pour qu'il se fixe pour le plus grand nombre possible de fois sur un numéro déterminé précisément. Les lois de probabilité stipulent que la probabilité de la fixation du dé sur une de ses six faces est 1/6, c'est-à-dire à peu près 17%, bien sûr cela en supposant que le dé est fabriqué très minutieusement de sorte qu'il n'y a aucun défaut de fabrication en celui-ci qui rend sa fixation sur une des faces précisément plus probable. Le taux de 1/6 représente «la probabilité du hasard» pour l'apparition d'une face déterminée des faces du dé quand il est lancé. Autrement dit, quand on lance le dé soixante fois, selon les lois de probabilité on prévoit que le dé se fixerait dix fois sur chacune de ses faces. Et si la personne qui participe à l'expérience a pu augmenter le nombre de fois de la fixation du dé sur une face déterminée par elle, cela est considéré comme une violation des lois du hasard, c'est-à-dire une preuve de la survenance d'un effet psi. Bien sûr, chaque fois que le nombre de l'apparition du numéro recherché dépasse le dix, la différence entre la probabilité du hasard et la probabilité à l'étude augmente aussi. Et les parapsychologues ont développé les moyens utilisés dans ce domaine et ils ont même introduit l'ordinateur. Et dans son laboratoire à l'université de Princeton, le professeur Robert Jahn a créé un appareil contrôlé par l'ordinateur pour lancer des boules qui se fixent selon la loi de probabilité à des taux déterminés dans des lieux déterminés. Et comme il a lieu dans le cas du dé, le but de l'expérience de psychokinésie est la tentative faite par la personne pour changer et répartir les boules de sorte qu'elle augmente leur nombre à un endroit et le diminue à un autre en violant de cette façon la loi de probabilité du hasard.

Quant aux phénomènes de perception extra-sensorielle comme la télépathie, la clairsentience et la précognition, la méthode de leur étude qui est restée répandue pour longtemps est en utilisant un genre particulier de cartes comme les cartes à jouer. Et les cartes qui sont utilisées généralement dans ces expériences sont connues par les cartes Zener conçues par Karl Zener, le professeur de psychologie à l'université Duke, qui a créé l'ensemble de ces cartes lorsqu'il travaillait avec Joseph Rhine. Les cartes Zener sont composées d'un ensemble de vingt-cinq cartes dont chacune porte un des cinq symboles de sorte que l'ensemble des cartes sera distribué également en moyenne cinq cartes pour chaque symbole. Et les symboles utilisés sont: un carré, un cercle, une étoile, une croix et trois lignes ondulées. Bien sûr, l'ensemble des vingt-cinq cartes sera mélangé avant de les utiliser dans les expériences où l'ordre des cartes est supposé être au hasard et inconnu de la part des parties de l'expérience. Et si la prédisposition qu'on veut expérimenter était la télépathie, on demande à une des personnes de découvrir et d'observer l'ensemble des cartes par ordre tandis qu'on demande à la personne, dont on expérimente les pouvoirs, de deviner les pensées de l'autre personne et par conséquent essayer de déterminer le symbole de chaque carte que tire la première personne ; et dans le cas où on expérimente la prédisposition à la clairsentience, les cartes sont tirées sans que personne les voie même celui qui les tire tandis que la personne soumise à l'expérience essaye de déterminer le genre de chaque carte qu'on tire ; mais dans le cas de l'expérimentation de la prédisposition à la précognition, la personne doit déterminer d'avance le genre des cartes qui vont apparaître avant qu'une autre personne les tire. Il est clair que selon la probabilité du hasard, le taux de la réussite prévue de la personne dans la détermination des symboles de l'ensemble des cartes Zener est 5 sur 25, c'est-à-dire 20%, et si le taux de la réussite a dépassé la probabilité du hasard à une limite déterminée, on considère le résultat comme une preuve de la survenance d'un effet psi et on recourt aux tableaux statistiques pour déterminer si le fait de dévier de la probabilité du hasard était significatif du côté statistique, c'est-à-dire qui a un sens, ou insignifiant, c'est-à-dire qui n'a pas de sens.[5]

Néanmoins, les parapsychologues voient actuellement qu'un des meilleurs moyens de l'expérimentation des phénomènes de la perception extra-sensorielle actuellement est celui qui utilise une machine particulière appelée le générateur d'événements aléatoires et créée particulièrement pour ce but par le physicien Helmut Schmidt quand il travaillait dans les laboratoires Boeing de recherche scientifique.

Cette machine est composée de quatre lampes que l'une s'allume et la personne dont les prédispositions sont expérimentées doit déterminer la lampe qui va s'allumer en appuyant sur le bouton qui est en face de celle-ci. Et Schmidt a inventé cette machine de manière à assurer qu'il

---

[5] En réalité, le fait que le taux de réussite de la clairvoyance de la personne soit inférieur à 20% est considéré aussi comme une preuve de la survenance d'un effet de perception extra-sensorielle, mais en sens inverse. Et ce phénomène est connu par «psi-missing». Donc, le fait que les résultats diffèrent, dans un des sens, du taux du hasard, est considéré comme une preuve de la survenance d'un effet de perception extra-sensorielle d'une certaine façon.

y a une probabilité égale pour chaque lampe de s'allumer (Schmidt 1969). Et comme dans le cas des expériences de psychokinésie, le fait que la personne obtienne des résultats qui dépassent ce qu'on prévoit qu'il aurait lieu par hasard selon les lois de probabilité est considéré comme un signe de la survenance du phénomène psi.

Les techniques de l'expérimentation mentionnées ci-dessus ne sont que des modèles pour donner une idée de ce qu'on utilise dans les expériences de la parapsychologie, car il y a un grand nombre de techniques inventées par les parapsychologues pour assurer que l'expérience est neutre et qu'il n'y a pas de tromperie . . . etc. Il est naturel que certaines expériences diffèrent de ce qu'on prévoit selon les lois de probabilité du hasard et d'autres ne diffèrent pas. Et quand les lois statistiques montrent que la différence de la probabilité du hasard n'est pas importante, certains chercheurs recourent au groupement de plusieurs expériences et à leur évaluation ensemble statistiquement par ce qui est connu par la méta-analyse en vue d'obtenir une évaluation statistique et positive des expériences. Néanmoins, la remarque importante ici est que dans la grande majorité des expériences dans lesquelles apparaît une différence de la probabilité du hasard, cette différence est très légère et pour cela on doute trop du fait que de telles différences ont vraiment des significations déterminées. Et par exemple, les expériences connues de la télépathie faites par Soal (Soal & Bateman 1954) ont montré qu'au lieu que la personne puisse deviner correctement selon la probabilité du hasard 5 sur 25 symboles parmi les symboles des cartes Zener, le résultat était 7/25, c'est-à-dire le taux était 28% au lieu de 20%. La plupart des recherches de laboratoire de la parapsychologie sont une recherche de tels écarts statistiques limités.

La contradiction dans laquelle sont tombés les parapsychologues ici est qu'ils sont partis dans leurs recherches du désir de prouver des phénomènes parapsychologiques très clairs dans les prédispositions des personnes douées ou dans des évènements déterminés, néanmoins, ils ont fini par essayer de prouver l'existence de ces phénomènes originaux à travers les effets très faibles qui apparaissent parfois dans leurs expériences. Le problème réside ici dans le fait que ces écarts simples des taux du hasard peuvent être négligés et observés comme étant le résultat de diverses causes qui n'ont pas de relation avec le psi ou on peut même les négliger comme font les sceptiques généralement. Et de cette façon les preuves les plus convaincantes de l'existence des phénomènes psi sont restées en dehors des laboratoires de la recherche scientifique. De même, il y a un autre point important qui est que les recherches de la parapsychologie se sont concentrées sur des phénomènes déterminés précisément et qui sont ceux qui semblent susciter le plus l'admiration des gens ordinaires, par exemple la psychokinésie et la télépathie, et elles ont négligé les autres phénomènes qui peuvent être beaucoup plus utiles pour prouver l'existence des phénomènes parapsychologiques. Et on va signaler en détail un ensemble de ces phénomènes dans le cinquième chapitre.

1-6 Le refus non scientifique des phénomènes parapsychologiques

L'obstination des scientifiques traditionnels dans leur refus des phénomènes parapsychologiques et quiconque essaye de les étudier était grande. Plutôt les scientifiques qui s'intéressent aux phénomènes parapsychologiques et décident de les étudier sont le plus souvent opprimés et leur réputation scientifique est compromise et ils s'exposent à des tentatives de la part de leurs collègues pour les obliger à cesser de se préoccuper de ces phénomènes. Et le sociologue américain, le professeur Marcello Truzzi confirme cette réalité regrettable en signalant qu'en plus du regard de beaucoup de scientifiques envers celui qui croit à l'existence des pouvoirs parapsychologiques ou prétend les posséder, autres que les scientifiques, comme étant «un imbécile, un prestidigitateur, ou un imposteur», ils décrivent tout scientifique qui croit à l'existence de ces phénomènes comme étant «bizarre et incompétent» (Truzzi 1990). Quant au professeur à l'université de Virginie, Ian Stevenson, il a signalé une chose très importante en disant: «nous avons remarqué qu'il est impossible de limiter l'utilisation des deux termes «la parapsychologie» et «le parapsychologue», et quand ces deux termes ont semblé octroyer le titre du scientifique, ils étaient adoptés fortement par la lie des gens qui même s'ils étaient enthousiastes et (le plus souvent) avaient de bonnes intentions, ils n'ont reçu que peu de formation scientifique ou même ils n'ont absolument pas reçu une formation scientifique auparavant» (Stevenson 1988: 311). Et Stevenson justifie par cela ce qu'il a remarqué et c'est le fait que beaucoup de jeunes scientifiques qui se préoccupent des recherches psychiques étaient obligés de rompre toute relation avec ces recherches ou on leur a conseillé de faire cela par crainte de leur avenir scientifique et c'est ce que John Palmer a signalé aussi (Palmer 1986a: 39).

Ce qu'a signalé Stevenson est certainement juste. Plutôt il était peut-être prudent et poli en quelque sorte quand il a dit que «la majorité» de ceux qui se sont octroyés le titre de «parapsychologue» ont de bonnes intentions. Car peut-être le fait de remplacer le mot «majorité» par le mot «certain» allait rendre la phrase de Stevenson plus réelle et plus claire. La réalité montre que le terme «parapsychologie» était utilisé d'une manière banale de la part de nombreux parmi ceux qui ne sont pas des chercheurs scientifiques sérieux dans ce domaine et comme si le fait qu'ils portent le titre de «parapsychologue» les rend des scientifiques. Dans toutes les librairies en Europe et aux Etats-Unis d'Amérique existent actuellement des dizaines de livres commerciaux qui traitent d'une manière ou d'une autre les phénomènes parapsychologiques pour cela ils sont classés sous le nom de «parapsychologie», pendant que les auteurs de ces livres se présentent comme étant des «parapsychologues». Il n'y a pas de contradiction dans ce que le professeur de sociologie Truzzi et le professeur de psychologie Stevenson ont dit, néanmoins, le fait d'unir les deux dires de ces deux scientifiques nécessite une certaine explication. Malgré que Stevenson ait posé un phénomène qui a influencé largement et sûrement l'évitement de beaucoup de scientifiques d'entrer par la porte des recherches parapsychologiques et de travailler dans ce domaine, et l'hostilité signalée par Truzzi envers les scientifiques qui travaillent dans ce domaine est une chose complètement différente. Car il n'y a aucune justification de l'oppression de tout chercheur qui veut faire une étude scientifique et sérieuse dans n'importe quel domaine. La réalité regrettable est que même si les scientifiques qui refusaient de soumettre les phénomènes parapsychologiques à la recherche scientifique essayaient de décrire leur attitude en disant qu'elle provient d'une objectivité scientifique et neutre comme quand ils ont adopté certains points douteux de la discussion qui étaient exposés dans le chapitre précédent, il y a beaucoup de choses qui démontrent que les scientifiques qui adoptent cette attitude, sont le plus souvent poussés à celle-ci par une réaction non scientifique et un refus total que la moindre chose qu'on peut dire à ce propos est qu'il n'est pas basé sur des justifications scientifiques.

De nombreuses enquêtes ont montré que les scientifiques en général ne reconnaissent pas l'existence des phénomènes parapsychologiques (voir par exemple Otis & Alcock 1982). De même, ces recherches ont montré que les psychologues refusent les phénomènes parapsychologiques plus que les spécialistes des sciences naturelles. Il est utile, dans ce contexte, de prendre connaissance des études les plus importantes et de les comparer pour pouvoir évaluer leurs significations. Pour cela, on a choisi quatre parmi les enquêtes les plus connues qui avaient pour but de découvrir le regard que portent les membres dans la société scientifique sur les phénomènes parapsychologiques. Et ces études s'associent dans de nombreuses questions qui étaient posées à ceux qui ont participé à l'enquête, ce qui facilite la comparaison de leurs résultats.

Dans une des premières études, les deux chercheurs Warner et Clark (Warner & Clark 1938) ont clarifié les avis des membres dans l'association américaine de psychologie sur les phénomènes de perception extra-sensorielle et la parapsychologie en général. Et 352 parmi 603 membres de l'association ont répondu à l'enquête qu'on leur avait envoyée (c'est-à-dire 58% des membres ont répondu à l'enquête). En 1952, Warner a clarifié une deuxième fois les avis des membres dans la même association. Warner a envoyé cette fois-ci l'enquête à 515 membres dans l'association et seulement 349 ont répondu à l'enquête, c'est-à-dire 68% des membres ont répondu à celle-ci (Warner 1952). Et dans une troisième étude qui est la plus grande dans son genre et qui est faite par Wagner et Monnet en 1973 (mais elle est publiée en 1979), on a rassemblé les avis de ceux qui portent le titre de «professeur» et qui viennent de cent vingt facultés et universités aux Etats-Unis d'Amérique (Wagner & Monnet 1979) et qu'on les a choisis au hasard. Et la quatrième étude qu'on va traiter ici est celle qui est faite par le psychologue James McClenon en 1981 (elle est publiée en 1982) et qui a parlé des élites des scientifiques américains parmi les membres de l'assemblée de l'association américaine pour l'avancée de la science et certains de ses comités. 353 membres dans l'association ont rempli le questionnaire de McClenon parmi 497 membres à qui on a envoyé le questionnaire, c'est-à-dire que 71% des membres ont rempli le questionnaire (McClenon 1982). Le tableau n°1 montre les résultats des quatre études du regard des scientifiques envers les phénomènes de perception extra-sensorielle.

Il y a de nombreuses remarques qu'on peut faire à travers la comparaison des résultats des quatre études dans le tableau n°1.

Tableau n°1: Les pourcentages des avis des élites des scientifiques sur les phénomènes de perception extra-sensorielle dans quatre enquêtes

A ton avis, l'existence de la perception extra-sensorielle est:	Etude de Warner et Clark (1938)	Etude de Warner (1952)	Etude de Wagner et Monnet (1979)	Etude de McClenon (1982)
Une réalité prouvée	1	3	16,3	3,8
Une probabilité existante	7	14	49,3	25,4
Inconnue	40	34	10,9	21,2
Une probabilité lointaine	36	39	19,4	41
Impossible	14	10	4,1	8,6

Premièrement, il y a un taux déterminé de gens dans chacune des quatre assemblées qui croient qu'il est «impossible» que les phénomènes de perception extra-sensorielle existent et à un taux de 9,2% pour les quatre assemblées. Cette remarque a une importance particulière parce que la prétention qu'il est «impossible» qu'un phénomène tel que la perception extra-sensorielle existe est une prétention qu'on ne peut absolument pas la soutenir par un argument. De même, le fait de croire que le phénomène est «impossible» contredit complètement l'épanouissement de l'esprit et la prévision de ce qui est nouveau et inconnu parmi les phénomènes et les réalités qu'on prévoit que le scientifique les aurait. Et si on ajoute au taux des gens qui ont décrit le phénomène comme étant «impossible», le taux des gens qui l'ont décrit comme étant «une probabilité lointaine», de sorte que chacune des deux descriptions soit en guise d'un refus du phénomène, nous trouvons que le taux des gens qui refusent l'existence du phénomène augmente trop jusqu'à parvenir à 50% dans le cas de l'association américaine pour l'avancée de la science.

Deuxièmement, un regard rapide sur les trois premières études montre un changement positif et remarquable avec le temps et qui est représenté par le taux très élevé du nombre des scientifiques qui croient ou ont tendance à croire à l'existence réelle du phénomène [les deux premiers rangs du tableau n°1] avec le taux bas de ceux qui mettent en doute le phénomène ou le refusent [les deux derniers rangs du tableau n°1]. Quant au taux de ceux qui n'ont pas une attitude déterminée envers le phénomène et qui s'est abaissé trop de 40 à 34 à 10,9 [le troisième rang du tableau n°1], il est clair d'après les pourcentages que ce taux bas s'est transformé en un taux élevé de ceux qui ont tendance à croire au phénomène. Néanmoins, il est nécessaire ici d'assurer que ce changement positif avec le temps et qui est montré par la comparaison peut être beaucoup plus grand du taux réel du changement, car les deux premières études concernent les psychologues tandis que la troisième étude concerne ceux qui portent le titre de «professeur» et qui ont diverses spécialisations. Car ce qu'on connaît à propos des psychologues est qu'en général ils doutent et refusent les phénomènes parapsychologiques plus que les autres spécialistes. Et pour cela on pourrait connaître exactement le changement positif réel avec le temps si la troisième étude concernait les psychologues aussi, ou si les deux premières études concernaient ceux qui portent le titre de «professeur» et qui ont diverses spécialisations. Car en réalité 5% seulement parmi ceux qui portent le titre de «professeur de psychologie» et qui ont participé à la troisième étude de Wagner en 1973 croient à l'existence du phénomène de perception extra-sensorielle, et on ne peut pas considérer cela comme un grand progrès par comparaison avec le taux de 1% dans l'étude de Warner et Clark en 1938 et 3% dans l'étude de Warner en 1952. Car les spécialistes des sciences naturelles sont la cause de l'augmentation du taux de l'attitude positive envers les phénomènes parapsychologiques dans l'étude de Wagner.

Troisièmement, les pourcentages de la quatrième colonne qui reviennent aux membres de l'association américaine pour l'avancée de la science diffèrent trop des pourcentages concernant ceux qui portent le titre de «professeur» dans les facultés et les universités américaines. Car les pourcentages de l'association américaine pour l'avancée de la science montrent un regard très négatif envers les phénomènes de perception extra-sensorielle. Car moins de 4% des membres de l'association croient que l'existence de ces phénomènes est prouvée scientifiquement, tandis que plus de 8% des membres croient que le phénomène est impossible et 49,6% des membres croient que les phénomènes sont impossibles ou il est peu probable qu'ils se produisent. Cette différence montre que les élites de la société scientifique et ceux qui y décident ont plus un regard négatif envers la parapsychologie, car c'est l'association américaine pour l'avancée de la science qui prend les décisions principales pour déterminer la démarche que vont suivre les recherches futures et laquelle de ces démarches va être soutenue par l'association et laquelle de celles-ci ne va pas être soutenue, autrement dit laquelle des recherches proposées va être acceptée et laquelle de celles-ci va être refusée. Il est certain que le fait de dire que les membres de l'association américaine pour l'avancée de la science ont un niveau scientifique plus haut que ceux qui portent le titre de «professeur» dans les universités et les facultés américaines est une fausse prétention. Car chacun des deux groupes est supposé représenter les classes les plus hautes de la société scientifique américaine. Pour cela, on ne peut pas attribuer le refus exagéré du phénomène de la part des membres de l'association américaine pour l'avancée de la science à des causes scientifiques, mais il semble que la chose essentielle dans son apparition est que le refus de la parapsychologie et de ses phénomènes «étranges» est un des traits que le scientifique, dans certains milieux scientifiques et traditionnels, fait un grand effort pour le rendre une de ses caractéristiques permanentes.

Quant au tableau n°2 mentionné ci-dessous, il montre les résultats de la réponse à la question concernant la légitimité de faire des recherches spécialisées sur les phénomènes de perception extra-sensorielle. Un des contrastes drôles montrés par ce tableau est que pendant que 84% de ceux qui portent le titre de «professeur» dans les universités et les facultés croient que les phénomènes de perception extra-sensorielle méritent l'attention scientifique, 69% seulement des membres de l'association américaine pour l'avancée de la science partagent leur avis, tandis que 14% de ceux-ci voient que ces phénomènes ne méritent pas qu'on consacre un effort et des moyens scientifiques à leur étude. Et ce qui est drôle ici est que ce sont ceux qui sont des professeurs dans les universités et les facultés qui conduisent la totalité des recherches dans ces institutions scientifiques, néanmoins, les domaines dans lesquels ils peuvent travailler sont déterminés selon ce sur quoi les hautes organisations administratives seront d'accord comme l'association américaine pour l'avancée de la science qui a le dernier mot dans la détermination de la légitimité des domaines de la recherche scientifique et la distribution des dons d'argent nécessaires. Une des réalités historiques qui sont dignes d'être mentionnées et qui montrent l'attitude négative de l'association américaine pour l'avancée de la science envers la parapsychologie est son attitude envers l'association parapsychologique. Car on a refusé la demande de l'association parapsychologique qui a été fondée en 1957 de la part des parapsychologues qui sont en même temps des scientifiques ayant des spécialisations différentes, faite pour adhérer à l'association américaine pour l'avancée de la science trois fois avant que son adhésion soit acceptée en 1969.

Tableau n°2: Les pourcentages de la réponse des scientifiques à la question «Est-ce que les phénomènes de perception extra-sensorielle sont considérés comme un sujet de recherche scientifique légitime?»

La réponse	Etude de Warner et Clark (1938)	Etude de Warner (1952)	Etude de Wagner et Monnet (1979)	Etude de McClenon (1982)
Oui	89	89	84	69
Non	10	9	8	14

Les scientifiques qui décident d'avance que les phénomènes de perception extra-sensorielle sont des phénomènes impossibles ou que la recherche scientifique sur ceux-ci est illégitime, en réalité ils refusent d'avance tout ce qui peut assurer que de tels phénomènes sont réels. Et cela, à son tour, veut dire qu'ils ne seront pas prêts à accepter une preuve scientifique de l'existence de ces phénomènes, et c'est une chose qui contredit complètement la tâche du scientifique dans la société de chercher les nouveaux phénomènes et de les expérimenter impartialement et objectivement sans des avis préconçus, et de les juger à travers ce que montrent les preuves scientifiques. Et cette attitude rappelle ce que le psychologue célèbre, le professeur Charles Tart a dit: «un grand nombre de scientifiques n'acceptent pas la réalité de l'existence de ces phénomènes [psi] et cela à cause d'un refus anticipé de la probabilité de l'existence du psi et d'une indifférence au résultat des preuves expérimentales [de l'existence de ces phénomènes]» (Tart 1973a: 469). Il y a de nombreux exemples des scientifiques qui ont adopté cette attitude non scientifique envers la parapsychologie et un de ceux-ci est le docteur Hansel qui a commencé sa recherche sur les phénomènes de perception extra-sensorielle en partant de la supposition suivante: «à travers les discussions qui existaient déjà contre ceux-ci [c'est-à-dire contre les phénomènes psi], nous savons d'avance que la télépathie . . . etc., ne peut pas se produire» ! Alors, comment attend-on une évaluation scientifique honnête et neutre d'un chercheur qui suppose d'avance qu'il sait que le phénomène n'existe pas? Un autre exemple est William Price qui a publié un article connu auquel ont recours souvent les parapsychologues pour montrer l'attitude non scientifique que beaucoup de scientifiques adoptent envers les phénomènes parapsychologiques. Malgré que Price prétende qu'il propose aux parapsychologues le genre des expériences que si elles réussissent elles peuvent le convaincre ainsi que les scientifiques qui étudient comme lui les phénomènes psi, il dit à propos de son attitude envers ces phénomènes: «Mon avis sur les résultats des parapsychologues est que beaucoup parmi ceux-ci sont causés par des fautes d'orthographe et des erreurs de calcul et par le fait que les chercheurs donnent inconsciemment les réponses aux sujets de l'expérience et que la cause de l'apparition de tous les résultats qui dépassent le taux de probabilité du hasard et qu'on ne peut pas les expliquer selon ce qui a été mentionné, est une falsification intentionnelle des résultats ou des états mentaux anormaux du genre modéré» (Price 1955: 360). Et Price entend par les états mentaux anormaux ici que les parapsychologues ou les personnes qu'ils étudient auront une attaque d'hystérie ou une illusion qui les laissent imaginer des choses absurdes. Et dans une autre partie de son article, Price dit à propos des phénomènes parapsychologiques qui contredisent certaines bases scientifiques: «si la parapsychologie et la science moderne ne se mettent pas d'accord, alors pourquoi ne refusons-nous pas la parapsychologie? Nous savons que la supposition remplaçante qui dit que certains gens mentent ou trompent eux-mêmes est une chose naturelle dans le cadre de la science. Le choix ici est entre la croyance à une chose «vraiment révolutionnaire» et «radicalement contraire à la pensée contemporaine» et la croyance à la survenance d'une falsification et d'une tromperie de soi-même. Laquelle des deux est plus logique?» (Price 1955: 361). Price croit certainement qu'il est plus logique de supposer que les chercheurs de la parapsychologie et les personnes qui possèdent des pouvoirs parapsychologiques mentent. Et un des dires les plus connus d'un scientifique célèbre qui montre un jugement négatif et préconçu sur les phénomènes parapsychologiques est le dire du physicien allemand Hermann von Helmholtz à propos de la télépathie: «ni le témoignage de tous les membres de la société royale [des sciences] ni une preuve de mes sens, n'est garant de me convaincre de la transmission des pensées d'une personne à une autre sans les moyens sensoriels perçus». Et une des remarques moqueuses ayant un sens profond est que ces scientifiques qui refusent totalement et en détail les phénomènes parapsychologiques sont désignés par le terme «sceptiques» qui montre que ces chercheurs ont un doute sur la réalité des phénomènes parapsychologiques néanmoins, ils peuvent reconnaître leur existence s'il y a une preuve scientifique, néanmoins, la réalité est que ces chercheurs «refusent» ou «nient» ces phénomènes à tout prix.

Néanmoins, une des réalités qu'il faut montrer ici est que même si la majorité de la société scientifique ne reconnaissait pas que l'existence des phénomènes parapsychologiques est parvenue au niveau des «réalités prouvées», il y a aussi de nombreux scientifiques qui croient que les preuves scientifiques de l'existence des phénomènes parapsychologiques sont claires et ne laissent rien à douter. Et ce groupe de scientifiques qui adopte un regard positif envers les phénomènes parapsychologiques même s'il était moins nombreux que le groupe qui refuse l'existence de ces phénomènes, il n'a certainement pas un niveau scientifique plus bas que celui-ci. La réalité est que la grande majorité des parapsychologues sont à l'origine des scientifiques spécialistes dans les branches des sciences traditionnelles comme on a déjà mentionné, et leurs recherches et études sur la parapsychologie occupent le deuxième rang parmi leurs préoccupations scientifiques. Plutôt certains parapsychologues sont considérés comme les élites de la société scientifique dans le champ de leurs spécialisations ; et il n'est pas rare que nous voyons dans la société de la parapsychologie ceux qui portent les titres scientifiques et traditionnels les plus hauts comme le titre de professeur et membre des plus hautes organisations scientifiques. Et parmi les noms célèbres dans le monde de la science, qui ont cru à l'existence des phénomènes parapsychologiques, il y a le physicien anglais Lord Rayleigh qui a reçu le prix Nobel en 1904, le physicien autrichien Wolfgang Pauli qui a reçu le prix Nobel en 1945, le professeur de physiologie à l'université de Paris, Charles Richet qui a reçu le prix Nobel en 1913, le spécialiste de la chimie physique Sir William Crookes qui est un des pionniers dans l'étude des rayons lumineux et qui a inventé le tube de Crookes qui est utilisé dans l'étude des rayons cathodiques, le physicien anglais Sir J.J. Thompson qui a découvert l'électron, le chimiste russe Butlerov qui est un des assistants du chimiste russe Dmitri Mendeleev qui a découvert le tableau périodique des éléments, le naturaliste britannique Alfred Russel Wallace qui a découvert avec Charles Darwin la loi de la sélection naturelle, le psychanalyste Carl Jung et beaucoup d'autres.

Donc, la réalité que les scientifiques ne croient pas à l'existence des preuves scientifiques de l'existence des phénomènes parapsychologiques ne veut pas dire que «les meilleurs scientifiques» sont contre ces phénomènes, mais elle veut dire que «la plupart des scientifiques» nient ou mettent en doute leur existence. Mais si la grande majorité des scientifiques ne croyaient pas à la réalité des phénomènes parapsychologiques, alors est-ce que cela veut dire que ces phénomènes proviennent vraiment de l'imagination des gens ordinaires? Mais il y a un grand nombre de recherches dans ce domaine qui ont assuré l'existence de nombreux phénomènes parapsychologiques et il y a de nombreux scientifiques connus, dont les réalisations scientifiques confirment leur rang scientifique, qui voient que les preuves de l'existence de ces phénomènes dépassent les limites du doute, pourquoi donc la société scientifique en général n'a-t-elle pas accepté ces réalités? Et pourquoi y a-t-il cette division entre les membres de la société scientifique autour des phénomènes parapsychologiques?

Malgré la tentative faite par les scientifiques pour lier leur refus de reconnaître l'existence des phénomènes parapsychologiques à de nombreuses causes «scientifiques», il y a beaucoup de preuves que ce refus «scientifique» de l'existence des phénomènes parapsychologiques n'a en réalité rien du scientisme. Mais, n'y a-t-il pas une grande contradiction dans la prétention qui dit que «les scientifiques ont une attitude non scientifique» envers les phénomènes étudiés par la parapsychologie? Les scientifiques par définition ne sont-ils pas ceux qui conduisent les gens et la société à découvrir les réalités scientifiques? Où réside-t-elle donc la contradiction? La réponse à de telles questions nécessite d'examiner minutieusement l'histoire de la science et des scientifiques d'un point de vue à travers lequel on observe rarement la science, néanmoins, il est en réalité très important pour donner une image exacte et réelle de la science. Et la clarification de la réalité que l'attitude non scientifique des scientifiques dans le refus anticipé des phénomènes parapsychologiques n'était pas et ne se sera pas limitée à ces phénomènes nécessite l'observation de certains côtés obscurs de l'histoire de la science qui montrent que les mêmes sciences traditionnelles ont souvent souffert du non scientisme et de la partialité de beaucoup parmi leurs spécialistes plutôt parmi leurs grands professeurs aussi.

1-7 La science et les scientifiques entre la réalité et le regard idéaliste

L'histoire de la science assure que la grande majorité des scientifiques, sans tenir compte de leur rang scientifique et ce qu'ils appellent l'épanouissement de l'esprit et la préparation de soi-même à l'acceptation de ce que la recherche scientifique apporte de neuf, recevaient avec un doute et un refus, parfois avec une agressivité, les nouvelles découvertes et les prétentions scientifiques qu'on ne peut pas les expliquer à l'aide du regard scientifique répandu, ou celles qui violent certains axiomes scientifiques convenus. Le professeur et l'historien des sciences célèbre, Thomas Kuhn, critique ce phénomène en disant: «à partir de l'acceptation de Galileo de la recherche faite par Kepler jusqu'à l'acceptation de Nägeli de la recherche faite par Mendel et à partir du refus de Dalton des résultats obtenus par Gay Lussac jusqu'au refus de Kelvin des résultats obtenus par Maxwell, nous voyons que ce qui n'est pas prévu parmi les nouvelles réalités et théories a été exposé toujours à une opposition et il a été le plus souvent refusé de la part de beaucoup parmi les membres les plus innovateurs de la société scientifique . . . . De telles réalités ordinaires et beaucoup d'autres ne semblent pas désigner une institution dont les adhérents jouissent d'un genre particulier de l'épanouissement de l'esprit» (Kuhn 1972: 81).

Le développement des sciences à travers les nouvelles découvertes et théories scientifiques n'était absolument pas une chose facile. Et un des dires les plus connus qui décrivent très exactement le mécanisme de l'acceptation de la réalité scientifique dans la société scientifique est le dire de celui qui a établi les bases de la théorie des quanta et qui est un des scientifiques les plus célèbres que la physique a connus au cours de l'histoire, l'Allemand Max Planck: «Toute réalité scientifique nouvelle ne peut pas être montrée d'une manière qui convainc ses adversaires . . . . Mais les adversaires disparaissent progressivement et apparaît une nouvelle génération qui est en harmonie avec cette réalité scientifique dès le début» (Planck 1948: 22). Et dans ce même sens, le scientifique français célèbre et le fondateur de la chimie moderne, Antoine Lavoisier, a écrit en 1785 en concluant son rapport intitulé «Des réflexions sur Phlogiston» qui a été lu devant la société des sciences: «Je ne prévois pas qu'on adopterait toutes mes idées en même temps. La raison humaine s'habitue à une manière déterminée d'observer les choses. Ceux qui ont imaginé la nature selon un regard déterminé la plupart du temps dans leur vie ne parviennent que difficilement au niveau des idées nouvelles. Et pour cela, c'est la marche du temps qui doit confirmer ou détruire les avis que j'ai donnés» (Gillispie 1960). Quant à Beverly Rubik, la directrice du centre des sciences frontières à l'université américaine de Temple, elle commente le même phénomène en disant: «Durant mes premiers jours comme directrice du centre, je pensais que si l'homme fournit un grand nombre de preuves convaincantes des nouveaux phénomènes qui défient le regard répandu, les scientifiques en général vont les accepter et le regard répandu va changer. Mais, j'ai remarqué que cette opinion n'est pas en harmonie avec mon expérience et ni avec les expériences des autres. Les idées scientifiques ne sont pas des opinions faibles et indépendantes seulement, mais elles sont très faibles à l'avis des scientifiques mêmes. Tout défi à leurs idées est considéré par les scientifiques comme une attaque contre leurs caractères et ranime une bataille plus profonde et plus susceptible qu'un simple exercice intellectuel séparé. Les scientifiques matérialisent vraiment leurs idées et leurs raisons et corps doivent subir des changements fondamentaux pour que leurs idées changent radicalement. La plupart des scientifiques qui se sont adonnés à leurs modèles anciens et ordinaires ne changeront pas simplement et en même temps n'accepteront pas les notions qui sont vraiment nouvelles. Dans ce contexte, il est important de signaler qu'Einstein a refusé les idées probabilistes comme étant la base de la théorie des quanta. Le fait est vraiment comme a écrit Niels Bohr: «La science évolue—mort après mort» (Rubik 1993: 5). Quand les nouvelles théories triomphaient et prédominaient après la mort des partisans des anciennes théories, cela veut dire que la reconnaissance du mérite d'un certain scientifique à bâtir une nouvelle théorie n'a lieu le plus souvent qu'après sa mort. Le chimiste et le physicien britannique Michael Faraday confirme la réalité «que les personnes qui ont le plus grand mérite dans l'histoire de l'humanité n'obtiennent pas généralement leur récompense entière durant leur vie, et plus les nouvelles idées étaient sincères, plus elles ont besoin de temps pour qu'elles soient acceptées par tout le monde» (Murray 1825).

Le professeur de sociologie Bernard Barber signale que l'un des obstacles mis par les membres de la société scientifique devant le développement scientifique est leur attachement à des théories et notions déterminées et leur refus d'accepter le neuf qui les viole ou montre qu'elles sont limitées (Barber 1961). Et le plus souvent des visées et des intérêts personnels sont la cause de cet attachement aveugle à des théories anciennes et désuètes. Hans Zinsser dit dans son autobiographie: «le fait que les académies et les associations scientifiques avancées—qui sont toutes dirigées par les personnes influentes les plus anciennes dans chaque spécialisation—agréent très lentement les nouvelles idées est une réalité dans la nature des choses. Par exemple, Bacon dit: «les scientifiques vantards» et les personnes qui occupent des hauts rangs et à qui revient l'honneur des réalisations anciennes généralement n'aiment pas voir le courant du développement s'accélérer rapidement de sorte qu'ils ne peuvent pas l'atteindre» (Zinsser 1940: 105).

Ce que Kuhn, Planck, Lavoisier, Faraday, Barber, Zinsser et beaucoup d'autres ont signalé, ne laisse pas l'homme s'étonner quand il sache que le physicien britannique Sir Ernest Rutherford qui a établi le modèle nucléaire de l'atome et qui a reçu le prix Nobel de chimie en 1908 a décrit l'énergie atomique comme étant du «bavardage» et que le physicien célèbre Lord Kelvin a prévu que les rayons X seraient «une tromperie». Quant à la découverte de l'Autrichien Gregor Mendel qui l'a publiée en 1866 et qui est considérée comme la base sur laquelle est fondée la génétique ultérieurement, elle est restée presque négligée dans la société scientifique et on ne lui a pas prêté l'attention nécessaire et on ne l'a pas appréciée jusqu'à l'an 1900 quand trois autres chercheurs qui sont le Hollandais de Vries et l'Allemand Carl Correns et l'Autrichien Erich Tschermark ont déclaré leur découverte, indépendamment et seul, des mêmes résultats obtenus par Mendel sur les grains du pois vert. Et la théorie de l'astronome et du météorologue Alfred Wegener qui dit que les continents sont à l'origine une masse reliée avant qu'ils se séparent, et qu'il l'a déclarée en 1922, devait attendre à peu près quarante ans avant qu'elle soit adoptée par les géologues et les géophysiciens et qu'elle devienne une des réalités scientifiques certaines. Ce sont quelques exemples seulement et l'histoire de la science est pleine de dires et d'évènements qui témoignent que même les plus grands scientifiques veulent prouver la justesse de leurs avis et la fausseté des avis contraires, plus qu'ils veulent parvenir à la réalité scientifique. Malgré que certains chercheurs de la sociologie des sciences essayent de justifier l'existence de telles erreurs grossières dans l'histoire de la science en inventant des excuses différentes aux scientifiques (Grove 1989), la réalité que certaines de ces erreurs sont restées telles quelles pendant des siècles, avant que les scientifiques les corrigent, met en doute la réussite de toute tentative pour les justifier.

Beaucoup parmi les désaccords des scientifiques ne sont pas «scientifiques» au sens strict de ce terme, plutôt beaucoup parmi ceux-ci, si ce n'est la plupart de ceux-ci, étaient ou se sont transformés en des désaccords personnels dont les parties ont souvent recours à la discussion stérile, la critique acerbe et au dénigrement de leurs concurrents (voir exemples dans Feuer 1982). Il est naturel dans une telle situation qu'aucune partie ne soit intéressée réellement au côté scientifique du problème et à la recherche de la solution scientifique des points du désaccord. Certains désaccords se sont aggravés entre les scientifiques à un point dramatique comme il a eu lieu avec le professeur célèbre de physique Ludwig Boltzmann à Vienne. Ce scientifique dont une des réalisations scientifiques était la deuxième loi de la thermodynamique qui est connue par la loi de l'entropie, s'est exposé, à cause de sa tendance au regard atomique envers la matière, à des critiques sévères de la part de ses collègues et une agressivité à un point qui l'a laissé décrire la physique en disant qu'elle «passait par une période de barbarie». Et ce qui laisse la description de Boltzmann avoir une signification particulière est qu'elle est venue pendant une période où ont vécu la plupart des grands physiciens ! Boltzmann avait le même regard qu'ont manifesté certains scientifiques en disant que «la loi générale» sur laquelle est basée la lutte des écoles scientifiques . . . . est la lutte entre les générations des scientifiques anciens et nouveaux» (Feuer 1982: 336). Boltzmann a rompu ses relations avec ses adversaires parmi les «scientifiques» en se suicidant en 1906. Certains écrivains sont allés dans leur critique sévère de nombreuses classes de la société scientifique et ses écoles différentes jusqu'à dire que ces classes peuvent être plus dangereuses pour la science que les adversaires de la science qui se trouvent en dehors de la société des scientifiques. A cet égard, on a cité les paroles du biologiste anglais célèbre Thomas Henry Huxley, avant deux ans de sa mort, qui a dit que «les experts», «les partisans» et «les écoles» sont la malédiction de la science ; et ils interviennent dans le travail de l'esprit de la science plus que font tous les adversaires de la science» (Bibby 1959: 18).

On n'entend pas, par ce qui a été déjà mentionné, que «tous» les désaccords des scientifiques étaient basés sur la subjectivité et les visées personnelles, car cela n'est certainement pas juste. Néanmoins, ce qu'on entend par cela est la confirmation du fait que les scientifiques peuvent se tromper facilement dans leurs jugements et que «beaucoup» parmi ces erreurs ne sont pas «spontanées» ou «scientifiques» mais elles cachent de mauvaises intentions. Généralement, beaucoup répondent à de telles critiques en disant que «les scientifiques sont aussi des humains» ! Et le professeur Bernard Barber critique avec intelligence cette réponse trompeuse parce qu'elle veut dire implicitement «que les scientifiques sont plus proches d'être des humains quand ils se trompent que quand ils ont raison» (Barber 1961: 597).

La torture des scientifiques de leurs collègues qui ont des théories contraires et l'opposition aux idées nouvelles qui menacent leurs théories anciennes sur lesquelles ils ont fondé leurs gloires personnelles sous l'apparence de «l'objectivité scientifique» ne sont pas tout ce que renferment les pages noires de l'histoire de la science. Plutôt cette histoire montre qu'un grand nombre de scientifiques ont même fraudé et ont falsifié les résultats des expériences pour réaliser des buts différents. Et les cas de fraude que les chercheurs dans l'histoire de la science ont pu les découvrir concernaient non seulement les scientifiques inconnus, mais aussi plusieurs scientifiques célèbres qui ont eu recours à un genre ou un autre parmi les genres de fraude dans leurs recherches scientifiques. Et ci-dessous, il y a certains exemples de tels cas dont les héros étaient des scientifiques connus.

L'astronome grec célèbre Ptolémée a prétendu qu'il a proposé des lectures astronomiques qu'en réalité il ne les a pas faites (Newton 1977), de même, il avait copié certaines de celles-ci mot à mot des œuvres d'un astronome plus ancien qui est Hipparque (Rawlins 1986). Quant à la haute exactitude dans beaucoup de résultats déclarés par l'Italien Galileo Galilei (1564-1642), on ne pouvait pas en réalité l'obtenir dans les circonstances d'une expérimentation comme celles dans lesquelles il a fait ses expériences. Et même quand des chercheurs contemporains ont refait certaines expériences de Galileo, ils n'ont pas obtenu la haute conformité avec la théorie qu'avait déclarée Galileo ; cela a poussé les historiens à accuser Galileo ou de n'avoir pas fait vraiment les expériences et d'avoir inventé ses résultats ou d'avoir au moins falsifié ces résultats pour qu'ils soient en harmonie avec les prévisions théoriques (Cohen 1957: 14). Et même le casier scientifique du scientifique Isaac Newton n'était pas vierge et vide de fraude. Et une des réalités qu'a découvertes l'historien Richard Westfall concernant Newton est le fait qu'il a changé dans les éditions ultérieures de son livre connu intitulé «**Les Principes des Mathématiques**» certains nombres qui existaient dans la première édition du livre pour qu'ils soient plus en harmonie avec la théorie. Cela était une falsification faite par Newton des résultats de ses calculs concernant la vitesse du son et la précession des équinoxes de printemps et d'automne (Westfall 1973). Quant à John Dalton, le fondateur de la théorie atomique, il n'a publié de ses lectures expérimentales que celles qui sont le plus en harmonie avec la théorie, et on ne peut pas encore répéter «ses meilleurs» résultats (Partington 1939). De même, on a remarqué que le moine Gregor Mendel a falsifié aussi les résultats de ses expériences connues sur les grains du pois vert pour qu'ils soient plus en harmonie avec sa théorie (van der Waerden 1968).

Et peut-être un des scandales les plus connus de la falsification des résultats des expériences scientifiques est celui dont le héros était le professeur américain connu de physique Robert Millikan qui a reçu le prix Nobel en 1923 pour avoir déterminé la charge de l'électron. Quand Millikan a publié sa première recherche sur la charge de l'électron en 1910, il a avoué qu'il a exclu sept lectures qui ne sont pas en harmonie avec la théorie. Néanmoins, pour qu'il soutienne ses résultats et démente la théorie contraire de son adversaire autrichien Felix Ehrenhaft, Millikan a publié une deuxième recherche en 1913 qui correspond aux résultats de sa première recherche, tout en assurant que sa deuxième recherche montre «toutes» les mesures qu'il a prises «pendant soixante jours consécutifs» et n'exclut aucune de celles-ci. Néanmoins, l'historien Gerald Holton qui a eu recours au cahier original des remarques de Millikan, a trouvé que ce dernier n'était pas sincère dans ce qu'il a mentionné dans sa recherche et qu'il a, en réalité, exclu à peu près cinquante pour cent de ses lectures parce qu'elles ne sont pas en harmonie avec l'autre moitié qui est en harmonie avec la théorie (Franklin 1981 ; Holton 1978). De tels cas ne sont pas rares autant que croient certains dans l'histoire de la science, néanmoins, on ne leur a pas prêté l'attention qu'ils méritent en les étudiant et les analysant.

Après que William Broad et Nicholas Wade ont mentionné les détails exacts des cas de fraude mentionnés ci-dessus et d'autres cas, ces deux chercheurs commentent, dans leur livre connu intitulé «Les Traîtres de la Vérité», l'état de la société scientifique en disant le suivant:

«L'essence de la démarche scientifique est l'objectivité. Et le scientifique est supposé évaluer les faits et expérimenter les suppositions tout en excluant en même temps et avec détermination ses prévisions ou ses désirs de connaître le résultat. Aux yeux des gens, l'objectivité est l'aspect qui distingue le scientifique, car elle garde sa sagacité exempte des mauvaises influences dogmatiques et lui permet de voir le monde tel qu'il est. L'objectivité ne provient pas facilement et les chercheurs s'exercent longtemps pour l'acquérir.

Néanmoins, l'objectivité chez certains scientifiques est superficielle et ne représente pas une attitude qu'a le scientifique sincèrement envers le monde. Le scientifique peut sous le voile de l'objectivité se faire en cachette des opinions personnelles sur le monde plus facilement que peut le faire un démagogue démasqué. Mais il y a une affaire plus dangereuse qui est le fait que des individus parmi les scientifiques deviennent prisonniers de leurs opinions.

Ce qu'on entend par la science est qu'elle forme une société de penseurs voués à un but commun. Car si un des scientifiques était victime de l'opinion aveugle et a voulu promouvoir des opinions théoriques sous le nom de la science, ses collègues ne saisiront-ils pas directement l'erreur et ne prendront-ils pas des mesures pour la corriger? L'histoire montre, au contraire, qu'une société de scientifiques est le plus souvent prête à adopter l'opinion donnée à elle entièrement, tant que son goût est agréable et a un niveau acceptable de logique scientifique. De plus, la répétition des expériences ne représente pas une garantie certaine contre l'erreur, car l'objectivité échoue le plus souvent à empêcher l'infiltration de l'opinion à travers celles-ci» (Broad & Wade 1986: 193).

Tout ce qui a été mentionné ci-dessus ne veut dire en aucun cas que les scientifiques sont pires que le reste des domaines de la société, car une telle conclusion n'est pas juste et il n'y a rien qui l'indique. Néanmoins, ce que montrent les preuves ci-dessus est que l'état des scientifiques dans toutes leurs affaires, y compris leurs affaires scientifiques, ne diffère pas de l'état du reste des gens, car il y en a le bon et le mauvais, et parfois ils se trompent, parfois ils ont raison, de même, leurs erreurs ne sont pas nécessairement différentes en genre des erreurs de tous les gens. Néanmoins, cette image réelle du scientifique et soutenue par l'histoire de la science est très loin de l'image imaginaire qui existe dans l'esprit de la plupart des gens qui se sont habitués à imaginer le scientifique comme étant «le découvreur de la nature—l'homme qui néglige le jugement préconçu au seuil de son laboratoire, qui rassemble et expérimente les réalités abstraites et scientifiques, et qui choisit de telles réalités seulement» (Kuhn 1972: 80).

La première enquête scientifique qui a montré le regard imaginaire et faux que les gens ordinaires portent sur les scientifiques est la recherche connue faite par la sociologue américaine célèbre Margaret Mead avec la Française Rhoda Métraux, dans laquelle elles ont traité les élèves des collèges d'enseignement secondaire aux Etats-Unis d'Amérique. Dans cette étude énorme à laquelle ont participé à peu près 35.000 élèves venant de 140 écoles, on a découvert la représentation que les élèves ont du «scientifique». Ces deux chercheuses ont résumé la représentation générale que les élèves ont du scientifique dans les paragraphes suivants:

«Il est un homme très intelligent—un prodige ou presque prodige. Il a de longues années d'expérience et de formation coûteuse dans un collège d'enseignement secondaire, une faculté ou un collège technique ou peut-être il a fait des études supérieures durant lesquelles il a étudié sérieusement. Le scientifique se préoccupe de son travail et le prend au sérieux. Et il est précis dans son travail, patient, se consacre à son travail, brave et a un esprit large. Le scientifique sait son sujet. Et il enregistre ses expériences avec exactitude, il ne déduit pas des conclusions et il soutient ses idées même quand on le critique. Le scientifique travaille de longues heures dans le laboratoire et parfois jour et nuit sans manger ni dormir. Il est prêt à travailler durant des années sans parvenir à un résultat et faire face à la probabilité de l'échec sans que cela le décourage ; car c'est alors qu'il essaye de nouveau. Il veut connaître la réponse. Et un jour il se met debout et crie fort: «je l'ai trouvée ! je l'ai trouvée !».

Il est un homme sincère qui ne travaille pas pour l'argent ou la réputation ou la gloire personnelle, mais—comme Madame Curie, Einstein, Oppenheimer et Salk—il travaille pour le bien de l'humanité et le bien-être de son pays. A travers le travail du scientifique les gens deviennent plus sains et ils vivent plus longtemps, et ils fabriquent plus de produits qui rendent la vie plus facile et plus réjouissante à la maison et notre pays serait protégé contre les ennemis qui existent dehors. Très bientôt, le scientifique va rendre possible le voyage au cosmos.

Le scientifique est vraiment un homme étonnant. Où allons-nous être sans lui? L'avenir repose sur ses épaules» (Mead & Métraux 1967: 238).

Cela est le résumé de l'image qui existe dans l'esprit de l'élève américain du collège d'enseignement secondaire du scientifique. Quand les deux chercheuses bulgares Kristina Petkova et Pepka Boyadjieva ont répété la même expérience dans une nouvelle étude qu'elles ont faite sur 120 garçons et 170 filles de collège en Bulgarie, elles ont trouvé que l'image du scientifique chez les élèves bulgares ne diffère pas de celle qui existe chez les élèves américains. L'image du scientifique chez les élèves bulgares était la suivante: «le scientifique est un homme qui a une forte personnalité, qui est voué à son travail . . . qui a une personnalité mûre et homogène» . . . il est parfait,» . . . «Il unit la science et la noblesse» . . . «Il est honnête, impartial, altruiste et un homme de principes». «Le scientifique est la matérialisation des idées les plus développées de son temps» (Petkova & Boyadjieva 1994: 217).

Une telle image irréelle du scientifique n'est pas donnée par les élèves des collèges d'enseignement secondaire seulement. Car par exemple David Beardslee et Donald O'Dowd qui ont fait une étude semblable sur les étudiants de la faculté[6] aux Etats-Unis mentionnent ce qu'ils ont remarqué en disant que «l'image du scientifique parmi les étudiants de la faculté ressemble en quelque sorte à l'image donnée par les élèves du collège d'enseignement secondaire, comme l'ont décrite Mead et Métraux» (Beardslee & O'Dowd 1967: 255).

Il est devenu clair, d'après tout ce qui a été mentionné auparavant, qu'il n'y a pas nécessairement une opposition entre la justesse d'une théorie ou une idée ou une expérience ou un phénomène quelconque et entre l'opposition des scientifiques à ceux-ci. Les scientifiques peuvent parfois se tromper sans qu'ils saisissent leur erreur, parfois ils la font exprès. Et retournant à l'attitude des scientifiques envers la parapsychologie, la réalité que les scientifiques ont non seulement négligé les histoires certaines à propos des phénomènes parapsychologiques mais aussi les recherches faites par des scientifiques parmi leurs adversaires montre que l'erreur des scientifiques dans ce domaine est une erreur qui ne peut pas être justifiée par un argument acceptable. On a traité dans une partie précédente les causes principales que les scientifiques prétendent qu'elles justifient leur opposition aux phénomènes parapsychologiques. Néanmoins, il y a une autre cause très importante qui n'est pas déclarée clairement par la majorité des scientifiques. Car si les phénomènes parapsychologiques étaient des phénomènes réels, même si cela ne voulait pas dire nécessairement que la physique, l'astronomie, la chimie, la biologie, la médecine et les autres sciences sont des sciences fausses, alors cela veut dire certainement que ces sciences ne représentent pas «la réalité absolue» du monde mais elles sont «un modèle convenable» pour comprendre certains de ses phénomènes. Cette conclusion nuit au rang duquel jouissent toutes les sciences et les dénigre si ce n'est du côté pratique alors du côté philosophique et cognitif. Car la physique par exemple ne sera pas cette science qui explique la nature «de l'atome à la galaxie» d'une manière objective et telle qu'elle est dans la réalité, plutôt elle présente un modèle qui facilite à l'homme le traitement à travers

---

[6]   L'étude universitaire aux Etats-Unis d'Amérique représente les deux premières années de l'enseignement supérieur qui suit l'enseignement secondaire.

celui-ci des phénomènes de la nature. Autrement dit, la reconnaissance des scientifiques des phénomènes parapsychologiques et ce que renferme cela comme reconnaissance des théories scientifiques qui échouent à parvenir à la réalité ou même à la contredire, veut dire qu'ils acceptent d'abandonner la plus grande illusion qu'ils ont inventée aux yeux des gens ordinaires, qui est le fait qu'ils sont l'élite des gens qui ont compris et comprennent de plus en plus la nature et l'univers et essayent de simplifier les réalités et les transmettre aux gens sincèrement et tâchent ainsi de profiter des nouvelles réalités qu'ils découvrent.

L'existence des phénomènes parapsychologiques veut dire que l'image que donnent les scientifiques du monde n'est pas toujours applicable, car parfois se produisent des phénomènes déterminés qui violent les lois naturelles que les scientifiques les avaient fait paraître distinctement et qui obéissent au lieu de celles-ci à des lois paranormales. Et autrement dit, devant tels phénomènes le professeur et l'homme ordinaire sont égaux dans l'ignorance de ce qui se passe, car le professeur perd ce qui le distingue de cet homme ordinaire et laisse ce dernier observer le professeur d'une manière réelle pour le voir plus proche de lui, cet homme ordinaire, que de la réalité absolue, sans tenir compte de ce que représente cette réalité. C'est-à-dire que les phénomènes parapsychologiques représentent une menace dangereuse pour l'image parfaite et fausse que donnent les gens ordinaires des scientifiques, alors est-il étrange donc que les scientifiques se soient unis contre la parapsychologie?

A travers ce point de vue, on peut comprendre ce que Max Planck a dit que le plus souvent la nouvelle théorie doit attendre la mort de ses adversaires avant qu'elle soit acceptée dans les milieux de la société scientifique. Il y a dans l'apparition de toute théorie nouvelle la chute de la théorie précédente qui a été bâtie, développée, adoptée et louée par beaucoup de scientifiques. Pour cela, il n'est pas étrange que ceux qui ont bâti l'ancienne théorie soient les adversaires des idées nouvelles avec le dommage que celles-ci causent à eux si ce n'est à leurs centres scientifiques, alors au moins à leurs rangs aux yeux de leurs collègues et aux yeux des gens ordinaires. Donc, le changement dans les théories et les méthodes scientifiques répandues ne provient pas simplement à travers l'apparition des nouvelles théories qui sont meilleures que les théories précédentes, mais après la disparition de ceux qui adoptent les anciens principes et l'apparition d'une nouvelle génération scientifique. Plutôt, parfois de nombreuses générations se suivent avant que les nouvelles idées soient acceptées de la part des scientifiques. Néanmoins, le problème des scientifiques avec la parapsychologie est beaucoup plus compliqué à cause de l'absence de tout modèle réussi pour expliquer les phénomènes parapsychologiques, et pour cela l'affaire n'est pas simplement le changement d'une génération de scientifiques seulement. «Le danger» que représentent les phénomènes parapsychologiques pour les nouveaux scientifiques n'est pas moins infime que celui qu'ils ont représenté pour leurs anciens parce qu'ils sont des phénomènes inexpliqués «scientifiquement», et que la reconnaissance de leur existence veut dire la reconnaissance de la connaissance limitée des scientifiques du monde et c'est la dernière chose que les scientifiques peuvent penser l'accepter. La description de Planck du mécanisme par lequel le regard scientifique change allait correspondre aux phénomènes parapsychologiques s'il y avait une explication de ces phénomènes, car dans un tel cas, la société scientifique allait accepter ces phénomènes progressivement et spontanément et cela après la mort des scientifiques qui ont déclaré publiquement leur hostilité envers ces phénomènes. Néanmoins, le problème de la non-existence d'une explication des phénomènes parapsychologiques veut dire qu'ils vont être refusés de la part du jeune scientifique comme ils ont été refusés auparavant de la part du scientifique âgé. Et la réalité est que les enquêtes qu'on a déjà montrées dans les tableaux (1) et (2) montrent que même s'il y avait des changements positifs et concrets dans l'attitude scientifique envers les phénomènes parapsychologiques avec le temps, néanmoins, ce changement est très lent et ne correspond absolument pas à la rapidité par laquelle ont accepté et acceptent les scientifiques même les théories naturelles les plus révolutionnaires. Et peut-être la cause de ce changement positif insignifiant est la tendance exagérée des nouvelles générations de scientifiques à considérer les phénomènes parapsychologiques comme «des étendues» des connaissances scientifiques actuelles. C'est une attitude équitable qui accepte l'existence des phénomènes parapsychologiques sans qu'elle dénigre les sciences traditionnelles.

Le dernier point qu'il faut mentionner dans ce chapitre est qu'il y a, en réalité, des explications déterminées des phénomènes parapsychologiques, néanmoins, ces explications ne sont pas celles que cherchent les scientifiques. Ce que veulent les scientifiques est l'explication de ces phénomènes dans des limites déterminées qu'ils ne les dépassent pas. Et par exemple, les scientifiques n'accepteront pas une explication d'un phénomène quelconque qui renferme un rôle joué par les esprits ou les créatures supra-humaines. De même, les scientifiques stipulent qu'il soit possible d'étudier dans le laboratoire toute explication posée, pour démontrer le degré de sa conformité. La condition posée par les scientifiques pour accepter une explication des phénomènes parapsychologiques est la même qui était la cause de leur refus de beaucoup de théories dans les domaines des sciences traditionnelles et c'est qu'ils veulent que les nouvelles théories soient dans des conditions déterminées.

Deuxième Chapitre

La guérison paranormale

Le premier chapitre a traité les phénomènes psi et certains parmi les autres phénomènes parapsychologiques qui ont attiré trop l'attention des parapsychologues qui sont des théoriciens et des expérimentateurs. Quant à ce chapitre, il discute un ensemble des phénomènes de la parapsychologie les plus importants qui montrent des predispositions paranormales à traiter les maladies et les blessures. Ces phénomènes se distinguent du reste des phénomènes parapsychologiques par le fait qu'ils sont liés aux influences paranormales qu'il est possible de les exercer sur l'état de santé de l'homme et sur les autres constitutions et systèmes biologiques et pour cela, ils peuvent jouer un rôle important pour que l'homme comprenne plus lui-même, son corps et les interactions qui peuvent avoir lieu entre lui et son environnement et par conséquent pour qu'il comprenne le monde en général.

2-1 Définition préliminaire

Durant les époques avant l'explosion de la civilisation et de la technologie et l'apparition et le développement de la médecine traditionnelle et moderne[1], l'homme utilisait des moyens médicaux efficaces pour traiter beaucoup de maladies. Et cela va sans dire que la phytothérapie est un de ces moyens curatifs les plus importants puisqu'on a pratiqué la phytothérapie dans divers pays du monde et chaque civilisation et société a connu des dizaines de formules qui étaient posées pour traiter un grand nombre de maladies. Mais avec le développement de la médecine occidentale moderne, l'homme des sociétés avancées et de celles qui sont plus ou moins civilisées a commencé à abandonner progressivement les anciens moyens curatifs et à utiliser les remplaçants qu'a fournis la médecine moderne pour traiter les maladies desquelles il est atteint. Et sans doute ce qui a poussé les gens à accepter fortement la médecine moderne et à recourir à ses spécialistes chaque fois qu'ils en ont besoin sont les grandes réussites que cette médecine a réalisées dans le traitement de beaucoup de maladies. On ajoute aux réalisations multiples de cette médecine dans le domaine du traitement des maladies d'autres réussites remarquables dans le domaine de la prévention des maladies à travers le développement des moyens du diagnostic précoce de beaucoup de maladies et la détermination des moyens de leur prévention. Et par exemple, l'apparition des vaccinations contre les maladies différentes était une très grande réalisation en vue de prendre soin de la santé de l'homme.

_____

(1) On l'appelle aussi la médecine occidentale car même si la plupart de ses sources était des contributions non occidentales, et particulièrement des contributions précieuses de la médecine arabe islamique, cette médecine a progressé et s'est développée dans le monde occidental, côte à côte avec le développement de la civilisation occidentale dans les domaines des sciences différentes.

Et le recours de l'homme aux moyens curatifs que fournit la médecine occidentale, a donné naissance à des générations de gens qui ne connaissent parmi et à propos des moyens de soins médicaux que ce que leur présente ce genre de médecine. Néanmoins, chacune des deux natures de la relation entre l'homme et la médecine traditionnelle et entre lui et les autres moyens médicaux a commencé à changer progressivement et rapidement durant les dernières années. Car l'homme a commencé à chercher des remplaçants pour la médecine occidentale et à recourir trop à des moyens curatifs non traditionnels, que la date de certains parmi ceux-ci revient à des époques avant la renaissance de la civilisation et celle des autres est récente, et que ceux qui les ont inventés, les ont établis sur des théories différentes de celles sur lesquelles on a fondé la médecine traditionnelle. Et un des paradoxes qui ont des significations importantes est qu'on s'éloigne de la médecine moderne et on a une tendance exagérée à utiliser les moyens non traditionnels de la médecine dans les pays les plus civilisés comme les Etats-Unis d'Amérique et l'Europe plus que dans les autres pays. Et on attribue la cause de ce changement dans l'attitude de l'homme envers la médecine occidentale et matérialiste au fait que l'homme sent que cette médecine le traite comme une machine et non comme un homme, car la médecine occidentale et traditionnelle qui est une médecine chimique en premier lieu, se concentre dans son traitement sur les maladies corporelles sans prêter suffisamment attention à l'état psychologique et mental de l'homme. Et même les maladies psychologiques et mentales sont traitées en grande partie dans la médecine occidentale par les médicaments chimiques. De même, les effets secondaires et négatifs des médicaments chimiques sur le corps poussent les gens à éviter de les prendre autant que possible. Et il est possible de voir la grande attention générale prêtée à la médecine non traditionnelle à travers la remarque faite par de nombreuses et diverses publications qui ont paru et qui paraissent encore à propos de ce sujet. Et il y a actuellement des milliers de livres qui traitent les différents aspects et pratiques de la médecine non traditionnelle.

On entend par ocertains moyens curatifs non traditionnels qu'on les pratique côte à côte avec les moyens curatifs traditionnels et qu'ils soient complémentaires. Et ces moyens curatifs sont connus par la médecine complémentaire. Néanmoins, certains parmi ces moyens sont plus révolutionnaires car ils sont posés comme les remplaçants du traitement traditionnel et pour cela on les appelle la médecine alternative. Et il faut assurer ici qu'il n'y a pas toujours des limites stables qui séparent les pratiques curatives complémentaires des pratiques curatives alternatives. Et la classification du traitement non traditionnel déterminé comme étant complémentaire ou alternatif dépend de son utilisation s'il va servir d'appui aux moyens curatifs traditionnels et on l'appelle dans ce cas-là un traitement complémentaire ou il va être utilisé comme le remplaçant du traitement traditionnel, alors il sera un traitement alternatif. Et par exemple, un médicament déterminé à base d'herbes peut être utilisé comme un traitement qui remplace le médicament chimique que prescrit le médecin traditionnel, néanmoins, le malade peut l'utiliser aussi sans cesser de prendre le médicament traditionnel, c'est-à-dire qu'il l'utilise comme un traitement complémentaire.

On désigne les deux genres de la médecine complémentaire et alternative par le terme «la médecine non traditionnelle» pour montrer que ces deux diffèrent de la médecine occidentale et traditionnelle répandue. De même, le terme anglais «healing» qui veut dire littéralement «traitement» ou «guérison» est utilisé largement actuellement pour désigner les phénomènes du traitement non traditionnel, en plus des moyens curatifs qui essayent de traiter le malade en améliorant son état psychologique et moral. Pour cela, on va utiliser le terme «traitement» dans ce livre pour désigner les phénomènes du traitement non traditionnel en général.

Entre les théories sur lesquelles sont basées les deux méthodes de la médecine complémentaire et de la médecine alternative et les significations des moyens curatifs qu'elles posent d'une part et entre les bases et les pratiques de la médecine occidentale traditionnelle d'autre part, il y a des points de ressemblance et de différence. Car il y a dans les théories médicales non traditionnelles ce qu'on peut joindre aux principes de la médecine traditionnelle en faisant un petit effort, néanmoins, il y a aussi ce qui se contredit radicalement avec le regard médical traditionnel. Ce chapitre se préoccupe principalement de ces phénomènes médicaux que la théorie médicale occidentale dans sa forme actuelle ne peut absolument pas les renfermer, puisque ces phénomènes sont classés avec les phénomènes parapsychologiques parce qu'ils sont considérés comme s'ils découvrent des prédispositions «paranormales» à traiter, qui dépassent ce que le modèle médical occidental prévoit qu'il existe. Néanmoins, on va traiter aussi les phénomènes du traitement (non traditionnel) en général parce que ces phénomènes sont souvent interférents et parfois à tel point qu'il sera difficile d'établir des limites claires entre ceux-ci, comme on va voir à travers ce qui va être posé dans ce chapitre. Et la partie suivante contient une exposition rapide des moyens curatifs alternatifs et complémentaires les plus importants qui ne contiennent pas nécessairement des manifestations paranormales.

2-2 Les moyens curatifs non traditionnels

Certains parmi les moyens curatifs mentionnés ci-dessous ne sont plus considérés comme des moyens non traditionnels au sens littéral de ce terme. Car les médecins traditionnels ont commencé à emprunter de ces moyens curatifs ce qu'ils voient comme convenable et utile pour traiter leurs malades. Pour cela, la classification de ces pratiques et moyens curatifs comme étant «non traditionnels» est une chose ayant un contexte historique plus que la description de la réalité. Néanmoins, le fait de signaler ces traitements est important, comme on a déjà mentionné, parce que certains parmi ceux-ci se mêlent avec les phénomènes curatifs parapsychologiques que ce chapitre étudie. Et il y a ci-dessous une exposition des moyens curatifs les plus importants:

Premièrement—La visualisation: on entend par la visualisation dans le contexte du traitement que le malade crée des images déterminées dans son esprit qui ont une relation avec la cessation de sa maladie et la possibilité de sa guérison et l'amélioration de son état de santé. Et certains chercheurs ont essayé d'utiliser ce moyen curatif pour traiter le cancer (Achterberg 1985). Dans ce cas-là, le malade peut imaginer ses leucocytes attaquer les cellules cancéreuses et les supprimer, ou imaginer les vaisseaux sanguins desquels se nourrissent les cellules cancéreuses comme des canaux ayant des robinets qu'il les a fermés, ainsi on peut créer un nombre illimité d'images mentales. Et tous les gens ne sont pas influencés nécessairement par les mêmes images mentales. On a remarqué que ces images mentales peuvent influencer le système nerveux, les hormones et les systèmes de défense dans le corps comme les globules blancs et les anticorps. Et ce qui peut avoir une relation avec ce sujet est la réalité qui est devenue actuellement connue et c'est que certaines hormones qui existent dans le cerveau existent aussi dans le système immunitaire dans le corps. Et comme la visualisation peut aider à l'amélioration de la santé du malade, elle peut aussi avoir une influence négative sur le malade ou tout homme en général. Car la visualisation peut influencer négativement la santé de l'homme si celui-ci vit avec des images mentales négatives. Et si le malade continue à imaginer lui-même être malade, alors cette visualisation peut être un agent actif dans la persistance de sa maladie et l'aggravation de son état de santé et même sa dégradation. Et un des termes anglais qui sont utilisés pour désigner ce phénomène est «imagery».

Deuxièmement—La méditation: malgré qu'il y ait des moyens différents pour pratiquer la méditation, on peut définir la méditation en général en disant qu'elle est le fait de se débarrasser des mauvaises pensées et qui est l'état habituel de la raison, et le fait de regagner l'état de tranquillité et de calme. On peut faire cela en se concentrant sur une seule pensée déterminée et chassant les autres pensées et c'est la méthode qui est décrite généralement par la méditation positive ou en chassant toutes les pensées et mettant la raison dans un état de résignation et de «vacuité» totale, et cela est connu généralement par la méditation négative. Et certaines pratiques de la méditation, comme le yoga, nécessitent de s'asseoir dans des positions particulières et certaines conditionnent la pratique des rites déterminés comme la méditation transcendantale qui renferme la concentration sur la répétition des phrases déterminées. Néanmoins, il y a des moyens pour pratiquer la méditation qui ne nécessitent pas des pratiques déterminées et ceux-ci sont en réalité un genre de relaxation. Depuis que les techniques de la méditation se sont répandues dans le monde occidental venant principalement du sud-est de l'Asie, la méditation est devenue une des pratiques très populaires dans le monde occidental. Et il paraît que la cause principale de la préoccupation des gens dans l'Occident précisément de la pratique de la méditation est qu'elle les fait sortir de l'état de tension continue que crée en l'homme le mode de vie matérialiste rapide et encombrée dans le monde occidental.

Les recherches scientifiques ont prouvé que la méditation peut être utilisée par l'homme consciemment comme un moyen très efficace pour influencer plusieurs fonctions physiologiques de son corps et même celles qui sont considérées comme des fonctions autonomes (Wallace & Benson 1973). Par exemple, les recherches ont montré que certains individus peuvent, en pratiquant la méditation, contrôler «mentalement» la quantité d'oxygène qu'ils absorbent (Anand, Chhina, & Singh 1961a), et certains peuvent arrêter l'activité de certains nerfs afférents et changer l'énergie électrique du cerveau (Anand, Chhina, & Singh 1961b) et stimuler les cellules veineuses et diminuer le nombre des battements du cœur (Wenger & Bagchi 1961), et changer le degré de la température des parties déterminées du corps (Benson et autres 1982), et autres changements corporels qui sont classifiés généralement comme étant des activités autonomes. Et les recherches qui traitent les influences de la méditation sur le corps humain, expliquent les effets curatifs que produisent beaucoup de techniques de la méditation.

Le psychiatre Daniel Benor dit en commentant la fonction curative de la méditation: «La méditation peut normaliser directement la respiration, la tension artérielle et autres changements nerveux—hormonaux qui accompagnent l'inquiétude. Ces influences peuvent en elles-mêmes être utiles sans tenir compte du genre de la maladie qui existe dans le corps. La diminution de l'inquiétude et la relaxation peuvent aussi conduire à un sentiment propre de se débarrasser de la douleur» (Benor 1994: 134).

Troisièmement—L'hypnose: ce phénomène est connu au début par le terme mesmérisme au nom de celui qui l'a remarqué et l'a utilisé le premier et c'est le médecin autrichien Franz Mesmer (1734-1815), qui a cru que ce phénomène renferme la transmission des effets «magnétiques animaux». Mesmer a commencé à appliquer sa découverte en traitant les malades en faisant passer un aimant sur leurs corps. Ensuite, Mesmer a développé ultérieurement sa méthode et il a remplacé l'aimant «par des passes» de ses mains sur le corps du malade, en croyant que «le magnétisme animal» existe dans son corps et que ce magnétisme animal stimule la circulation du liquide magnétique dans le corps du malade que la maladie avait pu l'affaiblir. Et la chose la plus importante qui a distingué le phénomène de «l'hypnotisme» est qu'il laisse le malade être dans un état semblable à l'hypnose. Quant au terme hypnose, il est le terme par lequel on désigne le même phénomène mais après que ses pratiquants ont cessé d'utiliser l'aimant pour «hypnotiser» la personne ou le malade et après qu'on a abandonné en général l'idée que ce phénomène ait une relation avec une chose appelée «le magnétisme animal». Pour cela, la traduction du terme hypnosis par «l'hypnotisme» est en réalité une erreur commune dont la cause est la concomitance historique entre les phénomènes du mesmérisme et de l'hypnose. Et on a proposé de traduire le terme hypnosis dans ce livre par «l'hypnose».

Malgré que l'hypnose eût été pratiquée de manières différentes au cours de l'histoire, la manière la plus répandue dont on pratique l'hypnose actuellement est représentée par l'hypnotiseur qui fait des suggestions au sujet hypnotique qui a généralement les yeux fermés, pour le mettre dans un état voisin du sommeil néanmoins, différent de celui-ci. Et après que la personne est sous hypnose, l'hypnotiseur lui fait des suggestions déterminées selon le but de la séance d'hypnose. Car au cas où on utilise l'hypnose pour le traitement par exemple, l'hypnotiseur fait au malade des suggestions hypnotiques qui sont supposées aider le malade à se guérir de sa maladie ou accélérer le processus de la guérison.

L'hypnose est un des phénomènes que les scientifiques ont étudiés d'une manière intensive. Et il y a précisément de nombreuses études et expériences qui ont prouvé la possibilité d'utiliser la suggestion hypnotique pour exercer des influences physiques qui ont des utilités curatives. On a réussi à utiliser l'hypnose pour traiter des maladies comme l'allergie (Mason & Black 1958) et le psoriasis (Mason 1952). De plus, des chercheurs ont signalé des cas où on a réussi à utiliser l'hypnose pour traiter la verrue (Ullman & Dudek 1960), pour calmer la douleur (Brown & McInnes 1986), pour changer le degré de la température de la couche superficielle de la peau (Maslach, Marshall & Zimbardo 1972) et pour faire beaucoup d'autres changements physiques dans le corps (Barber 1961). Il y a beaucoup d'influences physiologiques qu'on peut exercer sur le corps en utilisant l'hypnose et le chercheur dans le domaine de l'hypnose Théodore Barber a montré beaucoup parmi celles-ci dans une étude complète qui est une des meilleures études dans ce domaine (Barber 1984).

Quatrièmement—Le training autogène: ce moyen curatif a été inventé au début du vingtième siècle de la part du psychiatre et du neurologue allemand Johannes Schultz et son disciple Wolfgang Luthe a participé à son développement. Ce moyen curatif renferme le fait que le malade se relaxe et répète une expression ou une phrase déterminée comme «j'ai les mains chaudes», jusqu'à ce que le malade commence vraiment à se sentir les mains chaudes. Schultz a inventé un certain nombre d'expressions qui aident à contrôler les changements physiologiques dans le corps ayant des effets curatifs utiles. Ce moyen curatif s'est répandu en Europe particulièrement et il a été utilisé pour traiter l'inquiétude et l'élévation de la tension artérielle et les autres maladies qui résultent du stress. De plus, on a pu profiter de celui-ci pour traiter les troubles du système respiratoire, les troubles de l'intestin, les troubles digestifs et les autres cas maladifs.

Cinquièmement—La rétroaction biologique: ce terme a été inventé en 1969 durant la première conférence faite par Biofeedback Society of America dont le nom est devenu ultérieurement Biofeedback

Research Society. Malgré que l'âge légal de ce moyen curatif soit à peu près un quart de siècle, la première expérience faite sur la rétroaction biologique était peut-être celle faite par le chercheur Bair au début du siècle (Bair 1901). Cette pratique curative renferme la tentative de la personne pour faire un changement utile dans l'activité d'une partie déterminée de son corps ou l'activité d'un de ses membres. Et la personne doit choisir le moyen qu'elle préfère pour exercer l'influence nécessaire comme la méditation ou la visualisation ou la relaxation ou la concentration ou autres moyens psychologiques. Et en même temps qu'elle essaye de modifier ces changements physiques, la personne obtient des informations directes concernant le résultat de ses tentatives à travers les instruments de mesure qui sont attachés à son corps et qui enregistrent l'activité concernée d'une manière continue et font parvenir les informations à la même personne le plus souvent d'une manière visuelle à travers un écran visible ou d'une manière auditive. Et à travers ce moyen la personne peut connaître quel genre de méditation ou de visualisation la laisse contrôler mieux les activités de son corps pour qu'elle l'utilise afin de faire des traitements curatifs déterminés dans son corps en cas de besoin. Et la rétroaction biologique peut être utilisée aussi pour traiter un certain nombre de maladies et de troubles de santé (Norris 1989 ; Schwartz 1984).

Sixièmement—L'acupuncture: le premier livre chinois qui parle de l'enseignement de l'acupuncture date du troisième siècle avant Jésus-Christ (Veith 1949), néanmoins, on l'attribue à l'empereur presque mythique Huang Ti qu'on dit qu'il a gouverné la Chine à peu près en 2600 avant Jésus-Christ. La base théorique de l'acupuncture est qu'il y a des lignes d'énergie qui passent par la tête jusqu'à parvenir aux doigts de la main et du pied et chacune de celles-ci est liée à des membres et des systèmes déterminés dans le corps. Ces lignes sont connues par les méridiens tandis que l'énergie qu'elles portent est connue par «Qi». Et la maladie apparaît quand il y a une augmentation ou diminution ou arrêt de la circulation de l'énergie dans les méridiens. Il y a tout au long de chaque ligne parmi ces lignes des points sensibles qu'il est possible de changer la circulation de l'énergie dans les méridiens en les stimulant, et par conséquent influencer les systèmes concernés du corps. Et le nombre exact de ces points dans le corps est quatre cents. Et malgré que la méthode traditionnelle pour stimuler ces points sensibles est en utilisant les aiguilles comme il est clair d'après le nom du traitement, néanmoins, on peut aussi les stimuler en les comprimant avec les doigts ou en appliquant une charge électrique ou des rayons laser à ceux-ci.

De plus, il y a dans le corps, selon la médecine chinoise et indienne aussi, des centres d'énergie que chacun de ceux-ci est connu par le chakra (en sanskrit et qui veut dire «roue»). Malgré que le corps contienne beaucoup parmi ces chakras, il y a sept qui sont principaux. Ces chakras sont représentés par des canaux d'énergie dans le corps et ils sont considérés comme des centres qui reçoivent des énergies des autres «dimensions» du monde pour les transformer en des formes d'énergie qui rendent le corps plein de vitalité.

Malgré que le traitement au moyen de l'acupuncture soit arrivé en Europe depuis le dix-septième siècle néanmoins, il n'est pas utilisé largement. De plus, on remarque que sa popularité acquise aux Etats-Unis d'Amérique était plus grande que sa popularité en Europe. Pour de longues années, la médecine occidentale observait avec moquerie l'acupuncture car le regard occidental traditionnel envers la physiologie du corps humain n'a rien qui confirme l'existence des méridiens que l'énergie du corps est supposée y circuler et bien sûr le regard médical traditionnel ne confirme pas l'existence des points sensibles sur ces lignes. Et il est important d'assurer ici que ces méridiens ne correspondent absolument pas à la répartition du système nerveux autonome ou périphérique comme certains peuvent croire. Et ce qui a rendu plus difficile l'acceptation des médecins occidentaux du traitement au moyen de l'acupuncture est que le traitement d'une maladie dans un membre déterminé du corps est souvent fait en introduisant les aiguilles dans les autres régions du corps qui sont loin de la région du trouble. Et il n'est pas étrange que la médecine occidentale doute du traitement du mal de dents en introduisant une aiguille dans la main par exemple.

Les vingt années passées ont connu de nombreuses expériences scientifiques qui étaient faites pour s'assurer de l'utilité du traitement au moyen de l'acupuncture et pour découvrir si les points sensibles de la piqûre sur les méridiens, que la méthode du traitement au moyen de l'acupuncture est basée sur leur stimulation, possèdent vraiment des caractéristiques distinguées. Et un certain nombre de chercheurs avaient obtenu certains résultats positifs (Pomeranz 1982). Par exemple, on a pu prouver que les points de piqûre se distinguent par une caractéristique tant qu'ils ont une résistance électrique beaucoup moins que les régions de la peau qui les entourent. Et pendant que la valeur de la résistance électrique des régions du corps qui entourent ces points est de million ohms, la valeur de la résistance électrique des points de piqûre est presque de quelques milliers d'ohms seulement. Et parmi les chercheurs qui ont fait des études intensives qui ont confirmé que la théorie de l'acupuncture n'est pas, comme ont cru la plupart des médecins occidentaux, de simples suppositions qui n'ont pas de sens, est le biologiste japonais Hiroshi Motoyama (Motoyama 1981). Néanmoins, cela ne veut certainement pas dire que tous les détails de la théorie de l'acupuncture sont justes.

Septièmement—L'homéopathie: l'homéopathie a été découverte de la part du médecin d'origine allemande Samuel Hehnemann (1755-1843). L'homéopathie est basée sur la stimulation d'un genre d'immunité dans le corps pour le traitement de la maladie et cela en donnant au malade une faible dose d'une matière qui cause exactement les symptômes de cette maladie. Et cela est connu par le principe «les semblables guérissent les semblables». Et il y a dans l'homéopathie beaucoup de caractéristiques qui l'ont rendue un des moyens curatifs non traditionnels qui sont le plus exposés à l'attaque des scientifiques.

Le traitement homéopathique est préparé en dissolvant un médicament déterminé ou une matière allergène ou une matière non organique dans un mélange d'alcool (généralement 87% d'éthanol) et d'eau. Ensuite, une série d'opérations sont faites pour diluer la solution proportionnellement à 1/10 ou 1/100 et ensuite on agite la solution pour la rendre «efficace». Et pour rendre le médicament efficace, il suffit de l'agiter d'une manière circulaire pour dix secondes. Néanmoins, les chercheurs qui ont expérimenté le médicament homéopathique qui est préparé de cette manière, ont signalé un ensemble de remarques étranges qui ont mis les scientifiques traditionnels en colère. La première parmi ces remarques est que le médicament qui n'est pas agité ne devient pas efficace et n'influence pas la maladie (Resch & Gutmann 1987), et que le fait de chauffer le médicament efficace à 70-80 degré Celsius le laisse perdre son efficacité (Davenas et autres 1988) ! De même, les chercheurs ont remarqué que l'efficacité que le médicament homéopathique avait perdue avec le temps peut être récupérée en agitant de nouveau le médicament ! (Jones & Jenkins

1981). Et les études ont montré la survenance des changements dans la solution homéopathique en utilisant la résonance magnétique nucléaire (Smith & Boericke 1966). Quant à une des remarques les plus étranges faites par les chercheurs sur le médicament homéopathique, est qu'il garde son efficacité même après qu'il avait été soumis à des opérations de dilution qu'il est impossible qu'elles eussent laissé dans celui-ci une seule molécule du médicament original ! (Smith & Boericke 1968). En plus de tout ce qui a été mentionné, les expériences ont montré que chaque fois que la dilution du médicament homéopathique était forte son efficacité et son influence curative étaient grandes. L'autre phénomène que les scientifiques ont remarqué sur le médicament homéopathique est le changement de son efficacité sous forme d'onde sinusoïdale avec l'augmentation de sa dilution. C'est-à-dire que l'influence curative remarquée lors de la dilution du médicament à un degré déterminé disparaît lorsqu'on le dilue plus, ensuite elle réapparaît quand on continue à le diluer d'une façon intermittente.

L'homéopathie a occupé une grande place dans la recherche scientifique. Plutôt il y a deux revues scientifiques principales spécialisées dans l'homéopathie et sont les suivantes: **la revue de l'institut américain d'homéopathie** et **British Homeopathic Journal**. Malgré l'existence d'un grand nombre de recherches scientifiques qui ont montré que l'homéopathie a une influence curative réelle néanmoins, les caractéristiques étranges de ce moyen curatif non traditionnel ont laissé les scientifiques traditionnels et précisément ceux qui ont des spécialisations en médecine, attaquer l'homéopathie fortement et mettre en doute son efficacité tant qu'elle n'est pas fondée sur de bonnes bases scientifiques. Et peut-être la dernière collision que la société scientifique a connue dans ce domaine est celle qu'ont avivée les recherches du médecin français connu Jacques Benveniste qui travaille à l'université célèbre Paris—Sud (INSERM). Puisque ce scientifique a fait des recherches qui ont montré l'influence réelle de la solution homéopathique, néanmoins, elles étaient opposées par une attaque forte lancée par le rédacteur de la revue scientifique célèbre **Nature**, John Maddox, à qui Benveniste avait envoyé sa première recherche en 1984 pour la publier dans la revue. Il paraît que le problème de la médecine moderne avec l'homéopathie est le même problème auquel s'expose toute théorie ou idée nouvelle qui ne convient pas aux anciennes théories existantes.

Huitièmement—L'ostéopathie: malgré que ce moyen curatif soit considéré encore en général comme une médecine non traditionnelle, néanmoins, en réalité il n'est plus considéré ainsi. Car aux Etats-Unis d'Amérique, on observe actuellement les pratiquants de l'ostéopathie comme étant des médecins comme les médecins traditionnels, qui ont recours à la médecine traditionnelle et la chirurgie dans leurs études et leur pratique. Et dans plusieurs provinces américaines, les ostéopathes obtiennent un diplôme comme font les médecins traditionnels et ils se présentent à des examens en médecine semblables à ceux auxquels se présente le médecin traditionnel.

Ce genre de médecine non traditionnelle a été inventé par Andrew Still en 1874. L'ostéopathie a été fondée sur une supposition qui manque encore d'études scientifiques qui confirment sa justesse et qui veut dire que la plupart des maladies sont causées par le mouvement des os de leurs endroits originaux. Pour cela, la base du traitement dans l'ostéopathie était le massage des articulations avec les mains et précisément celles qui existent dans la colonne vertébrale. Ensuite, William Sutherland a inventé un moyen curatif à partir de l'ostéopathie au début du vingtième siècle, qui a commencé à acquérir plus de popularité et qui est basé sur le fait de tâter le pouls égal autour de la tête et du corps ayant de 6 à 12 pulsations par minute, qui n'a pas de relation avec la respiration ou les battements du cœur. Et l'augmentation ou la diminution des pulsations du pouls est supposée accompagner des genres de trouble dans le corps. Et l'ostéopathe traite ce trouble existant dans le pouls en massant doucement la tête du malade et la partie inférieure de son dos tout en joignant à cela une «image mentale» pour la guérison des os du crâne et son interaction avec ceux-ci.

Neuvièmement—La chiropraxie: ce traitement médical non traditionnel a été inventé au début de ce siècle de la part du Canadien Daniel David Palmer (Palmer 1910). La base théorique de la chiropraxie est que le système nerveux contrôle le corps et pour cela tout trouble existant dans le corps doit nécessairement être opposé à un autre trouble ou un handicap dans les nerfs de cette région du corps. Et le trouble dans le système nerveux est expliqué par le fait qu'il résulte de la déviation de la colonne vertébrale qui appuie à son tour sur les nerfs concernés tout en causant le détraquement de leur fonctionnement pour contrôler le corps. Le traitement dans la chiropraxie se concentre sur «le redressement» de la colonne vertébrale avec les mains. Les pratiquants de la chiropraxie prétendent qu'ils traitent des maladies qui existent dans plusieurs membres du corps en utilisant le massage avec les mains de la colonne vertébrale. Malgré la popularité de ce genre de médecine non traditionnelle, comme est le cas avec l'ostéopathie, néanmoins, il n'y a pas d'études scientifiques qui confirment la justesse de ses bases et son utilité. Néanmoins, cela peut être à cause du petit nombre des recherches scientifiques qui ont étudié cette médecine.

Dixièmement—L'aromathérapie: comme le nom de ce moyen curatif l'indique, il est basé sur l'utilisation des huiles aromatiques pour le massage du corps. Comme il a lieu dans tout massage, ce traitement aide à la relaxation des muscles et l'élimination des tensions et des spasmes qui peuvent être la cause de beaucoup de maladies dans le corps. Les pratiquants de ce traitement prétendent que toute huile parmi les huiles aromatiques utilisées dans le massage a des influences positives sur l'élimination des symptômes déterminés d'une maladie. Néanmoins, cette prétention aussi n'est pas soutenue par une preuve fournie par une recherche scientifique.

Ce sont quelques moyens curatifs qui sont utilisés actuellement comme une médecine non traditionnelle, complémentaire ou alternative, et il y a beaucoup d'autres (Stanway 1994). Et comme il est clair, certains parmi ces moyens curatifs se ressemblent plutôt ils sont parfois interférents, comme est le cas par exemple entre la visualisation, la méditation et l'hypnose. Néanmoins, il y a aussi des différences importantes entre ceux-ci par exemple l'hypnose et l'acupuncture. Et il est possible de remarquer que certains parmi ces moyens curatifs, comme la visualisation et la méditation, peuvent être utilisés par le malade lui-même comme un moyen de traitement personnel tandis que d'autres moyens comme l'acupuncture, nécessitent l'intervention d'une personne spécialiste du traitement. De plus, certains parmi ces moyens curatifs, comme l'acupuncture et l'hypnose, sont prouvés scientifiquement et sans aucun doute être utiles à la santé tandis que certains manquent encore d'une preuve scientifique convaincante qu'ils sont utiles à la santé comme l'ostéopathie, la chiropraxie et l'aromathérapie.

Certains moyens curatifs non traditionnels mentionnés ci-dessus semblent être plus proches de la médecine occidentale, c'est-à-dire traditionnelle, que les autres. Car les genres de la médecine non traditionnelle qui traitent le corps matériellement et directement comme ceux qui traitent le corps chimiquement, comme l'homéopathie, et qui ressemblent à l'intervention chirurgicale, comme l'acupuncture, peuvent sembler plus proches de la théorie médicale occidentale que ceux qui traitent la maladie moralement comme l'hypnose et la visualisation. Néanmoins, la réalité est que chacun de ces moyens curatifs a des caractéristiques qu'il est impossible de l'harmoniser avec la théorie médicale matérielle et occidentale. Et avec cela, il y a d'autres phénomènes médicaux qui diffèrent des moyens curatifs non traditionnels mentionnés ci-dessus et qui sont en contradiction avec la médecine occidentale matérielle plus que ceux-ci et ce sont les phénomènes de «la guérison paranormale».

2-3 La guérison paranormale

Les belles-lettres scientifiques publiées en anglais contiennent un certain nombre de termes qui sont utilisés pour désigner ce phénomène. Néanmoins, chacun de ces termes donne une explication déterminée du phénomène. Le terme «psychic healing» montre que le phénomène a une origine «psychique», sans tenir compte des divers sens que peut avoir le terme «âme» et le terme «spiritual healing» le rend «spirituel», avec la différence des significations de ce terme d'une société à l'autre, tandis que le terme «faith healing» signifie que le phénomène a une relation avec la croyance de l'homme à la guérison même ; et il y a aussi d'autres termes qui ont été utilisés pour désigner les mêmes phénomènes. Et afin de ne pas utiliser un de ces termes que chacun donne une explication déterminée précisément et parce que les phénomènes que nous nous sommes habitués à les désigner par ces termes, constituent en réalité un mélange de phénomènes qui diffèrent en genre et en essence, on va alors utiliser le terme «la guérison paranormale» pour désigner tous ces phénomènes. Puisque ce terme se concentre sur l'élément de supériorité dans ces phénomènes et en même temps il ne donne aucune explication particulière de ces phénomènes, tout en évitant, de cette façon, de donner la fausse impression que tous ces phénomènes sont soumis à une seule explication. Et de la même manière, on va traduire le terme «healer» et les divers synonymes qu'il a en anglais par un seul terme qui est «guérisseur».

La guérison paranormale est définie par le pouvoir de certains individus d'exercer des influences positives sur l'état de santé des autres êtres vivants, humains ou animaux ou végétaux, sans utiliser un des moyens curatifs médicaux traditionnels ou non traditionnels qui ont été mentionnés dans la partie précédente. Et peut-être un des moyens les plus connus qui sont utilisés dans la guérison paranormale est ce qui est connu par la méthode de «l'imposition des mains». Le guérisseur pose une de ses mains ou ses deux mains près du corps du malade sans le toucher tout en «se concentrant mentalement» sur la guérison du malade. Et pendant que certains guérisseurs n'ont pas besoin de poser leurs mains près ou sur l'endroit de la maladie, certains touchent parfois le corps du malade et l'endroit de la maladie précisément. De plus, il y a des guérisseurs qui n'ont pas besoin d'utiliser leurs mains mais seulement de «se concentrer» sur leur désir de guérir le malade. Et malgré que la plupart des cas prouvés de la guérison paranormale avaient eu lieu en présence d'un guérisseur et à travers son intervention, néanmoins, il y a beaucoup de cas qui ont eu lieu d'une manière soudaine et imprévue et sans l'intervention d'un guérisseur, comme les évènements de la guérison paranormale qui ont eu lieu et ont lieu dans certains endroits religieux.

Le phénomène de la guérison paranormale a été mentionné dans les écrits connus les plus anciens. Et sans doute que la préoccupation des gens de ce phénomène a dépassé trop leur préoccupation des autres phénomènes parapsychologiques simplement parce qu'il est attaché à une chose très précieuse pour l'homme et qui est sa santé. Et on peut remarquer la grande attention que les gens prêtaient dans diverses civilisations et sociétés à ce phénomène, en remarquant le rang distingué qui est conféré généralement aux guérisseurs dans les sociétés humaines en tout temps et lieu. Plutôt il y a beaucoup de sociétés primitives qui donnent au guérisseur pouvoir de diriger les affaires de la tribu et ce pouvoir est parfois grand à tel point que le guérisseur sera en guise d'un dirigeant dans ces sociétés. Et malgré que les évènements de la guérison paranormale eussent été connus dans tous les lieux et depuis longtemps et que des individus qui sont doués de ce pouvoir eussent coexisté dans toutes les sociétés humaines, primitives et civilisées, la reconnaissance des scientifiques de l'existence de ce phénomène et même la simple préoccupation sérieuse de celui-ci, comme est le cas avec la plupart des autres phénomènes parapsychologiques, était très lente jusqu'à un temps très proche. Néanmoins, les trois dernières décennies ont connu une préoccupation scientifique sans pareille de ces phénomènes qui est représentée par une augmentation remarquable dans l'activité scientifique sur le plan des expériences de laboratoire qu'il faut faire pour s'assurer du phénomène de la guérison paranormale et étudier ses caractéristiques.

Et en vue de s'assurer de la réalité du phénomène de la guérison paranormale, un grand nombre de chercheurs ont expérimenté les pouvoirs d'un certain nombre d'individus qui sont célèbres dans le domaine de la guérison paranormale des maladies. Et un grand nombre de ces expériences ont été faites dans des conditions particulières de laboratoire où on a pris en considération l'application des deux méthodes de «l'expérimentation—contrôle» et «en double aveugle ou en triple aveugle» pour que ces recherches soient au niveau des recherches semblables dans les branches de la science traditionnelle. Quant au fait qu'une expérimentation est contrôlée, il veut dire qu'elle contient la comparaison des résultats obtenus du spécimen de l'expérience avec autres résultats obtenus d'un modèle qui n'a pas été soumis aux conditions de l'expérience, pour qu'on puisse connaître l'influence réelle de l'expérience sur le spécimen visé. Par exemple, au cas où on expérimente l'influence d'un traitement déterminé sur une maladie quelconque, on répartit les malades qui participent à l'expérience en deux groupes et on expose les malades dans le premier groupe au traitement et ce groupe est connu par le groupe d'expérimentation tandis qu'on n'expose pas le second groupe au traitement et pour cela il est connu par le groupe—contrôle. Et à l'exclusion de l'exposition du groupe d'expérimentation au traitement et la non—exposition du groupe—contrôle à celui-ci, l'expérimentateur essaye d'éliminer toutes différences entre les deux groupes qui peuvent influencer le résultat de l'expérience. Par cette méthode le chercheur peut être très sûr que toute amélioration dans l'état de santé du groupe d'expérimentation par comparaison avec le groupe—contrôle va être un signe de l'influence du traitement qui est soumis à l'expérience. Et il y a dans les belles-lettres scientifiques à propos du phénomène de la guérison paranormale un très grand nombre de recherches qui parviennent dans leur précision en tant que recherches contrôlées au niveau des recherches semblables dans les branches de la médecine traditionnelle.

Quant à l'expérimentation en double aveugle, on entend par celle-ci le fait de faire l'expérience d'une manière qui rend le chercheur qui fait l'expérience, le sujet de l'expérience, le chercheur qui évalue le résultat de l'expérience, et toute autre partie qui peut influencer le résultat de l'expérience, incapables de déterminer le genre de l'intervention qui peut diriger les résultats de l'expérience vers un sens déterminé, c'est-à-dire les rendre incapables d'altérer les résultats de l'expérience. Et cela est fait en mettant des limites déterminées aux parties de l'expérience ou à certaines de ses variables. Et on appelle «double» aveugle si l'expérimentation est faite sur deux parties ou deux variables parmi les parties et les variables de l'expérience, tandis qu'on appelle «triple aveugle» si elle est faite sur plusieurs parties ou variables. Et on fait l'expérience en double aveugle ou en triple aveugle tout en se basant sur le genre de l'expérience. Et il faut mentionner ici que non seulement les chercheurs dans le domaine de la guérison paranormale s'étaient trop attachés dans la parapsychologie aux deux techniques de «l'expérimentation—contrôle» et «en double aveugle» qui sont importantes pour assurer la précision et la neutralité dans les expériences scientifiques mais aussi beaucoup parmi ceux qui étudient les autres phénomènes parapsychologiques.

On peut résumer les résultats des expériences scientifiques sur les phénomènes de la guérison paranormale en disant qu'ils ont montré sans aucun doute que ces phénomènes sont réels. Les chercheurs ont réussi à prouver plusieurs cas de guérison paranormale d'une manière scientifique et précise à travers les expériences contrôlées. Et à cet égard, William Braud, le chercheur célèbre dans le domaine de la guérison paranormale, dit que les recherches scientifiques ont montré qu'il y a «des personnes qui ont pu influencer, mentalement et de loin, des endroits différents des systèmes biologiques, y compris la bactérie, les associations d'enzyme, les associations de champignon, les mousses rampantes, les plantes, les protozoaires [des êtres vivants unicellulaires], les larves, les cloportes [le cloporte est une petite bestiole ayant de grosses pattes que si l'homme la touche elle se recroqueville ou se replie], les fourmis, les poussins, les souris, les rats, le gros rat [un animal semblable au rat], les chats, les chiens, en plus des cellules (comme les cellules sanguines, les cellules nerveuses et les cellules cancéreuses), et l'activité des enzymes.

De plus, on peut influencer dans le corps de l'homme les mouvements de l'œil, les mouvements clairs du système moteur, l'activité électrique de la peau, le changement de la dimension des membres [à cause du changement de la tension artérielle: l'activité pléthysmographique], la respiration et les ondes cérébrales» (Braud 1991: 35). Ce que Braud résume ici peut sembler étrange à celui qui n'a pas pris connaissance de certaines parmi le grand nombre des recherches scientifiques qui ont traité le phénomène de la guérison paranormale. Et pour donner une idée de la nature de ces études, on mentionne ci-dessous rapidement et brièvement des modèles de ces expériences qui ont été faites sur des systèmes biologiques différents.

Une des études sur l'influence de la guérison paranormale sur les enzymes a été publiée en 1972 par Justa Smith à propos des résultats de ses expériences sur les pouvoirs du guérisseur hongrois célèbre Oscar Estebany. Car en utilisant la méthode de l'imposition des mains pour une durée de 75 minutes autour d'un récipient de verre fermé par un bouchon et contenant la trypsine, Estebany a pu faire une augmentation de 10% dans l'activité de cette enzyme. Et dans une deuxième expérience, ce guérisseur a réussi à exercer la même influence sur une quantité de la même enzyme dont l'activité avait été diminué de 68 à 80% en l'exposant à des rayons ultra-violets ayant une longueur d'onde de 2537 Å (Angström) qui est la longueur d'onde qui exerce la pire influence destructrice sur la protéine. Justa Smith a ensuite refait la même expérience avec trois personnes ordinaires qui ne sont pas connues en tant que personnes ayant des prédispositions à la guérison paranormale et trois autres qui prétendent avoir ces prédispositions, et le résultat de l'expérience était négatif parce que nulle parmi ces six personnes n'a réussi à produire un changement dans l'activité de l'enzyme (Smith 1972).

Pour étudier l'influence de la guérison paranormale sur les cellules vivantes, le chercheur William Braud, ainsi que deux autres chercheurs, a eu recours au Britannique Matthew Manning qui est doué des deux prédispositions à la psychokinésie et la guérison paranormale. Ceux-ci ont utilisé les érythrocytes qui avaient été mis dans une solution moins concentrée que les liquides du corps humain. C'est bien connu que si on met les érythrocytes dans un tel milieu dilué, la pression osmotique les laisse se gonfler et se déchirer puis l'hémoglobine se répand dans la solution diluée en peu de temps. Braud et ses collègues ont demandé à Manning d'essayer de garder les érythrocytes intacts dans cette solution (Braud, Davis & Wood 1979). Manning a utilisé la méthode de l'imposition des mains, alors il a posé ses mains sur le récipient dans lequel on a mis les érythrocytes mais sans qu'il le touche. Ces expériences ont montré le pouvoir de Manning de diminuer trop le taux de la détérioration des cellules.

Il y a un grand nombre d'expériences qui ont montré la possibilité d'exercer des influences d'une guérison paranormale sur l'enzyme. Parmi ces expériences, il y a une étude faite par Bernard Grad (Grad 1965a), le chercheur à l'université canadienne McGill, qui était une des premières personnes qui ont fait des expériences pour étudier l'influence de la guérison paranormale sur les tissus et les êtres vivants. Et comme modèle des études qui avaient pour but de découvrir la capacité des guérisseurs d'influencer la bactérie, il y a l'étude faite par Fong Li-Da qui a eu recours à un des experts en Qi Gong (et c'est l'expression chinoise de l'énergie que possèdent certains gens et qui peut causer des influences paranormales). Ce chercheur a fait croître une bactérie du genre Escherichia coli dans trois éprouvettes, et il a demandé à l'expert en Qi Gong de tenir les éprouvettes successivement en essayant: 1—de ne pas influencer la bactérie dans la première éprouvette ; 2—de tuer la bactérie dans la deuxième éprouvette en appliquant à celle-ci l'énergie «Qi» pour une durée d'une minute ; 3—d'influencer positivement la «santé» de la bactérie placée dans la troisième éprouvette. Après avoir répété l'expérience quarante fois, on a évalué les résultats et on a remarqué que l'expert en Qi Gong a pu exercer des influences remarquables qui sont représentées par le fait qu'il a diminué le nombre de la bactérie (c'est-à-dire le fait qu'il l'a tuée) placée dans la deuxième éprouvette à un taux de 50% et le fait qu'il a augmenté le nombre de la bactérie dans la troisième éprouvette à un taux très élevé qui a varié de 700 à 1000% (Li-Da 1983).[7]

Quant à l'étude de la capacité d'exercer des influences d'une guérison paranormale sur les plantes, Bernard Grad a fait une expérience dans laquelle il a utilisé des grains d'orge qui ont été fait dissoudre dans

---

[7]   Parmi les autres expériences importantes auxquelles on peut se référer pour prendre connaissance de la capacité des guérisseurs d'influencer la bactérie est l'étude faite par les deux chercheuses Elizabeth Rauscher et Beverly Rubik (Rauscher & Rubik 1983).

une solution saline dont la concentration est 1%. Le guérisseur qui a participé à cette expérience a tenu le récipient contenant la solution saline dans sa main «pour diminuer» l'influence négative prévue de la solution sur les plantes (Grad 1965b). On a fait dissoudre quelques grains d'orge dans la solution saline que le guérisseur avait tenu son récipient pour diminuer son influence nuisible sur les plantes, tandis qu'on a fait dissoudre autres grains d'orge dans une quantité du même genre de la solution saline que le guérisseur ne l'avait pas traitée en tenant son récipient dans sa main. Et en effet on a remarqué que la solution saline qui était dans le récipient que le guérisseur l'a tenu dans sa main pour diminuer son influence négative, était moins nuisible aux plantes. Parce que les plantes qui ont été fait dissoudre dans la solution «traitée» avaient une couleur verte plus sombre que la couleur des plantes qui ont été exposées à la solution saline non traitée, ce qui montre que les premières plantes ont contenu plus de chlorophylle de couleur verte. Et on a réussi à répéter l'expérience trois fois.

Et pour étudier l'influence de la guérison paranormale sur les animaux, Bernard Grad a anesthésié 69 souris, et il a fait sur le dos de chacune une plaie d'une profondeur de 1,5 x 1 pouces. Grad a eu recours au guérisseur Oscar Estebany qui a essayé de guérir la moitié des souris en tenant leurs cages entre ses mains pour une durée de quinze minutes chaque jour. Et Grad examinait minutieusement les plaies chaque jour en dessinant leurs formes sur les feuilles de papier ensuite il coupait la forme propre à chaque plaie et la pesait. Et après quatorze jours quand il a comparé les deux groupes de souris, Grad a trouvé que les plaies du groupe d'expérimentation, c'est-à-dire celles que le guérisseur tenait leurs cages entre ses mains, s'étaient cicatrisées plus rapidement que le groupe—contrôle (Grad 1965b). Quant aux influences de la guérison paranormale sur l'homme, il y a un très grand nombre de recherches qu'on va signaler des modèles de celles-ci ultérieurement dans ce chapitre.

Ces études ne sont que des modèles parmi un très grand nombre de recherches dans ce domaine, puisqu'il y a des centaines, plutôt des milliers d'expériences scientifiques qui ont vérifié les influences différentes de la guérison paranormale. Et il est naturel que ces expériences diffèrent par leur précision et leur niveau du côté scientifique. Et pour démontrer l'importance des belles-lettres scientifiques publiées à propos de ce sujet, il suffit de signaler qu'une seule recherche publiée en 1990 par le chercheur américain célèbre dans le domaine de la guérison paranormale, Daniel Benor, qui a contenu un résumé de plus de 155 recherches publiées en anglais à propos des expérimentations—«contrôle» qui ont montré la possibilité d'utiliser la prédisposition à la guérison paranormale pour influencer un grand nombre de structures biologiques dont la complexité diffère (Benor 1990). Et il est naturel aussi de dire qu'un certain nombre d'études avaient été faites à propos de ce sujet et qui constituent le double des études que Benor a dénombrées dans son étude. De même, il ne faut pas que nous oubliions de signaler qu'il y a un grand nombre de recherches publiées dans les autres langues et précisément les expériences qui avaient été faites dans l'U.R.S.S (l'Union soviétique précédemment). Puisque contrairement à ce que certains peuvent croire, il y avait dans l'Union soviétique un mouvement actif pour étudier les phénomènes parapsychologiques en général.

Parmi les phénomènes qui sont proches de la guérison paranormale il y a le phénomène qui est connu par le diagnostic psychique. Ce phénomène montre le pouvoir de certains individus doués pour diagnostiquer les maladies sans utiliser un des moyens traditionnels du diagnostic, sachant que la plupart de ces individus ne sont pas des médecins seulement, mais aussi leurs connaissances médicales sont très élémentaires et simples. Et une des personnes les plus célèbres qui sont connues en tant que personnes ayant ce pouvoir est le guérisseur américain célèbre Edgar Cayce qui se mettait en transe et pendant ce temps on lui donnait le nom et la place du malade, alors il diagnostiquait sa maladie et il prescrivait un remède à la maladie. En 1910, le docteur Wesley Ketchum a présenté un rapport à propos de ses remarques sur les pouvoirs de Cayce à la société américaine de recherches cliniques dans lequel il a montré qu'il a étudié cent cas maladifs qui avaient été présentés à Cayce, et il a trouvé que ce dernier a réussi à diagnostiquer 98 cas. Parmi ce nombre, il y a 6 cas maladifs qui avaient été diagnostiqués auparavant de la part des médecins traditionnels comme étant des cas qui nécessitent une intervention chirurgicale, néanmoins, Cayce a insisté sur le fait que ces diagnostics médicaux étaient faux et que les malades n'avaient pas besoin d'une intervention chirurgicale, et il a prescrit des remèdes alternatifs. Et en effet il est devenu clair ensuite que ce sont les diagnostics de Cayce qui étaient justes ; de même ses remèdes étaient efficaces. Malgré la renommée de Cayce, ses pouvoirs n'ont pas été soumis à une étude scientifique précise durant sa vie.

Peut-être une des meilleures études scientifiques sur le diagnostic psychique est celle faite par le neurochirurgien américain célèbre dans le domaine des recherches sur la guérison paranormale Norman Shealy, le fondateur de l'association américaine de médecine holistique. Et en 1985, Shealy a rencontré Caroline Myss, douée de la prédisposition au diagnostic psychique et ils ont commencé ensemble à tâcher de découvrir les prédispositions de Caroline Myss. La méthode qu'ont suivie Shealy et Myss comprenait le fait que Shealy reçoive le malade dans sa clinique qui se trouve dans l'état de Missouri ensuite il téléphone à Myss qui habite à New Hampshire, à une distance de plus de 1900 km, pour lui donner le nom et la date de naissance du malade, et Myss informe directement Shealy des impressions que le nom et la date de naissance ont faites sur elle en ce qui concerne la maladie du malade. Et on a remarqué que le taux de réussite de Myss dans le fait de diagnostiquer la maladie était environ 93% et ce taux très élevé dépasse le taux de réussite des spécialistes du diagnostic médical actuellement dans le fait de diagnostiquer la maladie dans ses stades précoces, malgré que ces spécialistes comme c'est bien connu, utilisent les techniques les plus compliquées du diagnostic comme l'analyse du sang et les rayons X (Shealy & Myss 1988).

2-4 La relation entre la guérison paranormale, le diagnostic psychique et les phénomènes psi

Malgré l'absence de la preuve scientifique, plusieurs chercheurs observent les deux phénomènes de guérison paranormale et du diagnostic psychique comme étant deux autres formes de certains phénomènes parapsychologiques. Car le chercheur Benson Herbert, par exemple, croit que la guérison paranormale est un genre de psychokinésie et que la guérison paranormale à distance (c'est-à-dire la tentative du guérisseur pour guérir le malade à une distance lointaine) a une relation avec le phénomène de télépathie (Herbert 1973, 1975). Quant au chercheur célèbre et président de l'association des anthropologues américains Michael Winkelman, il dit: «les études de laboratoire montrent que les humains ont la prédisposition à influencer et guérir un groupe varié de systèmes biologiques au moyen de la psychokinésie» (Winkelman 1991: 10). Dans ce même contexte, le psychiatre Daniel Benor montre qu'il est probable que la guérison paranormale soit simplement une psychokinésie sur des êtres vivants. Ainsi, la clairsentience semble être la base du diagnostic psychique médical et peut-être elle est le moyen à l'aide duquel les guérisseurs savent comment guérir les malades. Et le pouvoir de la télépathie qui peut transpercer des distances lointaines, peut être une des manifestations du diagnostic et de la guérison à distance» (Benor 1993: 107). La cause de la tentative des chercheurs pour décrire le diagnostic psychique et la guérison paranormale comme étant une autre forme parmi les formes de phénomènes psi peut être le fait que certains individus unissent la prédisposition à la guérison paranormale et certains pouvoirs psi aussi, comme Nina Kulagina et Matthew Manning.

L'égalité des deux phénomènes de guérison paranormale et du diagnostic psychique avec les autres phénomènes parmi les phénomènes psi est un exemple très convenable pour discuter ce qui a été déjà mentionné et c'est le fait que le plus souvent on néglige des différences importantes qui existent entre les phénomènes parapsychologiques différents parce qu'on veut rassembler les phénomènes concernés sous un seul genre ou sous une seule appellation. Car la réalité est qu'il y a des différences très importantes entre les deux phénomènes de guérison paranormale et du diagnostic psychique et les phénomènes psi comme celles qu'on a déjà mentionnées ci-dessus. Et retournant à la citation susmentionnée de Benor, il y a des causes importantes qui montrent que le fait de comparer le diagnostic psychique au fait de deviner les pensées et la guérison paranormale à la psychokinésie est une chose imprécise, plutôt mauvaise du côté scientifique. En ce qui concerne le diagnostic psychique, il est remarquable que l'élément de l'étrangeté et de supériorité que contient ce phénomène, est non seulement dans le fait que le diagnostiqueur découvre des informations médicales concernant le malade sans les moyens connus du diagnostic, mais on ajoute à cela que la détermination et la description du diagnostiqueur de l'état maladif du malade contiennent le plus souvent des informations qui dépassent trop les informations médicales que le diagnostiqueur connaît en général et parfois le diagnostiqueur utilise des expressions médicales que lui-même ne connaît pas leurs sens, pour décrire la maladie d'une manière précise (Benor 1984: 171). Cette remarque est très importante car une des réalités connues est que les pensées qu'une certaine personne peut les deviner au moyen de la télépathie sont basées sur ses capacités intellectuelles et son bagage d'informations essentielles et nécessaires pour analyser ces pensées. Et cela veut dire que même si le diagnostiqueur obtenait des informations médicales concernant le malade au moyen de la télépathie, il ne sera pas capable de profiter de celles-ci parce qu'elles dépassent les informations médicales qu'il peut obtenir parce qu'il n'est pas un médecin. Et par exemple, une personne simple et douée du pouvoir de deviner les pensées ne sera pas capable d'obtenir des informations détaillées de la raison d'un chirurgien concernant les détails d'un état maladif déterminé dont la compréhension nécessite des connaissances médicales essentielles. Ce que la personne douée du pouvoir de deviner les pensées peut généralement obtenir de la raison d'une autre personne est le plus souvent des descriptions ou des noms de lieux et de personnes ou d'autres pensées ordinaires, et c'est ce qui laisse les scientifiques qui étudient le phénomène de télépathie expérimenter les prédispositions des personnes qu'ils étudient en ayant recours à des sujets ordinaires comme le fait de leur demander de décrire un lieu quelconque qu'une personne déterminée l'observe. Néanmoins, on ne fait pas l'expérience en demandant à la personne de l'expérience de deviner les pensées d'une autre personne en obtenant des informations qu'il allait lui être difficile de les obtenir même si elle avait pris connaissance de celles-ci au moyen d'un de ses sens. Car la personne douée du pouvoir de deviner les pensées peut deviner des pensées ordinaires et déterminées qui existent dans la raison du chercheur qui fait lui-même l'expérience, néanmoins, cette personne douée ne peut obtenir ou comprendre par exemple ce que pense le physicien qui fait l'expérience sur elle comme équations ou informations physiques compliquées qu'elle n'aurait pas pu les obtenir même s'il lui était permis de les lire dans un livre ouvert devant elle. Et dans le cas du diagnostic psychique, le diagnostiqueur qui n'est pas un médecin, montre la prédisposition à obtenir des informations qui dépassent le niveau de ce qu'il connaît dans ce domaine, ce qui veut dire qu'il est impossible que ce diagnostiqueur ait obtenu les informations de la même manière dont on obtient les informations dans les cas où on devine les pensées ordinaires.

Il y a une autre réalité plus importante qui réfute la comparaison du diagnostic psychique à la télépathie et c'est que beaucoup de gens ont recours aux pratiquants du diagnostic psychique après que les médecins traditionnels avaient échoué à diagnostiquer leurs maladies. Donc dans de tels cas, il n'y a pas quelqu'un qui sait diagnostiquer la maladie du malade concerné et pour cela il est impossible que les informations médicales concernant l'état maladif que découvre le diagnostiqueur soient transmises à lui de la raison d'une autre personne. Cela contrairement aux cas dans lesquels le diagnostiqueur a réussi à ne pas respecter les diagnostics des médecins traditionnels, comme on a déjà mentionné à propos d'Edgar Cayce, et pour cela son diagnostic ne peut pas être établi à travers l'obtention des pensées d'une autre personne. Mais cela ne veut certainement pas dire que tous les cas du diagnostic psychique ne renferment pas nécessairement une télépathie. Puisqu'on ne peut pas s'assurer de cela pratiquement. Néanmoins, ce que montre la discussion précédente est qu'il y a des cas de diagnostic psychique qui ne peuvent absolument pas résulter d'une télépathie avec une autre personne, car il n'y avait pas quelqu'un qui sait diagnostiquer correctement la maladie. Ce résultat, à son tour, veut dire que la supposition que le diagnostic psychique est une autre forme du phénomène de télépathie n'est pas fondée sur une bonne base scientifique.

Quant à l'explication de la guérison paranormale comme étant un genre de psychokinésie, l'erreur ici aussi peut être rendue claire facilement. Le phénomène de psychokinésie est avant tout un mouvement et par conséquent la survenance du phénomène nécessite l'existence de l'agent (sans tenir compte de la nature de cet agent) qui peut faire le mouvement nécessaire. Quant à la guérison paranormale, elle renferme non seulement l'existence d'un agent qui doit faire les mouvements nécessaires pour la guérison (sans tenir compte de la nature des influences de ces mouvements), mais le phénomène renferme aussi l'existence d'un agent (peut être le même agent moteur qui guérit et il peut être un autre agent) qui connaît la maladie et la manière de la guérir. Et pour expliquer ce point, on peut comparer un évènement de psychokinésie comme lorsque Nina Kulagina a séparé le jaune d'œuf du blanc d'œuf avec un évènement traditionnel de guérison paranormale quand un guérisseur guérit un malade par exemple en imposant sa main sur ou près du corps du malade. Tout ce que nécessite la séparation du jaune d'œuf du blanc d'œuf, en utilisant les expressions de la physique, est l'existence d'une énergie qui fait la séparation, puisque la manière de faire l'action en elle-même n'est pas compliquée. Et Nina Kulagina peut par exemple faire la séparation en utilisant ses mains très simplement. C'est-à-dire que l'aspect de «paranormalité» dans cet évènement est moteur seulement. Néanmoins, l'affaire n'est pas très facile dans le cas de la guérison paranormale. Puisque le guérisseur a l'intention de guérir le malade sans savoir quelle est la maladie du malade ni comment il faut la guérir, et il ne sait pas aussi la conduite physique et physiologique que va suivre la guérison dans le corps. Plutôt la plupart des guérisseurs ignorent même l'essence de l'agent qui guérit. Et la question qui a souvent embarrassé les scientifiques dans ce domaine est pourquoi l'agent qui engendre la guérison paranormale, au moins dans certains cas, ne fait-il pas une mauvaise action qui nuit au malade par exemple au lieu de le guérir? Autrement dit, quand le guérisseur impose ses mains sur un malade qu'il veut guérir, pourquoi la guérison que le plus souvent le guérisseur la fait sans savoir l'essence ou l'endroit de la maladie dans le corps du malade ni même la nature de l'agent qui engendre la guérison, n'apporte-t-elle pas des résultats inverses et l'état du malade s'aggrave au lieu de s'améliorer? La réponse à cette question n'est absolument pas facile, plutôt la connaissance de cette réponse veut dire la découverte de l'essence du phénomène de la guérison paranormale. Et le scientifique Bernard Grad a expliqué cette caractéristique par laquelle se distingue «l'énergie de guérison» (et Grad entend par cette expression l'énergie qui engendre la guérison) en disant: «elle paraît [l'énergie de guérison] connaître ce qu'elle doit faire. Autrement dit, elle renferme aussi une intelligence et des informations. Cela est très clair dans la guérison durant laquelle le guérisseur transmet l'énergie [de guérison] ou la stimule dans le corps du malade. Ensuite, l'énergie paraît connaître seule ce qu'elle doit faire et sans qu'il y ait une intervention de la part du guérisseur» (Grad 1991: 7). Donc, il y a des causes importantes pour conclure que les deux phénomènes de guérison paranormale et du diagnostic psychique diffèrent essentiellement des deux phénomènes de psychokinésie et de télépathie.

Le commentaire de Grad mentionné ci-dessus attire l'attention sur un point important à propos de la relation entre le diagnostic psychique et la guérison paranormale. Car malgré que la plupart de ceux qui ont des prédispositions distinguées dans le domaine de la guérison paranormale n'aient pas une prédisposition au diagnostic psychique, néanmoins, la guérison en réalité peut et ne peut pas renfermer un genre de diagnostic psychique. Car on peut supposer que le diagnostic psychique que renferme la guérison paranormale ne parvient pas au conscient du guérisseur et par conséquent il ne connaîtra pas la maladie qu'il guérit tandis que ce qui se passe dans le cas du diagnostic psychique est que des informations concernant l'état maladif concerné parviennent au conscient du diagnostiqueur. Néanmoins, il y a un regard adverse qui rend le diagnostic inutile dans la guérison paranormale. Et ce regard est représenté par le fait de considérer que l'agent qui engendre la guérison paranormale, qu'il soit une énergie ou une autre chose, a une influence positive sur la santé du corps en général et que ce qui se passe dans le cas de la guérison paranormale est que la partie malade du corps profitera le plus de cet agent positif. Bien sûr, dans un tel cas, il n'y aura pas une justification pour supposer que la guérison qui a lieu doit être accompagnée d'un diagnostic. Il y a entre les deux regards mentionnés ci-dessus une grande différence en ce qui concerne la nature de l'agent qui engendre la guérison, néanmoins, le fait de préférer un de ces deux regards à l'autre peut être une chose impossible à présent si on prend en considération la réalité qu'on a confirmée et qu'on va la confirmer souvent dans ce livre et c'est que ces phénomènes qui se ressemblent en certains de leurs détails, les points de différence entre ceux-ci peuvent être plus importants dans la détermination de leur essence que leurs points de ressemblance.

Avant de traiter le regard de la médecine traditionnelle envers les phénomènes de la guérison paranormale, il faut chercher à connaître d'abord les bases sur lesquelles cette médecine est fondée et la manière dont elle s'est développée au cours des années et c'est le sujet de la partie suivante.

2-5 Aperçu historique de la théorie de la médecine occidentale

Les bases théoriques de la médecine occidentale traditionnelle ont passé par diverses périodes de développement qui se sont reflétées sur la nature des applications et des pratiques médicales auxquelles avaient recours les pratiquants de cette médecine pour diagnostiquer et guérir les maladies. Néanmoins, la chose regrettable que reflète l'histoire de la théorie médicale occidentale est que ce «développement» qu'elle a connu n'était pas toujours «un progrès» vers le mieux, mais certaines périodes de celui-ci ont connu «un retour» à l'adoption de mauvaises théories et pensées.

La médecine occidentale était jusqu'à la deuxième moitié du dix-neuvième siècle fondée sur un regard holistique qui traite l'état de santé de l'homme comme étant le produit de l'interaction entre plusieurs facteurs, physiques et moraux, biologiques, psychologiques et intellectuels. Et parce que le modèle holistique se concentre sur le fait que l'état de santé de l'homme est le produit de l'interaction entre le corps et la raison[8], il est connu alors par le modèle interactif. Le modèle interactif définit la maladie, comme disent les deux chercheurs Samuel Myers et Herbert Benson, comme étant «un déséquilibre anormal chez la personne, qui est causé par l'interaction des facteurs biologiques, comportementaux, moraux, psychologiques et sentimentaux» (Myers & Benson 1992: 5). Il y a parmi les facteurs mentionnés par Myers et Benson, ce qui est commun entre tous les gens, comme le facteur biologique qui indique le corps humain avec ses systèmes différents, et ce qui diffère d'une personne à l'autre, comme les facteurs psychologiques et comportementaux.

Car l'étude de tout état maladif selon le point de vue du modèle interactif nécessite non seulement de prendre en considération l'aspect biologique de la maladie, mais aussi d'étudier les facteurs psychologiques et comportementaux du malade qui peuvent avoir une grande influence sur son état maladif et qui changent d'un malade à l'autre. Pour cela, il a été mentionné dans l'éditorial du **Boston Medical and Surgical Journal** (qui est devenu ultérieurement le journal médical célèbre *New England*

---

[8] On traduit généralement le terme anglais «mind» par «raison», néanmoins, en réalité il a un sens large dont on ne connaît pas les limites. Car les significations de ce terme renferment les produits de la raison comme les pensées, les rêves, les illusions, les espoirs et autres, en plus des changements psychologiques comme la tristesse, la joie, la mélancolie et autres. Et on peut expliquer le sens qu'on entend par le terme «mind» en disant qu'il renferme les produits moraux du fonctionnement du cerveau. Et on peut reconnaître la difficulté de la détermination de ce qu'on entend par le terme «mind», et par conséquent la difficulté de sa traduction, en remarquant la ressemblance des utilisations de ce terme et leur interférence avec des termes comme la raison, le conscient, l'âme, même dans les belles-lettres scientifiques spécialisées.

Journal of Medicine) en 1858 qu'il est rare qu'on puisse guérir deux états maladifs quelconques de la même manière . . . . La guérison de tout état maladif change selon mille circonstances différentes» (Warner 1986: 55). C'est-à-dire que le modèle interactif incite à guérir l'état maladif à travers l'étude de l'état général du malade et non la concentration sur la maladie en elle-même seulement. Et dans ce sens, il y a une citation célèbre du médecin grec Epicure qui dit «que la connaissance du genre de personnes ayant la maladie est plus importante que la connaissance du genre de maladies chez la personne».

Les médecins du dix-neuvième siècle connaissaient la réalité que beaucoup de maladies physiques ont une origine psychologique. Et une des manifestations de leur adoption du modèle interactif dans la guérison était leur utilisation du phénomène connu par l'effet placebo pour guérir les malades. Et l'effet placebo est l'apparition des effets curatifs chez le malade après avoir pris un médicament quelconque tout en croyant que le médicament a cette influence, malgré que le médicament n'ait pas en réalité ces effets curatifs. Car le médecin prescrit au malade des grains de «sucre» par exemple qui peuvent éliminer des symptômes maladifs déterminés chez le malade si ce dernier croit que ces grains constituent une guérison «particulière» pour sa maladie. Il est clair que la disparition du symptôme maladif dans de tels cas est dû à des facteurs psychologiques propres au malade, qui sont représentés par «son espérance» de la guérison et elle n'a pas de relation avec «le médicament» en lui-même. Et à cause de la nature de ce phénomène on l'a désigné au dix-neuvième siècle par le terme «placebo» qui dérive du latin et qui veut dire «je vais satisfaire», car le phénomène veut dire que le médecin rend heureux le malade en lui donnant un médicament qui le réjouit tout en le convainquant que ce médicament va guérir sa maladie. Et beaucoup parmi les médecins du dix-neuvième siècle prescrivaient à leurs malades des médicaments qui sont en réalité des placebos.

Quand le dix-neuvième siècle a touché à sa fin, la médecine occidentale a commencé à abandonner le modèle interactif et elle a adopté au lieu de celui-ci un modèle basé sur la philosophie du penseur français René Descartes (1596-1650). La philosophie de Descartes (qui est connue aussi par «cartésienne») et qui a encore une grande influence sur la théorie médicale actuellement, sépare la raison et le corps, considérant que la première représente «l'abstrait et le moral» tandis que le second représente «le concret et le physique». Et l'aspect physique de la philosophie de Descartes devient clair à travers sa supposition que le corps peut influencer la raison néanmoins la raison ne peut pas influencer le corps.

La domination de la philosophie de Descartes sur la théorie médicale a mené à deux résultats principaux: **premièrement**, la concentration entière sur le rôle matériel du corps avec ses divers membres et systèmes et leurs fonctions différentes pour expliquer l'état de santé de l'homme ; et **deuxièmement**, la négligence de tous les autres facteurs incorporels comme l'état psychologique que le modèle interactif le prenait en considération durant l'étude et la détermination de l'état de santé. Et comme exemple de la négligence de l'influence de l'âme sur le corps, nous trouvons que l'effet placebo psychologique que les médecins du dix-neuvième siècle le reconnaissaient est resté négligé d'une manière presque totale durant la première moitié du vingtième siècle.

Le modèle médical de Descartes considère la maladie comme ayant des causes biologiques pures qui n'ont aucune relation avec l'état psychologique et mental du malade. C'est-à-dire que ce modèle a observé la maladie comme étant un état «matériel» pur, et non le résultat d'une interaction matérielle et immatérielle entre le corps et la raison, comme elle était selon le modèle interactif. Et parce que le nouveau modèle médical se concentre entièrement sur le corps et néglige les facteurs psychologiques et mentaux, il est connu alors par le modèle biomédical (on va l'appeler «le modèle biologique»). Meredith McGuire, professeur de sociologie et d'anthropologie à l'université Trinity dans la province américaine de Texas dit que le modèle biologique attribue la maladie à «des troubles des fonctions du corps—par exemple, biomédicaux ou neurophysiologiques» (McGuire 1993: 147). Quant au professeur de psychiatrie, George Engel, il signale que le modèle biologique observe le corps humain comme étant une machine et la maladie comme étant le détraquement de cette machine ; quant à la tâche du médecin selon la médecine biologique, elle consiste à réparer la machine (Engel 1977: 131).

Il y a de nombreuses causes qui ont mené à la chute du modèle interactif et la domination du modèle biologique sur la théorie médicale. Une de ces causes est que le modèle biologique est «plus pratique» que le modèle interactif. Puisque le premier suppose que les causes de la maladie sont représentées par l'incapacité des membres ou des systèmes dans le corps d'accomplir leurs fonctions. Et bien sûr, la découverte et le traitement de ces facteurs biologiques sont beaucoup plus faciles que la découverte des causes d'une maladie quelconque selon le modèle interactif qui accorde une grande importance à plusieurs facteurs immatériels comme les causes de la maladie. C'est-à-dire que le modèle biologique traite les facteurs «matériels» qui sont en nombre limité relativement, et sont mesurables» tandis que le modèle interactif dit qu'il est probable que la maladie ait d'autres facteurs «immatériels qui sont en grand nombre et sont immensurables». Pour cela, l'observation de la maladie du point de vue de la médecine biologique était beaucoup plus facile du côté pratique que l'observation de celle-ci du point de vue de la médecine interactive, car pendant que la physiologie observe tous les gens normaux comme étant semblables, nous trouvons que la psychologie trouve entre ces gens «semblables physiologiquement» de grandes différences psychologiques, mentales et comportementales. Néanmoins, cette facilité pratique qu'a fournie la médecine biologique aux médecins, était au compte de la précision dans le diagnostic et la guérison ; c'est-à-dire que l'éloignement des médecins de la médecine biologique était pour leur intérêt personnel et au compte de l'intérêt du malade ! Et ce qui a laissé les médecins se diriger vers le modèle biologique est le fait qu'il est facile à suivre, ce qui facilite trop le fait de faire les expériences et les recherches de laboratoire, car l'expérimentation des facteurs physiologiques matériels, déterminés et mesurables est certainement plus facile que l'étude de l'influence de l'état psychologique en général sur l'état maladif. Le fait que les médecins se sont dirigés vers le modèle biomédical et ont négligé totalement le modèle interactif et l'influence des facteurs psychologiques et mentaux sur l'état de santé de l'homme a laissé quatre parmi les physiologistes les plus célèbres qui sont Helmholtz, Ludwig, Du Bois-Reymond et Brucke, jurer en 1845 d'expliquer tout ce qui se passe dans le corps par la preuve des changements physiques et chimiques.

Malgré la réalité que le modèle biologique a bien réussi à guérir beaucoup de maladies, néanmoins, le fait qu'il est un modèle médical complet et réussi allait le rendre inévitablement limité car il a jeté la raison et l'âme au rebut et il a négligé leur rôle dans la formation de l'état de santé général de l'homme. Et la limitation du modèle biologique est apparue à travers son échec continuel à diagnostiquer et guérir des maladies ayant des causes ou des origines psychologiques, comme l'asthme et l'ulcère (Tittmar & Chandran 1992).

Dans une critique acerbe du modèle biologique, George Engel a signalé plusieurs gros défauts dans cette méthode en proposant de la remplacer par ce qu'il l'a appelé le modèle bio-psycho-social: «le modèle biomédical nécessite non seulement de traiter la maladie comme si elle existe indépendamment sans se baser sur le comportement social, mais aussi elle nécessite d'expliquer la déviation du comportement en se basant sur les troubles dans les fonctions du corps (médicaux—chimiques ou neurophysiologiques). Ainsi, le modèle biomédical englobe le réductionnisme, le regard philosophique qui dit que les phénomènes composés dérivent à l'origine d'un seul principe essentiel et la dualité de la raison et du corps, la doctrine qui sépare ce qui est mental de ce qui est physique. Et c'est là que le principe essentiel réductionniste devienne physique ; parce qu'il suppose que le langage de la chimie et la physique va être à la fin suffisant pour expliquer les phénomènes biologiques. Du point de vue du réductionnisme, les seuls moyens de perception qui existent pour décrire les systèmes biologiques et les moyens d'expérimentation pour les étudier sont physiques de nature» (Engel 1977: 130).

Parmi les réalités importantes qu'il faut signaler à propos du développement de la médecine biologique est que ce modèle même s'il était accepté en général dans les milieux médicaux comme étant le seul modèle médical réussi, néanmoins, ce regard n'a pas été adopté par tous les médecins. Car les psychiatres précisément se sont opposés continuellement à la négligence de la médecine interactive et au recours à la médecine biologique. Et cette attitude est apparue clairement dans le développement de la notion des maladies psychosomatiques qui sont les maladies dont les causes sont psychologiques et les symptômes physiques, de la part de plusieurs psychiatres en commençant par Sigmund Freud et passant par Ferenczi, Horney, Franz Alexander et autres (Kaplan 1980). Et la réalité est que la concentration des psychiatres sur l'influence de l'état psychologique sur le corps les a laissés faire face à leurs collègues dans les autres branches de la médecine, jusqu'à ce que le reste des médecins a commencé à observer la psychiatrie comme si elle s'était trompée de route. Et la psychiatrie est demandée de la part du reste des branches de la médecine, parfois implicitement et parfois explicitement, ou de limiter ses préoccupations des maladies qui proviennent d'un trouble organique ou fonctionnel dans le cerveau et de ne plus se préoccuper des maladies qui proviennent des états psychologiques comme la dépression et l'angoisse, ou de sortir du champ des sciences médicales.

Avec la marche du temps et l'échec continuel du modèle biologique à guérir les maladies ayant des causes sociales et psychologiques, on insistait trop sur la nécessité de le remplacer par un modèle plus holistique qui est réussi comme le modèle biologique et promet de réussir là où ce modèle a échoué, et le déterminisme de ce remplacement devenait plus clair. Ainsi, la médecine occidentale a commencé durant les trois dernières décennies à entrer dans une période nouvelle de son histoire qui est représentée par le début de la chute du modèle biologique. Car durant cette période, la négligence du modèle cartésien de la dualité de la raison et du corps a commencé d'une manière progressive quand l'ancien modèle interactif de la raison et du corps a été de nouveau plus accepté. Ainsi, la médecine a commencé à observer sérieusement les grandes influences de la raison et l'âme sur l'état de santé de l'homme. Et il est important ici d'assurer que le modèle interactif ne nie pas le rôle du modèle biologique ou n'élimine pas son influence et ses réussites, mais il ajoute au modèle biologique une nouvelle dimension très importante tout en rendant ce dernier une partie d'une démarche plus holistique vers la compréhension de la santé et la maladie. Le modèle médical adopté a été rapidement changé par les découvertes scientifiques croissantes des influences que des facteurs psychologiques comme la suggestion, l'imagination, le placebo et autres peuvent avoir sur le corps et ses fonctions. L'étude de ces phénomènes a facilité la compréhension scientifique de la nature de l'intégration fonctionnelle entre la raison et le corps et a montré que les facteurs psychologiques peuvent avoir des influences importantes sur le corps à tel point qu'ils seront une source de la maladie et aussi une cause pour regagner la santé et se guérir.

On a déjà signalé dans une partie précédente ce que les recherches scientifiques ont mentionné en disant que les pratiques «psychologiques» comme la méditation, l'hypnose et la rétroaction biologique peuvent avoir des influences importantes et claires sur plusieurs fonctions du corps (Barber 1984 ; Wallace & Benson 1973). De plus, les recherches qui étaient faites sur l'effet placebo, et que les scientifiques avaient commencé à reconnaître de nouveau son existence durant les années cinquante de ce siècle, ont fourni des preuves supplémentaires de l'influence de l'état psychologique et mental de l'homme sur son état physique (Evans 1985). Et au début des années quatre-vingt, on a abandonné le modèle biologique et on a soutenu fortement le modèle interactif à travers l'apparition de la nouvelle science connue par la psychoneuroimmunologie. Car des recherches sont apparues et elles assurent que le système immunitaire chez l'homme peut être influencé trop par son état psychologique et mental (Ader 1981 ; Hall et autres 1992, Levitan 1991: 142-144). Cette découverte précisément a une importance exceptionnelle car le système immunitaire, comme c'est bien connu, a une relation ferme avec l'état de santé de l'homme. Et ce que la recherche scientifique a découvert dans ce domaine est que les leucocytes contiennent plusieurs genres de matières chimiques que sécrètent certaines cellules nerveuses quand les unes sont liées aux autres. Et ce qui a poussé les scientifiques à supposer que les leucocytes peuvent de cette manière faire passer des informations au cerveau pour qu'il les garde et ainsi il y a eu beaucoup d'espoir qu'on explique un phénomène qui était jusqu'à une époque récente incompréhensible et c'est la manière dont le système immunitaire dans le corps «se rappelle» un antibiotique déterminé même après des années qu'il a agi dans le corps. Et parmi les réalités connues est que la personne qui était atteinte durant son enfance de la rougeole ou de certaines autres maladies ou qu'elle avait pris un vaccin contre celles-ci, jouit durant toute sa vie d'une immunité contre les virus qui causent ces maladies. Et certains chercheurs ont supposé que l'influence de la raison sur le système immunitaire dans le corps peut être à travers ces matières chimiques dans les leucocytes. Néanmoins, il y a beaucoup d'effort scientifique qu'il faut faire avant qu'on s'assure de la justesse ou de la fausseté de ces suppositions.

On peut résumer ce qui a été déjà mentionné en disant que les limites que le modèle biologique n'a pas pu les dépasser, en plus du grand nombre de recherches scientifiques qui ont montré les influences de l'âme et la raison sur le corps, ont exigé la disparition du modèle biologique et l'apparition du modèle interactif de nouveau d'une manière progressive. Néanmoins, il est important ici d'assurer encore une fois que le modèle interactif n'a pas éliminé le modèle biologique gigantesque mais seulement il l'a laissé retourner à la normale.

2-6 La guérison paranormale et le besoin d'un nouveau modèle médical

Comme on a déjà dit, les phénomènes de la guérison paranormale ont été refusés en général de la part de la société scientifique. Et on peut attribuer ce refus à deux causes principales que l'une est particulière et l'autre générale. En ce qui concerne la cause générale, c'est que le refus de la guérison paranormale a été renfermé par le refus de la société scientifique des phénomènes parapsychologiques en général. Et la citation suivante de l'historien Thomas Kuhn exprime cette attitude très clairement: «la science ordinaire n'a pas pour but de rassembler de nouveaux phénomènes qui ne correspondent pas aux suppositions existantes ; ces phénomènes qui sont plus hauts que d'être classés parmi les suppositions scientifiques sont vraiment invisibles» (Kuhn 1962: 2). On a signalé dans le premier chapitre la forte résistance à laquelle font face les nouvelles réalités et théories de la part de la société scientifique, et bien sûr il n'y a pas une cause pour supposer que les phénomènes de la guérison paranormale font une exception à cette loi qui semble renfermer tout ce qui est nouveau et s'établir fermement sur la terre de la science sans qu'elle s'affaiblisse avec la marche du temps. Plutôt le phénomène de «la résistance aux nouvelles découvertes» est devenu lui-même «une loi» parmi les lois de la science humaine.

Et en vue d'essayer de donner un aspect d'objectivité à leur refus des phénomènes de la guérison paranormale, les scientifiques s'élèvent souvent contre ces phénomènes avec les mêmes objections au reste des phénomènes parapsychologiques qu'on a déjà mentionnés dans le premier chapitre. Et la chose la plus importante sur laquelle se concentrent les scientifiques sceptiques est la caractéristique de «la non—reproductibilité» qui distingue les phénomènes de la guérison paranormale. Puisque nous trouvons vraiment que le guérisseur qui avait réussi à guérir ou améliorer l'état de santé d'un certain nombre de malades ne peut pas réussir toujours et d'une manière continuelle comme s'il n'est pas celui qui contrôle vraiment le pouvoir paranormal de la guérison qu'il possède ou que ses pouvoirs ne réussissent pas avec tous les malades. Et par exemple, nous trouvons qu'un des guérisseurs les plus célèbres qui est Oscar Estebany avait pu prouver son pouvoir d'influencer l'activité de l'enzyme de trypsine dans l'étude de la chercheuse Justa Smith qu'on a déjà mentionnée (Smith 1972), néanmoins, il a échoué à exercer une influence sur la même enzyme dans une expérience semblable ultérieure sous la surveillance de la chercheuse. La discussion détaillée de ce sujet dans le premier chapitre a montré que le fait que le guérisseur ou celui qui possède les pouvoirs parapsychologiques ne contrôle pas ses pouvoirs ne veut pas dire que ces pouvoirs sont irréels.

Quant à la cause particulière qui a laissé les phénomènes de la guérison être négligés plutôt être refusés de la part des scientifiques est le fait que le modèle médical répandu ne les renferme pas et que la société scientifique désire de garder ce modèle. Car pendant la période où le modèle biologique était répandu, ces phénomènes étaient en guise d'une provocation de la base sur laquelle est fondée cette médecine et c'est la supposition que la raison et l'âme n'ont aucune influence sur le corps, car ces phénomènes ont renfermé des genres d'interactions qui n'occupent pas une place dans la médecine de Descartes. Pour cela, le fait de garder la crédibilité et le rang du modèle médical cartésien a nécessité que la société scientifique néglige ces phénomènes, ce qui pouvait continuer mais temporairement. Et avec la dégradation du rang du modèle médical cartésien et la capacité de l'ancien modèle interactif d'apparaître de nouveau, ces phénomènes ont pu attirer une grande partie de l'attention scientifique. Car les phénomènes qui montrent les influences sensibles sur la santé du corps des facteurs et des états psychologiques et mentaux comme la perception, les pensées, les sentiments, la visualisation, la suggestion, le placebo, l'espérance et autres, étaient considérés comme «anormaux» et inexplicables à l'aide du modèle biologique, et pour cela, «ils ne peuvent pas être réels». Mais avec la nouvelle apparition du modèle interactif et la reconnaissance des scientifiques que des facteurs psychologiques et des états mentaux déterminés peuvent influencer la santé physique de l'homme d'une manière qui n'est pas moins forte que les facteurs biologiques, les phénomènes de la guérison ne sont plus classés comme étant «étranges» ou «incompréhensibles», mais ils ont occupé leur place normale avec le reste des phénomènes naturels.

Et comme le modèle biologique a refusé les phénomènes qui découvrent les influences corporelles des états psychologiques et mentaux, alors il a refusé aussi les phénomènes de la guérison paranormale parce qu'ils menacent les bases sur lesquelles il est établi. Quant à la médecine interactive, contrairement au modèle biologique, elle n'a pas trouvé elle-même obligée de défendre ses bases théoriques en refusant les phénomènes de la guérison paranormale et les considérant comme une sorte de mensonge et de tromperie de la part de celui qui prétend avoir ces prédispositions, ou comme une sorte de tromperie de soi-même et de naïveté de la part de celui qui croit à leur justesse. Car quand le modèle interactif reconnaissait les influences corporelles que peuvent exercer les phénomènes comme le placebo et la visualisation, ce modèle a expliqué les phénomènes de la guérison paranormale comme étant principalement le résultat «de l'espérance et la croyance» du malade aux influences positives des pratiques de la guérison. Et de cette façon les réussites auxquelles sont parvenus les phénomènes de la guérison paranormale comme l'imposition des mains, sont expliquées comme étant le résultat «de l'espérance» du malade de la réussite de cette méthode dans son traitement. Autrement dit, le modèle interactif a considéré que ce qui se passe durant les phénomènes de la guérison paranormale est qu'en réalité le malade guérit lui-même et non le guérisseur qui engendre la survenance de l'état de guérison ou d'amélioration. Et comme le corps de l'homme est pourvu naturellement de plusieurs mécanismes biologiques autonomes des fonctions d'une auto-guérison, comme la guérison des blessures et l'anéantissement des microbes et des virus qui attaquent le corps, les phénomènes de la guérison paranormale aussi sont considérés par le modèle interactif comme des manifestations de pouvoirs d'auto—guérison, néanmoins, leur mécanisme a une origine non biologique qui est représentée par l'influence de l'état psychologique et mental sur l'état de santé du corps.

Malgré qu'on puisse «supposer» que la cause de la réussite dans la plupart des résultats des phénomènes de la guérison est la stimulation des prédispositions à l'auto—guérison du malade à travers l'espérance, le placebo, la visualisation et autres, il n'est pas nécessaire que cela soit l'explication «réelle» de ceux-ci. De même, il y a un grand nombre de phénomènes et d'évènements de guérison qu'on ne peut pas supposer qu'ils sont le résultat d'une auto—guérison», plutôt ils semblent montrer le pouvoir réel du guérisseur de guérir les malades ou ce qu'on peut l'appeler la prédisposition à «guérir autrui». Il n'y a pas de doute que beaucoup parmi les cas de guérison qui sont décrits comme étant le résultat des pouvoirs paranormaux du guérisseur sont en réalité le résultat de la stimulation des pouvoirs de l'auto—guérison du malade même, néanmoins, il y a aussi un grand nombre de phénomènes de guérison qui ne peuvent pas être considérés ainsi. Donc les phénomènes qui sont désignés par le terme «guérison d'autrui» sont des phénomènes de «guérison paranormale».

Il y a deux genres d'expériences scientifiques que chacun peut être considéré comme une preuve convaincante que le phénomène de la guérison d'autrui est un phénomène réel. En ce qui concerne le premier genre, il constitue les expériences qui ont montré que certains guérisseurs ont pu exercer des influences curatives sur des structures et des systèmes biologiques non humains, comme les animaux, les plantes, les bactéries et autres. Il n'y a pas de doute que les résultats de telles expériences que certaines ont été déjà mentionnées[9] ne peuvent certainement pas être attribués à des facteurs comme l'espérance ou le placebo, car la cause de la réussite du guérisseur à influencer la bactérie ne peut pas être «l'espérance de la bactérie» de cette réussite. C'est-à-dire que ces phénomènes, sans aucun doute, sont des phénomènes de guérison d'autrui, c'est-à-dire de guérison paranormale. Et il est utile ici de signaler une autre expérience de ce genre. Le chercheur Robert Miller a expérimenté le pouvoir de la guérison paranormale d'une des guérisseuses américaines les plus célèbres qui est Olga Worrall en étudiant son pouvoir d'influencer l'eau.

Miller a fourni à la guérisseuse un certain nombre de récipients contenant des solutions de sels cuivriques pour qu'elle les traite comme elle fait quand elle guérit les malades. Ensuite, Miller a cristallisé les sels cuivriques et a trouvé que les modèles que Worrall avait traités, avaient une couleur différente de ceux qu'elle n'a pas traités. De même, les cristaux des solutions traitées étaient plus râpeux que ceux qui reviennent aux solutions non traitées. Et en plus de cela, Miller a trouvé que la tension de surface de l'eau dans la solution cuivrique traitée par Olga était clairement moins que la tension de surface semblable dans les solutions non traitées (Miller 1977). Cette expérience montre d'une manière indiscutable que la guérisseuse exerçait une influence sur l'eau, et elle signifie que les guérisseurs doués peuvent exercer une influence réelle sur les malades qu'ils guérissent.

---

[9] Daniel Benor mentionne beaucoup parmi ces expériences dans la première et deuxième parties de son livre encyclopédique qui parle de la guérison paranormale (Benor 1993 & 1994).

Quant au deuxième genre d'expériences qui montrent la réalité du phénomène de la guérison d'autrui, elles sont celles dans lesquelles le cobaye est un homme et ce malade ne sait pas qu'il y a un guérisseur qui essaye de le guérir. Car dans de tels cas aussi on ne peut pas dire que le malade «espérait» la guérison parce qu'il «croit» à la réalité du phénomène, car il ne sait pas qu'on essaye de le guérir. Une des meilleures études dans ce domaine est celle faite par le chercheur Daniel Wirth. Il a participé à une expérience de traitement de 44 personnes qui étaient exposées à une intervention chirurgicale simple pour faire une blessure sur l'épiderme du bras de chacune. Et durant chaque séance de guérison, on demandait à chaque personne de faire entrer son bras blessé pour une durée de cinq minutes dans une ouverture circulaire dans un mur, sachant que la personne ne pouvait pas voir ce qu'il y a ou ce qui se passe derrière le mur. On avait dit aux personnes qui participaient à l'expérience qu'on mesurait «le potentiel biologique» à l'endroit de la blessure, à l'autre côté du mur. Néanmoins, la réalité est qu'il y avait un guérisseur derrière le mur pour qu'il guérisse la blessure pendant les cinq minutes, sans qu'il touche la blessure ou le bras de la personne. Et le chercheur avait organisé le laboratoire d'une manière particulière de sorte que le guérisseur ne puisse pas toucher le malade, parce que l'expérience avait pour but d'expérimenter l'influence de la guérison paranormale sans toucher. Ainsi, les participants ne savaient pas que l'expérience contient un genre de guérison, et par conséquent on peut exclure le rôle des facteurs comme «l'espérance» et «la croyance» quand on évalue les résultats. Et pour qu'on fasse une expérience contrôlée, 23 personnes seulement étaient exposées au traitement du guérisseur qui était derrière le mur tandis que le guérisseur n'était pas présent quand les 21 personnes ont fait entrer leurs bras, c'est-à-dire que celles-ci n'ont pas été guéries. L'expérience a duré 16 jours et en moyenne une seule séance de guérison par jour. Quant à celui qui évalue les résultats, il était une personne autre que celui qui fait l'expérience et il ne savait pas lesquels des participants appartenaient au groupe d'expérimentation, c'est-à-dire ceux qui s'étaient exposés à la guérison, et lequel de ceux-ci appartenait au groupe—contrôle, c'est-à-dire ceux qui n'étaient pas traités par le guérisseur. C'est-à-dire qu'on a utilisé la méthode de «double—aveugle» dans l'expérience. Celui qui évalue a examiné les blessures durant le seizième et dix-huitième jours. Lors de la comparaison, on a remarqué que la guérison des blessures du groupe d'expérimentation était beaucoup plus rapide que la guérison des blessures du groupe—contrôle. Et pendant le seizième jour, la différence était très claire, puisque les blessures de treize personnes parmi 23 personnes appartenant au groupe d'expérimentation s'étaient cicatrisées entièrement tandis que les blessures des personnes du groupe—contrôle ne s'étaient pas cicatrisées entièrement (Wirth 1992).

On remarque à travers tout ce qui a été mentionné qu'il est possible de diviser les phénomènes de la guérison en général en trois parties: les phénomènes de la guérison biologique, les phénomènes d'auto-guérison et les phénomènes de la guérison d'autrui. Car les phénomènes de la guérison biologique sont ceux qui se produisent dans le corps à cause des opérations de réforme personnelle internes et biologiques pures ou comme une réaction aux agents curatifs physiques et extérieurs comme les médicaments chimiques. Et ces phénomènes correspondent aux bases du modèle biomédical. Quant aux phénomènes d'auto—guérison, ils sont ceux qui renferment la survenance d'une guérison des maladies ou une amélioration de l'état de santé du corps sans l'intervention des agents extérieurs. Parmi ces pouvoirs, il y a celui qui est biologique pur, comme les pouvoirs d'auto—guérison des blessures, et celui qui provient des changements psychologiques et mentaux comme l'espérance, le placebo, la joie, la tristesse et autres. A l'exception des pouvoirs biologiques purs d'auto—guérison, ces phénomènes se trouvent en dehors des limites du modèle biomédical néanmoins, ils correspondent parfaitement aux bases du modèle interactif. Quant au troisième genre de phénomènes de guérison, guérison d'autrui ou guérison paranormale, ils renferment la transmission des influences curatives de certaines personnes aux systèmes biologiques et autres êtres vivants, y compris autres personnes, sans l'utilisation d'un des moyens connus de communication. Et ces phénomènes se trouvent en dehors des limites théoriques de chacun des deux modèles biologique et interactif. Et si on prend en considération la réalité que l'acceptation du modèle interactif même comme un modèle qui remplace le modèle biologique n'a commencé que durant les trois dernières décennies, on voit clairement la grandeur de l'opposition à laquelle font face les phénomènes de la guérison d'autrui de la part des chercheurs.

Il y a deux points principaux qui rendent la guérison d'autrui différente de l'auto—guérison et par conséquent elle se trouve en dehors du champ du modèle interactif. **Premièrement**, l'auto—guérison est une des manifestations de l'intégration des fonctions entre la raison et le corps d'une seule personne, c'est-à-dire d'une seule entité biologique. Tandis que dans la guérison d'autrui, ce qui a lieu est la transmission des influences curatives entre deux systèmes biologiques complètement différents. Puisque la raison et le corps du guérisseur sont complètement séparés du système biologique qu'il guérit et on ne peut pas les considérer comme deux parties d'un seul système biologique. **Deuxièmement**, à l'exception des pratiques de la guérison d'autrui qui renferment une communication directe entre le guérisseur et celui qu'il guérit, comme l'imposition des mains du guérisseur sur celui qu'il guérit par exemple, les guérisseurs peuvent guérir sans toucher leurs malades ou même s'approcher d'eux. Cela veut dire que la guérison d'autrui renferme «une guérison à distance», plutôt il y a des cas prouvés où certains guérisseurs guérissent leurs malades tout en étant très loin d'eux. Bien sûr, cela aussi dépasse les limites de l'auto—guérison qui renferme la transmission des influences curatives entre la raison et le corps ou dans le corps d'une seule entité physique. Et la réalité est que cette dernière caractéristique précisément laisse les significations des phénomènes de la guérison d'autrui dépasser les limites de la médecine pour parvenir aux autres sciences comme la physique. Pour cela, les phénomènes de la guérison d'autrui se sont exposés à un refus collectif de la part des scientifiques en général et non seulement de la part des médecins.

Une des manifestations du refus des phénomènes de la guérison d'autrui est que les scientifiques se sont habitués à considérer tout phénomène ou évènement de guérison qui a lieu entre un guérisseur et un malade comme étant une auto—guérison tant qu'il était impossible d'exclure la probabilité que le phénomène soit une auto—guérison ou de prouver clairement que l'évènement de la guérison a eu lieu à cause des pouvoirs du guérisseur de guérir autrui et non des pouvoirs d'auto—guérison du malade même. Néanmoins, cette méthode contient une erreur claire ; parce que l'incapacité de s'assurer de l'existence de l'influence réelle du guérisseur sur le malade ne veut pas dire que cette influence n'existe pas nécessairement et pour cela le phénomène est un phénomène d'auto—guérison. C'est-à-dire que l'incapacité de prouver que le phénomène déterminé représente «la guérison d'autrui» ne doit pas conduire automatiquement à conclure que le phénomène «doit» donc être auto—curatif dont la cause est «l'espérance ou la croyance» du malade ou «le placebo» ou des causes pareilles. Puisque cette conclusion doit être prouvée avant que l'on adopte, comme le fait de prétendre que le phénomène est une guérison d'autrui nécessite une preuve, même si cela était impossible, néanmoins, il ne faut négliger aucune des deux probabilités. La cause du fait que les chercheurs ne font pas un effort réel pour découvrir si le phénomène à l'étude est une guérison d'autrui et qu'ils ont tendance à s'empresser de prétendre qu'il est une auto—guérison est que cette dernière se trouve dans le cadre du modèle interactif accepté contrairement aux phénomènes de la guérison d'autrui. C'est-à-dire que la cause réelle du refus des phénomènes de la guérison d'autrui est le fait de ne pas vouloir reconnaître que le modèle interactif n'est en lui-même pas un modèle médical holistique et que même s'il était plus holistique que le modèle biologique, néanmoins, il est aussi un modèle limité. Et comme beaucoup de scientifiques ont mentionné, tout phénomène nouveau qui ne se trouve pas dans le cadre de ce que les théories répandues espèrent est condamné à être refusé et traité avec hostilité de la part de la société scientifique. Le philosophe et le psychologue William James a exprimé cette réalité confirmée en disant: «s'il y avait une chose à être montrée par l'histoire de l'humanité alors c'est la lenteur excessive avec laquelle la raison académique et critique reconnaît l'existence des réalités nouvelles qui se présentent comme des réalités terrestres qui n'appartiennent ni à un pays ni à un nid déterminé ou comme des réalités qui menacent de détruire le système existant» (James 1977: v). Ainsi, une des pratiques répandues des chercheurs est devenue l'invention des différentes causes pour suggérer qu'un phénomène quelconque parmi les phénomènes de la guérison d'autrui est en réalité un phénomène d'auto—guérison, et si cela n'était pas possible, ils retournaient à l'ancienne méthode pour mettre en doute l'existence du phénomène.

Même le phénomène d'hypnose qui avait été soumis à des études scientifiques précises et intensives d'une manière exceptionnelle qui dépasse beaucoup trop ce qu'ont obtenu les autres phénomènes de guérison, n'était accepté dans la société scientifique comme une méthode curative réussie qu'après avoir commencé à l'observer comme étant un phénomène d'auto—guérison. Car contrairement à l'ancien regard des chercheurs qui considère l'hypnose comme l'influence de l'hypnotiseur sur le sujet hypnotique, c'est-à-dire le phénomène de l'influence sur autrui, le regard répandu actuellement envers l'hypnose est qu'elle est un phénomène psychosociologique qui découvre «la coopération» du sujet hypnotique avec l'hypnotiseur en réagissant volontairement aux suggestions de l'hypnose que fait l'hypnotiseur (Spanos 1986), c'est-à-dire que le phénomène est considéré comme une influence sur l'âme. Et selon ce regard, le rôle de l'hypnotiseur au cas où il utilise l'hypnose pour guérir consiste simplement à faire la suggestion convenable qui peut réussir à guérir la maladie du malade qui essaie de l'accomplir. Car si le malade n'était pas convaincu de l'efficacité de l'hypnose, alors l'hypnotiseur tâche de l'aider à «croire» à l'influence curative que peut avoir l'hypnose, c'est-à-dire que l'hypnotiseur aide le sujet hypnotique à «espérer» la guérison, et cette espérance est observée par les chercheurs comme étant celle qui éveille les prédispositions à l'auto-guérison du malade. Et en résumé, le phénomène d'hypnose est observé comme étant le fait de faire croire suffisamment au malade l'utilité de la séance d'hypnose. Il y a des expériences scientifiques qui confirment que c'est ce qui se passe réellement dans «beaucoup» de séances d'hypnose qui réussissent à guérir la maladie d'un certain malade, mais pas nécessairement dans «toutes» ces séances. De même, il y a des expériences et des évènements, même s'ils étaient en petit nombre, qui montrent que durant certaines séances d'hypnose il y a une transmission d'une certaine influence de l'hypnotiseur au sujet hypnotique. Et ci-dessous on signale certaines de ces expériences.

Il est certain qu'on peut parfois utiliser la suggestion durant la séance d'hypnose «pour obliger» le sujet hypnotique à faire des actions nuisibles ou inacceptables socialement et qu'il ne les ferait pas s'il pouvait contrôler ses actions. Et à cet égard, Alan Gauld montre dans son livre encyclopédique complet qui parle de l'histoire de l'hypnose l'existence de nombreux cas dans lesquels les sujets hypnotiques, tout en leur faisant des suggestions qui sèment en eux des croyances fausses, avaient «utilisé des couteaux, des poisons, des pistolets imaginaires ou irréels contre des personnes réelles ou présentes dans leur imagination ; et ils avaient entendu les explosions et vu le sang et les cadavres durcis ; de plus ils avaient volé et caché leurs vols et ils avaient menti et produit de faux témoignages et avaient signé des documents juridiques en faveur de l'hypnotiseur» (Gauld 1992: 500). Et une des études célèbres dans ce domaine est l'expérience faite par le chercheur Loyd Rowland qui a hypnotisé des personnes et les a convaincues d'essayer de tenir une grosse vipère mortelle du genre du serpent à sonnette. Rowland a réussi à convaincre les sujets hypnotiques d'essayer de tenir la vipère qui était en réalité derrière un verre transparent et invisible pour garantir la santé des personnes hypnotisées. De plus, Rowland a pu convaincre deux personnes après qu'il les a hypnotisées de jeter sur son visage l'acide sulfureux dangereux malgré qu'il les eût informées des effets dangereux auxquels peut mener le fait de jeter l'acide sulfureux sur le visage et un de ces effets est la cécité. Bien sûr, Rowland se tenait en réalité debout derrière un verre invisible pour se garder du danger de l'acide si les deux personnes hypnotisées le jettent et c'est ce qu'elles ont fait réellement. Rowland a conclu de l'expérience de la vipère que «les personnes soumises à l'influence d'une hypnose profonde peuvent s'exposer à des situations très dangereuses». Tandis qu'il a commenté l'expérience de l'acide sulfureux en disant que «les personnes qui sont soumises à une hypnose profonde peuvent faire des actions très dangereuses vis-à-vis d'autres gens» (Rowland 1939: 117). Et il y a d'autres expériences qui montrent que l'hypnotiseur peut dans des cas déterminés obliger la personne hypnotisée à faire des actions qu'elle ne les ferait pas si elle était éveillée (voir par exemple Wells 1941).

D'autre part, un autre nombre d'expériences dont la plupart date du dix-huitième siècle et du dix-neuvième siècle ont montré que certaines personnes acquièrent des pouvoirs parapsychologiques quand on les hypnotise. Ces pouvoirs renferment la télépathie, la connaissance de ce que tient l'hypnotiseur dans sa main sans que le voie le sujet hypnotique, le fait de voir les entrailles internes de l'homme (aussi les yeux fermés), le fait de sentir les membres du corps autres que les sens connus (on appelle ce phénomène la synesthésie), comme le fait de voir avec la main et entendre avec le ventre, et autres pouvoirs paranormaux (voir Gauld 1992: 62-63 & 464-467). Parmi les chercheurs qui ont fait plusieurs expériences dans ce domaine est l'Allemand Shrenck-Notsing et cela vers la fin du siècle passé. Et en plus de ces expériences, il y a d'autres qui ont montré que certains hypnotiseurs pouvaient hypnotiser de loin certaines personnes et qu'il est possible d'hypnotiser les animaux aussi (Völgyesi 1966).

La négligence de telles expériences pour confirmer que l'hypnose est un phénomène «personnel» dans lequel l'hypnotiseur joue un rôle très marginal, en plus de l'insistance sur le fait que tous les effets qui résultent de ce phénomène sont imputables au désir de la personne hypnotisée d' «obéir» à l'hypnotiseur doivent nécessairement aider la réalité de l'hypnose à rester loin de la compréhension scientifique, et c'est le cas que les chercheurs reconnaissent. Et en général, on peut dire que le fait d'échouer à différencier le fait qu'un phénomène quelconque soit une auto—guérison ou une guérison d'autrui ne mène qu'à rendre le fait de parvenir à la réalité de ce qui se passe dans ce phénomène difficile pour la science.

On a déjà mentionné qu'une des causes qui ont laissé les scientifiques se diriger vers le modèle biomédical et le préférer au modèle interactif est que le premier est «plus facile» parce que le nombre des changements qu'il prend en considération est beaucoup plus petit que le nombre de ceux que renferme le modèle interactif semblable qui renferme en plus des changements physiques et biologiques des changements psychologiques et mentaux. Cette démarche est une application du principe philosophique connu par «le rasoir d'Occam» (que l'on attribue au philosophe anglais Guillaume d'Occam) qui invite à choisir les modèles ou les théories les moins compliqués quand on préfère un certain nombre de ceux-ci. Néanmoins, la théorie «la plus facile» et comme il est clair, n'est pas nécessairement «la plus juste» ou «la plus proche» de la réalité. Et il paraît que les partisans du modèle médical et interactif ont eu recours à leur tour au principe du rasoir d'Occam en insistant sur l'utilisation du modèle interactif pour expliquer des phénomènes qu'il paraît sûr que leur explication nécessite un nouveau modèle qui dépasse les limites de l'interaction intérieure entre la raison, l'âme, les systèmes, les membres d'un seul corps pour qu'il renferme des interactions entre la raison, l'âme, le corps et les autres systèmes biologiques. Puisqu'un modèle médical qui renferme les phénomènes de la guérison paranormale doit nécessairement être beaucoup plus compliqué que le modèle interactif. La reconnaissance du besoin d'un nouveau modèle médical ne veut pas dire la négation des utilités du modèle interactif, de même le besoin d'adopter le modèle interactif ne veut pas dire le reniement des réalisations du modèle biologique qui l'a précédé. Donc, le progrès nécessaire dans ce domaine est d'un modèle limité vers un autre plus général.

Une des causes importantes de l'insistance de beaucoup de scientifiques sur le fait d'avoir recours au modèle interactif pour expliquer les phénomènes de la guérison d'autrui est une erreur grossière dans laquelle ils sont tombés en échouant à connaître que le modèle interactif même s'il «reconnaissait» l'existence du phénomène d'auto—guérison néanmoins, il ne «l'explique» pas et la différence entre les deux cas est grande. Puisque ce modèle reconnaît l'existence des phénomènes d'auto—guérison en partant de la réalité que la raison et le corps constituent une seule unité biologique, néanmoins, il «n'explique» pas la manière dont cette intégration a lieu. Cette croyance fausse au fait que le modèle interactif a réussi à expliquer le phénomène d'auto—guérison pendant qu'il a échoué à expliquer le phénomène de la guérison d'autrui a laissé beaucoup de gens refuser les phénomènes de la guérison d'autrui. La réalité est que le modèle interactif de la raison et du corps a confirmé l'influence de la raison sur le corps et son acceptation en tant que réalité, et il a facilité son utilisation dans le diagnostic et le traitement médicaux, néanmoins, ce modèle est très loin de «la compréhension et l'explication» du mécanisme de l'auto—guérison. Car malgré qu'il soit le plus souvent possible de sentir les influences physiques qu'exercent les changements psychologiques néanmoins, il est impossible de déterminer le temps et le lieu de la transmission des influences de la raison au corps, en plus de la détermination du mécanisme de l'action même. Et cela, est en réalité ce à quoi a visé le chercheur David Aldridge en disant: «les explications du placebo et de l'espérance ne sont pas moins métaphysiques que les explications qui sont attribuées à la guérison [la guérison d'autrui]» (Aldridge 1991: 426). La reconnaissance des influences de l'âme sur le corps n'est pas plus qu'une acceptation de ce qui est confirmé par les preuves expérimentales et ne veut absolument pas dire l'existence d'une explication théorique des preuves expérimentales. Pour cela, en ce qui concerne la possibilité de les expliquer à l'aide du modèle médical interactif, les phénomènes d'auto—guérison et de la guérison d'autrui sont égaux du côté de l'ambiguïté.

L'importance du dire d'Aldridge mentionné ci-dessus devient plus claire quand l'homme remarque combien de fois les chercheurs ont essayé et essayent de confirmer par erreur que les phénomènes de la guérison d'autrui sont en réalité une autre forme d'auto—guérison. Puisqu'il paraît que ces chercheurs croient que la considération d'un phénomène quelconque comme étant du genre de l'auto-guérison et non de la guérison d'autrui, équivaut à sa transformation du genre des phénomènes incompréhensibles en un genre de phénomènes compréhensibles. Cette supposition est sans fondement. Parce que le mécanisme de l'auto-guérison a réussi à tromper les chercheurs autant qu'a fait le mécanisme semblable propre à la guérison d'autrui et que les deux sont encore difficiles à comprendre scientifiquement.

Comme exemple de la remarque importante faite par Aldridge sur la métaphysique de «l'espérance et du placebo» en tant qu'explications des phénomènes d'auto—guérison on peut signaler le phénomène d'hypnose. Car malgré que les scientifiques considèrent l'hypnose comme un des phénomènes d'auto—guérison, néanmoins, le mécanisme de l'hypnose à travers lequel la suggestion de l'hypnotiseur se transforme en une action dans le corps du sujet hypnotique est encore ambigu pour les scientifiques. Les deux chercheurs Campbell Perry et Jean-Roch Laurence disent que «les mécanismes à travers lesquels les messages linguistiques se transforment [c'est-à-dire la suggestion de l'hypnotiseur au sujet hypnotique] en des messages corporels sont absolument incompréhensibles» (Perry & Laurence 1983: 351).

Et un des phénomènes de la guérison paranormale que beaucoup de chercheurs ont insisté et insistent sur le fait de les considérer comme des phénomènes d'auto—guérison est ce qui est connu par «la chirurgie psychique». Et à cause de l'importance et de la relation de ces phénomènes avec les phénomènes de la guérison d'autrui, on va se concentrer sur ceux-ci dans un chapitre suivant où on va les traiter séparément et en détail.

2-7 La chirurgie psychique

Beaucoup de chercheurs ont observé et ont écrit à propos de la pratique de «la chirurgie psychique» dans divers pays du monde, et précisément au Brésil et aux Philippines. Ce phénomène montre le pouvoir de certains individus doués de faire de petites et grandes opérations chirurgicales sans utiliser les moyens d'anesthésie ni les antiseptiques, et sans que les malades qui subissent les opérations sentent une douleur ou que leurs blessures soient enflammées. Sachant que les connaissances médicales de la grande majorité de ceux qui pratiquent la chirurgie psychique ne dépassent pas ce que connaissent les gens ordinaires. Et puisque ce phénomène est étrange alors il a attiré l'attention de beaucoup de chercheurs qui étudient les phénomènes paranormaux.

Il faut mentionner au début que l'image de la chirurgie psychique dans les milieux scientifiques ne diffère pas trop des images du reste des phénomènes parapsychologiques qui provoquent les théories scientifiques existantes. Car la différence concernant ce phénomène existe entre les scientifiques traditionnels qui insistent sur le fait que le phénomène est irréel et certains chercheurs dans le domaine de la parapsychologie qui ont observé le phénomène de près, ce qui les a rendus sûrs que le phénomène est réel. Néanmoins, il est juste de dire que la précipitation de certains scientifiques vers le refus de la chirurgie psychique était à cause de la mauvaise réputation qu'on lui a imputée parce qu'on a arrêté beaucoup de ses pratiquants, précisément des Philippines, qui trompaient les spectateurs pour les faire croire qu'ils accomplissent des actions réelles. Les chirurgiens échouaient souvent à prouver qu'ils avaient vraiment ouvert les corps de leurs malades comme ils prétendent ou que le sang et les tissus qu'ils ont prétendu les extraire durant les opérations reviennent vraiment aux corps de leurs malades (Kaiser 1986). De plus, certains chercheurs ont mis en doute et refusé de reconnaître la réalité du phénomène parce que certains chirurgiens prétendent extirper des tissus des corps de leurs malades durant les opérations (McClenon 1993: 116). Par exemple, le professeur Philip Singer de l'université américaine d'Oakland a conclu à travers son observation d'un des pratiquants de la chirurgie psychique venant des Philippines que le dernier a apporté avec lui à la salle d'opération des morceaux de tissus biologiques morts et les a cachés dans ses mains pour qu'il les fasse sortir durant l'opération tout en prétendant qu'il les avait fait sortir du corps du malade qu'il (c'est-à-dire le chirurgien) est supposé ouvrir son corps avec deux mains nues et sans utiliser des instruments de chirurgie (Singer 1990). Et il y a ceux qui ont mis en doute le phénomène parce que ses pratiquants prétendent faire des opérations durant lesquelles ils ouvrent les corps de leurs malades sans que le sang coule (Velimirovic 1984: 87). Néanmoins, il est remarquable que beaucoup de chercheurs prétendent que le phénomène n'est pas réel et qu'il contient une tromperie même quand ils observent de près beaucoup d'opérations chirurgicales sans qu'ils y remarquent une trace de tromperie (McClenon 1994), ce qui met en doute la neutralité de leurs avis.

Malgré les rapports sur «la prestidigitation» qui semble être vraiment pratiquée de la part de certaines personnes qui prétendent pratiquer la chirurgie psychique, néanmoins, ce phénomène n'est pas comme prétendent certaines personnes une tromperie faite par certains imposteurs. C'est ce qu'a montré l'observation minutieuse de la part de certains scientifiques des opérations faites par certains chirurgiens (Motoyama 1972 ; Stelter 1976). Et la réalité est que parmi ceux qui ont pris connaissance de telles opérations et les ont observées de si près il y avait des chercheurs qui avaient eux-mêmes des diplômes de sciences médicales comme le Japonais Nagato Azuma et le professeur de psychiatrie l'Américain célèbre Ian Stevenson (Azuma & Stevenson 1988), et bien sûr c'est très difficile pour ceux qui pratiquent la chirurgie psychique de tromper de telles personnes. En plus de cela, certains chercheurs ont eux-mêmes aidé le chirurgien durant les opérations qu'il fait, comme il a eu lieu avec Sidney Greenfield, le professeur d'anthropologie à l'université américaine du Wisconsin (Greenfield 1987), ce qui rend leurs remarques qui confirment la réalité du phénomène exceptionnellement importantes. Et on peut résumer les observations et les rapports des scientifiques sur la chirurgie psychique en disant que même s'il y avait des cas de tromperie faite par certains chirurgiens menteurs il y a aussi des études précises sur autres chirurgiens philippines (Azuma & Stevenson 1988) et brésiliens (Greenfield 1987, 1991a) particulièrement, qui ont confirmé la réalité de ce phénomène.

Un regard rapide envers les détails des opérations de la chirurgie psychique montre que ce phénomène, comme les phénomènes de guérison en général qu'on a déjà mentionnés, se trouve en dehors du champ des phénomènes que peut renfermer le modèle biomédical. Néanmoins, la chose la plus importante ici est que ce phénomène dépasse les limites du modèle interactif aussi si on observe ce qui se passe durant ceci comme étant des preuves des prédispositions paranormales du chirurgien et non le produit des prédispositions ordinaires qu'on a éveillées dans le corps du malade, autrement dit, s'il est considéré comme une guérison d'autrui et non une auto—guérison. Cela a poussé beaucoup de chercheurs qui croient à la justesse du phénomène mais ils ne veulent pas croire que le modèle interactif ne renferme pas tous les phénomènes de guérison, à prétendre que la chirurgie psychique représente une auto—guérison et non une guérison d'autrui. Et les efforts faits pour «déterminer» la chirurgie psychique se sont concentrés principalement sur la supposition que ce phénomène ressemble à l'hypnose tout en citant ce qui a été mentionné dans les belles-lettres scientifiques à propos de l'utilité de l'hypnose dans la production de plusieurs effets corporels curatifs qui ne sont pas prévus. Et ci-dessous on développe cette attitude envers le phénomène.

Greenfield a décrit dans un ensemble de recherches qu'il a publiées un certain nombre des opérations intéressantes de la chirurgie psychique faites par des chirurgiens brésiliens qui sont membres d'un mouvement religieux qui s'appelle «le spiritisme» qui est apparu au Brésil à la moitié du dix-neuvième siècle (Greenfield 1987, 1991a). Et Greenfield a expliqué la réussite de ces chirurgiens dans leurs opérations en supposant que durant les opérations les malades étaient dans des états différents de conscience[10] créés par la relation patron—client qui lie le malade à celui qui fait la chirurgie psychique. Et Greenfield entend par cette relation le sentiment du malade (le client) de sa sujétion au guérisseur (le patron) qui lui fournit un genre de protection grâce à ses pouvoirs paranormaux.

Greenfield dit que «le grand nombre de clients [les malades] ne savent pas ce qu'ils font ou ce qui leur arrive, et je suppose qu'un grand nombre de ceux qui ont tendance à l'imagination parmi les partisans des leaders ou les guérisseurs spirituels brésiliens sont mis en transe simplement en présence d'un patron fort qui le plus souvent est lui-même un médiateur entre les forces surnaturelles. Ainsi, dès que le client malade est mis en transe, il commence à réagir aux suggestions comme font les personnes hypnotisées» (Greenfield 1991a: 24). De plus, ce chercheur anthropologue a étendu les limites de sa supposition pour qu'elles renferment tous les autres moyens de la guérison paranormale qui sont pratiqués dans la société brésilienne de la part des guérisseurs du mouvement spiritualiste (Greenfield 1986, 1991b, 1992). Et dans son explication des cas de guérison paranormale autres que la chirurgie psychique, Greenfield suppose que les malades souffrent «des maladies psychosomatiques» et que le fait que leur respect [du guérisseur]—ayant l'image du patron—correspond à l'augmentation de leur prédisposition à réagir à la suggestion après qu'ils soient mis dans un état différent de conscience rend leur participation aux séances de guérison une cause

---

10 Dans le chapitre suivant, il y a une étude complète sur le conscient et les états de conscience.

pour diminuer leur peur et inquiétude jusqu'à les laisser commencer à se sentir bien» (Greenfield 1992: 47).

Le modèle explicatif présenté par Greenfield est basé sur des caractéristiques qui sont supposées être propres à la société brésilienne. Néanmoins, parmi les réalités essentielles multiples qui sont négligées par ce modèle est que beaucoup de ceux qui pratiquent la chirurgie psychique, brésiliens et philippines, avaient fait des opérations réussies sur des individus venant d'autres sociétés complètement différentes des sociétés brésilienne et philippine, et par conséquent ils ont des points de vue différents de la religion en général et la plupart d'entre eux n'ont aucune relation avec le mouvement spiritualiste brésilien en particulier, de plus ils se sont affiliés à des communautés religieuses et laïques différentes. C'est-à-dire simplement que beaucoup parmi ceux qui ont subi des opérations de chirurgie psychique n'ont pas les qualifications que Greenfield voit qu'elles sont la cause de la réussite des opérations chirurgicales et les cas de guérison paranormale qui arrivent à ces gens.

Quant aux chercheurs Azuma et Stevenson qui ont étudié de près les opérations d'une chirurgie psychique aux Philippines, ils ont supposé aussi que ce phénomène est proche de l'hypnose, néanmoins, ils ont construit leur modèle pour qu'il corresponde à leurs observations aux Philippines. Ces deux chercheurs croient que «les malades qui subissent des opérations de chirurgie psychique peuvent être mis dans un état [de conscience] dont les opérations se confondent avec [l'état] d'hypnose mais sans qu'elles soient complètement semblables à celles-ci. Les conditions et «l'ambiance» de la chirurgie psychique aux Philippines peuvent conduire les malades à mettre eux-mêmes dans un état semblable à l'état d'hypnose tout en étant entourés d'un groupe de spectateurs qui les encouragent pendant qu'ils observent les malades qui les ont précédés tout en étant traités et de cette façon ils attendent qu'on les aide aussi de la même manière» (Azuma & Stevenson 1988: 65) c'est-à-dire que les deux chercheurs prétendent que l'ambiance psychologique à l'endroit où on fait les opérations qui est représentée dans l'esprit des malades que les opérations qu'ils vont subir vont réussir comme ont réussi les opérations précédentes qu'ils les ont observées et vu l'encouragement des spectateurs pour eux, aide pour que l'état de conscience du malade se change en un état de conscience «semblable» à l'état de la personne durant l'hypnose néanmoins, il est «différent» de celui-ci et que ce changement dans le conscient est la cause principale des merveilles qu'on remarque durant ces opérations. Ce qu'il y a de remarquable est l'existence d'un facteur commun entre ce que disent Azuma et Stevenson et ce que dit Greenfield. Car pendant que Greenfield néglige la réalité que les malades qui subissent les opérations de chirurgie psychique ne sont pas tous brésiliens, Azuma et Stevenson négligent la réalité simple que toutes les opérations de chirurgie psychique ne sont pas faites aux Philippines ou dans une ambiance semblable à celle qu'ils ont observée aux Philippines. En plus de cela, le modèle de Greenfield et celui d'Azuma et de Stevenson s'associent par deux autres imperfections importantes:

Premièrement—Chacun des deux modèles suppose que les malades sont mis dans un état particulier semblable à l'état d'hypnose (parfois ces chercheurs le désignent par les deux termes ambigus et répandus «les états différents de conscience» «et la transe») sans qu'ils soutiennent cette prétention par une preuve. Et en vue d'expliquer pourquoi le phénomène de la chirurgie psychique ne renferme pas le fait de faire une suggestion d'hypnose comme dans les séances traditionnelles d'hypnose, Azuma et Stevenson discutent le fait que des états semblables à l'hypnose peuvent être créés sans avoir recours aux moyens traditionnels pour faire la suggestion. Quant à Greenfield, il suppose que la tendance à l'imagination chez les brésiliens occupe la place de la suggestion de l'hypnose traditionnelle et c'est elle qui leur permet de se mettre dans cet état différent et particulier de conscience pour réagir aux suggestions cachées de celui qui pratique la chirurgie psychique. Néanmoins, ces chercheurs échouent à mentionner une preuve que les malades sont vraiment mis dans l'état particulier de conscience qu'ils mentionnent. Plutôt, Azuma et Stevenson confirment la non-existence de tout signe extérieur chez les malades qui montre qu'ils sont mis dans l'état différent de conscience qu'ils prétendent (Azuma & Stevenson 1988: 64). Cela confirme que la supposition commune sur laquelle est basé chacun des deux modèles de Greenfield et d'Azuma et Stevenson est la suivante: Un état d'hypnose ou un état de conscience semblable à celui-ci doit nécessairement être l'explication de la chirurgie psychique, néanmoins, on ne peut pas s'assurer de l'existence de cet état de conscience ! Comme il est clair, cette supposition est entourée d'une certaine ambiguïté qui est suffisante pour rendre le fait de s'assurer de sa justesse scientifiquement une affaire impossible à cause de la nature de sa formulation.

Deuxièmement—Chacun des deux modèles mal utilise la réalité prouvée scientifiquement que l'hypnose peut (ou la suggestion en général) produire des effets corporels imprévus comme la domination de la raison sur des réactions corporelles déterminées qui sont supposées être autonomes. Car malgré la justesse de la conclusion à laquelle était parvenu le chercheur Théodore Barber que «les effets physiologiques d'un agent extérieur peuvent être changés avec le changement de la réaction de l'individu à l'agent» (Barber 1984: 97), il est faux de croire que cette expression correspond à tous les agents. Les études intensives qui étaient faites sur l'hypnose même si elles avaient montré que l'hypnose peut être utilisée pour produire des changements psychologiques et physiologiques importants chez certains gens, néanmoins, ces changements sont limités et ils ne ressemblent pas à ce qui se passe durant les opérations de la chirurgie psychique (on va traiter ce sujet d'une façon plus détaillée dans le cinquième chapitre).

Il est clair ici que Greenfield (Greenfield 1987, 1991a) et Azuma et Stevenson (Azuma & Stevenson 1988) ont tendance à décrire la chirurgie psychique comme étant une auto—guérison et non une guérison d'autrui et pour cela, ils proposent que le secret des prédispositions paranormales dans ce phénomène comme le fait d'empêcher la douleur et le fait d'arrêter l'hémorragie et le fait de combattre l'inflammation des blessures, réside dans l'état différent de conscience dans lequel se met le malade. Il est remarquable qu'Azuma et Stevenson même s'ils supposaient à travers le modèle qu'ils posent que les prédispositions des malades et non les prédispositions des chirurgiens sont la cause de la réussite des opérations, néanmoins, ils s'inquiétaient de l'habileté et la rapidité des chirurgiens qui ne peuvent pas être bien sûr à cause de l'état différent de conscience du malade. Pour cela, ces deux chercheurs signalent que les chirurgiens peuvent souffrir eux-mêmes de ce qu'ils appellent «une dissociation insignifiante du conscient». Et malgré leur tentative pour perfectionner le modèle «explicatif» qu'ils présentent, néanmoins, Azuma et Stevenson reconnaissent que leur modèle «n'exclut pas la probabilité que les chirurgiens ou certains d'entre eux possèdent quelques pouvoirs paranormaux» (Azuma & Stevenson

1988: 66). Et ces deux chercheurs ne déterminent pas ce qu'ils veulent dire exactement par ces pouvoirs paranormaux.

Greenfield, Azuma et Stevenson n'ont apporté rien de neuf dans leurs suppositions sur la relation des états différents de conscience avec l'apparition des pouvoirs paranormaux. Car depuis longtemps les études qui traitent les pouvoirs parapsychologiques en général et les phénomènes de la guérison en particulier ont eu tendance à lier ces pouvoirs aux états de conscience de l'homme. Et le plus souvent cette liaison est sous forme d'une relation causale entre l'apparition des pouvoirs parapsychologiques qui dépassent, par définition, les pouvoirs ordinaires de l'homme—et le changement de l'état de conscience des personnes qui sont en relation avec ces phénomènes. C'est-à-dire que tout ce que Greenfield, Azuma et Stevenson ont fait, est l'application de cette idée répandue au cas de la chirurgie psychique. Les chercheurs soulèvent une grande discussion continuelle sur l'essence de la relation prétendue entre les phénomènes paranormaux et les états différents de conscience, néanmoins, il y a à ce qu'il paraît un genre d'accord entre eux sur le principe principal que le conscient «doit» être le facteur principal de l'apparition de telles influences surnaturelles. Pour cela, afin de comprendre le regard scientifique actuel envers les phénomènes parapsychologiques et de s'assurer si l'homme était devenu vraiment plus proche de la compréhension des phénomènes parapsychologiques étranges que ses ancêtres qui ont vécu avant des milliers d'années, il est nécessaire alors de comprendre bien le regard scientifique actuel envers le conscient et précisément ce que veut dire la notion des «états différents de conscience» dont l'utilisation est devenue inévitable dans toute étude qui traite les phénomènes parapsychologiques, et on va traiter ce sujet dans le chapitre suivant.

2-8 Ce que disent les guérisseurs et ceux qui possèdent les pouvoirs paranormaux à propos des phénomènes paranormaux

Dans ce chapitre et le chapitre précédent, on a traité le regard des scientifiques en général envers les phénomènes parapsychologiques, qu'ils soient ceux qui croient parmi eux à la réalité de ces phénomènes ou qu'ils soient ceux qui la nient. Néanmoins, ce qu'on n'a pas traité d'une manière suffisante est l'avis personnel de ceux qui ont ces prédispositions sur leurs prédispositions. L'avis des personnes douées de tels pouvoirs, même si elles étaient des gens ordinaires qui n'ont aucun bagage scientifique, est très important parce qu'il provient de celui qui est plus proche du phénomène que les scientifiques qui l'étudient. Ensuite, ces phénomènes renferment le plus souvent des éléments personnels qui ne sont aperçus que par celui qui a vécu lui-même le phénomène. Néanmoins, il est regrettable que nous voyions que les scientifiques quand ils étudient la prédisposition parapsychologique d'une certaine personne, ils n'étudient pas sérieusement l'explication de cette personne de sa prédisposition. Plutôt la majorité des chercheurs négligent complètement l'explication de la même personne de sa prédisposition et ils ne lui accordent aucune importance. Cette attitude hautaine est une attitude fausse et les avis des personnes douées sur leurs prédispositions doivent être étudiés comme on étudie les prédispositions.

Dans la première partie de son livre qui parle de la guérison paranormale, Daniel Benor signale les avis d'un grand nombre de guérisseurs les plus célèbres sur leurs impressions de ce qui se passe durant les opérations de la guérison qu'ils font. Et on remarque d'après l'étude faite par Benor que les guérisseurs, même s'ils ne s'accordaient pas parfois sur les petits détails de leurs conceptions et leurs impressions de ce qui se passe dans les phénomènes de la guérison, néanmoins, ils tombent d'accord sur le fait que le phénomène renferme des influences qui peuvent être décrites comme étant «paranormales», car ce qui a lieu dans celui-ci dépasse les limites de ce qui est accepté par le modèle médical et interactif. Et dans les paragraphes suivants, on signale les impressions les plus importantes des guérisseurs de la guérison paranormale.

La plupart des guérisseurs confirment que la guérison paranormale renferme la transmission d' «une énergie» du guérisseur à la personne soumise au traitement que l'on désigne généralement par l'énergie de guérison. Et il paraît que la cause principale qui pousse les guérisseurs à croire à la transmission d'une énergie d'eux-mêmes aux malades durant la guérison est le fait qu'ils sentent l'émission d' «une force» ou d' «une énergie» de leurs corps quand ils guérissent les malades. Cette croyance est soutenue par le fait que beaucoup de malades sentent «une chaleur» dans les membres blessés ou malades, et parfois dans des endroits différents de leurs corps durant la guérison. Et ce sentiment de chaleur est centralisé parfois dans la région de laquelle le guérisseur approche sa main, dans le cas de la guérison par l'imposition des mains par exemple. Quant à la source de cette énergie, les guérisseurs ont des avis différents. Car il y a ceux qui croient que la source de l'énergie de guérison est leurs corps. Néanmoins, d'autres voient que leur sentiment de l'émission de l'énergie de leurs corps ne veut pas dire que la source de cette énergie est nécessairement leurs corps. Car les personnes qui ont ce regard croient qu'elles ne sont que des médiums à travers qui l'énergie qui provient d'une source extérieure est transmise au malade durant l'opération de la guérison. Un des guérisseurs qui adoptent ce regard est le guérisseur Oscar Estebany qu'on a déjà mentionné. Estebany dit à propos de ses impressions de ce qui se passe durant sa pratique de la guérison: «je sens comme si j'étais entouré d'un champ magnétique. Je ne crois pas que moi-même j'émet l'énergie directement ou indirectement parce que je suis capable de guérir au moins vingt malades par jour, et parfois même quarante, sans que je sente une fatigue ou une faiblesse, de plus, le dernier malade soumis au traitement laisse en moi «le même sentiment» que laisse le premier malade» (Benor 1993: 38).

Mais, que sont-elles ces sources extérieures que les guérisseurs mentionnent qu'ils reçoivent l'énergie de celles-ci pour qu'elle soit transmise aux malades à travers eux? La majorité des guérisseurs qui croient que la source de l'énergie de guérison est extérieure, ils attribuent le plus souvent cette énergie à des êtres supra—humains qu'ils les désignent par le terme spirits qui est traduit généralement par le terme «esprits». Et la réalité est que beaucoup de guérisseurs disent qu'ils voient ces créatures quand ils guérissent. Et par exemple, la guérisseuse américaine célèbre, Olga Worrall, dit à propos de ses expériences sur la guérison paranormale: «parfois j'entends vraiment une voix qui me parle. Néanmoins, avec cela, elle n'est pas du genre que tu allais l'entendre car je la sens avec mes oreilles internes seulement. Et d'autres fois, je vois vraiment une forme d'esprit près de la personne malade, et je reçois des messages de cet esprit, qu'il soit une femme ou un homme, concernant la nature de la maladie et les moyens pour la guérir» (Benor 1993: 66). De plus, certains guérisseurs prétendent voir autres choses, comme la guérisseuse qui voit des choses «comme des boules de feu qui tombent sur les têtes des personnes qui sont soumises au traitement et même sur sa tête» (Benor 1993: 35).

Un certain nombre de guérisseurs prétendent voir des auras qui entourent les corps (Alvarado 1987), et que l'aura du corps vivant change selon son état de santé, état mental et sentimental, ainsi que par son interaction avec son milieu extérieur. Et pour expliquer la relation de l'aura avec le phénomène de la guérison, on peut signaler le cas de la guérisseuse douée Dora Kunz qui peut voir les auras. Car Kunz a appris à diagnostiquer la maladie à travers l'observation de l'aura autour du corps du malade et cela en allant régulièrement à la clinique d'un médecin et comparant l'aura du malade avec le diagnostic du médecin de sa maladie. Cette guérisseuse dit que de cette manière elle a appris par exemple que l'existence de ce qui ressemble aux petits morceaux de brique rouge dans l'aura de la personne montre que le malade continue à prendre l'insuline (Benor 1994: 142).

Et un des phénomènes qui sont en relation avec l'aura et ce qui est connu par le champ biologique est le phénomène de la photographie Kirlian qui montre des auras autour du corps, néanmoins, elles diffèrent des auras que certains guérisseurs peuvent les voir à l'œil nu, selon ce que confirment ces guérisseurs. Car en 1964, les autorités de l'ancienne Union Soviétique ont donné au scientifique Seymon Kirlian et son épouse un laboratoire et une grosse somme d'argent pour qu'ils continuent à faire leur projet de la photographie électrique des auras autour des corps vivants et morts qu'il (c'est-à-dire le projet) date d'environ vingt cinq ans. La photographie Kirlian n'est pas basée sur l'utilisation de la lumière ou des lentilles mais on met le corps qu'il faut photographier devant le film directement dans une chambre obscure, ensuite on fait passer un courant électrique en transmettant une impulsion de voltage élevé et de bas ampérage entre le corps et le film. On a remarqué que les auras que montrent les photos qui sont prises en utilisant la méthode de Kirlian changent avec l'état de santé et l'état maladif des plantes, des animaux et de l'homme. Et contrairement au monde occidental, où la préoccupation de ce phénomène est très limitée, beaucoup de ceux qui pratiquent la guérison en Europe orientale utilisent la photographie Kirlian pour le diagnostic médical (Ostrander & Schroeder 1970).

Une des remarques importantes que plusieurs chercheurs et guérisseurs ont mentionnées est qu'après que le guérisseur guérit le malade, sa photo Kirlian après la guérison montre la faiblesse de son aura contrairement à ce qu'il y a lieu avec le malade dont l'aura devient forte d'après ce que montre sa photo Kirlian. Et certains chercheurs considèrent cela comme une preuve de la transmission de l'énergie entre le guérisseur et la personne soumise au traitement. Et un des phénomènes les plus étranges qu'a montrés la photographie Kirlian est que dans certains cas rares quand on prenait une photo des feuilles des plantes dont une partie de celles-ci avait été coupée, la photo Kirlian montre l'aura de la feuille entière, c'est-à-dire renfermant l'aura de la partie coupée. Néanmoins, ce phénomène qui est connu par «l'influence de la feuille fantôme» est un des phénomènes difficiles à reproduire.

La photographie Kirlian n'est pas la seule technique de la photographie électrique que les chercheurs ont découverte et qui montre l'existence des auras autour des corps. Car par exemple, Thelma Moss, professeur de psychologie médicale à l'université de Californie à Los Angeles, a utilisé la méthode de la photographie électrique différente de la photographie Kirlian que lui avait proposée un de ces étudiants. Et malgré l'échec de cette chercheuse à obtenir des photos de l'influence de la feuille fantôme qui était son premier but néanmoins, ses expériences ont découvert plusieurs résultats intéressants des changements qui peuvent arriver aux plantes quand elles sont exposées à l'influence d'un des guérisseurs. De plus, cette chercheuse a utilisé la technique particulière de la photographie en photographiant les guérisseurs et leurs malades avant et après la guérison, de sorte qu'elle est parvenue d'après la comparaison des photos des auras des parties déterminées du corps à conclure que «la transmission de l'énergie peut avoir lieu non seulement du guérisseur au malade mais aussi du malade au guérisseur» (Moss 1972: 130).

Il peut paraître étrange à certains qu'il y a de grandes différences entre la description des personnes qui possèdent des pouvoirs de la guérison paranormale de ce qui se passe durant leur pratique de la guérison. Néanmoins, cette «étrangeté» et ces différences entre les guérisseurs ne veulent pas dire nécessairement qu'ils ne sont pas sincères dans leur description de ce qu'ils voient ou entendent ou sentent. Car l'homme doit se rappeler que ces phénomènes sont encore très ambigus et la rareté des informations existantes sur ceux-ci de ce côté ne permet pas de porter un jugement scientifique exact sur ce par quoi ils sont décrits. De plus, il y a une supposition à ce propos qui semble très logique et est posée par Benor qui dit: «Les guérisseurs aussi ont des avis sur ce qui se passe durant la guérison. Leurs rapports différents donnent à la personne l'impression qu'il peut y avoir un facteur commun entre leurs explications mais ces explications passent par une filtration à travers les caractères et les opinions de tout guérisseur, ce qui les rendent multicolores et les laissent sembler distinguées et même contradictoires parfois» (Benor 1993: 50). Ce que pose Benor peut expliquer certaines différences entre les descriptions que donnent les guérisseurs différents néanmoins, il n'explique pas certainement toutes les différences existantes qu'il paraît que la chose la plus probable est qu'il y ait des différences réelles entre «la qualité» des prédispositions de certains guérisseurs à tel point qui laisse leurs pratiques de la guérison représenter des phénomènes différents les uns des autres.

Les impressions des guérisseurs de ce qui se passe durant la guérison découvrent autres causes qui laissent la majorité des scientifiques s'empresser de refuser le phénomène de la guérison paranormale. Car «les énergies» étranges que signalent les guérisseurs n'ont de place ni dans le modèle interactif et médical ni dans l'image physique actuelle du monde. Quant au fait que les guérisseurs mentionnent l'intervention des êtres supra—humains et invisibles au reste des gens dans les opérations de la guérison c'est une affaire qui ne peut pas être acceptée par les scientifiques. Un des problèmes méthodiques les plus grands de la science actuelle est qu'elle prétend suivre la philosophie inductive qui invite à bâtir les théories sur ce que découvrent les expériences, néanmoins, en réalité elle serait souvent victime de la philosophie aristotélicienne déductive qui part des suppositions non prouvées pour bâtir les théories sur celles-ci. Une des suppositions implicites de la science que certains les manifestent parfois, est la supposition que l'homme est l'être le plus intelligent et le plus fort dans le monde et que s'il y avait vraiment des créatures comme celles que signalent les guérisseurs elles ne seraient pas cachées à la science !

Certains peuvent s'opposer au fait que l'existence des esprits et des autres créatures invisibles est une chose de laquelle on ne peut pas s'assurer scientifiquement. Malgré que cette supposition semble probable du côté logique néanmoins, avec cela elle n'est nécessairement pas juste. Car avant de faire un bon effort scientifique, on ne pourra pas connaître s'il est possible de s'assurer de l'existence des créatures comme les esprits ou non. Et ce qui est regrettable est qu'on dépense une grosse somme d'argent et qu'on fait de grands efforts pour faire la recherche scientifique dans plusieurs domaines qui sont moins importants et autres qui ne sont pas utiles et autres qui sont nuisibles, tandis que nous trouvons que la recherche dans de tel domaine est une affaire qui est encore «interdite» du point de vue des scientifiques. Car si un des scientifiques a osé et a voulu faire une recherche qui peut aider à s'assurer de l'existence des esprits, la probabilité de son obtention des possibilités nécessaires pour faire une recherche scientifique sérieuse est presque inexistante. Mais si on demande à un des scientifiques traditionnels à propos de son avis sur les phénomènes qui font allusion aux créatures supra—humaines, il s'empresse de dire qu'il n'y a pas de recherches scientifiques qui confirment cela !

En résumé, les impressions des guérisseurs de ce qui se passe dans la guérison paranormale diffèrent trop de l'image donnée par la science du monde et de l'homme, ce qui rend l'acceptation des phénomènes de la guérison paranormale de la part de la société scientifique traditionnelle une affaire très difficile et cela ne peut pas avoir lieu avant que les scientifiques acceptent la réalité que le modèle scientifique actuel du scientifique a besoin d'un changement radical. Sans ce changement, l'image de la science va rester imparfaite et peut être fausse aussi.

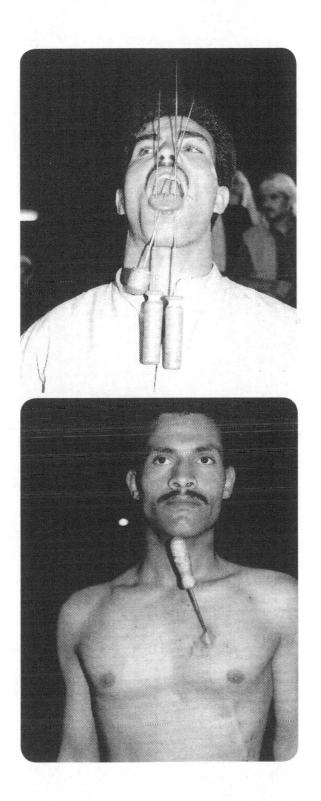

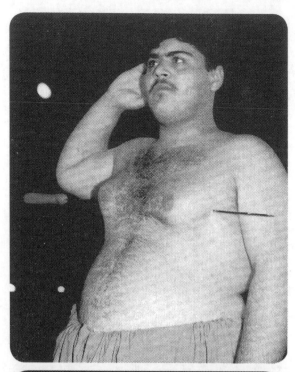

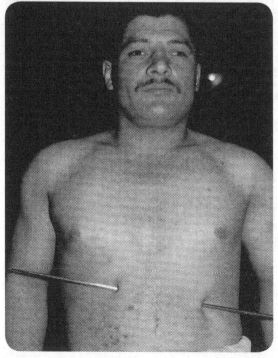

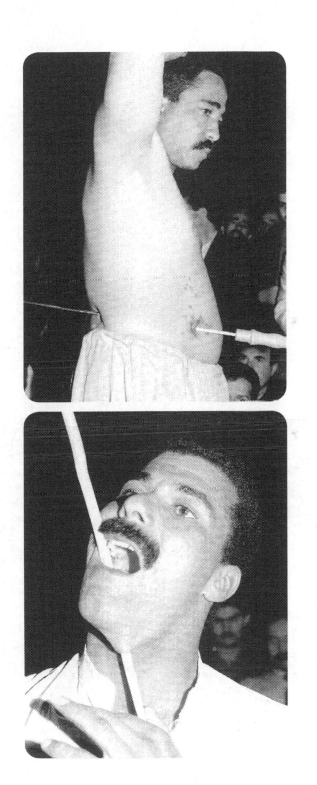

 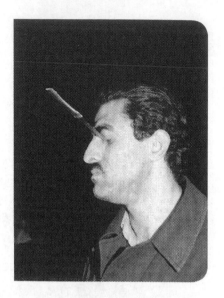

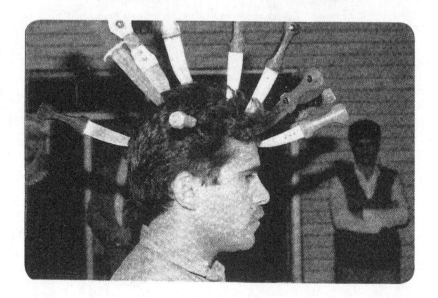

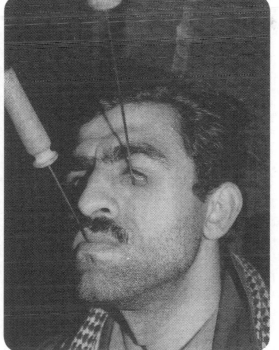

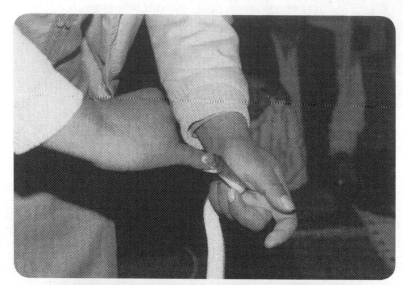

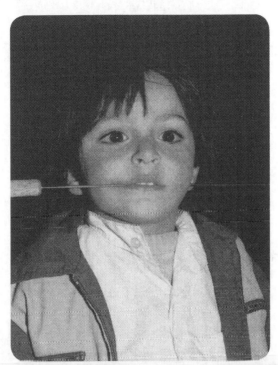

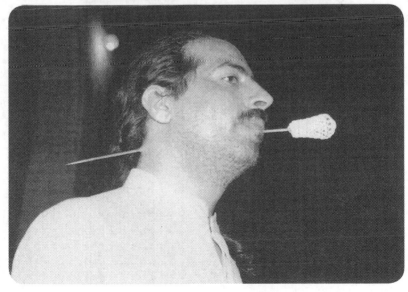

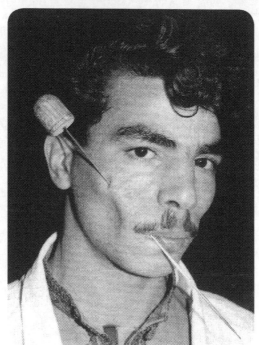

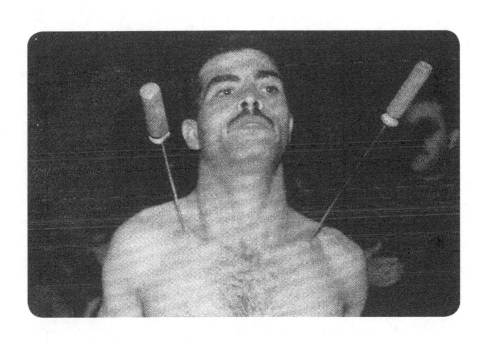

Troisième Chapitre

Les états modifiés de conscience

3-1 La conscience

Il paraît logique qu'un chapitre portant ce titre commence à définir le phénomène essentiel qu'il étudie, c'est-à-dire «la conscience». Mais, est-il facile vraiment de répondre à la question: qu'est-ce que «la conscience»? Plutôt est-ce qu'il y a en réalité une telle définition? La difficulté de définir la conscience est sentie par toute personne dès qu'elle commence à penser à la nature de cette définition. Néanmoins, cette ignorance n'est pas bornée aux gens ordinaires, comme certains peuvent croire, mais les scientifiques y participent aussi également. Et à cet égard, un des chercheurs confirme qu'il n'y a pas en réalité celui que l'on peut décrire en tant qu' «expert» en un sujet ambigu autant que l'ambiguïté de la conscience» (Ramachadran 1980: 1). Et malgré la grandeur de la recherche scientifique qui est consacrée à l'étude de la conscience et ses phénomènes variés de la part des sciences différentes comme la psychologie et la physiologie, etc., néanmoins, le développement scientifique dans ce domaine est encore très lent. Et Ernest Rossi a montré le paradoxe moqueur qui réside dans la connaissance limitée de l'homme de sa conscience de la manière expressive suivante: «c'est une réalité étrange mais on ne peut pas l'ignorer et c'est que la conscience qui est l'essence de la connaissance, ne connaît pas elle-même très bien» (Rossi 1986: 97).

Cela ne veut certainement pas dire qu'il est impossible de donner même une description approximative de ce qu'on entend par la conscience, car s'il était ainsi, il n'y aurait pas ce qu'on pourrait écrire à propos du sujet. Néanmoins, ce qu'on entend par le fait de montrer la difficulté de définir la conscience est l'existence de beaucoup d'imprécision et de généralisation dans les définitions utilisées, ce qui rend le fait de parvenir à une évaluation réelle de ces définitions une affaire impossible. De plus, les scientifiques n'étaient pas d'accord sur les démarches qu'ils ont adoptées pour définir la conscience. Car certains parmi eux ont suivi une démarche psychologique pure dans leur recherche de la définition convenable, tandis que d'autres ont demandé une définition de la physiologie de l'homme et précisément la physiologie du cerveau. Et depuis quelque temps, est apparue une tendance exagérée à la définition et l'explication de la conscience par la preuve des découvertes modernes dans la neurologie, comme elle est représentée dans les recherches du biologiste Francis Crick et du biophysicien Christof Koch (Crick & Koch 1992). Et avec l'unanimité des scientifiques pour dire que la conscience est un phénomène lié au cerveau d'une certaine façon, néanmoins, ils sont en profond désaccord sur la nature de ce lien.

Le psychologue américain William James était le premier qui a montré, avant à peu près un siècle, que la conscience est «un processus» et non «une chose». Car il n'y a pas dans «le corps» de l'homme un système ou un organe que l'on peut désigner par «la conscience». Et à cause de sa nature, l'étude de la conscience est restée presque «interdite» dans la psychologie aux Etats-Unis d'Amérique pour longtemps à cause de la domination du behaviorisme sur la psychologie. Néanmoins, l'apparition de la psychologie cognitive durant les années cinquante du siècle, a donné aux psychologues l'occasion de dépasser les limites de l'étude du comportement humain et de se diriger vers l'étude des états psychologiques et mentaux et leurs influences différentes sur le corps et le comportement de l'homme, c'est-à-dire vers l'étude de la conscience.

Le professeur de psychologie expérimentale à l'université britannique du Sussex, Longuet-Higgins signale que les utilisations les plus répandues du terme «conscience» sont dans les contextes comme «perdre conscience» et «prendre conscience» (Longuet-Higgins 1980). Et on entend par la conscience ici l'état qui est l'opposé du sommeil et du coma, c'est-à-dire l'état de communication avec le monde. De plus, la notion de la conscience renferme aussi le pouvoir d'observer soi-même et non le monde extérieur seulement. Et tout le monde est d'accord que la conscience humaine n'est pas une activité de «réveil» et un pouvoir d'interagir avec les deux mondes intérieur c'est-à-dire personnel et extérieur seulement, car beaucoup d'animaux aussi reflètent dans leur comportement de tels pouvoirs. Néanmoins, la conscience humaine se trouve à un niveau plus haut que tout pouvoir semblable que peuvent posséder les animaux. Car la conscience humaine renferme aussi des opérations comme la réflexion profonde, la planification à long terme, l'utilisation des symboles et le sentiment de la beauté et autres activités qui diffèrent chez l'homme d'une manière fondamentale de toute opération qui peut paraître semblable à celles-ci chez l'animal. Pour cela, même s'il était impossible du côté pratique, au moins actuellement, de donner une définition exacte de la conscience, néanmoins, il est possible de donner une image claire et logique de la notion de conscience. Et l'image ci-dessus présente la notion par laquelle on va utiliser le terme de la conscience dans ce livre.

Toute étude de la parapsychologie et ses phénomènes variés doit nécessairement traiter la notion de «la conscience» humaine et ses significations et caractéristiques différentes. Et cela est dû à l'unanimité des parapsychologues qui disent que la survenance de la plupart des phénomènes parapsychologiques est généralement liée fermement à l'état de conscience d'une personne ou des personnes déterminées qui sont en relation avec le phénomène ; c'est-à-dire que le phénomène paranormal est le produit des interactions déterminées de la conscience humaine avec le monde extérieur. Et les chercheurs croient que la plupart des influences parapsychologiques de la conscience proviennent de ce qui est connu par les états modifiés de conscience. Pour cela, il est nécessaire d'étudier la conscience et précisément l'état modifié de conscience quand on étudie les phénomènes parapsychologiques.

Le plus souvent, les parapsychologues considèrent l'influence de la conscience comme étant la seule «cause» de la survenance du phénomène paranormal déterminé. Néanmoins, beaucoup de sceptiques aussi considèrent le phénomène parapsychologique comme un des produits de la conscience humaine. Quant à la différence entre l'attitude des deux, c'est que les parapsychologues insistent sur le fait que les phénomènes parapsychologiques même s'ils étaient inventés par la conscience humaine, néanmoins, ils sont des phénomènes réels ayant une existence objective, c'est-à-dire qu'ils existent dans le monde extérieur, et tout homme peut les apercevoir s'il y a des circonstances favorables, tandis que les sceptiques considèrent ces phénomènes comme étant des phénomènes qui existent dans «la conscience» de l'homme seulement, c'est-à-dire qu'ils sont des phénomènes personnels qui n'existent pas vraiment dans le monde extérieur et que l'homme «les imagine» et pour cela on ne peut pas prouver leur existence ou que l'homme les invente et qu'en réalité ils n'ont pas une existence réelle.

Le phénomène de la conscience se distingue, par nature, par une complexité très élevée qui a rendu la connaissance scientifique de ce phénomène mystérieux très limitée. Néanmoins, il y a des facteurs synthétiques qui ont causé des difficultés supplémentaires pour l'étude de la conscience. Et les plus importants parmi ces facteurs sont la mal compréhension et la mal utilisation des termes scientifiques dans ce domaine. Et à cause de la grande influence qu'a eue la mauvaise utilisation de ces termes sur la connaissance scientifique de la conscience, ce sujet nécessite une discussion détaillée.

3-2 Le terme «les états modifiés de conscience» entre la définition et la mal utilisation

Tout homme, quel que soit le niveau de sa culture, a dû nécessairement connaître la réalité claire que sa conscience et la conscience de tout homme aussi, n'est pas toujours dans le même état. Puisque tout individu eût utilisé nécessairement et intentionnellement des moyens déterminés ou qu'il fût passé par des circonstances spontanées qui ont causé des changements dans son état mental, sentimental et cognitif qu'on peut les sentir et les apercevoir en nombre et en genre. Il n'y a pas de doute qu'un de ces états les plus répandus est le sommeil et ses états multiples, comme le rêve, l'état hypnagogique et l'état hypnopompique. Pour cela, du point de vue de chaque individu, il est logique de montrer l'existence des «états modifiés de conscience» qui diffèrent de son état ordinaire de conscience.

Malgré que les états modifiés de conscience représentent des expériences connues pour chaque homme, et malgré qu'il y ait une activité de recherche scientifique intensive dans ce domaine, néanmoins, il est devenu clair que la compréhension de ces états différents d'une manière générale et objective est une affaire très difficile. Car en prenant en considération la réalité de la non-existence d'une connaissance scientifique claire et convaincante des natures de chaque état parmi les états de conscience, il est naturel qu'il y ait une ignorance plus grande de ce par quoi se distinguent ces états multiples les uns des autres. Et quand la connaissance scientifique actuelle de l'état ordinaire de conscience était encore nulle, il n'est pas étonnant alors que la compréhension actuelle des états modifiés de conscience soit plus primitive et que la capacité de distinguer entre les états modifiés de conscience différents et de les attribuer à leurs constituants essentiels soit presque inexistante.

La réalité est que même le fait de comprendre d'une manière générale le terme «l'état ordinaire de conscience» semble lui-même être une simplification injustifiée de l'affaire. Car par exemple, le professeur Charles Tart croit que les caractéristiques de l'état ordinaire de conscience changent avec le changement du milieu culturel, c'est-à-dire qu'il n'y a pas une seule définition de l'état ordinaire de conscience. Et à cet égard, Tart dit que «les deux états ordinaires de conscience de deux cultures différentes, sont différents d'une manière importante» (Tart 1980: 248—249). Et pour cela, ce qu'on voit dans un des environnements culturels comme un état ordinaire de conscience peut être considéré dans un autre comme un état modifié de conscience et vice versa. Tart a remarqué aussi, au moins dans certains cas, qu'il y a des différences déterminées entre des individus qui ont le même bagage culturel qui peut être radical pour rendre l'état ordinaire de conscience de chacun différent de l'autre, et pour cela, il critique la supposition qui dit qu'étant donné «que deux personnes quelconques sont normales (ne sont pas folles), leurs états ordinaires de conscience sont semblables d'une manière fondamentale» (Tart 1973b: 54-55). Car Tart voit que l'état ordinaire de conscience d'une certaine personne peut être un état modifié de conscience pour une autre et l'état ordinaire de conscience de cette dernière est un état modifié de conscience pour la première. Et malgré la logique claire dans ce que montre Tart, beaucoup de chercheurs ont dépassé ce regard et ont négligé les différences entre les états de conscience des gens différents. Car par exemple, Bernard Aaronson a écrit «que le terme «modifié» [dans le terme les états modifiés de conscience] peut lui-même être un supplément quand on prend en considération que certains gens vivent toujours ou presque toujours dans ces états de conscience» (Aaronson 1973: 117). Tart allait certainement préférer ici l'explication de la contradiction non en proposant que ces gens sont dans des états modifiés de conscience «toujours ou presque toujours» mais que leur état ordinaire de conscience est différent de l'ordinaire ou de celui qui est le plus répandu. Cela n'est qu'un seul exemple seulement des différences multiples entre les points de vue des chercheurs et des difficultés qui se trouvent dans la recherche scientifique dans le domaine des états de conscience.

Malgré la reconnaissance des scientifiques que la connaissance scientifique actuelle des états modifiés de conscience est très superficielle à cause des problèmes compliqués et fondamentaux dans l'étude de ce sujet (Tart 1973b), néanmoins, ils ont sous-estimé la faiblesse de cette connaissance par leur négligence intentionnelle de plusieurs problèmes cognitifs et pratiques qui ont paralysé le développement d'une connaissance scientifique sûre de ces états et ils ont caché ces problèmes derrière un nuage de termes scientifiques ambigus. C'est-à-dire que le développement d'une connaissance scientifique de la conscience humaine avait été empêché par ce qu'on a ajouté comme obstacles artificiels créés par les termes «scientifiques» actuels. Et ce qui est regrettable, c'est que l'attention prêtée à l'étude des obstacles de ces termes est très peu malgré leur grande influence sur l'empêchement du développement d'une connaissance scientifique exacte des états modifiés de conscience. La définition des termes scientifiques d'une manière claire, exacte et déterminée est une des exigences desquelles on ne peut pas se passer pour rendre le langage scientifique dans toutes les branches de la science compris, clair et utilisable de la part des différents scientifiques. Mais malheureusement les termes du langage de la science qui étudie les états de conscience représentent une violation sans pareille de cette condition nécessaire.

On n'a pas donné une définition claire du terme les états modifiés de conscience depuis qu'il a été forgé à la fin des années cinquante de la part de Merton Gill et Margaret Brenman (Gill & Brenman 1959). Et le psychiatre Arnold Ludwig a pris le terme «les états modifiés de conscience» comme un titre pour sa recherche connue qui a contribué, à son tour, à l'expansion de ce terme et il l'a défini comme étant «tout état ou tous états mentaux créés par différents facteurs physiologiques ou psychologiques ou par l'utilisation des médicaments et que l'individu peut les atteindre personnellement (ou à l'aide d'un observateur objectif qui l'observe) considérant qu'ils représentent une différence suffisante dans le sentiment personnel ou dans les fonctions psychologiques des critères généraux déterminés de cet individu durant l'état de conscience attentive et éveillée» (Ludwig 1966: 225). Et ainsi, il paraît clairement que ce terme avait été utilisé généralement et non particulièrement pour montrer «tous» les états de conscience de l'individu qui diffèrent de son état ordinaire de conscience. Et par exemple, il montre les différents états modifiés de conscience qui dominent sur l'homme durant le sommeil, la rêverie, l'hypnose, la méditation et toutes les pratiques et circonstances qu'on les croit causer un changement dans la conscience. Donc le terme les états modifiés de conscience avait été créé pour avoir un sens général et illimité et on n'entendait pas par celui-ci qu'il montre un état déterminé précisément parmi les états modifiés de conscience. Autrement dit, comme «les états de conscience» est un terme général qui montre tout ce qui est connu et inconnu parmi les états de conscience de la personne, le terme «les états modifiés de conscience» est aussi un terme général qui montre tous les états de conscience «à l'exception» de l'état ordinaire de conscience. Et si nous prenons en considération ce qui a été montré par Tart (Tart 1980) et les autres qui disent que l'état ordinaire de conscience des individus différents diffère aussi, il devient clair donc qu'il est possible de définir les états modifiés de conscience de la personne déterminée comme étant «tous les états de conscience de cet homme à l'exception de son état ordinaire de conscience».

Dans la science qui étudie la conscience humaine, et comme est le cas dans toute autre branche de la science, on a besoin également d'utiliser des termes ayant des significations générales et autres ayant des significations particulières, pour classifier les informations existantes et faciliter leur traitement et leur gestion de plusieurs façons et pour des buts différents. Néanmoins, l'utilisation d'un de ces termes dans des contextes faux peut se transformer facilement en un grand obstacle au développement de la connaissance scientifique. Un des exemples de la mal utilisation est l'utilisation des termes «généraux» dans des contextes qui nécessitent l'utilisation des termes «particuliers». Et ce genre d'utilisation fausse précisément des termes scientifiques avait accompagné continuellement le terme «les états modifiés de conscience» depuis qu'il est apparu avant plus de trois décennies. Et à travers cette réalité, on peut comprendre la critique qu'a faite le professeur Tart quand il a écrit en disant: «que les deux termes l'état de conscience et l'état modifié de conscience sont utilisés d'une manière absolument imprécise pour qu'ils renferment beaucoup de choses différentes et cela a lieu non seulement dans l'utilisation générale de ces termes mais aussi largement dans l'utilisation scientifique» (Tart 1980: 249). Bien sûr, du point de vue scientifique, l'utilisation fausse des gens ordinaires des termes scientifiques n'est pas une affaire importante néanmoins, on ne peut pas négliger l'utilisation fausse des scientifiques et des spécialistes des termes scientifiques et cela simplement parce que le langage scientifique joue un rôle important dans la direction de la connaissance scientifique et son développement (Bourguignon 1989).

Tart qui est considéré comme un des premiers et meilleurs scientifiques qui ont étudié les états modifiés de conscience, ne s'oppose pas dans sa parole mentionnée ci-dessus à la réalité que les deux termes «l'état de conscience» et «l'état modifié de conscience» ont un sens général et indéterminé, puisque ces deux termes n'ont pas été créés pour qu'ils montrent des états particuliers ou déterminés. Néanmoins, ce que Tart critique, est l'utilisation fausse de ces deux termes dans des contextes qui nécessitent, au lieu de cela, l'utilisation des termes déterminés et construits d'une manière particulière. La réalité est qu'il y a beaucoup parmi ce qu'on peut donner comme exemples d'une telle imprécision dans l'utilisation de ces deux termes, et précisément les belles-lettres scientifiques qui traitent le rôle des états modifiés de conscience dans le fait de faciliter la guérison de plusieurs maladies et leur rôle dans les phénomènes de la guérison (par exemple Field 1992 ; Frecska & Kulcsar 1989). Dans de telles études, l'homme rencontre le plus souvent des phrases comme «les états modifiés de conscience étaient un constituant essentiel dans les arts de guérison» (Ramaswami & Sheikh 1989: 433), et qu' «il y a des utilisations curatives importantes des états modifiés de conscience» (Winkelman 1991: 14). Il est clair que ceux qui écrivent de telles phrases veulent montrer des genres déterminés d'états modifiés de conscience, et qui sont ceux qui ont des influences positives sur la santé de l'homme. Néanmoins, ces chercheurs se trompent parce qu'ils utilisent le terme général «les états modifiés de conscience» pour montrer les états visés tout en négligeant de cette façon la réalité que ce terme renferme aussi un nombre pareil d'états maladifs et modifiés de conscience qui peuvent avoir une grande influence négative et parfois dangereuse sur la santé de l'homme, comme ceux qui résultent de l'utilisation des drogues, des crises d'épilepsie et des différentes maladies psychologiques (voir par exemple Ludwig 1966: 231). Et pendant que nous trouvons que le regard de plusieurs chercheurs envers les états modifiés de conscience comme étant en général des états maladifs avait été critiqué, à juste titre, de la part d'un certain nombre de scientifiques (Deikman 1973 ; Tart 1980 ; Ramaswami & Sheikh 1989), il paraît qu'il y a une erreur opposée dans laquelle sont tombés et tombent d'autres chercheurs quand ils considèrent que tous les états modifiés de conscience sont sains et utiles. Pour cela, Charles Tart propose «l'utilisation des deux termes l'état séparé de conscience et l'état modifié et séparé de conscience» et cela «pour sauver les deux termes les états de conscience et les états modifiés de conscience de l'utilisation fausse dans laquelle ils sont tombés et pour apporter des termes plus précis pour l'utilisation scientifique» (Tart 1980: 255). Il n'y a pas de doute que Tart fasse paraître ici d'une manière précise un défaut très dangereux dans le langage scientifique à propos des états modifiés de conscience, néanmoins, ce qu'il propose comme traitement semble être une échappatoire au problème pour ne pas l'affronter et non une solution à celui-ci, comme on l'a développé ci-dessous.

Quand il y a un grand nombre d'états modifiés de conscience, les chercheurs ont souvent besoin de contextes déterminés pour montrer des genres déterminés de ces états, ou au contraire, pour exclure certains de ceux-ci. Pour cela, il faut qu'il y ait des termes convenables pour distinguer entre les états modifiés de conscience différents, c'est-à-dire il faut qu'il y ait des termes particuliers concernant des états déterminés. Et la réalité est que l'absence de tels termes ayant une grande importance a facilité et a encouragé l'utilisation fausse du terme «général» les états modifiés de conscience en tant qu'un terme «particulier». Néanmoins, la création de tous termes nouveaux doit être faite d'une manière attentive et précise parce qu'il est très important qu'on ne crée pas des termes nouveaux ambigus ou indéfinis suffisamment pour qu'on les ajoute à ou qu'ils prennent la place du groupe actuel de termes comme les dérivations différentes du terme «transe» (voir la partie suivante).

Selon la théorie des systèmes de Tart, les états de conscience sont «séparés les uns des autres», quantitativement et qualitativement. En ce qui concerne les états modifiés de conscience, Tart propose la définition suivante: «l'état modifié de conscience d'une personne quelconque est un état durant lequel la personne sent clairement un changement qualitatif dans le mode du fonctionnement de son cerveau, c'est-à-dire qu'elle sent non seulement un changement quantitatif mais aussi qu'une caractéristique quelconque ou certaines caractéristiques de ses opérations mentales sont différentes» (Tart 1969: 2). Ce que nécessite la supposition de Tart est la définition des états modifiés et séparés de conscience qu'on a déjà mentionnés et bien sûr, la création des termes nouveaux pour ceux-ci. C'est-à-dire selon la théorie des systèmes de Tart, les «qualités» et les «quantités» qui sont supposées distinguer les états modifiés de conscience séparés les uns des autres doivent être définies d'abord d'une manière claire et satisfaisante. Néanmoins, le fait d'ajouter simplement le terme «séparé» aux deux termes les états de conscience et les états modifiés de conscience, comme propose Tart, n'est pas utile réellement ; parce que cela n'est pas plus que le fait de donner de nouvelles appellations aux mêmes termes anciens. En général, et loin de la théorie des systèmes de Tart, le fait d'établir des moyens et des échelles pour définir les états de conscience différents est une affaire qu'il faut tâcher de l'exécuter tant que la conscience humaine est considérée comme des états séparés et non comme des états liés. Et elle reste une demande certaine, qu'il soit un groupe d'états modifiés de conscience qui se distingue quantitativement seulement, comme croit Aaronson (Aaronson 1973), ou quantitativement et qualitativement comme confirme Tart (Tart 1969).

L'utilisation large du terme les états modifiés de conscience dans les belles-lettres scientifiques pour montrer des genres déterminés de ces états montre que les scientifiques n'ont pas prêté une attention suffisante à l'étude des états modifiés de conscience en tant qu'états séparés. S'il était possible de comprendre la conscience humaine comme étant constituée des états séparés et non des états liés, alors cela renferme la nécessité qu'il y ait des différences essentielles entre ces états, comme prévoit la théorie des systèmes de Tart par exemple. Pour cela, comme on va le discuter ultérieurement en détail, cette indifférence envers la diversité des états de conscience montre la domination d'une tendance sténographique sur la recherche scientifique. Pour cela, le fait de cesser d'utiliser d'une manière fausse le terme les états modifiés de conscience exige nécessairement le fait de consacrer beaucoup d'efforts pour découvrir la manière d'analyser ce terme jusqu'à ses constituants essentiels, c'est-à-dire les genres différents d'états modifiés de conscience.

«Les états modifiés de conscience» n'est pas le seul terme ambigu et embarrassant qui est utilisé dans le langage des sciences qui étudient la conscience humaine. Parce que d'autres termes ambigus avaient été utilisés dans des contextes scientifiques pour décrire certains états modifiés de conscience ou certaines de leurs manifestations. Ces termes ont contribué, comme est le cas avec le terme les états modifiés de conscience, à rendre le fait de parvenir à évaluer correctement le degré de la connaissance scientifique bornée des états de conscience, une chose difficile à obtenir. Et bien sûr, de tels termes ont joué aussi leur rôle dans l'arrêt du développement d'une connaissance scientifique satisfaisante des états modifiés de conscience. Et un de ces termes les plus utilisés est la transe.

3-3 La transe: un autre terme ambigu

Le terme «transe» dérive du terme latin «transitus» qui veut dire passage ou transit, et du terme «transire» qui veut dire laisser passer ou négliger, ce qui montre que le terme signifie le passage d'un des états de conscience à un autre. Les deux chercheurs English et English ont défini, dans le dictionnaire connu de la psychologie qu'ils l'ont composé, le terme «transe» en disant qu'elle est «un état semblable au sommeil et se distingue par la diminution de la sensibilité envers les agents et l'absence et le changement dans la connaissance de ce qui arrive et le remplacement de l'activité automatique par une activité volontaire. La transe a lieu souvent dans l'hystérie, et on peut la créer par l'hypnose. Et dans les cas extrêmes, la transe ressemble (ou est comme) au coma» (English & English 1958). Et il y a une simple étude d'autres définitions qui ont accompagné ce terme et qui était faite par Leila Shaara et Andrew Strathern (Shaara & Strathern 1992: 158). Malgré l'existence de certaines différences littérales et superficielles entre ces définitions, néanmoins, elles ont un seul sens qu'il est possible de le résumer par la définition qu'ont présentée Mansell Pattison et ses collègues en disant que les états de transe sont «un état de conscience dans lequel la personne est éveillée mais en apparence elle est inattentive ou elle ne réagit pas aux agents intérieurs et extérieurs ordinaires» (Pattison, Kahan & Hurd 1986: 286). Il n'est pas besoin de dire que cette définition, comme est le cas avec les états modifiés de conscience, est générale et elle ne montre pas des états déterminés de conscience. C'est ce qu'a remarqué aussi Baldwin en disant que la transe est «un terme général qui renferme des états déterminés et très différents d'une conscience changée avec les symptômes physiques qui les accompagnent, comme l'hystérie, l'hypnose, l'extase et la médiumnité . . . ». Néanmoins, la généralité en elle-même n'est pas une critique, de même elle n'est pas ainsi avec le terme les états modifiés de conscience. Néanmoins, ce qui mérite d'être critiqué est l'utilisation de ce terme «général» dans des contextes qui nécessitent l'utilisation des termes «particuliers». Ce genre d'imprécision dans l'utilisation qui a dominé sur le terme les états modifiés de conscience a dominé aussi sur le terme «transe». C'est ce que Baldwin a entendu par son dire «ce terme est utilisé sous formes différentes et le plus souvent ambiguës» (Baldwin 1902: 710). Et par exemple, l'anthropologue Michael Winkelman a écrit en disant que «les états de transe ont des influences curatives et ils facilitent d'autres opérations dans le corps de l'homme» (Winkelman 1990: 322). Un très grand nombre de chercheurs avaient écrit des phrases semblables à celle-ci. Néanmoins, de telles phrases négligent la réalité que le terme états de transe avait été utilisé et on l'utilise encore pour montrer un grand nombre d'états de conscience, que certains ont des influences pathologiques. Certains parmi ces états maladifs de transe que Winkelman avait lui-même mentionnés renferment ceux qui résultent des troubles dans le système nerveux et des états semblables à l'épilepsie.

Il est important ici de montrer que même après à peu près un siècle les phénomènes de transe ont connu et connaissent encore une attention et une recherche scientifiques exagérées néanmoins, la critique de Baldwin (Baldwin 1902) est encore juste. Et Richard Katz, spécialiste de psychologie clinique à l'université américaine Harvard, critique l'utilisation actuelle de la transe dans le langage scientifique en disant que «le terme «transe» avait été utilisé pour décrire un grand nombre d'états modifiés de conscience, y compris les états de possession et les états de méditation. Les significations de ce terme restent ambiguës et ses utilisations incohérentes» (Katz 1982: 348). Et loin de l'incohérence dans l'utilisation de la transe et l'échec de ce terme dans le fait de parvenir au degré le plus bas nécessaire de clarté, l'autre réalité embarrassante concernant ce terme et qui est montrée par la phrase de Katz est que les phénomènes de transe sont observés en général comme étant «des états particuliers» parmi les états modifiés de conscience, plutôt ils sont définis parfois par la signification de ceux-ci (voir par exemple et non exhaustivement Jilek 1989: 178 ; Lambek 1989: 58). Ce regard envers la transe ne peut pas être accepté sauf s'il montre des états modifiés et «déterminés» de conscience qu'il est possible de les séparer d'une façon claire et compréhensible du reste des états modifiés de conscience, c'est-à-dire les états de conscience qui ne renferment pas une transe. Mais la réalité est que les différences entre ce qu'on appelle les états de transe sont inconnues, de plus, la distinction entre les états modifiés de conscience qui renferment une transe et qui ne renferment pas une transe est aussi une affaire impossible. La réalité est qu'il est difficile actuellement de distinguer entre les états modifiés de conscience à l'aide des échelles. Ainsi, le terme transe a une nature trompeuse: car pendant que le terme montre des états modifiés et «déterminés» de conscience, nous trouvons qu'il est impossible de séparer ceux-ci du reste des états modifiés de conscience.

Et dans sa discussion de l'utilisation fausse des termes dans la science, l'anthropologue célèbre Erika Bourguignon a mentionné les deux termes «transe» et «chamanisme» qui sont utilisés dans l'anthropologie très largement et avec des sens différents. Et pendant que Bourguignon, professeur à l'université de l'Etat américain de l'Ohio, confirme l'importance de la définition des termes scientifiques d'une manière claire, elle établit sa discussion sur la réalité que «ces définitions et leurs utilisations dirigent la recherche scientifique et comprennent le fait de grouper et classer les preuves ethnologiques et le fait de formuler et expérimenter les suppositions et par conséquent le fait de développer les modèles et les théories. Elles comprennent aussi le fait de communiquer avec les lecteurs, qu'ils appartiennent ou non à la culture qui est l'objet de l'étude» (Bourguignon 1989: 9). Bourguignon traite ici plusieurs points sensibles et la question si les termes ambigus comme la transe et les états modifiés de conscience voulaient dire vraiment la même chose pour les lecteurs différents n'est pas moins importante.

La traduction d'une langue dans une autre peut être le meilleur moyen pour découvrir le profond désaccord qui peut naître entre les chercheurs sur leur compréhension de tels termes ambigus. Dans ce contexte, il y a un exemple très expressif présenté par le psychiatre japonais Ku Nishimura qui écrit que «le terme «transe» avait été utilisé de plusieurs façons. Car les termes japonais utilisés pour traduire le terme anglais «trance» renferment, par exemple, celui qui est le synonyme du coma, de la perte de conscience, du rêve, du ravissement, de l'extase et l'exhortation religieuse» (Nishimura 1987: S59). Et ipso facto, la traduction du terme trance vers l'arabe était aussi un problème. Et le problème ici n'est pas, bien sûr, dans la langue arabe riche en mots mais dans le terme trance qui manque, dans sa langue originale, d'un sens stable et clair même dans les belles-lettres scientifiques. Et la réalité est qu'on n'entend pas par l'utilisation du terme «transe» dans ce livre (voir le dictionnaire Al-Mawrid de Munir Baalbaki 1987) la traduction du terme trance autant qu'on entend par cela la création d'un sens figuré pour ce terme qui a été utilisé et est utilisé dans des contextes très variés et différents dans les écrits scientifiques en anglais.

Et ce qui a aidé à faire empirer les choses est qu'on a passé sur l'ambiguïté et l'imprécision qui ont accompagné et qui accompagnent encore «la transe» intentionnellement même de la part des chercheurs qui ont prêté une attention particulière à l'explication des sens des termes scientifiques. Et par exemple, l'anthropologue Michael Winkelman a montré que «les uns parmi les termes comme chaman, devin, sorcier guérisseur, médium, guérisseur et autres sont remplacés le plus souvent par les autres sans qu'on détermine les caractéristiques communes supposées ou qu'on prenne en considération les différences probables entre de tels pratiquants» (Winkelman 1990: 309). Néanmoins, la tentative de Winkelman pour expliquer ces termes était à travers la distinction entre «les chamans, les chamans/guérisseurs et les médiums», qu'il les considère comme «ceux qui font des pratiques de magie et des pratiques religieuses basées sur la transe» d'une part et «les guérisseurs» à propos de qui Winkelman dit qu' «en général ils n'ont pas recours aux transes, et même quand ils font, les transes semblent moins importantes qu'elles paraissent en ce qui concerne les chamans, les chamans/guérisseurs et les médiums» (Winkelman 1989: 23) d'autre part. Cela est un exemple d'une tentative pour expliquer des termes déterminés, néanmoins, le chercheur utilise comme un moyen pour distinguer entre ces termes le terme «transe» qui est lui-même entouré d'ambiguïté et a besoin d'être expliqué et manque de cohérence dans son utilisation (Baldwin 1902 ; Bourguignon 1989 ; Katz 1982). De telles tentatives pour expliquer des termes scientifiques déterminés ne peuvent pas éviter l'échec parce que les définitions présentées par celles-ci sont basées aussi sur des termes qui manquent de définitions claires.

Comme résultat naturel du regard envers les états de transe en tant qu'états particuliers parmi les états modifiés de conscience, toutes les manifestations de l'ambiguïté et de l'imprécision qui ont accompagné et qui accompagnent l'utilisation de la transe se sont reflétées sur le terme les états modifiés de conscience, en augmentant de cette façon l'ambiguïté de ce dernier. Et la réalité est que la lecture minutieuse des belles-lettres scientifiques qui parlent des états modifiés de conscience et de la transe montre que ces deux termes, à cause de leur ambiguïté et leur sens linguistique analogue, sont utilisés souvent d'une manière réciproque comme certains chercheurs ont remarqué (Peters & Price-Williams 1983: 5). Quant à Ludwig, il a montré clairement que son utilisation du terme les états modifiés de conscience ressemble aux utilisations du terme transe (Ludwig 1966: 225).

3-4 Y a-t-il des caractéristiques psychologiques qui distinguent les états modifiés de conscience?

Plusieurs chercheurs se sont concentrés sur la tentative pour déterminer les caractéristiques communes entre les états modifiés de conscience, tout en espérant que cela mènera, s'il était possible, à établir des critères stables qui sont utilisés pour déterminer la survenance ou la non-survenance de l'état modifié de conscience. Et la première chose qu'ont essayée les scientifiques est la recherche des caractéristiques psychologiques communes entre les états modifiés de conscience.

Les chercheurs voient que les états modifiés de conscience peuvent être créés en utilisant un grand nombre de moyens ou dans des circonstances différentes. Car par exemple, Winkelman mentionne une longue liste de facteurs et de moyens qui peuvent, à son avis, causer «la transe» qui est considérée comme un état particulier parmi les états modifiés de conscience. La liste de Winkelman renferme «les drogues hallucinogènes, l'opium et autres drogues ; courir une grande distance ou tout autre mouvement ; la faim, la soif, le manque de sommeil ; la stimulation sonore et autres formes de stimulation sensorielle forte, comme la torture physique ou les degrés de température haute et basse ; la privation sensorielle, les stades du sommeil, la méditation ; et un ensemble varié de déséquilibres ou de sensibilités psychophysiologiques résultant des états héréditaires de faiblesse dans le système nerveux, ou des états semblables à l'épilepsie qui résultent des blessures ou de la maladie ou d'autres chocs nerveux comme les degrés de température haute et basse ou d'autres états sensibles du lobe temporal du cerveau et les compositions qui accompagnent comme l'hippocampe et l'amygdale» (Winkelman 1990: 321). Malgré la liste variée et longue de Winkelman, néanmoins, elle ne renferme pas tous les moyens de la création des états modifiés de conscience, puisque les chercheurs croient que les états modifiés de conscience peuvent être créés à l'aide de plusieurs autres moyens. Par exemple, Nathan Field voit que les états modifiés de conscience peuvent être stimulés durant «l'accouchement, la maladie grave, l'accident, le fait de tomber amoureux, les raids aériens, la décomposition de la société, les expériences de mort imminente, et même le coma peut faciliter sa survenance [l'état modifié de conscience]» (Field 1992: 212).

Il faut mentionner ici que parmi tout ce qui est mentionné ci-dessus, il n'y a pas un moyen ou un facteur qui cause «nécessairement» les états modifiés de conscience. Car plusieurs facteurs concernant la même personne comme ses traits personnels et autres détails concernant la manière d'utiliser certains de ces moyens intentionnels comme l'usage des drogues ou concernant la manière de la survenance de certaines circonstances spontanées qui aident les états modifiés de conscience à avoir lieu, comme des maladies déterminées, jouent un rôle pour déterminer si tout changement dans la conscience allait avoir lieu ou non. Pour cela, le plus souvent, il est impossible de juger d'avance si un état modifié de conscience allait résulter ou non de l'application d'un des moyens mentionnés ci-dessus ou de la survenance d'une des circonstances mentionnées. Cette remarque a une importance particulière car s'il n'y avait pas parmi les moyens intentionnels et les circonstances spontanées mentionnées ci-dessus ce qu'on peut utiliser comme un signe pour conclure la survenance irrécusable des états modifiés de conscience, alors cela veut dire qu'on ne peut pas les utiliser pour définir les états modifiés de conscience et déterminer leurs caractéristiques distinguées.

La longue liste ci-dessus des moyens de la création des états modifiés de conscience montre que ces derniers peuvent être créés à travers un grand nombre de moyens de stimulation psychologique et biologique.

Quant à certains de ces stimulants, ils apparaissent spontanément au cours de la vie quotidienne de l'homme comme le sommeil et le rêve, tandis que d'autres nécessitent de prendre des mesures intentionnelles comme l'usage des drogues. Il est clair qu'il est impossible de compter les nombres ainsi que les genres de moyens et de circonstances à travers lesquels on peut créer les états modifiés de conscience. Car loin de les supposer comme les causes des états modifiés de conscience, il n'y a en réalité aucun trait commun entre ces moyens et circonstances. Pour cela, il est vain ou inutile de faire une tentative pour rassembler les moyens et les circonstances de la création de nombreux états modifiés de conscience sous une description générale basée sur les contextes dans lesquels ils apparaissent. En plus de cela, certains de ces moyens causent des influences qui diffèrent complètement de ce que montrent les autres. Par exemple, Ludwig mentionne que les états modifiés de conscience peuvent être créés avec des moyens qui causent «une augmentation» ou, complètement l'inverse, «une diminution dans la réaction aux agents extérieurs et/ou le mouvement ; et pendant qu'il est possible de créer les états modifiés de conscience en utilisant des moyens qui causent «une augmentation dans l'attention ou la préoccupation mentale», Ludwig dit que ces états peuvent être créés aussi à travers «le relâchement de l'attention ou la relaxation des facultés essentielles» (Ludwig 1966). Avec cela, il y avait des tentatives différentes pour trouver des traits communs entre les états modifiés de conscience.

Ludwig a fait une des premières études qui étaient concentrées sur la découverte des caractéristiques qui distinguent les états modifiés de conscience. En adoptant une démarche psychologique, Ludwig a mentionné un certain nombre de changements cognitifs qu'il les a crus être communs entre «la plupart» des états modifiés de conscience. Ces changements renferment: «des changements dans la réflexion, trouble dans la notion du temps, la perte de contrôle, un changement dans l'expression des sentiments, un changement dans l'image du corps [l'image de l'individu de lui-même], des anomalies cognitives, changement dans la signifiance ou l'importance, le sentiment de l'indescriptible, des sentiments du rajeunissement, une augmentation dans la réaction à la suggestion» (Ludwig 1966: 227-229).

Les caractéristiques proposées par Ludwig ont été adoptées d'une manière ou d'une autre par beaucoup de chercheurs qui ont adopté une démarche psychologique dans l'étude des états modifiés de conscience (par exemple Glicksohn 1993 ; Van Quekelberghe, Altstotter-Gleich, & Hertweck 1991). Néanmoins, ces caractéristiques sont en réalité exposées à la critique. Car malgré que Ludwig ait montré les manifestations positives et les utilités des états modifiés de conscience, néanmoins, les détails des caractéristiques qu'il propose présentent les états modifiés de conscience comme s'ils sont des changements maladifs dans la conscience et ils ont un niveau plus bas que l'état ordinaire de conscience. Car les caractéristiques qu'il mentionne représentent à l'origine des dégradations dans les facultés de perception chez l'individu. En plus de cela, les caractéristiques proposées par Ludwig sont en réalité un ensemble de changements psychologiques qui «peuvent» accompagner «certains» états mentaux qui sont considérés comme des états modifiés de conscience, néanmoins, elles ne sont pas des caractéristiques qui distinguent «tous» les états modifiés de conscience. La réalité est que beaucoup d'états mentaux qui sont considérés actuellement comme des états modifiés de conscience, comme ceux qui proviennent de la pratique de la méditation par exemple, n'ont pas au moins certaines de ces caractéristiques prétendues.

De plus, on fait une critique générale à toute démarche psychologique pure pour étudier les états modifiés de conscience. Une telle démarche est basée sur une supposition dont on doute de la justesse et qui dit que les états modifiés de conscience peuvent être distingués, définis et classifiés en utilisant des changements psychologiques seulement. Il y a de grands problèmes et difficultés auxquels fait face une telle démarche dans l'étude des états modifiés de conscience, car elle accorde à l'individu qui produit le changement dans sa conscience un rôle important dans la découverte des sens réels de ses expériences personnelles. Et ci-dessous, on développe les difficultés affrontées par la démarche psychologique.

Quand la réussite de la démarche psychologique était basée largement sur la description précise de la personne de la phénoménologie de son expérience, c'est-à-dire sa description de ses sensations psychologiques et ses impressions «personnelles» de l'état modifié de conscience dans lequel elle était, l'échec de la personne dans la description exacte des changements psychologiques qui se sont produits chez elle détruit la base sur laquelle est fondée la démarche psychologique. On étudie généralement la phénoménologie des états modifiés de conscience par une des deux méthodes, la première est connue par la rétrospection et l'autre par l'introspection. Lorsqu'on utilise l'introspection, on demande à la personne de décrire ce qu'elle sent tout en étant encore dans l'état modifié de conscience à l'étude. Une des critiques les plus importantes qui ont été faites à cette méthode est celle qu'a faite Joseph Glicksohn en disant que «l'observation de l'âme peut changer l'état de conscience de l'individu» (Glicksohn 1993: 4). C'est-à-dire quand la personne décrit son état mental et affectif, elle ne décrit pas le plus souvent l'état modifié de conscience dans lequel elle était mais un état suivant qui est apparu comme le résultat de l'observation de l'âme en elle-même. Quant à la méthode de la rétrospection, elle renferme la description de la personne de l'expérience de l'état modifié de conscience dans lequel elle était après qu'elle retourne à son état ordinaire de conscience. Et Ronald Pekala et Ralph Levine ont montré la réalité qu'un certain nombre de chercheurs s'étaient moqués de l'introspection parce qu'elle «arrête» et de cette façon elle détruit la caractéristique fondamentale de la conscience, et qui est la caractéristique de la disparition rapide et l'anéantissement» (Pekala & Levine 1981: 30). Néanmoins, ces deux chercheurs ont refusé cette critique de l'introspection sans donner une raison convaincante.

De telles oppositions qu'il est impossible de les réfuter mettent trop en doute l'utilité et la précision des techniques qui sont basées sur l'étude des états modifiés de conscience en demandant à la personne de remplir des questionnaires qui utilisent la rétrospection et l'introspection comme «le questionnaire de la phénoménologie de la conscience» (Pekala & Levine 1981, 1982) et «l'inventaire de la phénoménologie de la conscience» (Pekala & Kumar 1986) et «le tableau d'évaluation des états modifiés de conscience» (Van Quekelberghe, Altstotter-Gleich, & Hertweck 1991). De plus, il est important de remarquer que la composition des paragraphes du questionnaire dans de telles techniques peut être partiale et subjective à cause d'une compréhension déterminée que possède le chercheur et d'une prévision anticipée de la nature des états modifiés de conscience. Et cela peut conduire, comme remarque Deane Shapiro en ce qui concerne la méditation, à un état dans lequel on «clarifie l'expérience de «l'individu» à travers des suppositions formulées par des chercheurs différents qui peuvent sentir et peuvent ne pas sentir les différences précises et cachées de l'expérience de méditation» (Shapiro 1983: 67). Bien sûr, on peut généraliser ce que dit Shapiro ici à propos des états modifiés de conscience en général.

Dans son étude des recherches publiées sur la phénoménologie de la méditation, Shapiro a signalé plusieurs problèmes qui peuvent déterminer d'une manière impressionnante la précision des résultats prévus à travers les démarches phénoménologiques dans l'étude des états modifiés de conscience, et de cette façon ils détruisent l'authenticité de ces résultats. Car par exemple, Shapiro a montré que «beaucoup parmi les expériences des états modifiés de conscience sont décrites comme étant indescriptibles et pour cela on ne peut pas les mettre dans des cadres clairs de notions» (Shapiro 1983: 65). Quant à Tart (Tart 1973b: 57), il a montré que ce problème peut venir sous deux formes: la première est l'incapacité de la personne de comprendre l'expérience de l'état modifié de conscience dans lequel elle était et la deuxième est son échec dans sa transmission d'une manière suffisamment claire aux autres personnes. Ces deux formes du même problème représentent une critique des deux méthodes de la rétrospection et l'introspection. Et Shapiro a fait paraître aussi un autre grand problème concernant la généralisation des états modifiés de conscience. Car il a montré ce que la recherche scientifique a découvert à propos de «l'apprentissage lié à l'état de conscience» et c'est ce que la personne apprend dans un état de conscience déterminé, malgré qu'elle garde dans sa mémoire, néanmoins, elle ne pourra pas se rappeler celui-ci toujours quand elle est dans un autre état de conscience. Ce phénomène est connu par «la connaissance liée à l'état» (Fischer 1979). Cela est bien sûr une autre critique de la méthode de la rétrospection que Shapiro la décrit en disant «qu'elle est exposée aux illusions de la mémoire de l'individu après qu'il retourne à son état ordinaire de conscience» (Shapiro 1983: 67).

D'autres doutes sur la capacité de l'individu de découvrir les états modifiés de sa conscience apparaissent quand on prend en considération l'avis de certains chercheurs qui disent que tout individu peut être en général inconscient en passant continuellement par les divers états modifiés de conscience (Field 1992: 211). Ernest Rossi a confirmé aussi l'ignorance de l'homme des changements continuels dans sa conscience en disant «que l'homme ordinaire au cours de sa vie quotidienne ne comprend pas les divers changements cachés qui se produisent dans sa conscience certainement» (Rossi 1986: 97). Ce regard a des significations importantes en ce qui concerne le pouvoir de l'individu de découvrir les états modifiés de sa conscience.

La discussion ci-dessus montre que comme il est impossible de découvrir la nature rusée des états modifiés de conscience à travers l'étude des circonstances et des moyens qui les causent, alors l'étude de ces états d'un point de vue psychologique ou phénoménal ne semble pas aussi une méthode prometteuse. Puisque cette démarche ne peut pas être toujours un signe réussi du fait que si les états modifiés de conscience s'étaient produits ou non, comme il est devenu clair qu'elle n'est pas très utile pour découvrir les différences entre les divers états modifiés de conscience et pour cela on ne peut pas l'utiliser pour obtenir une classification sûre de ces états. Ainsi, ce que plusieurs chercheurs ont confirmé en disant que la source principale des informations concernant les états modifiés de conscience est la description personnelle des individus qui passent par de tels états (Tart 1969: 485 ; Ward 1989: 17) avait été mis en doute non seulement de la part des behavioristes mais aussi de la part des chercheurs qui sont intéressés par le remplacement de la description personnelle et narrative, en tant que source principale des informations concernant les états modifiés de conscience, par des critères qui peuvent être observés d'une manière objective et qui sont mesurables, pour faciliter la découverte et l'étude de ces phénomènes de la part des observateurs étrangers, directement et sans avoir besoin de se baser sur les sujets de l'expérience. Les efforts scientifiques étaient concentrés dans ce domaine sur une tentative pour comprendre les états modifiés de conscience à travers l'étude des changements physiologiques qui les accompagnent dans le corps de la personne qui est dans un de ces états.

3-5 Est-ce qu'il y a des caractéristiques physiologiques qui distinguent les états modifiés de conscience?

Beaucoup de chercheurs dans le domaine du phénomène de la conscience humaine croient à l'existence d'une physiologie commune entre les états modifiés de conscience qui les distingue de l'état ordinaire de conscience (Mandell 1980 ; Peters & Price-Williams 1983 ; Winkelman 1986). Ces caractéristiques physiologiques sont représentées, selon ce que voit Michael Winkelman, par «le remplacement de l'état physiologique ordinaire du corps qui est représenté par la domination de l'activité sympathique et des ondes rapides et désynchronisées de la partie frontale de la pellicule du cuir chevelu par la domination de l'activité parasympathique qui est distinguée par la synchronisation corticale de l'activité des ondes électriques cérébrales de fréquence lente et de voltage élevé qui proviennent de la zone temporale de l'hippocampe» (Winkelman 1990: 321). La réalité est que plusieurs chercheurs ont montré que les états modifiés de conscience se distinguent par une augmentation des ondes électriques du cerveau ayant des fréquences lentes. Arthur Deikman, par exemple, a posé un modèle qu'il a appelé le modèle bimodal dans lequel le mode physiologique ci-dessus que suppose Winkelman s'applique à ce que Deikman a appelé «le mode réceptif» dans son modèle de la conscience humaine. Et Deikman entend par le mode réceptif l'état de conscience dans lequel l'homme est calme, lâche et son système musculaire est déréglé et il réagit négativement aux changements qui se produisent dans l'environnement dans lequel il coexiste et le système nerveux parasympathique domine sur le corps. Quant à l'opposé du mode réceptif dans le modèle bimodal de Deikman, il est ce qu'il appelle «le mode d'action» qui représente l'état de conscience qui accompagne l'activité de l'individu et son utilisation de son système moteur et musculaire avec énergie et qui est accompagné de l'activité du système nerveux sympathique (Deikman 1973).

Ce qu'il faut remarquer d'abord est que ces changements physiologiques que signale Winkelman et qu'un grand nombre de chercheurs sont d'accord sur ceux-ci ne concernent pas nécessairement les états mentaux qui sont classifiés généralement comme étant des états modifiés de conscience. Puisque la diminution de l'agitateur électrique de la pellicule du cuir chevelu peut avoir lieu à cause de la relaxation seulement qui n'est pas considérée généralement comme un état modifié de conscience. En plus de cela, plutôt ce qui est plus important, est qu'il y a beaucoup d'états modifiés de conscience qui ne sont pas accompagnés du mode physiologique prétendu comme il y a d'autres états modifiés de conscience qui sont accompagnés de changements physiologiques à l'inverse du modèle que proposent Winkelman et les autres. Et pour soutenir ce regard critique envers le modèle proposé, on peut tirer plusieurs exemples des belles-lettres scientifiques sur les changements physiologiques qui accompagnent la méditation qui est considérée comme l'origine de plusieurs techniques qui produisent des états modifiés de conscience. Et pour éviter de développer la discussion et la rendre secondaire et inutile, on va limiter la discussion aux changements remarqués sur les activités électriques du cerveau, puisqu'ils sont considérés comme la pierre angulaire dans le modèle physiologique ci-dessus qui suppose l'existence d'une physiologie propre aux états modifiés de conscience. Et avant de faire cela, il est mieux de jeter un regard général sur la nature des activités électriques du cerveau.

Le scientifique italien Luigi Galvani était le premier qui a découvert que les nerfs émettent des activités électriques. Galvani a publié sa découverte importante en 1791, en marquant de cette façon un tournant dans l'histoire de l'électrophysiologie. Après à peu près soixante ans, Du Bios-Reymond a découvert que l'activité du nerf périphérique est accompagnée de changements qui peuvent être enregistrés sous forme de tension électrique (Du Bios-Reymond 1848). Cette découverte a poussé les scientifiques à chercher des changements électriques qui émanent du système nerveux et qui peuvent être utilisés pour s'informer de la fonction de ce système. En 1875, le physiologiste anglais Richard Caton a remarqué dans les expériences qu'il a faites sur des lapins et des singes qu'il y a un lien entre l'activité électrique du cerveau de ces animaux et des stimulants visuels extérieurs, comme la lumière (Caton 1875). Caton a montré dans sa recherche en 1875 et une recherche suivante en 1877 sa découverte de la possibilité de sentir «des courants faibles» provenant des pôles électriques sur le cuir chevelu (Caton 1877).

En 1924, le psychiatre allemand, Hans Berger, à l'université d'Iéna, a découvert l'existence des variations différentes de tension dans les endroits différents du cuir chevelu de l'homme. Berger a remarqué que l'activité électrique provenant du cerveau n'était pas stable, mais plutôt elle change sous formes d'ondes stables et il a déterminé les spécifications de deux parmi ces ondes qu'il les a appelées alpha et bêta. Et la nature mystérieuse et étrange a poussé ce scientifique à ajourner la publication de ses résultats à peu près cinq ans (Berger 1929). Hans Berger a appelé Elektrenkephalogramm l'appareil qui enregistre l'activité électrique du cuir chevelu et pour cela l'appareil qui enregistre les ondes cérébrales est connu actuellement par l'électroencéphalographe. Et le mot par lequel Berger a désigné l'appareil qui enregistre les ondes cérébrales est composé de trois parties qui dérivent des mots grecs qui sont les suivants: *ëlektron* qui veut dire électricité, *egkephalos* qui veut dire cerveau et *gramma* qui veut dire une chose écrite. Et on résume généralement le mot électro-encéphalogramme par les premières lettres des trois mots grecs EEG (néanmoins, ce mot en abrégé est utilisé aussi parfois pour désigner l'électroencéphalographe). Les années qui ont suivi l'invention de l'électroencéphalographe ont connu des expériences médicales importantes dans la découverte de certaines maladies nerveuses comme l'épilepsie.

Les scientifiques divisent les ondes électriques engendrées par le cerveau humain en quatre genres qui diffèrent par leurs fréquences et les conditions de l'augmentation de leur production. Et ces ondes sont:

Premièrement—bêta: ces ondes sont connues par le fait qu'elles ont une amplitude faible de 2 à 30 microvolts, et ont de hautes fréquences qui varient de 13 à 50 Hertz. Le taux de la production du cerveau de ces fréquences augmente quand l'individu accomplit des tâches qui nécessitent une concentration et une grande attention. Et on remarque l'augmentation des ondes bêta quand le cerveau s'expose à un nouveau stimulant et la diminution de leur taux quand le cerveau s'habitue au stimulant mentionné.

Deuxièmement—alpha: ces ondes ont une amplitude forte et des fréquences faibles de 8 à 12 Hertz. Le plus souvent les ondes alpha apparaissent dans les états de relaxation et elles disparaissent généralement dans les états d'attention et de tension.

Troisièmement—thêta: les fréquences de ces ondes varient de 4 à 8 Hertz. Les scientifiques ont montré que la production de ces ondes augmente dans des états psychologiques déterminés comme certains stades du sommeil, comme la période entre la veille et le sommeil et la période «du sommeil paradoxal» et parfois durant l'hypnose et la méditation.

Quatrièmement—delta: ces ondes sont représentées par des fréquences faibles qui varient de 0.5 à 4 Hertz. Le cerveau émet ces ondes durant le sommeil généralement, de plus, elles sont les ondes qui prédominent sur l'activité électrique du cerveau de l'enfant durant les deux premières années de sa vie. Et on croit aussi que ces ondes accompagnent des états maladifs comme les cancers du cerveau et les maladies des vaisseaux sanguins.

Retournons au sujet essentiel. Malgré que plusieurs chercheurs aient montré la tendance de l'activité électrique de la pellicule du cuir chevelu aux fréquences faibles (c'est-à-dire la diminution du taux de bêta et l'augmentation du taux d'alpha et parfois thêta) chez ceux qui pratiquent la méditation (Anand, Wallace & Benson 1973 ; Chhina & Singh 1961b ; Kasamatsu & Hirai 1969), néanmoins, cette influence n'est pas apparue d'une manière certaine dans les études de la physiologie de la méditation. Par exemple, les deux chercheurs Bagchi et Wenger (Bagchi & Wenger 1957) n'ont trouvé aucun changement dans le taux d'alpha entre le silence et l'état de méditation chez 14 personnes qui pratiquent le yoga et qu'ils les ont étudiées. Andris Tebecis n'a remarqué aussi aucun changement dans l'activité électrique du cerveau de certains parmi ceux qui pratiquent la méditation transcendantale, tandis que les changements qu'il a remarqués chez les autres ne se sont pas répétés nécessairement durant les séances d'expérience suivantes. Pour cela, Tebecis a conclu de ses expériences que «l'activité électrique du cerveau durant la méditation transcendantale était rarement claire ou cohérente comme la montrent les rapports précédents. Il y avait des différences notables entre les personnes qui participaient à l'expérience, et que l'activité électrique du cerveau de certaines n'a montré aucun changement durant la pratique de la méditation transcendantale par comparaison avec une période égale sans la pratique de la méditation. Tous changements qui étaient arrivés à un individu quelconque ne se sont pas répétés nécessairement dans une séance d'expérience suivante. La comparaison entre le taux de changements de l'activité électrique du cerveau du groupe d'expérimentation n'a pas montré des différences importantes et cohérentes entre la méditation et la non méditation» (Tebecis 1975: 312).

D'autre part, certaines expériences ont apporté des résultats complètement contradictoires au modèle physiologique qu'ont proposé Winkelman et les autres des états modifiés de conscience, puisque ces études ont montré une augmentation dans le taux des ondes de fréquences élevées. Car le chercheur Banquet (Banquet 1973) qui a étudié aussi un certain nombre de ceux qui pratiquent la méditation transcendantale, a remarqué une apparition distinguée des ondes bêta à fréquence de 20 Hertz environ durant «la période de transcendance» de la méditation. Et une augmentation dans l'activité de bêta durant l'étape de Samâdhi du yoga avait été remarquée aussi de la part de Das et Gastaut (Das & Gastaut 1955) ainsi que Fenwick (Fenwick 1960). Et parmi les recherches modernes dans ce domaine, il y a l'étude faite par le chercheur connu Herbert Benson et un groupe de ses collègues sur des prêtres bouddhistes venant du Tibet durant leur pratique d'un genre de yoga appelé le Toumo. Ceux-ci ont remarqué une augmentation dans l'activité de bêta chez les prêtres. Un autre résultat important qui a été remarqué par ces chercheurs est l'apparition d'une dissymétrie remarquable dans bêta et alpha dans les deux hémisphères du cerveau, représentée par une augmentation dans le taux de bêta dans l'hémisphère droit par rapport à son taux dans l'hémisphère gauche et une augmentation dans le taux d'alpha dans l'hémisphère gauche par rapport à son taux dans l'hémisphère droit (Benson et autres 1990).

Et comme exemple clair de la contradiction des résultats des études dans ce domaine, on peut signaler deux recherches qui étaient apparues la même année et de la part du même groupe de chercheurs et qui montrent les résultats contradictoires des expériences différentes. Car dans la recherche d'Anand et de ses collègues que l'on a mentionnée dans l'avant-dernier paragraphe (Anand, Chhina & Singh 1961b), ceux-ci ont déclaré les résultats de l'étude de quatre experts en un genre de yoga appelé Râja-Yoga, où les chercheurs ont trouvé la domination des ondes alpha et précisément durant l'étape de Samâdhi. Néanmoins, ces mêmes chercheurs ont déclaré des résultats différents dans une autre étude quand ils ont expérimenté un yogi qui pratiquait la méditation dans une boîte très bien fermée pour empêcher l'air de passer. Cette fois-ci, l'activité électrique du cerveau de ce yogi consistait en des ondes rapides de voltages faibles qui ont duré tout au long de l'expérience (Anand, Chhina, & Singh 1961a).

Il devient clair de ce qu'on a exposé ci-dessus la non-existence d'un mode stable de l'activité électrique de la pellicule du cuir chevelu qui distingue tous les états de méditation du reste des états de conscience comme ont prétendu Winkelman et les autres. La psychiatre Marjorie Schuman qui a revu les belles-lettres scientifiques qui parlent de la psychophysiologie de la méditation, a remarqué que «malgré l'existence d'une certaine cohérence dans les rapports sur les changements psychophysiologiques durant la méditation, néanmoins, les preuves ne sont, clairement, pas fortes d'une manière suffisante pour qu'elles justifient la conclusion qu'un certain mode psychophysiologique accompagne toujours les états modifiés de conscience durant la méditation» (Schuman 1980: 370). Julian Davidson confirme aussi la non-existence d'une preuve qu'il y a des changements physiologiques propres à la méditation (Davidson 1976: 358). Et il est inutile de dire que l'incohérence, plutôt la contradiction, dans les résultats des études sur la physiologie des états modifiés de conscience apparaît plus profondément si on prend en considération les résultats de la recherche scientifique dans le domaine des changements physiologiques qui accompagnent l'utilisation des moyens pour produire les états modifiés de conscience autres que la méditation. Car par exemple, une étude qui est la première dans son genre et qui est faite par Dureen Hughes et Norbert Melville sur les changements dans l'activité électrique du cerveau de dix personnes expertes en ce que ces deux chercheurs l'on appelé «la transcommunication», montre la survenance «de grandes et importantes augmentations statistiquement dans la puissance et le pourcentage de l'activité des ondes cérébrales bêta, alpha et thêta» (Hughes & Melville 1990: 184).

D'autre part, Leonard Ravitz a confirmé que l'électro-encéphalogramme est inutile pour distinguer l'état d'hypnose (Ravitz 1970: 124). Et Raymond Prince a mentionné la même remarque concernant les états de transe en disant: «que l'appareil qui enregistre les ondes cérébrales d'une personne qui entre en transe hypnotique ne peut pas être distingué de l'appareil qui enregistre les ondes de son cerveau quand elle est dans un état de veille ordinaire» (Prince 1982a: 411). Toutes ces remarques correspondent à ce que dit Alain Gauld en ce qui concerne l'exagération imprécise de l'utilité de l'électro-encéphalogramme dans l'étude des états modifiés de conscience. Gauld dit «que l'électro-encéphalogramme est d'une manière claire un signe faible des changements dans l'état mental puisqu'il est très possible pour une personne sous drogue hallucinogène que l'appareil enregistre des ondes cérébrales naturelles» (Gauld 1992: 609).

En plus du modèle physiologique qu'ont proposé Winkelman et les autres, il y a un nombre de chercheurs qui croient que les états modifiés de conscience se distinguent par un autre mode physiologique qui est l'activité des pouvoirs propres à l'hémisphère droit du cerveau durant ces états. Avant de montrer certain de ce qui a été mentionné dans l'appui et le refus de cette supposition, il y a ci-dessous une explication concise de la base de cette explication qui est la constitution du cerveau de deux hémisphères.

Il est connu que le cerveau de l'homme et des animaux évolués est constitué de deux moitiés droite et gauche que chacune est sous forme d'un hémisphère. Et les deux hémisphères du cerveau sont liés par une membrane d'un tissu nerveux qui est connu par le corps calleux. En 1953, deux chercheurs de l'université américaine de Chicago, Ronald Myers et Roger Sperry ont déclaré une découverte physiologique très importante. Ces deux chercheurs ont prouvé dans des expériences qu'ils ont faites sur des chats que le fait de couper le corps calleux et le chiasma optique qui est l'entrecroisement des nerfs optiques, laisse chacun des deux hémisphères du cerveau fonctionner comme s'il est en lui-même un cerveau. Puisque Myers et Sperry ont montré que la transmission des informations optiques à un des deux hémisphères du cerveau du chat, en fermant son œil qui transmet les informations à l'autre hémisphère, ne mène pas à l'arrivée des informations à l'autre hémisphère aussi (Myers & Sperry 1953). Cette découverte a ouvert des horizons larges pour la recherche scientifique sur la réalité de la relation entre les deux hémisphères du cerveau et le rôle du corps calleux dans le fait de les laisser fonctionner comme un seul système. Et on a fait plusieurs expériences sur les animaux (Sperry 1964) ainsi que sur certains malades parmi les humains qu'on avait coupé le corps calleux dans leurs cerveaux pour des raisons médicales. Les résultats de la recherche scientifique dans ce sens ont conduit à l'apparition d'une croyance parmi plusieurs chercheurs qu'il y a des différences entre les pouvoirs sur lesquels domine chacun des deux hémisphères du cerveau. Alors on a attribué à l'hémisphère gauche la domination sur les facultés intellectuelles, logiques, scientifiques et ce qui a une relation avec la langue et les opérations mentales et analytiques, tandis qu'on croit que l'hémisphère droit du cerveau domine sur les facultés artistiques, musicales, intuitives et les opérations synthétiques et holistiques (Galin & Ornstein 1972).

D'après ce qu'on a montré comme spécialisation fonctionnelle des deux hémisphères du cerveau, un nombre de chercheurs ont supposé que les états modifiés de conscience renferment l'activité des pouvoirs propres à l'hémisphère droit du cerveau (Galin 1974 ; Ornstein 1975). Plutôt le chercheur Gowan a défini les états modifiés de conscience par la preuve de ces changements en disant que «l'état modifié de conscience est tout état dans lequel l'hémisphère gauche du cerveau ne fonctionne pas temporairement» (Gowan 1978: 141). Néanmoins, ce modèle a été refusé de la part des autres chercheurs. Par exemple, Earle a confirmé dans son étude des belles-lettres scientifiques qui parlent des deux hémisphères du cerveau et de la méditation la non-existence d'une preuve de l'augmentation de l'activité de l'hémisphère droit du cerveau ou la diminution dans l'activité de l'hémisphère gauche durant les stades avancés de la méditation. Earle dit: «durant les premiers stades de la méditation, il peut y avoir une stimulation relative dans l'hémisphère droit du cerveau à cause de l'attention et l'utilisation de la visualisation et l'empêchement de la pensée verbale et analytique. Mais pendant les stades avancés de la méditation, les fonctions cognitives qui l'accompagnent, sont ou automatiques ou elles s'arrêtent, tout en menant à une diminution dans l'activité du cerveau ou la disparition de la participation de la pellicule du cuir chevelu à la production des phénomènes mentaux» (Earle 1981: 167).

La recherche scientifique dans le domaine de l'hypnose a montré aussi la non-existence d'une telle relation simple et directe entre les états modifiés de conscience et l'augmentation de l'activité de l'hémisphère droit du cerveau. Malgré que Helen Crawford et John Gruzelier aient montré l'existence «des preuves chez les personnes ayant la prédisposition faible à l'hypnose [c'est-à-dire celles qui ne réagissent pas facilement aux suggestions hypnotiques et que celles-ci n'exercent pas une grande influence sur elles] de l'existence d'un genre de déséquilibre fonctionnel dans le sens de l'augmentation de l'activité de l'hémisphère droit dans les états ordinaires, et ce qui est plus important que cela, pendant la production de l'hypnose» (Crawford & Gruzelier 1992: 264), néanmoins, Crawford et son collègue décident que «les personnes ayant une prédisposition forte à l'hypnose ont un déséquilibre dans le sens de la domination de l'activité de l'hémisphère gauche. Les résultats des expériences neuropsychologiques prouvés pour comparer les opérations des deux hémisphères du cerveau, comme la facilité de parole vis-à-vis de la facilité de planification et pour comparer la mémorisation des mots avec celle des visages ont découvert aussi la domination de l'activité de l'hémisphère gauche du cerveau chez les individus ayant une prédisposition forte à l'hypnose» (Crawford & Gruzelier 1992: 263).

Il est nécessaire de confirmer que le fait que les chercheurs lient les états modifiés de conscience à l'augmentation de l'activité de l'hémisphère droit du cerveau, n'était pas à cause d'une observation directe de laboratoire d'une telle relation mais elle est une conclusion indirecte qui est provenue de la liaison entre le fait que la personne est dans un état qui est supposé être un état modifié de conscience et l'apparition ou l'acquisition ou la perte de la personne des pouvoirs déterminés qui sont connus par le fait qu'ils distinguent un des deux hémisphères du cerveau. Et à cet égard, les chercheurs ont accordé une grande importance à la prétention de plusieurs personnes qui disent que les états modifiés de conscience par lesquels elles ont passé sont indescriptibles (Ludwig 1966). Car Barbara Lex dit en commentant un état modifié de conscience qu'elle appelle «la transe rituelle», c'est-à-dire la transe qui résulte de la pratique des rites déterminés, que «si le pouvoir d'agir et de penser n'existait pas dans l'hémisphère droit, alors l'incapacité de décrire les expériences de la transe montre la domination de l'hémisphère droit dans de tels états» (Lex 1979: 127). Et Davidson croit aussi que l'absence de la prédisposition à penser successivement et d'une manière analytique, et l'apparition des opérations mentales, intuitives, holistiques et écrites—c'est-à-dire ce qui représente les deux systèmes cognitifs qui sont appuyés par les deux hémisphères gauche et droit du cerveau successivement—montrent la domination de l'hémisphère droit pendant les états modifiés de conscience. De plus, Michael Sabourin et ses collègues ont remarqué qu'une démarche pareille de conclusion indirecte a mené à «la supposition connue» que «l'hypnose renferme [en elle-même] une activité plus grande de l'hémisphère droit». Ces chercheurs ont confirmé aussi que les résultats des expériences sur la physiologie de l'hypnose (l'activité électrique du cerveau principalement) «sont incohérents» et que le rôle de l'hémisphère droit dans l'hypnose résulte généralement de «l'augmentation de la visualisation et/ou de la guérison holistique qu'on croit qu'elles sont les fonctions de l'hémisphère droit» (Sabourin et autres 1990: 127).

Davidson a lui-même montré que ce modèle physiologique des états modifiés de conscience est plus proche de la conjecture. Et Davidson montre des facteurs autres que la domination de l'hémisphère droit qui peuvent être la cause de l'incapacité de l'individu de décrire son expérience avec les états modifiés de conscience verbalement (Davidson 1976: 369-370). Et malgré que Davidson refuse ces autres facteurs, néanmoins, son refus ne paraît pas convaincant. En plus du fait qu'il est difficile de s'assurer que les états modifiés de conscience sont vraiment indescriptibles verbalement néanmoins, l'autre réalité qu'il ne faut pas la négliger ici est que tous les états modifiés de conscience ne sont pas décrits comme étant «indescriptibles». Cette réalité doit être acceptée explicitement ou implicitement de la part de tout sens phénoménal pour étudier les états modifiés de conscience, sinon il n'y aurait ni une justification ni un sens pour suivre une telle démarche si la personne était incapable de décrire son expérience en utilisant la langue. Les significations de cette contradiction sont très importantes parce que le modèle physiologique des états modifiés de conscience qui prétend la domination de l'hémisphère droit est basé sur un sens phénoménal. Donc, d'après ce qui a été mentionné, il serait logique de conclure qu'il y a un très grand nombre d'états modifiés de conscience qui n'ont pas la caractéristique de la domination de l'augmentation de l'activité de l'hémisphère droit du cerveau.

Il est devenu clair maintenant que les états modifiés de conscience renferment plusieurs genres de phénomènes qui diffèrent trop les uns des autres du côté physiologique. Et même s'il y avait certains états modifiés de conscience qui ont certaines caractéristiques physiologiques communes, néanmoins, il n'est pas juste de généraliser cette remarque sur le reste des états modifiés de conscience. Autrement dit, il est impossible de définir les états modifiés de conscience ou de les comprendre ou de les classer par la preuve de tout mode physiologique déterminé.

Un dernier point qui mérite d'être mentionné ici est que la prétention de l'existence d'une physiologie qui distingue les états modifiés de conscience se contredit avec ce qu'ont dit un nombre de chercheurs (Tart 1980) que l'état ordinaire de conscience ne se ressemble pas chez les gens, et que l'état ordinaire de conscience d'une certaine personne peut être un état modifié de conscience chez une autre à cause des différences ayant des bases personnelles et sociales. C'est-à-dire que si les deux regards ci-dessus étaient justes alors cela allait signifier que «les corps des personnes différentes sont contrôlés par des modes physiologiques différents dans les états ordinaires de conscience de ces personnes». La réalité est qu'il n'y a aucune preuve de la justesse de cela, surtout que les caractéristiques physiologiques supposées des états modifiés de conscience sont du genre qu'on a déjà décrit.

3-6 Est-elle une recherche des caractéristiques qui distinguent les états modifiés de conscience ou une supposition de celles-ci?

Les parties précédentes ont montré qu'il est impossible de définir les états modifiés de conscience par la preuve des caractéristiques psychologiques déterminées. De plus, les tentatives des chercheurs pour déterminer les caractéristiques physiologiques qui distinguent les états modifiés de conscience les ont menés à des résultats contradictoires et que toutes les preuves montrent la non-existence de telles caractéristiques. Le fait d'échouer à trouver des changements phénoménaux ou physiologiques pour distinguer les états modifiés de conscience de l'état ordinaire de conscience a mené à l'impossibilité de classer les états modifiés de conscience en utilisant de tels changements.

Dans ce contexte, Wolfgang Jilek, professeur de psychiatrie à l'université canadienne de la Colombie-Britannique, a montré que «les états modifiés de conscience» est devenu un terme accepté pour désigner les phénomènes qui sont vécus et qui sont observés durant la transe hypnotique ou méditative ou pendant ce qu'on appelle la séparation hystérique de la conscience ou dans les états d'extase qui accompagnent les visions religieuses ou dans les états «d'obsession» de la part d'une force connue ou une entité spirituelle, qui vient généralement d'une source liée aux ancêtres ou céleste ou terrestre. Les différences entre ces états [les états modifiés de conscience] qui ont des appellations différentes sont basées sur les circonstances dans lesquelles ils se produisent et sur leurs contextes socioculturels. Car ces différences n'ont pas des bases psychologiques ou neurophysiologiques» (Jilek 1982: 326). La phrase de Jilek exprime précisément les résultats qu'ont montré les recherches expérimentales dans la psychologie et la physiologie des états modifiés de conscience.

Toute prétention de l'existence des caractéristiques psychologiques ou physiologiques, qui distinguent les états modifiés de conscience en général (Ludwig 1966 ; Mandell 1980 ; Winkelman 1986, 1989, 1990) ou les états modifiés de conscience déterminés comme la méditation par exemple (Deikman 1973 ; West 1980), renferme beaucoup de défauts théoriques que les partisans de ces pensées passent sur ceux-ci, de plus, de telles prétentions négligent les résultats de plusieurs études expérimentales qui ont apporté des résultats contradictoires. Pour cela, ces prétentions reflètent la sélectivité de leurs partisans dans leur traitement des belles-lettres scientifiques publiées, car ceux-ci citent ce qui semble soutenir leurs pensées et négligent les études scientifiques qui les réfutent. La lecture générale des belles-lettres scientifiques montre que la diversité des états modifiés de conscience dépasse trop les capacités des moyens actuels de la psychologie et la physiologie de les classer. Malgré que certaines recherches scientifiques aient montré que «certains» états modifiés de conscience s'associent à «certaines» caractéristiques psychologiques et physiologiques, néanmoins, il n'y a pas une seule caractéristique à laquelle s'associent «tous» les états modifiés de conscience. Mais comme on a déjà remarqué, les états modifiés de conscience représentent un grand nombre d'états mentaux qui renferment des caractéristiques psychologiques et physiologiques qui diffèrent les unes des autres.

En plus de ceux qui soutiennent et ceux qui réfutent la supposition de l'existence des caractéristiques qui distinguent les états modifiés de conscience, il y a une troisième catégorie de chercheurs qui ont adopté une attitude moyenne apparemment, néanmoins, celle-ci est à la fin au profit de ceux qui soutiennent la supposition mentionnée ci-dessus. Et le sens de la prétention de ces scientifiques est qu'en avouant que les recherches scientifiques montrent l'existence des différences, plutôt des contradictions dans les caractéristiques des états modifiés de conscience différents, néanmoins, ils n'expliquent pas ces différences et contradictions qu'a découvertes la recherche scientifique en disant qu'elles sont une preuve de la non-existence des caractéristiques communes entre les états modifiés de conscience, plutôt ils essayent de les attribuer à d'autres causes. Et la concentration de ce groupe de scientifiques est généralement sur le côté physiologique des états modifiés de conscience. Car il y a ceux qui critiquent les instruments de mesure physiologiques actuels en considérant que l'existence des outils plus précis va mener à découvrir les caractéristiques communes des états modifiés de conscience. Il y a une autre justification qui est représentée par ce que Barbara Lex a dit «que l'étude de la transe rituelle ne peut pas être limitée au comportement du cerveau, parce que les membres du corps sont liés intérieurement et homéostatiquement au moyen du système nerveux» (Lex 1979: 119). C'est-à-dire qu'elle suppose que l'étude de la physiologie du corps en général et non du cerveau seulement peut découvrir des caractéristiques propres aux phénomènes qu'elle appelle «la transe rituelle».

Il est étrange de voir que le fait d'être insatisfait des résultats de l'étude de la physiologie des états modifiés de conscience a laissé critiquer particulièrement les anthropologues en les considérant comme les responsables principaux du groupement des preuves ethnologiques sur le terrain. Et dans ce contexte, Lex fait une critique acerbe en disant: «que les anthropologues ne se sont pas préparés pour comprendre et appliquer les perspectives des sciences biologiques et psychologiques aux observations ethnologiques ; les sujets de l'étude de ces sciences, leurs théories et leurs moyens ne correspondent pas facilement aux intérêts anthropologiques traditionnels dans la constitution socioculturelle. Au lieu de cela, les anthropologues choisissent généralement ou de limiter leurs recherches sur les phénomènes de transe à des affaires sociales ou culturelles ou d'adopter ambigument des résultats rares qui sont présentés par d'autres scientifiques et qui traitent la transe rituelle directement, tout en assemblant ces explications qui ont un regard borné et qui sont le plus souvent partiales pour une race, par leurs analyses» (Lex 1979: 118). Quant à Raymond Prince, professeur de psychiatrie à l'université canadienne McGill, même s'il avait adopté une attitude critique envers les anthropologues et semblable à l'attitude de Lex, néanmoins, il était moins sévère quand il a rejeté la responsabilité de la non-existence des recherches sur la neurochimie des états modifiés de conscience sur les neurophysiologues et les neurochimistes en plus des anthropologues. Prince dit: «qu'il y a un problème essentiel et permanent dans ce domaine qui est l'indifférence des neurophysiologues et des neurochimistes devant les expériences religieuses[11], et que les anthropologues n'étaient pas compétents dans les sciences essentielles» (Prince 1982b: 301).

D'autre part, plusieurs chercheurs ont mis en doute la prétention que les états modifiés de conscience se distinguent par des caractéristiques communes. Par exemple, en partant de la diversité des états modifiés de conscience que la recherche scientifique l'a découverte, la chercheuse Peggy Wright a mis en doute l'existence des caractéristiques physiologiques des états modifiés de conscience et a écrit «qu'il n'est

---

[11] Prince considère que les expériences religieuses renferment des états modifiés de conscience.

pas clair si un ensemble d'états modifiés de conscience représente un groupe commun de changements psychophysiologiques» (Wright 1989: 27). Quant à Marjorie Schuman, elle était plus sûre quand elle a nié l'existence d'un mode physiologique commun entre tous les états modifiés de conscience et elle a confirmé que ce mode n'existe pas même parmi un des genres d'états modifiés de conscience et ce sont les états de méditation.

Schuman dit: «on ne prévoit pas qu'il serait possible d'expliquer la phénoménologie compliquée de la méditation par la preuve d'un nombre très limité (et défini d'une manière imprécise) de preuves psychophysiologiques» (Schuman 1980: 338). Et la réalité est que les chercheurs ne sont pas d'accord sur l'existence des caractéristiques physiologiques en ce qui concerne les autres genres d'états modifiés de conscience comme l'hypnose (Gauld 1992).

Toutes les preuves montrent que plusieurs chercheurs commencent à étudier les états modifiés de conscience tout en supposant d'avance que ces états mentaux «doivent» avoir un mode physiologique commun. En plus de ce qui a été déjà mentionné, il y a beaucoup d'exemples qui peuvent être mentionnés. Par exemple, Wolfgang Jilek qui a étudié les rites de la danse des Indiens de l'Amérique du Nord «prévoit» que «ce qu'il faut expliquer sont les mécanismes biochimiques et neurophysiologiques qui constituent les bases des états modifiés de conscience qui sont accompagnés d'une expérience ayant une grande importance curative» (Jilek 1982: 341). Malgré que Jilek eût lui-même nié qu'il y ait des changements psychologiques ou physiologiques communs pour tous les états modifiés de conscience, comme on a déjà montré dans un paragraphe précédent, néanmoins, il propose avec une certitude sans fondement scientifique que les états modifiés de conscience qui ont des influences curatives ont des mécanismes physiologiques particuliers qu'on peut les découvrir quand on les expérimente.

Ce qu'il faut montrer aussi sont les grandes différences entre les chercheurs dans leur explication des résultats des expériences sur la physiologie des états modifiés de conscience. Car par exemple, les résultats contradictoires des chercheurs dans le domaine de la physiologie des états modifiés de conscience ont poussé Marjorie Schuman dans son étude générale et excellente dans laquelle elle a revu les belles-lettres scientifiques qui parlent de la physiologie de la méditation (Schuman

1980) à généraliser sa conclusion pour qu'elle renferme les autres états modifiés de conscience, tout en citant Laverne Johnson qui a écrit en disant «que l'électro-encéphalogramme et l'activité autonome [du corps] ne peuvent pas être utilisés pour définir l'état de conscience. On doit savoir d'abord l'état de conscience de l'individu avant qu'on puisse conclure l'importance physiologique et le sens comportemental probable de l'électro-encéphalogramme et les réactions autonomes» (Johnson 1970: 501). Néanmoins, ces mêmes contradictions entre les résultats des chercheurs malgré qu'elles soient mentionnées, néanmoins, leur importance avait été négligée totalement dans une autre étude générale sur l'activité électrique du cerveau durant la méditation et qui a été publiée durant cette année de la part du psychologue Michael West qui est parvenu d'après son étude au résultat suivant: «l'étude scientifique de la méditation et l'activité électrique du cerveau a apporté des résultats qui montrent la possibilité de distinguer la méditation des autres états modifiés de [conscience], et pour cela, elle a une certaine importance» (West 1980: 374).

Les exemples ci-dessus montrent clairement comment les preuves exagérées de la diversité des états modifiés de conscience et de l'existence des différences psychologiques et physiologiques principales entre ceux-ci avaient été négligées de la part des chercheurs qui ont dévalorisé leurs significations et comment ceux qui analysent ce grand nombre de preuves scientifiques ont choisi des champs de la recherche et des expériences de laboratoire sur les états modifiés de conscience «quelques» ressemblances apparentes entre «certains» états modifiés de conscience pour qu'ils établissent sur celles-ci leur prétention que tous les états modifiés de conscience s'associent à des caractéristiques déterminées. Pour cela, il paraît clair que les chercheurs ont fait beaucoup d'effort scientifique pour appuyer les observations et les résultats afin de tirer ce qui prouve l'existence des caractéristiques communes des états modifiés de conscience au lieu d'étudier ces observations et résultats d'une manière impartiale pour découvrir si de telles caractéristiques existaient à l'origine ou non.

Plutôt même la perception de certains chercheurs des grandes différences psychologiques et physiologiques entre les états modifiés de conscience [et les états de transe], ne les a pas empêchés d'essayer de supposer l'existence d'une ressemblance du genre qui existe entre ces états. Comme exemple de cette démarche, il y a une étude faite par le psychiatre Peter van der Walde. Celui-ci a confirmé que «tant que les différences entre les états de transe sont beaucoup plus que les ressemblances qui existent entre ceux-ci, alors il était difficile de généraliser d'une manière significative les ressemblances essentielles. Les tentatives des chercheurs précédents pour décrire des genres différents d'états de transe comme les phénomènes qui sont trop liés les uns aux autres et qui se produisaient généralement d'une manière très spéciale, de sorte que les chercheurs n'étaient jamais capables de réunir les manifestations différentes de l'état de transe dans un modèle de cadre théorique qui les unit» (van der Walde 1968: 57). Néanmoins, cette observation minutieuse des différences entre les états de transe n'a pas empêché van der Walde d'essayer d'unir les états de transe, cette fois-ci en supposant qu'il y a une seule cause derrière la survenance de ces états. Van der Walde dit: «malgré les différences extérieures multiples entre les états de transe différents, néanmoins, tous les états de transe s'associent au fait qu'ils ont les mêmes mécanismes égocentriques essentiels» (p: 59), qui permettent «de révéler les causes principales d'une manière qui mène à un but. Ces mécanismes égocentriques peuvent être utilisés aussi pour d'autres buts d'adaptation et de défense» (p: 58). Dans cet exemple, nous trouvons que van der Walde n'a pas pu nier les différences psychologiques et physiologiques entre les états de transe, ce qui l'a poussé à vouloir faire la psychanalyse pour trouver des ressemblances prétendues entre tous les états de transe. Ceci est un autre exemple de la tentative pour unir tous les états de transe à tout prix.

Donc, du côté des changements psychologiques et physiologiques on ne peut ni distinguer entre les états modifiés de conscience et l'état ordinaire de conscience, ni distinguer entre les états modifiés de conscience différents, et ni distinguer les états de transe des états qui ne renferment pas de transe et ni distinguer entre les états de transe différents. Les pages précédentes ont montré que pour que le terme les états modifiés de conscience renferme tous les états qui renferment un changement dans la conscience, alors il ne sera possible de le définir que d'une manière négative et faible qui est la suivante: «les états modifiés de conscience d'une certaine personne renferment tous les états mentaux de cet homme, qui diffèrent de son état ordinaire de conscience». Et quand les états modifiés de conscience représentaient des changements dans la conscience, et puisque les états de transe sont considérés comme étant des états particuliers parmi les états modifiés de conscience, donc les états de transe doivent représenter «des changements déterminés» dans la conscience. Pour cela, et en prenant en considération la grandeur de l'ambiguïté qui enveloppe le même terme les états modifiés de conscience, il n'est pas étonnant de voir la non-existence d'une définition claire du terme «les états de transe», qui est devenu un des termes qui ont échoué le plus à transmettre les notions et les pensées et à les expliquer même parmi les chercheurs spécialistes.

La question qui se pose maintenant est: s'il y avait des différences fondamentales entre les états modifiés de conscience différents, alors quelle est la justification scientifique du regard envers ces états comme étant des états qui constituent une seule unité? Y a-t-il un signe de l'existence des ressemblances entre ces états qu'on peut les observer, les mesurer et les décrire objectivement pour justifier l'étude de ces états comme étant des formes différentes d'un seul phénomène? Ce qui existe comme preuves scientifiques confirme que la réponse à ces questions va être négative.

Comme on l'a déjà mentionné, certains chercheurs (Lex 1979, Prince 1982b) ont essayé d'expliquer l'échec dans la découverte du mode physiologique qui suppose qu'il distingue tous les états de transe et les états modifiés de conscience, tandis que d'autres se sont contentés de prévoir la découverte de ce mode à un certain temps dans l'avenir (Jilek 1982). L'élément commun de séduction dans de telles tentatives est qu'elles supposent explicitement ou implicitement et avec certitude l'existence des critères objectifs qui peuvent être utilisés pour définir les états modifiés de conscience et les états de transe. Des études comme celles mentionnées ci-dessus essayent d'expliquer la cause de l'échec de la recherche scientifique intensive dans la découverte d'un mode physiologique ou psychologique qui distingue les états modifiés de conscience, néanmoins, elles ne prennent pas en considération la probabilité qu'il n'y ait pas un tel mode à l'origine. La conclusion logique à laquelle conduisent les preuves scientifiques actuellement n'est pas que les caractéristiques des états modifiés de conscience et des états de transe «ne sont pas découvertes», mais «elles ne peuvent pas être découvertes» et cela simplement parce que de telles caractéristiques «n'existent» pas à l'origine. Pour cela, ce qui mérite d'être critiqué ici ne sont ni les instruments de mesure ni les méthodes de mesure ni la compétence des chercheurs ou leur manque d'attention suffisante à la découverte des caractéristiques des états modifiés de conscience, comme ont prétendu certains chercheurs, mais ce qui doit être critiqué est la croyance fausse de plusieurs chercheurs à l'existence des caractéristiques propres aux états modifiés de conscience. En résumé, la tendance à la négligence de la diversité des états modifiés de conscience et des différences entre ceux-ci et l'insistance sur le fait de prouver leur ressemblance, reflètent une tendance réductionniste sans justification. Cette tendance qui a le plus souvent pris une forme matérielle, néglige la réalité claire qu'il y a un très grand nombre d'états modifiés de conscience qui diffèrent trop les uns des autres.

Et Michael Winkelman, qui est lui-même un des partisans de la pensée que tous les états modifiés de conscience sont des images d'un seul phénomène, a signalé les jugements préconçus qui renferment le regard scientifique dans ce domaine en disant: «la plupart des chercheurs ont supposé explicitement ou implicitement que les états de transe des gens différents et dans des sociétés différentes se ressemblent, sans expliquer les bases de telles suppositions» (Winkelman 1986: 174). Un des exemples qui expriment ce que montre Winkelman est la méthode par laquelle a étudié la chercheuse Felicitas Goodman ce qu'elle a appelé «l'état modifié de conscience religieuse». Goodman dit: «je suppose qu'il y a un seul état de conscience rituelle ou religieuse et que les différences dans l'expérience sont des phénomènes superficiels seulement». Ensuite Goodman continue en disant: «et de la même manière, je suppose que les changements physiologiques observés durant l'état modifié de conscience religieuse représentent la composition profonde et commune et les genres d'expériences religieuses sont la composition superficielle» (Goodman 1986: 83). Parmi les autres chercheurs qui ont supposé la ressemblance des états modifiés de conscience différents et pour cela, ils ont supposé que ces états doivent être traités également sont: Aaronson (Aaronson 1973) ; Peters et Price-Williams (Peters & Price-Williams 1983) et Prince (Prince 1980).

La réalité que tous les états modifiés de conscience représentent des activités mentales ne veut pas dire nécessairement que ces états représentent une seule unité ou qu'ils peuvent être étudiés comme des activités liées les unes aux autres directement. Les différences entre les états modifiés de conscience peuvent être autant ou même plus que celles qui existent entre les fonctions des différents membres et systèmes du corps humain. La raison humaine avec toutes ses manifestations et ses activités est encore cachée à la connaissance scientifique par une ambiguïté, plutôt les scientifiques sont d'accord sur le fait que ce qu'on connaît à propos de celle-ci est beaucoup moins que ce qu'on ne connaît pas. Mais malheureusement, la situation actuelle de la connaissance scientifique des états modifiés de conscience montre un réductionnisme clair et injustifié qui a laissé la recherche scientifique donner une image très simplifiée de ces états. Néanmoins, il n'y a aucune preuve que ce regard simplifié représente la réalité ou une chose proche de la réalité. Cette méthode réductionniste est claire à travers l'utilisation des termes ambigus et dénombrables comme les états modifiés de conscience et les états de transe pour désigner le grand nombre d'états modifiés de conscience et négliger le besoin de classer et donner des appellations justes aux états modifiés de conscience.

3-7 La classification des états modifiés de conscience

Malgré que ce qu'on a déjà exposé, ait montré que les états modifiés de conscience représentent un grand nombre de phénomènes complètement différents les uns des autres, néanmoins, il ne montre pas que ces phénomènes ne peuvent pas être expérimentés scientifiquement. Puisqu'une telle prétention est certainement fausse ou au moins anticipée. Ce qu'on a voulu expliquer à travers ce qui a été déjà mentionné est que l'étude scientifique des états modifiés de conscience ne doit pas être basée sur la supposition fausse que tous les états modifiés de conscience sont semblables dans leur réalité et c'est une supposition qui avait pris naissance à cause de la dévalorisation des différences qui existent entre les états modifiés de conscience différents d'une part, et le désir des scientifiques de donner une image simplifiée du phénomène humain d'autre part. Car toutes les preuves montrent que la constitution et les fonctions de la conscience humaine sont beaucoup plus compliquées que ce que les scientifiques souhaitent qu'elles soient.

Le fait de cesser d'utiliser d'une manière fausse les deux termes «les états modifiés de conscience» et «les états de transe» et de régler le désordre qu'ils ont créé nécessitent de prêter une attention suffisante à l'étude des états modifiés de conscience «déterminés» au lieu d'étudier des groupes d'états complètement différents qu'on a rassemblés sous les deux termes ambigus «les états modifiés de conscience» et «les états de transe» et ensuite de faire empirer les choses en généralisant les résultats de l'étude des états modifiés de conscience déterminés sur tous les autres états. C'est-à-dire qu'il est nécessaire de distinguer entre les états modifiés de conscience et de donner des appellations différentes aux états différents, comme a proposé Gardner Murphy (Murphy 1969). Il est important d'éviter d'émettre un jugement qui renferme tous les états modifiés de conscience, sauf si on peut le soutenir par une preuve. La réalité est qu'il peut être nécessaire de reconsidérer même les genres d'états modifiés de conscience adoptés actuellement. Car à l'exception des deux termes généraux «les états modifiés de conscience» et «les états de transe», certains termes qui sont supposés désigner des genres déterminés d'états modifiés de conscience, peuvent renfermer aussi un grand nombre d'états qui diffèrent trop les uns des autres. Parmi ces termes qui ont été critiqués pour cette raison par certains chercheurs, il y a les deux termes «hypnose» et «méditation».

Le terme [hypnose] dérive d'un terme plus ancien qui est hypnotisme et qui avait été forgé par le chirurgien écossais James Braid (James Braid 1795-1860) à peu près en 1843 quand il a publié son livre intitulé «Neurypnology». Braid a fait dériver ce terme du mot grec *Hypnos* qui veut dire «qu'il dort». Quand l'âge du terme «hypnose» avait dépassé un demi-siècle, il est devenu un exemple modèle pour étudier comment un terme quelconque devient plus ambigu avec la marche du temps à cause d'être utilisé par les chercheurs d'une manière imprécise. Et ce psychologue Graham Wagstaff a fait paraître distinctement et a remarqué que plusieurs phénomènes qui nécessitent des explications différentes avaient été classés sous le nom «hypnose». Wagstaff se demande: «comment plusieurs phénomènes différents sont-ils devenus liés au terme «hypnose»? Comment les malades nerveux de Mesmer ont-ils été classés ensemble avec des personnes qui réagissent aux suggestions de chanceler, lever la main, l'haltérophilie, avoir des hallucinations et de faire des actions refusées socialement et d'entrer dans un état de relaxation profonde, etc.? Il est plus probable que la liaison entre ces phénomènes est à cause d'un ensemble étrange de circonstances historiques. Il reste la probabilité que plusieurs parmi ces phénomènes ont été liés les uns aux autres à cause d'un jugement historique faux et des erreurs et non à cause d'une caractéristique «hypnotique» et unique centrale» (Wagstaff 1981: 214). Donc, il n'est pas peu probable que l'utilisation du terme «hypnose» pour désigner beaucoup de phénomènes qui diffèrent les uns des autres d'une manière fondamentale était et est encore l'obstacle principal pour parvenir à un niveau acceptable de compréhension scientifique des phénomènes d'hypnose. Le désaccord entre les scientifiques sur l'hypnose se découvre non seulement à travers les théories multiples qui ont échoué à essayer d'expliquer ces phénomènes (voir par exemple Fellows 1990 ; Kirsch 1991), mais aussi à travers la réalité que les chercheurs ne sont pas tombés d'accord jusqu'à maintenant sur une question principale et essentielle qui est si l'hypnose représentait un état particulier et unique parmi les états modifiés de conscience ou non (Fellows 1990). Alors, est-il étonnant de voir que la Société Américaine d'Hypnose Clinique n'a elle-même pas une définition officielle de la notion de l'hypnose (Cotanch, Harrison, & Roberts 1987: 699)?

Et le terme «méditation» a souffert aussi du problème de l'imprécision. Schuman dit que le terme méditation «renferme un ensemble varié de pratiques mentales et physiques» (Schuman 1980: 334), (voir aussi par exemple Delmonte 1984 ; Shapiro 1983). Le dire de Schuman montre la réalité que les pratiques de la méditation sont définies et classées parfois phénoménalement à travers l'étude des impressions de celui qui pratique la méditation de son expérience et parfois à travers les détails de la manière suivie pour pratiquer la méditation. Pour cela, une définition typique de l'état méditatif de la conscience comme «l'état méditatif est un état modifié de conscience auquel on parvient au moyen des influences psychologiques et psychophysiologiques particulières» (Ramaswami & Sheikh 1989: 461) paraît chargée d'erreurs car elle renferme un grand ensemble de phénomènes qui diffèrent trop les uns des autres. La classification fausse et irréelle des phénomènes conduit la recherche scientifique dans des sens faux et apporte des résultats irréels.

La classification du grand nombre d'états modifiés de conscience nécessite d'abord la détermination des critères de la classification, c'est-à-dire la désignation des caractéristiques de chaque genre. Mais un regard rapide envers la connaissance scientifique actuelle des états modifiés de conscience montre la non-existence des critères justes pour une telle classification. Et ce qui confirme la justesse de cela est l'apparition et la persistance des genres très ambigus comme l'hypnose, que chacun renferme plusieurs phénomènes complètement différents les uns des autres. Il n'y a pas de doute que le fait d'établir des critères pour classer les états modifiés de conscience ne soit absolument pas une tâche facile, néanmoins, c'est une chose indispensable pour parvenir à classer d'une manière juste les états modifiés de conscience. Il est naturel que le fait d'établir de tels critères nécessite l'observation générale des différentes manifestations des états modifiés de conscience. Pour cela, aucun parmi les états modifiés de conscience ne doit être classé sous un genre déterminé avant de s'assurer qu'il correspond aux critères de ce genre. C'est-à-dire, s'il devient clair qu'un des états modifiés de conscience ne peut pas être classé sous un des genres posés, alors il ne faut pas le classer au hasard sous un des genres existants, mais il faut le séparer en tant qu'état particulier pendant qu'on tâche de développer le système de la classification adoptée pour qu'il soit plus général et pour qu'il prenne en considération l'existence d'un tel état modifié de conscience. Le manque des critères pour classer les états modifiés de conscience est la cause de l'échec des tentatives rares qu'ont faites certains chercheurs pour classer les états modifiés de conscience. Par exemple, le psychologue, professeur Stanley Krippner, a essayé de déterminer vingt genres d'états modifiés de conscience, néanmoins, les genres qu'il a déterminés «étaient trop interférents» comme Krippner a lui-même remarqué. Et la cause de cela est bien sûr le fait que Krippner n'a pas adopté des critères clairs pour la classification. Car parmi les vingt états modifiés de conscience qu'il montre, nous trouvons que les états de rêve et de sommeil ont été fait paraître distinctement par Krippner d'après l'activité électrique du cerveau qu'ils reflètent sur l'électroencéphalographe (sachant que les deux modes de l'activité électrique du cerveau mentionnés par Krippner ne distinguent pas les deux états de rêve et de sommeil seulement, ce qui constitue un problème en lui-même), tandis que nous trouvons d'autres états, comme les états d'extase et les états de fragmentation que Krippner avait déterminés en utilisant des critères psychologiques et phénoménaux. Parmi les autres contradictions dans le modèle de la classification que propose Krippner, il y a celle que lui-même fait paraître distinctement quand il confirme que «la relation entre l'activité électrique de la pellicule du cuir chevelu et les états de conscience est très compliquée, et pour cela il met en doute la justesse de la supposition que «l'électroencéphalographe peut être un signe sûr des états de conscience» (Krippner 1972: 1).

L'absence d'une classification exacte des états modifiés de conscience n'est pas un problème secondaire dont on peut retarder l'étude actuellement et continuer à étudier les états modifiés de conscience. Car la négligence de l'importance de l'étude de ce problème a fait tomber la recherche scientifique dans beaucoup de désordre à cause de la non-existence d'une coordination pour étudier ces états de conscience, ce qui a laissé les chercheurs utiliser différemment les mêmes termes scientifiques, de plus, cela a mené au groupement des états modifiés de conscience complètement différents sous le même nom. Et malheureusement, l'étude scientifique des états modifiés de conscience ne prête pas encore une attention suffisante à la classification de ces états tout en étant fondée sur une bonne base scientifique.

Il n'est pas juste de croire que les scientifiques n'ont pas remarqué le besoin de l'existence d'un système de classification exacte des états modifiés de conscience. Car comme on a remarqué, le besoin de cette classification se déclare simplement par le traitement de la conscience humaine comme étant une chaîne d'états liés les uns aux autres mais qui se distinguent les uns des autres. Et nous trouvons vraiment que certains chercheurs ont fait des tentatives dans ce domaine, comme Stanley Krippner par exemple. De plus, certains chercheurs avaient déclaré leur croyance que l'attention scientifique prêtée à l'étude de la conscience humaine en général doit nécessairement évoluer vers une attention prêtée à l'étude des états déterminés parmi les états modifiés de conscience. Et par exemple, le psychiatre Gardner Murphy a prévu en 1969 le suivant: «il est très probable qu'avant l'arrivée de l'an 2000, on va déterminer plusieurs genres d'états phénoménaux basés sur des genres déterminés d'activités électriques du cerveau, et on va inventer des noms convenables, et une langue convenable pour décrire ces composants qui sont découverts et qui se complètent avec [la connaissance scientifique] récemment. Je pense principalement aux états cognitifs et les états de la création des notions et les états d'invention qui, tout en prédominant, peuvent être descriptibles, contrôlables et beaucoup plus accessibles» (Murphy 1969: 526). Néanmoins, le quart de siècle qui s'est passé depuis que le professeur Murphy a déclaré ses prévisions, n'a pas changé ces prévisions en une réalité. Car il n'y a aucune réussite dans le domaine de la détermination des états modifiés de conscience différents, et pour cela, il n'y a pas de nouveaux appelés et les termes scientifiques existants constituent encore un grand obstacle à la réalisation de tout progrès réel dans la connaissance scientifique de la conscience humaine. Sans faire des changements radicaux dans les méthodes de la recherche et abandonner les idées préconçues lors de la découverte des phénomènes, il n'y aurait pas beaucoup de progrès qui peut être réalisé avant l'an 2000. Et peut-être ce qui est très probable est que les termes comme «les états modifiés de conscience» et «les états de transe» vont devenir beaucoup plus imprécis et ambigus.

3-8 Les états modifiés de conscience et les phénomènes parapsychologiques

Comme on a déjà mentionné, la cause d'écrire ce chapitre est le rôle important que les parapsychologues croient que les états modifiés de conscience le jouent dans la survenance des phénomènes parapsychologiques. Et après qu'on a présenté en détail les phénomènes parapsychologiques dans le premier et deuxième chapitres, ainsi que la réalité de la connaissance scientifique actuelle des états modifiés de conscience dans ce chapitre, vient la tentative pour évaluer l'attitude des scientifiques dans le fait de lier ces états aux phénomènes parapsychologiques.

Il paraît qu'il y a plus qu'une cause principale derrière le fait que les parapsychologues lient les phénomènes et les prédispositions parapsychologiques aux états modifiés de conscience. Néanmoins, une de ces causes les plus importantes est la tendance à «humaniser» ces phénomènes que les gens, depuis des centaines et des milliers d'années, attribuaient beaucoup parmi ceux-ci, si ce n'est tous, à des forces supra-humaines et précisément à des êtres supra-humains comme les esprits, etc. L'opinion générale qu'ont les scientifiques, y compris les parapsychologues, est que le regard de l'homme envers ces pouvoirs et son explication de ceux-ci sur des bases métaphysiques, est une expansion de son regard métaphysique général envers les différentes manifestations de la vie. Et quand la science moderne a apporté un regard et des conceptions «naturelles et matérielles» qui remplacent plusieurs opinions surnaturelles et anciennes des gens, alors «l'humanisation» des phénomènes parapsychologiques est renfermée dans cette tendance générale à humaniser les phénomènes de la vie. Et malgré que les parapsychologues et les sceptiques tombent d'accord sur «l'humanisation» des phénomènes parapsychologiques, néanmoins, la compréhension de chaque groupe de cette humanisation est complètement différente l'une de l'autre. Car les parapsychologues considèrent les phénomènes parapsychologiques comme des phénomènes humains parce que le facteur principal de leur survenance est la conscience humaine, et précisément les états modifiés de conscience que les parapsychologues voient qu'ils peuvent influencer le milieu extérieur de l'homme. Et tout en ayant droit bien sûr dans cela, les parapsychologues arguent du fait que de telles interactions entre la conscience de l'homme et le monde extérieur ne peuvent pas être expliquées par les théories scientifiques actuelles ou plutôt que la science actuelle les exclut à l'origine.

Et pendant que les partisans de la parapsychologie voient que les phénomènes parapsychologiques sont des phénomènes «humains» néanmoins, ils sont au-delà des capacités de l'explication scientifique, les sceptiques adoptent une attitude complètement différente en refusant de reconnaître la réalité de ces phénomènes. Les sceptiques voient que les personnes qui prétendent avoir des prédispositions parapsychologiques ou qu'elles ont observé de tels phénomènes, sont ou des menteuses qui ont inventé ces prétentions de leurs pensées et leurs désirs ou sont elles-mêmes victimes des illusions inventées par «la conscience» de chacune parmi celles-ci, c'est-à-dire qu'elles imaginent ce qu'elles prétendent. Et c'est ce que veut dire le fait que les phénomènes parapsychologiques sont «humains» du point de vue des sceptiques qui nient ces phénomènes.

Une des remarques négatives qu'on peut faire sur l'attitude des scientifiques envers les phénomènes paranormaux, y compris les parapsychologues et les sceptiques également, même si elle était moins arrogante chez les parapsychologues, est qu'ils se précipitent de refuser les regards métaphysiques qui étaient ou qui sont encore répandus parmi les gens envers beaucoup de phénomènes sans étudier ces pensées et leurs sources probables, et sans distinguer entre les phénomènes différents qu'elles signalent, et même sans l'existence d'une théorie scientifique remplaçante. C'est-à-dire que l'attitude répandue est le refus total de toute explication métaphysique qui est loin de l'idée que l'homme est la source et le déversoir du phénomène parapsychologique et sans prendre en considération le phénomène déterminé et sa particularité.

Dans leurs tentatives pour réfuter les opinions métaphysiques en général, les scientifiques montrent toujours la réalité que la science a prouvé que «beaucoup» parmi les pensées des gens anciennement étaient fausses et par conséquent, les scientifiques profitent de cela pour donner une image fausse que «toutes» les pensées et les conceptions métaphysiques sont fausses. Néanmoins, la réalité est que cette conclusion est basée sur une erreur qui n'est pas claire et que les partisans de ce regard affirment sa confusion quand ils posent cette prétention. Les pensées et les conceptions fausses héritées et anciennes que la science a réussi à découvrir beaucoup de celles-ci sont celles qui attribuent des causes métaphysiques à des phénomènes qui sont en réalité «naturels» et non «surnaturels». Et les opinions différentes qui sont apparues chez beaucoup de peuples sur les phénomènes astronomiques précisément renferment plusieurs exemples de telles opinions fausses que la science a réussi d'une manière intéressante à découvrir leur fausseté. De plus, tout le monde ne se singularisait pas par la croyance par erreur qu'un phénomène «naturel» quelconque est paranormal. Car par exemple, beaucoup de parapsychologues croient encore que la chauve-souris utilise des méthodes paranormales pour déterminer la direction de son chemin, et cela avant que la science découvre que la chauve-souris émet des battements sonores courts et précipités qui se heurtent aux autres corps qui sont proches d'elle pour qu'elle reçoive l'écho, comme le radar, et de cette façon elle peut bouger avec habileté et agilité dans son environnement tout en évitant le choc. Néanmoins, le point essentiel que cachent les prétentions des scientifiques en ce qui concerne les phénomènes parapsychologiques, comme la médiumnité et la guérison paranormale, est que ces phénomènes que l'homme les expliquait depuis l'antiquité sur des bases métaphysiques même si la science actuelle avait abandonné leurs explications, néanmoins, il n'a pas réussi à apporter un remplaçant. Autrement dit, la science a réussi à découvrir des erreurs qui se sont répandues longtemps parmi les gens en ce qui concerne ce qui est connu aujourd'hui par les phénomènes «naturels», néanmoins, elle a échoué à faire la même chose avec les phénomènes qui sont décrits actuellement comme étant «parapsychologiques».

On a traité dans les deux chapitres précédents beaucoup d'erreurs et de sélectionnisme dans la recherche dans lesquelles tombent les scientifiques quand ils traitent les phénomènes paranormaux et pour cela il n'y a pas une justification pour s'étendre plus là-dessus dans ce domaine. Néanmoins, ce qu'il faut confirmer est que la tendance à «l'humanisation» de tous les phénomènes paranormaux et à les lier à des changements dans la conscience de l'homme n'est pas une tendance scientifique comme beaucoup croient. Et après qu'on a traité dans ce qui a été mentionné dans cette partie et les deux chapitres précédents les causes «non scientifiques» de la tendance à lier les phénomènes parapsychologiques à la conscience de l'homme, il est nécessaire ici de traiter les expériences qu'ont faites les chercheurs dans ce domaine pour justifier cette tendance.

La liaison entre les pouvoirs paranormaux et la conscience de l'homme et précisément les états modifiés de conscience, constituait un sujet principal pour les chercheurs dans le domaine des phénomènes parapsychologiques (Glicksohn 1986). Et les problèmes théoriques et pratiques qu'a rencontrés ce genre de recherche scientifique avaient deux sources. La première était la grande ambiguïté qui entoure la conscience humaine en elle-même. Et le problème essentiel ici était la non-existence déjà mentionnée d'une classification exacte des états modifiés de conscience, qu'il est impossible de la faire avant de parvenir à une définition acceptable et convaincante de ce qu'on entend par «l'état modifié de conscience» et déterminer les critères de la séparation entre les états différents. Quant à la deuxième source des difficultés rencontrées par la recherche scientifique dans ce domaine, elle est la connaissance scientifique faible des mêmes phénomènes parapsychologiques. Néanmoins, ces difficultés n'ont pas empêché les chercheurs de faire plusieurs expériences sur la relation des états modifiés de conscience avec les phénomènes parapsychologiques.

Plusieurs chercheurs ont prétendu qu'une chose comme les prédispositions paranormales peut apparaître chez la personne si elle utilise les moyens qui sont considérés comme des moyens qui produisent des états modifiés de conscience comme le rêve (Ullman, Krippner, & Vaughan 1973), la méditation (Schmeidler 1970), l'hypnose (Schechter 1984), l'usage des drogues (Onetto-Bächler 1983) et la privation sensorielle (Honorton 1977). Ce que les scientifiques concluent généralement de ces études est que l'état modifié de conscience déterminé aide à l'apparition des prédispositions parapsychologiques. Quant à Gardner Murphy, il croit que ce n'est pas l'état modifié de conscience qui montre des pouvoirs paranormaux mais c'est le passage direct d'un des états modifiés de conscience à un autre état (Murphy 1966).

Le modèle typique des expériences faites pour découvrir l'influence qu'exerce un état modifié de conscience déterminé sur les pouvoirs paranormaux est l'utilisation de l'expérimentateur des personnes qui n'ont pas des prédispositions paranormales, qu'il les met dans des circonstances qui sont supposées produire des états modifiés de conscience, comme s'il leur demande de pratiquer la méditation et ensuite il expérimente leurs prédispositions à produire ce qu'on considère parmi les facultés psi comme deviner le genre des cartes Zener ou essayer de deviner les pensées d'une autre personne, etc. Et on évalue les résultats de l'expérience en les comparant avec la probabilité qu'ils soient le produit du facteur du hasard (voir par exemple la nouvelle recherche de Bem et Honorton 1994). Loin des problèmes, difficultés et erreurs qu'on a déjà mentionnés et qui sont renfermés dans la recherche de laboratoire sur les phénomènes parapsychologiques (Braude 1992a ; Murphy 1966: 16) et les états modifiés de conscience et malgré que beaucoup de chercheurs croient que les états modifiés de conscience aident à la survenance des phénomènes parapsychologiques plus que fait l'état ordinaire de conscience, néanmoins, les études expérimentales ont apporté en réalité des résultats différents et parfois contradictoires aussi.

Dans une recherche générale et excellente dans laquelle Stanley Krippner et Leonard George ont étudié les recherches scientifiques sur la relation entre les états modifiés de conscience et les phénomènes psi, ces deux chercheurs ont conclu que «le rôle exact des états modifiés dans la réussite apparente des expériences psi n'est pas clair encore. Puisque les belles-lettres scientifiques renferment principalement des études qui montrent l'enregistrement des degrés élevés [plus que la probabilité du hasard] du psi dans l'état modifié, et non des études qui comparent l'état modifié avec la conscience ordinaire (Kelly & Locke 1981: 4). Plutôt les études qui comparent les états modifiés les uns avec les autres sont moins nombreuses». De plus, Krippner et George ont montré que «des questions différentes (par exemple à quel point peut-on diviser les caractéristiques de la conscience humaine en des états séparés contrairement à leur organisation sous forme d'entités liées et la précision de nos classifications de la conscience et l'utilité de «l'état modifié» en tant que notion ayant une influence explicative en plus du fait qu'elle est descriptive seulement) soulèvent de grandes questions en ce qui concerne la possibilité ou l'utilité de la liaison des changements des états modifiés à des changements ayant une relation avec le psi» (Krippner & George 1986: 347). Néanmoins, Krippner et George ont essayé d'expliquer l'incohérence dans les résultats des études expérimentales en proposant que «les états modifiés de conscience qui facilitent apparemment la survenance des phénomènes psi ne proviennent pas des caractéristiques qui accompagnent les états modifiés exclusivement, mais des opérations qui se produisent d'une manière distinguée et qui correspondent à ces états, néanmoins, elles ne sont pas limitées à ceux-ci» (Krippner & George 1986: 353). Il est clair que cette notion nie que les états modifiés de conscience ont eux-mêmes une influence causale sur la survenance des phénomènes psi. Cette proposition méfiante de la part de Krippner et George exprime la réalité des preuves existantes fournies par les recherches parapsychologiques expérimentales plus qu'elle est exprimée par la supposition de l'existence d'une relation causale et directe entre les états modifiés de conscience et le psi. Et par exemple, Joseph Rhine qui a expérimenté les prédispositions à la perception extra-sensorielle du médium célèbre Eileen Garrett a trouvé qu'elle peut montrer ses talents par la même force dans les circonstances ordinaires et durant sa pratique de la médiumnité aussi (Birge & Rhine 1942). De tels états confirment la justesse de la supposition de Krippner et George. De plus, ces deux chercheurs ont montré que les états modifiés de conscience différents stimulent les prédispositions psi au moyen des mécanismes complètement différents et pour cela, ils n'excluent pas la probabilité qu'il «serait nécessaire de prendre en considération plusieurs explications que chacune est liée à un état modifié de conscience déterminé si ce n'était pas utile de suivre une démarche générale [c'est-à-dire de parler des états modifiés de conscience en général]» (Krippner & George 1986: 358).

Ce qui montre l'erreur de la tentative faite pour expliquer les phénomènes parapsychologiques en disant qu'ils résultent des états modifiés de conscience est que les limites de ce que les scientifiques considèrent comme des réussites dans la production des phénomènes psi dans le laboratoire ne peuvent absolument pas être comparées avec les prédispositions parapsychologiques qu'ont les personnes douées et que beaucoup d'études ethnologiques les ont signalées. Pour cela, quelle que soit la relation entre les phénomènes parapsychologiques de laboratoire et les états modifiés de conscience, elle ne peut pas être considérée comme un signe de la liaison des prédispositions parapsychologiques naturelles aux états modifiés de conscience. Il est clair que la recherche parapsychologique expérimentale est faite tout en étant basée sur la supposition que «le psi est une prédisposition qui peut être développée chez chaque personne». Néanmoins, cela n'est pas nécessairement juste (il y a une discussion excellente de ce sujet dans Braude 1992a). C'est-à-dire que même si on ne met pas en doute les preuves des études expérimentales du fait que les états modifiés de conscience facilitent la production des prédispositions parapsychologiques des personnes ordinaires, néanmoins, la généralisation de ces résultats pour qu'ils expliquent les pouvoirs des personnes douées naturellement des prédispositions parapsychologiques n'est pas bonne du côté scientifique.

Afin de résumer tout ce qui a été déjà mentionné, on peut dire que la recherche parapsychologique s'est trompée de route en insistant sur l'étude des phénomènes parapsychologiques en tant que résultats des changements dans la conscience de l'homme.

Quatrième Chapitre

Une Recherche Originale

L'étude scientifique de la guérison instantanée et paranormale des blessures: un rapport de cas

Howard Hall,
Norman S. Don,
Jamal N. Hussein,
Eugene White,
Robert Hostoffer

Howard Hall est docteur en philosophie et en psychologie et il travaille dans le Département de Pédiatrie Comportementale à l'université Case Western Reserve à Cleveland, OH ; Norman S. Don est docteur en philosophie et il est directeur de recherche au Kairos Foundation, Wilmette, IL ; Jamal N. Hussein est docteur en philosophie et il travaille dans les Laboratoires du Programme Paramann à Amman, Jordanie ; Eugene White a un Doctorat en Médecine et elle travaille dans Drs. Hill et Thomas Co. à Cleveland, OH; et Robert Hostoffer a un Doctorat en Ostéopathie et il est un professeur de faculté et professeur de pédiatrie médicale à l'université Case Western Reserve à Cleveland, OH.

Résumé: Dans le cadre de la médecine occidentale, ce document étudie la revendication d'un ordre soufi du Moyen-Orient qui dit que ses membres peuvent parvenir à la guérison instantanée et paranormale des blessures causées par les lésions corporelles produites intentionnellement. La démonstration a impliqué un praticien soufi qui a fait entrer une broche métallique non stérilisée par un côté de sa joue (partie latérale et buccale du visage) et l'a fait sortir de l'autre côté. L'insertion a été observée par les scientifiques occidentaux. La ponction faite à gauche s'est cicatrisée en 2 minutes ; la ponction faite à droite s'était cicatrisée à trois-quarts après 8 heures. Selon le praticien, le percement n'était pas associé avec une douleur subjective. Des enregistrements radiologiques, immunologiques et ceux obtenus par l'électro-encéphalographie ont été faits avant et après l'insertion. On a fait fonctionner aussi un générateur d'événements aléatoires durant la démonstration. Des images de tomographie axiale assistée par ordinateur et des images radiologiques ont montré la présence de la broche métallique qui transperce les joues. Les résultats de l'électro-encéphalographie étaient indécis. Les enregistrements immunologiques n'ont montré aucun changement. Le générateur d'événements aléatoires avait tendance à produire des événements non aléatoires et pour cela, on a eu une néguentropie ou une complexité élevée et une commande qui peuvent être associées avec le rétablissement du tissu entier. Une telle guérison instantanée des blessures a des implications thérapeutiques pour de nouveaux traitements des problèmes graves qui sont médicaux et en relation avec la douleur ainsi que des implications pour l'étude des phénomènes de la guérison «paranormale».

Introduction

La guérison instantanée des lésions corporelles produites intention-nellement a été signalée par un ordre soufi (le mysticisme de l'islam) du Moyen-Orient, connu par la Tariqa Casnazaniyyah. C'est un nom arabe-kurde qui veut dire «la voie d'un secret que nul ne connaît» (Hussein et autres 1994a, b, c ; Hussein et autres 1997 ; Dossey 1998). Les disciples (appelés derviches) de cet ordre soufi—que l'on a désigné ultérieurement par le mot Casnazaniyyah—ont été observés lors de leur démonstration virtuelle de la guérison instantanée des lésions corporelles produites intentionnellement. Dans l'ordre Casnazaniyyah (à Bagdad), deux entre nous (H.H. et J.N.H., le dernier est un derviche de l'ordre Casnazaniyyah) ont observé les derviches qui ont fait entrer divers instruments tranchants comme les pointes et les broches dans leurs corps et ont martelé des poignards dans l'os du crâne et de la clavicule et ont mâché et ont avalé des verres et des lames tranchantes de rasoir, tout cela sans faire du mal à leurs corps d'une manière apparente et maîtrisant totalement la douleur, l'hémorragie et l'infection. En cas d'une lésion corporelle visible, les blessures ont montré en bref une hémorragie simple qui a ensuite disparu après une demi-minute (Hussein et autres 1994a, b, c).

Selon l'Ordre, l'aspect intéressant de ce phénomène est que chacun peut acquérir prétendument de tels pouvoirs extraordinaires et ils ne sont pas limités seulement à certains individus doués qui ont passé des années à suivre une formation particulière. S'il est vrai, comme les rapports anecdotiques semblent montrer, cette réalité pourrait plaider contre les phénomènes basés sur l'hypnose, car parmi une population qui n'est pas choisie, on peut attendre à ce qu'un pourcentage minime entre 5 et 15% réagisse fortement à une suggestion ou ait un pouvoir hypnotique de hauts niveaux, conformément aux unités de mesure données par les évaluations hypnotiques normales (Hall 2000).

Selon l'ordre Casnazaniyyah, le pouvoir de guérir instantanément les lésions produites intentionnellement est basé sur un lien spirituel entre la personne qui pratique l'automutilation et le maître de l'ordre, le cheikh (qu'on le croit avoir accès aux «pouvoirs cachés» du prophète Mahomet), qui donne «la permission» de faire une telle démonstration (Hussein et autres 1997). La guérison instantanée des lésions corporelles produites intentionnellement et les autres caractéristiques particulières qui caractérisent ces phénomènes sont attribuées par l'ordre aux «pouvoirs cachés» du Cheikh.

Les phénomènes des lésions corporelles produites intentionnellement avaient été observés dans diverses régions du monde et dans divers contextes religieux et non religieux. Par exemple, de telles pratiques avaient été observées pendant la danse du soleil qui est pratiquée par les Indiens d'Amérique du Nord et qui a lieu chaque année et durant laquelle on fait entrer des broches dans la peau supra mamillaire des danseurs ; les dévots hindous percent leurs corps avec des aiguilles, crochets et broches ; les médiums indiens utilisent des épées pour frapper eux-mêmes ; et au Sri Lanka, les gens enfoncent des broches métalliques dans leurs joues et bras ou se suspendent des charpentes de bois avec des crochets insérés dans leurs dos (Hussein et autres 1997). Au Brésil, les chirurgiens qui opèrent par la transe en cas de «possession d'esprit»—une condition de transe médiumnique—utilisent des instruments tranchants pour couper, percer ou injecter des substances dans le corps d'un patient pour des buts thérapeutiques sans suivre des procédures d'anesthésie ou de stérilité (Don & Moura 2000).

Un d'entre nous (N.S.D.) a observé et a étudié une telle chirurgie opérée par la transe et les résultats ont influencé notre approche du rapport de cas que nous présentons ici. Les enregistrements électro-encéphalographiques faits par les chirurgiens qui opèrent par la transe-guérison ont montré la présence des états cérébraux hyper éveillés avec une bande de fréquences aux rythmes de 30 à 50 Hz (gamma) qui n'étaient pas attribués à la tension musculaire, tel qu'ils sont mesurés par un électromyogramme (Don & Moura 2000). Nous avons continué cette investigation sur le rapport de cas.

L'étude brésilienne a employé aussi l'utilisation des générateurs d'événements aléatoires en s'inspirant du travail de Robert Jahn et ses collègues dans le laboratoire Princeton Engineering Anomalies Research (Nelson et autres 1996, 1998) et d'un phénomène qu'ils appellent «le champ de la conscience». Simplement parlant, Jahn et ses collègues examinent si la conscience peut affecter le comportement de la machine. Pour vérifier cette hypothèse, le laboratoire utilise des générateurs d'événements aléatoires qui sont généralement des appareils électroniques qui effectuent des distributions aléatoires des électrons qui auront ensuite un code binaire. Des données-échantillon régulières de la production du générateur d'événements aléatoires contiennent approximativement une très grande quantité de 0 à 1 bit. Pourtant, pour plusieurs expériences reproduites, le groupe de Princeton a signalé statistiquement une production non aléatoire et importante du générateur d'événements aléatoires, à la fois quand les individus avaient pour but de produire intentionnellement une déviation dans la production par des moyens purement mentaux et quand les groupes qui ne voyaient pas les générateurs d'évènements aléatoires, s'étaient concentrés et avaient inclus un constituant essentiel et influent. Le groupe de Princeton a proposé la notion du «champ de la conscience»—qui veut dire que la conscience exerce un effet de champ sur les générateurs d'évènements aléatoires.

Dans le cas des médiums guérisseurs brésiliens, une production non aléatoire du générateur d'événements aléatoires—qui constitue la preuve d'un processus de commande—a été découverte quand les guérisseurs étaient en état de transe et faisaient des genres grossiers de chirurgie sans utiliser des procédures d'anesthésie ou de stérilité. On a présumé que les phénomènes de la guérison instantanée des blessures qui font partie de ces chirurgies constituent l'effet que produit «le champ de la conscience» provoqué par les médiums guérisseurs brésiliens. Encore, nous avons continué l'analyse du rapport de cas.

Aux Etats-Unis d'Amérique, une petite attention scientifique a été prêtée à l'investigation sur les revendications de la guérison instantanée. Au contraire, les revendications des pouvoirs de guérison paranormale avaient été habituellement méprisées par certains groupes soi-disant sceptiques (par exemple, le comité pour l'investigation scientifique des revendications du paranormal) qui avaient offert une somme d'argent de stimulation pour discréditer les revendications (Mulacz 1998, site Web de Posner)—dans ce cadre, on peut dire qu'ils sont souvent non scientifiques et dangereux (voir Dossey 1999 et Fatoohi 1999 en réponse à Mulacz).

Bien que la médecine moderne cherche naturellement à se séparer de ses racines préhistoriques dans le domaine de la magie et du chamanisme, cet effort suppose souvent que toute revendication anormale ou très inhabituelle ou soi-disant paranormale est, à première vue, frauduleuse. Dans le cas de la guérison instantanée des blessures, les revendications et la preuve à l'appui nous semblent être suffisamment fortes pour garantir une investigation scientifique dans le cadre de la médecine occidentale. Le rapport de cas que nous présentons ici est considéré comme une étape dans une telle investigation.

Rapport de cas

Avec le soutien de Kairos Foundation of Wilmette, dans l'Illinois, nous avons invité un derviche appartenant à l'ordre Casnazaniyyah et venant de Jordanie (J.N.H., un des auteurs de ce rapport), à une installation régionale de radiologie à Cleveland, dans l'Ohio le 1 juillet 1999. Ce praticien avait obtenu la permission du cheikh de l'ordre Casnazaniyyah de faire une démonstration de la guérison instantanée des blessures après avoir fait entrer une broche métallique non stérilisée à travers les deux joues et cette démonstration a été enregistrée sur bande vidéo par une équipe professionnelle de tournage et en présence d'un nombre de scientifiques et de professionnels de la santé. Le praticien a signé un dégagement de responsabilité à l'égard de l'installation médicale et du personnel contre les réclamations des dommages-intérêts des blessures possibles qui peuvent survenir. Des ambulanciers étaient présents. Comme nous savons, jusqu'à présent celle-ci était la première démonstration faite par l'ordre Casnazaniyyah aux Etats-Unis d'Amérique.

Le but principal de la démonstration était de montrer, dans le cadre de la médecine, l'authenticité de la guérison instantanée des blessures causées par les lésions produites intentionnellement. La broche insérée par le praticien avait une épaisseur de 0.38 cm et une longueur de 25 cm approximativement.

Méthodes

La démonstration était faite conformément aux mesures électro-encéphalographiques, immunologiques et radiologiques traditionnelles ainsi qu'avec le générateur d'événements aléatoires au moyen de la diode Zener. En nous nous basant sur les études des médiums guérisseurs brésiliens qui s'occupent des pratiques presque chirurgicales, nous avons présumé que les lésions corporelles produites intentionnellement pourraient être accompagnées à la fois des changements dans les ondes cérébrales—les médiums guérisseurs brésiliens ont montré statistiquement une augmentation importante des rythmes cérébraux à large bande de fréquence de 40 Hz (Don & Moura 2000)—et des influences que cette augmentation a eues sur les générateurs d'événements aléatoires.

Générateur d'événements aléatoires

Sans mettre le derviche au courant, nous avons fait fonctionner un générateur électronique d'événements aléatoires en utilisant les diodes Zener et nous l'avons branché sur le port série d'un ordinateur. La distribution des nombres binaires était testée pour trouver des déviations importantes de celle-ci du comportement aléatoire. Des données étaient obtenues avant, pendant et après l'insertion de la broche.

Electro-encéphalographie

Pour déterminer si l'activité cérébrale à large bande de fréquence de 40 Hz pourrait accompagner le processus de l'insertion, nous avons recueilli et plus tard nous avons fait une analyse spectrale des données électro-encéphalographiques. Les électro-encéphalographies à 19 canaux («International 10-20» système) étaient enregistrées dans les conditions de base de repos, pendant que le derviche a fait entrer la broche et immédiatement après qu'il a retiré l'instrument. Un système de cartographie cérébrale et topographique au moyen de Neurosearch-24 était utilisé (Lexicor Medical Technology, Boulder, CO). L'application de l'électrode était faite avec un bonnet élastique à électrodes ; les impédances des électrodes étaient de 5000 ohms ou moins. Les données étaient éditées visuellement et toutes les phases contenant des artéfacts comme les clignotements des yeux, l'activité musculaire du cuir chevelu et les mouvements du corps du sujet, étaient exclues d'une analyse supplémentaire.

Immunologie

Avant l'insertion de la broche et à peu près une demi-heure après que la broche a été retirée, nous avons prélevé du sang du praticien et de trois personnes appartenant au groupe-contrôle pour faire une analyse immunologique de la variation en pourcentage dans CD4, CD8 et le nombre total des cellules T. Ces analyses étaient faites pour déterminer si les lymphocytes étaient impliqués dans le processus de la guérison. L'implication des lymphocytes peut renfermer une augmentation du nombre des lymphocytes et une augmentation pourrait causer une augmentation de la production des cytokines à travers la cellule Th1 qui est Interféron-gamma.

On a directement effectué une coloration en immunofluorescence de quatre couleurs avec les anticorps monoclonaux sur une quantité exacte de sang périphérique qui est traité par l'héparine et prélevé du praticien et de trois personnes appartenant au groupe-contrôle. Le sang était préparé en 12 heures après qu'il a été prélevé.

Tous les anticorps monoclonaux utilisés dans cette analyse étaient achetés du département Systèmes d'immunocytométrie de Becton Dickinson et Compagnie de San José, Californie. La coloration avec les anticorps était effectuée sur 200 µL de sang entier tel qu'il est décrit par les fabricants. Dans tous les essais, l'analyse en quatre couleurs a été effectuée. En général, 10.000 cellules dépendantes des lymphocytes étaient analysées dans le cytomètre en flux FACScalibur (BDIS) utilisant le programme CELLQUEST (BDIS) et le programme PAINT-A-GATE. La coloration non spécifique a été évaluée à travers l'utilisation des immunoglobulines monoclonales des souris conjuguées à un fluorochrome (BDIS).

Résultats

Les images radiologiques étaient faites au moment où la broche était insérée (Fig. 1). Les images de la tomographie axiale assistée par ordinateur de la région mandibulaire inférieure ont montré un artéfact de métal dentaire (Fig. 2). En plus, il y avait une barre métallique qui était placée horizontalement et qui élevait les tissus mous latéraux qui sont situés à gauche et qui se trouvent juste avant les muscles de la mastication. Il n'y avait pas une masse associée et cachée. Une seule image fluoroscopique relative au front a montré la présence des fils électriques de l'électro-encéphalographie au-dessus de la région maxillaire supérieure et la région mandibulaire (Fig. 3). Il y avait un métal transversal superposé qui s'étend des tissus mous de droite à gauche sans intervalle de pause.

Le film radiologique a montré qu'en fait la broche avait pénétré dans les deux joues, en abordant ainsi le souci des groupes sceptiques qui disent que de telles pratiques donnent des résultats falsifiés. Après que la broche a été retirée, il y avait une perte de huit gouttes de sang qui s'était arrêté quand on a appliqué une compresse de gaze stérilisée sur la joue. Les médecins et les scientifiques qui étaient présents ont montré que la ponction qui s'est produite à gauche du visage s'était cicatrisée en 2 minutes ; la ponction qui s'est produite à droite du visage s'était cicatrisée à trois-quarts après 8 heures et s'était complètement cicatrisée après 2 heures supplémentaires.

Le praticien a signalé qu'il n'y avait pas de douleur associée avec l'insertion ou l'enlèvement de la broche métallique. La broche est restée dans les joues du derviche pour plus de 35 minutes.

A cause du mouvement et des artéfacts du muscle du cuir chevelu pendant l'insertion de la broche, il était impossible d'évaluer l'électro-encéphalographie faite pour vérifier l'hypothèse des rythmes cérébraux à une bande de fréquence de 40 Hz. Le spectre de fréquences de la décharge du muscle du cuir chevelu recouvre la large bande de fréquences d'intérêt de 40 Hz montrée par l'électro-encéphalographie. Nous avons observé plusieurs décharges de haute fréquence qui n'ont pas un motif logique qui montre l'activité musculaire du cuir chevelu. Cela a embrouillé l'électro-encéphalographie de haute fréquence.

Pourtant, les données obtenues après la procédure de base ont montré plus de puissance dans la bande thêta (4.0 à 7.0 Hz) dans toutes les positions des électrodes par comparaison avec les mesures de la ligne de base initiale. La puissance moyenne était 23.32 microvolts au carré par comparaison avec 19.79 microvolts au carré, c'est-à-dire qu'il y avait une augmentation de 17.84 %. La signification statistique n'a pas été évaluée.

A part cela, durant les périodes qui ont précédé et ont suivi la procédure, l'électro-encéphalographie était ordinaire avec des séries intermittentes de l'activité alpha et avec une amplitude basse de l'activité bêta, en montrant un état normal et assez calme du cerveau.

Le soufi accomplissait cette action pour la première fois, ce qui explique peut-être le grand nombre des artéfacts du cuir chevelu. Des praticiens plus expérimentés pouvaient peut-être éviter les mouvements du cuir chevelu, ou si ce praticien avait fait un exercice préliminaire de relaxation (étant donné qu'il n'a pas senti une douleur). De toute façon, pour vérifier l'hypothèse des rythmes cérébraux à une bande de fréquence de 40 Hz, l'activité musculaire du cuir chevelu a besoin d'être réduite.

Le générateur d'événements aléatoires durant les périodes de base avant l'insertion n'était pas évidemment différent du comportement aléatoire ($z = 0.6469$, $z^2 = 0.4186$. n.s.). Il en est de même pour la période de base après l'insertion ($z = 0.4098$, $z^2 = 0.1679$, n.s.). Toutefois, lors de l'insertion de la broche, il y avait une tendance importante non aléatoire (z = 1.7469, z² = 3.0517). Etant donné que z^2 est distribué en tant que khi carré, pour df = 1, p = approximativement.07.

L'étude immunologique n'a montré aucune différence essentielle entre le praticien soufi et les personnes appartenant au groupe-contrôle. Chez le praticien, il y a eu une augmentation dans CD4 et une diminution dans CD8 ayant pour résultat aucun changement réel dans le compartiment des cellules T. Aucun changement n'a été observé chez la première personne appartenant au groupe-contrôle, soit dans CD4, soit dans CD8 ou le nombre total des cellules T. Chez la deuxième personne, il y avait une augmentation légère dans le pourcentage de CD4, plus grande que la diminution dans celui de CD8 et ayant pour résultat une augmentation nette dans le compartiment entier des cellules T. Chez la troisième personne, les populations de CD4 et CD8 ont augmenté, en ayant aussi pour résultat une augmentation nette des populations entières des cellules T. Ces données indiquent que la variation trouvée chez le praticien n'était pas différente de celle trouvée chez les personnes normales appartenant au groupe-contrôle.

Discussion

Les images de la tomographie axiale assistée par ordinateur et les images fluoroscopiques ont montré clairement la présence de la broche métallique dans la cavité buccale du sujet, traversant les deux joues. La tendance importante non aléatoire du générateur d'événements aléatoires (p = approximativement 0.07) pendant l'insertion de la broche correspondait à notre hypothèse qui dit que le «champ de la conscience» pourrait être présent dans les cas de guérison instantanée des blessures. La nature de ce champ présumé reste à élucider. Toutefois, la diminution du comportement aléatoire montre qu'un effet néguentropique ou une commande très compliquée était efficace, ce qui pourrait correspondre au rétablissement du tissu entier ou à une phase préliminaire de ce processus.

Puisqu'une blessure s'était complètement cicatrisée 2 minutes après que l'expérience s'était terminée et l'autre ne s'était pas cicatrisée complètement pour 10 heures supplémentaires, pourquoi le générateur d'événements aléatoires n'a-t-il pas produit un effet après l'insertion de la broche? Dès lors que cette question est adressée empiriquement, nous montrons que le champ peut être demandé seulement pendant «la phase préliminaire» du processus de la guérison. Durant cette phase, les facteurs impliqués dans la guérison peuvent être chargés ou stimulés, ainsi la présence continue du champ peut ne pas être nécessaire.

On ne pouvait pas vérifier l'hypothèse de l'onde cérébrale à fréquence de 40 Hz à cause du grand nombre d'artéfacts musculaires du cuir chevelu et c'est pourquoi on est dans l'attente d'une recherche supplémentaire. On doit signaler que la présence de l'activité musculaire du cuir chevelu n'est pas contradictoire avec l'absence de la douleur signalée par le sujet. Les rythmes élevés de thêta enregistrés dans toutes les positions des électrodes après l'insertion de la broche (et une diminution légère dans la puissance moyenne de la bande alpha) montrent un état légèrement éveillé du cerveau.

Les mesures quantitatives de la vitesse de la guérison des blessures n'ont pas été effectuées, mais il y avait une hémorragie minime. La broche, comme on l'a signalée, est restée dans les joues pour 35 minutes. Une fois qu'on l'a retirée, les investigateurs ont observé que la blessure de la joue dans laquelle on a inséré la broche a paru normale en 2 minutes. La blessure de la joue d'où on a retiré la broche s'était cicatrisée plus lentement, mais la guérison des blessures du tissu s'était accomplie 10 heures après l'insertion. Il y avait un tissu de granulation. Il n'y avait pas de cicatrices visibles après que les blessures s'étaient cicatrisées et les follicules pileux ultérieurs et les modèles de la croissance de la barbe étaient intacts. Avec une hémorragie minime, il n'y avait pas une infection dans les jours suivants. A peu près une demi-heure après l'achèvement de la démonstration, le derviche et sept autres personnes qui ont assisté à l'événement ont dîné ensemble. Le derviche paraissait normal et se comportait d'une manière calme. Des photos et un enregistrement vidéo de la peau étaient pris pendant la démonstration, en commençant par insérer la broche et finissant par la retirer.

La démonstration était faite en dehors du contexte religieux traditionnel qui implique généralement chanter, tambouriner et bouger au Moyen-Orient. Donc, notre étude de cas plaide contre la nécessité d'un contexte religieux avec l'état de conscience qui l'accompagne comme étant important pour obtenir un bon résultat d'une telle démonstration. Le derviche a signalé qu'il n'a pas eu besoin de parvenir à un état religieux particulier de conscience pour être capable de pratiquer la guérison instantanée des blessures. De même, le derviche n'était pas dans un état méditatif, hypnotique ou modifié de conscience d'une manière apparente. Ses yeux étaient ouverts et il respirait régulièrement et il a signalé aussi qu'il était tout à fait conscient de son entourage. Notre groupe a interagi avec lui tout au long de cette démonstration et il répondait à nos questions. En plus, avec l'insertion de l'instrument qui était encore dans sa joue, il était capable de se déplacer d'une chambre à l'autre pour qu'on lui prenne des images radiologiques supplémentaires sans qu'il y ait de mauvais effets ou une douleur signalée.

Nous soulignons qu'il n'y a aucun enregistrement dans l'Ordre Casnazaniyyah qui montre des instruments insérés qui sont restés dans le corps aussi longtemps que la broche est restée dans les joues du derviche pour 35 minutes. Les observations faites par H.H. et J.N.H. dans l'Ordre montrent que le temps maximum pour que de tels instruments restent dans le corps humain est 30 secondes. Donc, cette étude de cas plaide contre la nécessité d'une période très courte de percement pour obtenir un bon résultat des lésions corporelles produites intentionnellement.

Malgré que le derviche ait signalé qu'il n'y avait pas de douleur associée avec le percement, il a soutenu aussi qu'il était capable de sentir une douleur dans les parties de son corps autres que la joue percée. Cela a montré que la maîtrise de la douleur s'était limitée à la partie du corps qui était percée. En d'autres termes, les membres du corps du derviche ne s'étaient pas engourdis. Si cela est l'état existant et si on peut le reproduire, alors cette découverte pouvait influencer notre compréhension de l'expérience de la douleur et peut-être de la guérison des blessures.

En ce qui concerne la possibilité que l'hypnose peut d'une certaine manière expliquer cet événement, on ne doit pas oublier que durant la démonstration, le derviche s'est déplacé d'une chambre à l'autre tout en ayant la broche insérée dans ses joues et parlant avec les observateurs et il n'était pas du tout somnambulique ; et cela à peu près une demi-heure après l'achèvement de la démonstration, le derviche avec sept autres personnes qui ont assisté à l'événement, ont dîné ensemble. Il n'y a aucune preuve dans le domaine de l'hypnose que de tels faits correspondent aux phénomènes hypnotiques connus (ou aux effets placebo). Au lieu de cela, ils peuvent correspondre plus aux phénomènes basés sur l'énergie (Hall 2000).

Des raisons supplémentaires pour négliger une explication «hypnotique» proviennent du premier auteur (HH) qui avait eu l'occasion de voyager et de visiter l'Ordre Casnazaniyyah et qui avait personnellement subi les lésions corporelles produites intentionnellement en perçant une de ses joues (Hall 2000). Il a l'expérience de l'hypnose mais il n'était pas très prêt à l'hypnose, et durant le percement il n'était pas dans un état modifié de conscience. Il a demandé la permission du Cheikh d'être percé, et il l'a obtenue. Il a observé plusieurs autres percements tout en attendant son tour. Un membre de l'ordre Casnazaniyyah lui a demandé s'il était prêt ; malgré son appréhension, il a dit qu'il était prêt et une de ses joues était percée pour environ 30 secondes. Une fois qu'on a retiré l'instrument, il n'y avait virtuellement pas d'hémorragie. Une petite tache qui était sur sa joue avait disparu le jour suivant.

En résumé, nous présentons ce rapport de cas en tant qu'adjonction à l'étude scientifique des phénomènes de la guérison paranormale et nous croyons que le percement qui est apparemment sans douleur et la guérison instantanée des blessures qui le montre peuvent renfermer des implications importantes pour la guérison et la maîtrise de la douleur dans diverses conditions médicales.

Références

Don NS, Moura G 2000 Trance surgery in Brazil. Alternative Therapies in Health and Medicine, 6(4):39-48

Dossey L 1998 Deliberately caused bodily damage. Alternative Therapies in Health and Medicine 4(5):11-111

Dossey L 1999 Response to Peter Mulacz (Letter to the editor). Journal of the Society for Psychical Research 63(856):246-250

Fatoohi L 1999 Response to Peter Mulacz (Letter to the editor). Journal of the Society for Psychical Research 63(855):179-181

Hall H 2000 Deliberately caused bodily damage: Metahypnotic phenomena? Journal of the Society for Psychical Research 64(861):211-223

Hussein JN, Fatoohi L, Al-Dargazelli S, Almuchtar N 1994a The deliberately caused bodily damage phenomena: Mind, body, energy or what? International Journal of Alternative and Complementary Medicine 12(9):9-11

Hussein JN, Fatoohi L, Al-Dargazelli S, Almuchtar N 1994b. The deliberately caused bodily damage phenomena: Mind, body, energy or what? International Journal of Alternative and Complementary Medicine 12(10):21-24

Hussein JN, Fatoohi L, Al-Dargazelli S, Almuchtar N 1994c The deliberately caused bodily damage phenomena: Mind, body, energy or what? International Journal of Alternative and Complementary Medicine 12(11):25-28

Hussein JN, Fatoohi LJ, Hall HR, Al-Dargazelli S 1997 Deliberately caused bodily damage phenomena. Journal of the Society for Psychical Research 62(849): 97-113

Mulacz WP 1998 Deliberately caused bodily damage (DCBD) phenomena: A different perspective. Journal of the Society for Psychical Research 62(852):434—444

Nelson RD, Bradish GJ, Dobyns YH, Dunne BJ, Jahn RG 1996 Field REG anomalies in group situations. Journal of Scientific Exploration 10(1):111-141

Nelson RD, Bradish GJ, Dobyns YH, Dunne BJ, Jahn RG 1998 Field REG II: Consciousness field effects: Replications and explorations. Journal of Scientific Exploration 12(3):425-454

Posner G, Website, accessed April 20, 1998 Taking a stab at a paranormal claim. Available at*: http://www.csicop.org/sb/9509/posner.html.

Commentaire éditorial
La guérison instantanée des blessures: une perspective multidimensionnelle

Eric Leskowitz

Eric Leskowitz a un doctorat en médecine et il est un psychiatre diplômé qui collabore au Pain Management Program à Spaulding Rehabilitation Hospital qui se trouve à Boston, MA, aux Etats-Unis d'Amérique.

Le rapport de cas sur la guérison instantanée des blessures fait par Hall et ses collègues jette un regard furtif et fascinant sur l'avenir possible de la médecine de l'esprit-corps. Cela exige de nous que nous cherchions plus loin que notre compréhension actuelle des interactions de l'esprit-corps ou psychoneuroimmunologiques dans tout à fait autres dimensions, afin de comprendre à fond la nature de la guérison. A l'école de médecine, la guérison des blessures est comprise en tant que processus exactement physiologique. Des cascades biochimiques complexes interagissent dans de nombreux systèmes physiologiques en ayant une coordination précise pour reproduire finalement un organisme intact. Mais où est-il le plan qui gère ce processus cellulaire par la reconstruction des cellules? Cette question n'est jamais discutée explicitement dans le modèle biomédical—d'une manière ou d'une autre, l'ADN omniscient est supposé savoir comment coordonner ces événements.

Ce point de vue a été récemment développé dans l'ouvrage de Kiecolt-Glaser et ses collègues (1995), qui avaient commencé à évaluer l'expérience banale que le stress affaiblit le fonctionnement physiologique. Ils avaient utilisé la guérison des blessures en tant que variable dépendante et avaient montré que les personnes qui sont très stressées (dans leur étude, les partenaires dans la prestation des soins aux malades atteints d'Alzheimer) guérissent d'une blessure subissant une biopsie normale de la peau plus lentement que les personnes appartenant au groupe-contrôle. Cette découverte veut dire logiquement que les personnes qui sont habiles à gérer le stress pourraient, de façon mesurable, guérir de ces blessures plus rapidement que le groupe-contrôle non formé.

A ma connaissance, on n'a pas fait encore une analyse spécifique qui étudie cette hypothèse, mais je sais que des interventions faites en utilisant les techniques corps-esprit comme l'hypnose et les images pour accélérer la guérison sont maintenant disponibles commercialement—voir le livre populaire de Huddleston et les séries cassettes audio «Prepare for Surgery, Heal Faster» (1996). Sans doute, l'hypnose et les images réduisent le stress et les blessures se cicatrisent ainsi en peu de temps (malgré qu'elles puissent faire plus que la réduction du stress). Par exemple, une étude contrôlée récente avait trouvé que l'hypnose peut accélérer la guérison des fractures des os (Ginandes 1999).

Le facteur de ce qui est connu sous le nom de santé dynamique semble aussi affecter les taux de guérison. Les athlètes professionnels sont connus en tant que personnes qui guérissent des blessures et des opérations encore plus rapidement que font les autres, guerriers du week-end. Et les enfants sont connus en tant que personnes qui «se remettent» rapidement de ce genre de rechutes anatomiques. Est-ce que ces réactions sont simplement des exemples de gestion optimum du stress ou il y a autre chose qui se passe?

L'image devient beaucoup plus compliquée, certains pourraient dire exotique—quand le composant de l'énergie subtile est ajouté au mélange de facteurs qui affectent le processus de la guérison des blessures. L'énergie subtile—la force invisible qui constitue le centre de plusieurs fameuses traditions de guérison dans le monde—ne fait pas tout simplement partie du point de vue de la médecine occidentale. La science médicale valide seulement les forces qui peuvent être perçues au moyen des cinq sens physiques. Par conséquent, le «prana yoga» ou les manipulations du «Qi» dans la médecine traditionnelle chinoise semblent être illusoires pour le chercheur matérialiste. Néanmoins, plusieurs techniques complémentaires ou alternatives ont l'intention d'aller directement bien avec cette force vitale—l'acupuncture, l'homéopathie et le toucher thérapeutique sont trois techniques parmi les techniques les plus connues.

L'étude remarquable dans ce domaine est l'étude pionnière de Wirth sur le toucher thérapeutique (1990), dans laquelle il a montré remarquablement la guérison instantanée des perforations effectuées au moyen de la biopsie sur les avant-bras des volontaires normaux, ayant un rythme de guérison deux fois plus rapide que celui des patients qui appartiennent au groupe-contrôle et qui ne sont pas soumis à un traitement médical. Ses sujets ont été mis au courant seulement que le taux de guérison de leurs blessures pourrait être évalué en prenant quotidiennement des photos de leurs bras après qu'ils se seraient enfoncés dans des trous sur un mur barrière qui sépare les sujets de l'expérimentateur. Ni les sujets du groupe d'expérimentation ni les sujets du groupe-contrôle n'ont su qu'un groupe pourrait assister quotidiennement à des séances courtes de toucher thérapeutique à l'autre côté de la barrière. Par conséquent, il n'y avait pas une espérance puisque les patients n'étaient pas au courant de la cession de traitement ; et ceux qui ont évalué les photos prises quotidiennement des blessures cicatrisées n'étaient aussi pas au courant de la catégorie des sujets. Ce protocole qui est simple mais rigoureux a montré des différences très importantes dans les taux de guérison entre les deux groupes. 50

% des personnes appartenant au groupe qui a assisté à la séance de toucher thérapeutique étaient complètement guéries en 2 semaines, tandis qu'aucune personne appartenant au groupe-contrôle n'a guéri. Malheureusement, ce modèle expérimental bien établi n'avait jamais été utilisé dans les études de reproduction exacte de la part des autres chercheurs indépendants.

Les séries consécutives de Wirth concernant les études du toucher thérapeutique (Wirth et autres 1993) disent qu'il est fort possible que l'utilisation des interventions de l'énergie subtile peut mettre en valeur le processus physiologique de la guérison des blessures encore plus efficacement que les techniques simples de gestion du stress. Il faut demander si l'étude de Kiecolt-Glaser et l'étude de Wirth étudient le même mécanisme de guérison. Dans la première, l'intervention est en fait interne ou psychologique seulement, tandis que dans la deuxième l'intervention est au début externe, c'est-à-dire en dehors du corps mais elle semble d'une manière ou d'une autre stimuler le processus physiologique interne. Est-ce qu'il y a deux processus de guérison différents en action ou que chaque étude examine un aspect différent du même processus?

Au premier abord, l'étude de cas faite par Hall n'aide pas à répondre à cette question parce que ses résultats sont tellement extraordinaires qu'il est difficile de les lier à tous autres processus. Il est étonnant de guérir une blessure à 50 % dans quelques jours, plutôt que de parler du délai de la guérison en heures ou minutes. Malgré qu'il y ait certainement des défauts méthodologiques dans ce rapport bizarre, seule l'image radiographique montre aux sceptiques qu'il y a une chose importante qui se passe. Au moins, on a retiré la possibilité de fraude (malgré qu'un médecin qui est mon collègue ait affirmé qu'il devrait assister à l'événement personnellement avant qu'il soit capable de le croire). Peut-être la bande-vidéo de l'expérience devait être publiée sur Internet pour satisfaire les démystificateurs professionnels comme Randi le stupéfiant !

J'ai quelques commentaires à faire sur cette étude. Il fallait inclure des descriptions plus détaillées du processus de la guérison comme les photos en gros plan des lésions à des intervalles de temps différents durant le processus de la guérison. La pertinence de certaines expériences faites n'est pas liée directement à la guérison des blessures, tandis que d'autres signes de l'activité du système nerveux autonome (le pouls, la réponse galvanique de la peau, la variabilité du rythme cardiaque) pourraient aider à évaluer l'état psychophysiologique du sujet. Néanmoins, ce cas avec sa documentation de la guérison instantanée et presque inimaginable des blessures mène à un point de vue plus développé sur la nature de la guérison en elle-même.

En tant que scientifique, je dois me demander comment on a pu obtenir ce résultat. Quel est le mécanisme d'action possible pour ces résultats remarquables? Contrairement aux études de Kiecolt-Glaser et de Wirth, il pourrait sembler ici au premier abord que les pratiques spirituelles de cet ordre soufi—ou au moins «la permission» du maître de l'ordre—étaient d'une manière ou d'une autre appropriées aux résultats. Pourtant, il y a une raison pour croire qu'il n'est pas besoin d'être un soufi pour avoir ce genre de réaction. Jack Schwarz, le guérisseur hollandais célèbre avait fait des démonstrations pareilles dans ses ateliers pendant de longues années (Schwarz 1976). L'expérience personnelle de Hall sur la guérison instantanée montre également que les pratiques soufies peuvent ne pas être uniquement importantes ; son expérience soulève aussi la possibilité déconcertante qu'il n'est pas besoin de suivre une formation particulière et quiconque est suffisamment courageux (ou téméraire) pour faire cette démonstration volontairement peut appeler les ressources internes appropriées. Je me suis rappelé de la marche sur le charbon qu'on pratique il y a déjà quelques années, quand plusieurs personnes ordinaires ont accompli une action qui avait considéré précédemment le domaine des mystiques. Donc, la question devient si les pratiques de méditation et de dévotion du sujet de Hall lui permettent simplement d'être dans un état d'attention qui accélère trop les interactions normales corps-esprit ou si le lien non local présumé entre le sujet et son maître spirituel était utile ou crucial?

Ce que je voudrais proposer maintenant est une ébauche d'un mécanisme possible où les états mentaux et spirituels de conscience peuvent traduire leur impact en des processus physiologiques spécifiques comme la guérison des blessures pour produire des résultats qui ne peuvent pas être expliqués entièrement dans le modèle psychoneuroimmunologique actuel. Premièrement, nous ne parlons plus des interactions corps-esprit, mais je voudrais soutenir en disant les interactions âme-esprit-corps. Je propose que la variable principale qui intervient dans ce processus multidimensionnel soit l'ancien concept de l'énergie subtile.

En bref, certaines personnes ont la capacité de se concentrer tellement d'une manière claire que les effets palpables de l'énergie subtile se produisent. A partir de la personne âgée de 80 ans et experte dans les arts martiaux chinois qui n'a pas besoin de faire un effort musculaire visible pour jeter un homme qui pèse 90.72 kg de l'autre côté de la chambre et jusqu'au guérisseur énergétique qui peut créer une sensation vive de picotement dans les corps de ses patients, nous voyons d'une manière plus évidente à travers certaines études contrôlées dans la littérature médicale chinoise que la médecine chinoise traditionnelle était juste en disant que: «l'esprit dirige le qi et le sang suit le qi». En d'autres termes, je propose que le qi (énergie subtile) soit le lien entre l'esprit et le corps.

La métaphore suivante explique comment cette liaison peut fonctionner. Rappelez-vous comment votre professeur de science de la classe de 5ème a montré la nature des champs magnétiques en plaçant un aimant sous une feuille de papier blanc et répandant des limailles de fer sur le papier? Les limailles s'alignent merveilleusement en un modèle symétrique conformément aux lignes de force du champ magnétique invisible. Tant que le champ magnétique garde son intégrité, les limailles gardent leur modèle. Mais, si le champ vacille (par exemple, si l'aimant était un électroaimant dont la batterie s'épuisait), les limailles prendraient bientôt des formes irrégulières ou chaotiques.

Comparées à la guérison, les cellules de notre corps sont comme ces limailles de fer et elles s'alignent conformément à un champ électromagnétique invisible produit par nos systèmes d'énergie subtile. Contrairement aux suppositions scientifiques actuelles, cette information organisationnelle qui règle la forme du corps ne se trouve pas dans l'ADN mais dans une matrice d'énergie subtile que l'on appelle différemment dans divers cadres—le corps vital dans les traditions de la guérison ésotérique et le champ morphique dans l'ouvrage de Rupert Sheldrake, le théoricien contemporain de la conscience. Et quand le corps physique est blessé, c'est comme si les limailles de fer changent leur position. Tant que le champ organisationnel visible est fort, les limailles (ou les cellules) vont être ramenées par la suite à leur position appropriée. Un champ affaibli va prendre plus de temps à s'aligner de nouveau (par exemple, la guérison lente des malades atteints d'Alzheimer à travers les soins qu'on leur prête) et un champ fort va prendre moins de temps (par exemple, les personnes normales et saines, ou les enfants ou les athlètes). Le renforcement léger du champ (par exemple par le toucher thérapeutique) va produire des améliorations importantes, mais l'extension absolue de cette tendance serait pour développer un champ énergétique tellement fort que les cellules/limailles peuvent se réorganiser presque immédiatement (par exemple, la guérison soufie dans ce rapport de cas).

Un autre facteur qui pouvait changer l'énergie magnétique du champ pourrait être les doutes ou les croyances négatives que possède le patient. Ceux-ci affaibliraient le champ parce que «l'esprit dirige le qi» pour le meilleur comme pour le pire. Dans ce rapport de cas, le patient/sujet avait le double avantage de croire d'une manière absolue et l'aide non locale possible que lui prête le Cheikh qui se trouve loin de lui. Sans doute, les deux facteurs ont aidé à «charger» les batteries de son énergie subtile. Un rapport dans l'ancienne littérature de l'hypnose (Friedman 1962) montre des changements spécifiques dans le champ électrostatique autour du sujet seulement dans les régions où la personne était induite par l'hypnose pour qu'elle sente un engourdissement. Peut-être un processus semblable a lieu dans la facilité de guérison où l'esprit qui relève de la foi dirige le qi vers la partie affectée du corps où le champ électromagnétique mène les cellules à la guérison.

Pour commencer à vérifier ces spéculations, des études ultérieures du phénomène de la guérison instantanée doivent déterminer les aspects électromagnétiques de l'événement, non seulement ceux qui sont physiologiques ou cellulaires, comme il a été fait dans le rapport de Hall. Et certainement les caractéristiques particulières qui permettent à certaines personnes d'accomplir ces actions à l'exclusion des autres ont aussi besoin d'être clarifiées. Est-elle simplement une question d'attention focalisée ou de foi ou de courage ou de susceptibilité très hypnotique? Par exemple, comment ce sujet pourrait-il réussir un test standardisé de susceptibilité hypnotique? Quel est le rôle d'un maître spirituel? Est-ce que les forces non locales sont en réalité impliquées? Est-ce que les techniques de l'énergie curative comme le toucher thérapeutique ou le Reiki peuvent produire de telles réactions rapides si elles sont optimisées dans le cadre d'un groupe par exemple?

Une seule raison pour que je présente ces spéculations est parce qu'elles aident à lier une série de points de données différents qui sont isolés. Le processus de la guérison des blessures couvre un champ d'efficacité, allant du moins stressé, au normal, au psychologiquement maximisé, au énergiquement amélioré, au (je crois) spirituellement guidé. Tout au bout du champ d'efficacité, le processus de la coordination corps-esprit peut être tellement intégré en entier que la réaction instantanée de la physiologie à la pensée devient possible. Les implications de la démonstration soufie faite par Hall ne sont clairement pas insignifiantes.

L'auteur veut admettre les commentaires éditoriaux utiles faits par Harris Dienstfrey.

Références

Friedman H 1962 Direct current potential in hypnoanalgesia. Archives of General Psychiatry 7:193-197

Ginandes C 1999 Using hypnosis to accelerate the healing of bone fractures: A randomized controlled pilot study. Alternative Therapies 5(2):67-75

Huddleston P 1996 Prepare for Surgery, Heal Faster. Cambridge, MA: Angel River Press

Kiekolt-Glaser J, Marucha PT, Malarkey WB, Mercado AM, Glaser R 1995 Slowing of wound healing by psychological stress. The Lancet 346(8984):1194-1196

Schwarz J 1976 Human Energy Systems. New York: EP Dutton

Wirth D 1990 The effect of noncontact therapeutic touch on the rate of healing of full thickness dermal wounds. Subtle Energies 1(1):1-20

Wirth D, Richardson J, Eidelman W, O'Malley A 1993 Full thickness dermal wounds treated with noncontact therapeutic touch: a replication and extension. Complementary Therapies in Medicine 1:127-132

Cinquième Chapitre

Les merveilles dans la Tariqa Casnazaniyyah

5-1 La guérison paranormale des lésions corporelles produites intentionnellement

Ce qui doit nécessairement être mentionné, chaque fois qu'on mentionne les cheikhs de la Tariqa, est ce qui est connu par «les miracles». Le miracle est une action paranormale et surnaturelle qui provient du cheikh de la Tariqa en montrant sa place chez Allah qu'il soit loué et exalté et la force spirituelle que lui a fournie son rapprochement d'Allah qui est puissant et grand. On va traiter les miracles en général d'une manière détaillée dans le chapitre suivant, néanmoins, ce chapitre va être concentré sur l'étude d'un genre déterminé de miracles qui sont des activités qui violent des lois naturelles déterminées que les cheikhs de certains ordres ont permis à leurs disciples de les pratiquer en tant que preuves de la force spirituelle de l'ordre qui est représenté par ce cheikh. Ce qu'on entend par les activités ici est le fait que le disciple expose son corps à des agents extérieurs et nuisibles qui sont supposés causer des blessures différentes dans le corps dans les cas ordinaires, mais extraordinairement le corps du disciple ne subit pas de dommages naturels et dangereux qui résultent «généralement» de l'exposition à de tels agents.

Une des caractéristiques uniques par lesquelles se distinguent ces activités, à l'exclusion des autres phénomènes parapsychologiques, est «la reproductibilité», c'est-à-dire que celui qui les produit est capable de les reproduire n'importe où et n'importe quand il veut, et c'est une caractéristique très importante du côté scientifique. Car comme on a déjà mentionné dans les chapitres précédents, un des plus grands problèmes desquels ont souffert et souffrent les parapsychologues dans leurs recherches est que la grande majorité des évènements et des pouvoirs parapsychologiques sont des phénomènes spontanés, c'est-à-dire que nul ne peut déterminer le temps et le lieu de leur survenance, et cela s'applique aussi à ceux qui ont des prédispositions paranormales et qui échouent le plus souvent à reproduire leurs activités paranormales quand ils veulent. Le fait que les miracles des cheikhs de la Tariqa, mentionnés ci-dessus, se distinguent par la caractéristique de la reproductibilité, les rend très utiles dans la recherche scientifique, car on peut déterminer d'avance un temps pour pratiquer ces activités paranormales dans le laboratoire où le chercheur a déjà préparé des conditions des laboratoires de contrôle pour étudier ces phénomènes d'une manière précise. C'est cette caractéristique essentielle de la reproductibilité qui a rendu les phénomènes mentionnés précisément un but pour la recherche dans les laboratoires du Programme Paramann qu'on va les présenter ultérieurement dans ce chapitre.

Malgré que de telles activités paranormales soient pratiquées par les disciples d'un certain nombre d'ordres, néanmoins l'étude sur le terrain faite par les deux auteurs du livre ainsi que leurs collègues, a montré la supériorité de la Tariqa Casnazanniyyah sur le reste des ordres en ce que ses cheikhs avaient permis aux disciples de la Tariqa de produire parmi ces phénomènes en nombre et en genre. De plus, l'étude de laboratoire des activités d'un certain nombre de disciples des ordres différents a confirmé cette conclusion. Et c'est pourquoi les recherches dans les laboratoires du Programme Paramann étaient concentrées sur les activités des disciples de la Tariqa Casnazaniyyah. Et puisque l'étude actuelle est concentrée sur les activités paranormales de la Tariqa Casnazaniyyah, le terme «guérison paranormale des lésions corporelles produites intentionnellement» par lequel les cheikhs de la Tariqa Casnazaniyyah désignent ces phénomènes, va être utilisé dans ce livre.[12]

On peut diviser les activités de la guérison paranormale des lésions corporelles produites intentionnellement en deux parties principales

---

[12]   Les ordres qui pratiquent ces activités les appellent différemment.

de phénomènes qu'on va appeler «la réforme des lésions corporelles produites intentionnellement» et «la résistance aux lésions corporelles produites intentionnellement».[13] Et malgré qu'une telle distinction soit irréelle, comme on va la voir ultérieurement dans le chapitre, néanmoins, cette classification qui avait été proposée par les deux auteurs ainsi que leurs collègues dans des recherches précédentes (Hussein et autres 1994a) a des utilités pratiques pour faciliter l'étude de ces phénomènes et leur comparaison avec ce qui a été écrit à propos de ceux-ci dans les belles-lettres scientifiques qui justifient son adoption actuellement, et cela à cause de la nature de la classification des phénomènes parapsychologiques suivie de la part des chercheurs qu'on va avoir besoin de signaler leurs recherches ultérieurement. Les phénomènes de «la réforme des lésions corporelles produites intentionnellement» pratiqués par les disciples de la Tariqa Casnazaniyyah sont représentés par les activités suivantes:

Premièrement—le disciple fait entrer des instruments tranchants comme les broches et les épées dans des régions différentes de son corps. Les instruments utilisés ne sont pas stérilisés d'avance. De plus, le disciple pollue parfois intentionnellement les instruments qu'il utilise avant de les faire entrer dans son corps. Quant aux parties du corps qui sont visées dans ces activités, elles comprennent les joues (image 2), la langue (image 3), la base de la bouche, le lobe de l'oreille, le bras, les muscles de la poitrine (images 4, 5) et le ventre avec ses régions différentes (images 6, 7). Et les instruments qui sont utilisés dans ces activités sont généralement métalliques ayant des dimensions ou des épaisseurs différentes. Mais, durant l'utilisation des endroits sensibles du corps comme les joues et la base de la bouche, le disciple peut remplacer l'instrument métallique par un bâton puisqu'il est possible de faire entrer le bâton dans les endroits sensibles du corps en utilisant la pression de la main sans que le bâton se casse. Cela va

---

[13] Contrairement au terme «la guérison paranormale des lésions corporelles produites intentionnellement» par lequel on va désigner seulement les activités des disciples de la Tariqa, les deux termes «la réforme des lésions corporelles produites intentionnellement» et «la résistance aux lésions corporelles produites intentionnellement» vont désigner les activités semblables qui sont pratiquées aussi par les non disciples.

sans dire que la gravité de la blessure et l'acuité de la douleur «prévues» de l'utilisation d'un instrument en bois sont plus grandes que celles prévues de l'utilisation d'un instrument métallique semblable ayant la même dimension. Puisque le premier est généralement travaillé à la main, le plus souvent par le même disciple, pour cela, sa surface est relativement âpre au toucher et sa dimension est différente, ce qui le laisse déchirer la peau du corps qu'il transperce plus profondément que fait l'instrument métallique. C'est-à-dire que le disciple utilise de tels instruments parce qu'ils sont plus dangereux que les instruments métalliques traditionnels (image 8).

Deuxièmement—en utilisant des marteaux fabriqués généralement de bois, le disciple fait entrer des poignards dans des côtés différents de l'os du crâne (image 9) ainsi que dans l'os de la clavicule (image 10). Parfois, le disciple martèle lui-même les poignards sur sa tête et parfois un autre disciple les martèle. Le poignard est enfoncé parfois d'une manière profonde qu'il est impossible de le faire sortir avec la main à cause de la pression de l'os du crâne sur celui-ci, et parfois l'insistance sur le tirage du poignard fortement, certes de la part d'une autre personne, mène à la séparation du manche et au maintien de la lame du poignard dans la tête. Néanmoins, une des manifestations étranges dans cette activité est que le fait de laisser le poignard dans la tête pour quelques minutes mène à sa sortie progressivement de sorte qu'il serait possible de le tirer avec la main ou cause sa chute automatiquement si quelqu'un ne le tire pas. De même, des petits coups sont donnés par le marteau pour faire entrer des couteaux, des poignards et des broches directement sous l'œil (image 11).

Troisièmement—le disciple mâche et avale des morceaux de verre cassé, le plus souvent d'un verre ou d'une lampe électrique (image 12). L'engloutissement du verre de la lampe électrique contient un danger qui est ajouté au danger du verre tranchant et qui est la toxicité de la matière du mercure duquel sont enduites généralement ces lampes. Et l'autre moyen à travers lequel les disciples pratiquent ce genre d'activités de guérison paranormale des lésions corporelles produites intentionnellement est le mâchement et l'engloutissement des fils d'un rasoir neuf. Et il faut signaler que le disciple peut pratiquer en même temps un certain nombre d'activités mentionnées ci-dessus de la guérison paranormale des lésions corporelles produites intentionnellement (image 13).

Les activités susmentionnées renferment un ensemble de prédispositions paranormales qui sont la résistance à la douleur, la résistance à l'hémorragie et la résistance à l'infection. Car durant sa pratique des activités de la réforme des lésions corporelles produites intentionnellement, le disciple ne souffre pas d'une douleur, sachant que la douleur que les blessures sont supposées la causer comme celles montrées dans les images est très aiguë à cause du genre de ces blessures et la sensibilité des régions visées du corps. En ce qui concerne la résistance à l'hémorragie, quelques gouttes de sang seulement sortent généralement de la blessure et parfois un fil court de sang coule de la région de la blessure. Les cheikhs de la Tariqa considèrent la sortie du sang de la blessure une chose très importante qui prouve la réalité de l'activité et éloigne des disciples toute accusation de la part des spectateurs de ne pas avoir fait entrer l'instrument tranchant dans le corps réellement ou d'avoir pratiquer un genre de tromperie comme l'utilisation de la prestidigitation pour faire semblant devant le spectateur de faire entrer l'instrument tranchant dans les tissus du corps. Cela va sans dire ici que les blessures causées par les activités de la réforme des lésions corporelles produites intentionnellement qui sont mentionnées ci-dessus sont accompagnées, dans les cas ordinaires, d'une forte hémorragie dans le corps, plutôt ce qui est prévu naturellement est que certains de ces cas d'hémorragie peuvent être mortels. Malgré que les instruments utilisés pour causer les blessures dans le corps ne soient pas stérilisés, plutôt ils sont parfois pollués par le disciple intentionnellement, néanmoins les blessures du corps du disciple ne s'enflamment pas.

Quant à la guérison des blessures, elle est plus étrange que les résistances paranormales. Car sans tenir compte de leur endroit dans le corps et leur dimension, toutes les blessures de la guérison paranormale des lésions corporelles produites intentionnellement disparaissent pendant un temps très court après que le disciple fait sortir l'instrument tranchant de son corps. Et pendant que la majorité des blessures se cicatrisent et apparaissent à peine simplement après que l'instrument tranchant est sorti du corps, la guérison de certaines blessures peut prendre 15 à 20 secondes. Et certaines de ces blessures se cicatrisent sans laisser de cicatrice qu'il est possible de la voir à l'œil nu tandis que d'autres laissent une petite cicatrice. Et on peut remarquer dans les images

(4, 6, 7) les cicatrices que peuvent laisser les blessures sur les corps des disciples. Une des manifestations étranges des activités de la guérison paranormale des lésions corporelles produites intentionnellement est qu'il est impossible de prévoir d'avance si la pratique déterminée va mener à la sortie des gouttes de sang ou un peu plus, ni si la blessure produite va laisser une cicatrice ou non, car il ne paraît pas qu'il y ait une relation claire entre la quantité de sang qui sort et la cicatrice laissée ou non et entre les caractéristiques de l'instrument utilisé ou le genre du membre du corps qui est exposé à la blessure.

Il est important de confirmer que la guérison instantanée des blessures n'est pas le seul élément paranormal qui est renfermé dans les activités, mentionnées ci-dessus, de la guérison paranormale des lésions corporelles produites intentionnellement. Car la guérison de beaucoup parmi ces blessures sans une intervention chirurgicale est en elle-même une chose paranormale, même si elle allait durer longtemps. Par exemple, la blessure profonde causée par le fait de faire entrer une broche dans le ventre (image 7), n'est pas du genre qui peut se cicatriser spontanément dans les circonstances ordinaires si on la laisse sans la guérir, surtout si la broche transperce le foie qui se distingue par la guérison lente au cas où il est blessé. De plus, l'autre manifestation paranormale dans la guérison des lésions corporelles produites intentionnellement est que la guérison de la blessure est accompagnée de la guérison de tous les dommages qui peuvent être causés aux membres blessés. Par exemple, le fait que le disciple fait entrer la broche d'une manière profonde dans les muscles de sa poitrine pour une centaine de fois doit nécessairement blesser certains nerfs que si on ne les guérit pas ils peuvent influencer le mouvement normal de certaines parties des membres supérieurs. C'est-à-dire que la guérison des blessures des activités de la guérison paranormale des lésions corporelles produites intentionnellement renferme trois éléments paranormaux, le premier est la cicatrisation spontanée des blessures, le deuxième est la guérison de tout dommage causé par le fait de faire entrer l'instrument tranchant et le troisième est la survenance de ces deux actions paranormales d'une manière immédiate. La survenance des résistances paranormales et la guérison permanente des lésions corporelles produites intentionnellement chaque fois que le disciple pratique ces activités ajoute à ce phénomène une autre manifestation paranormale. Car on sait que le taux de réussite des cas de guérison paranormale même chez les meilleurs guérisseurs doués est très bas, comme on a déjà mentionné, tandis que le taux de réussite de la guérison paranormale des lésions corporelles produites intentionnellement est 100%, puisqu'il est clair que si la guérison des lésions corporelles produites intentionnellement ne réussissait pas à 100%, cela mènerait à l'exposition du disciple à un grave danger qui peut mener à être atteint d'une blessure grave ou un handicap, cela si le danger ne lui coûte sa vie. La guérison des lésions corporelles produites intentionnellement est le seul phénomène de guérison paranormale qui réussit à 100%, plutôt la guérison paranormale des lésions corporelles produites intentionnellement est le seul phénomène parapsychologique dont le coefficient de reproductibilité est 100%.

Contrairement aux phénomènes de «la réforme des lésions corporelles produites intentionnellement» qu'on peut définir en disant qu'ils sont des «activités de réforme paranormale des lésions corporelles produites intentionnellement», les phénomènes de «la résistance aux lésions corporelles produites intentionnellement» représentent «des activités qui montrent le pouvoir paranormal du corps de résister à la blessure qui est supposée se produire durant l'exposition à des agents nuisibles déterminés», c'est-à-dire que le dommage ne se produit jamais dans ce genre d'activités de la guérison paranormale des lésions corporelles produites intentionnellement. Les phénomènes de la résistance aux lésions corporelles produites intentionnellement dans la Tariqa Casnazaniyyah sont représentés par les activités suivantes:

Premièrement—la résistance au feu: il y a plusieurs façons de pratiquer cette activité, néanmoins, la façon la plus répandue parmi les disciples parce qu'elle est facile à pratiquer et comprend un grave danger est l'utilisation d'une pièce d'étoffe qui est enroulée sur un bâton de bois ou métallique et est enfoncée dans une matière inflammable, comme le pétrole, qui sera brûlée pour qu'ensuite le disciple expose son visage, ses mains et ses pieds à la flamme du feu (image 14). Et l'autre façon de produire ce phénomène est de chauffer des lames de métal jusqu'à ce qu'elles rougissent pour que les disciples les prennent avec leurs mains et les mettent entre leurs dents. Ce qu'il faut mentionner ici est que quand le disciple pratique une des deux activités mentionnées, toute autre personne peut sentir la chaleur qui se dégage du feu utilisé à une distance de plus d'un mètre, néanmoins, le corps du disciple qui s'expose au feu directement ne subit pas des brûlures. Et une des autres façons de pratiquer cette activité est que le disciple prend à main nue des morceaux de charbon ardent et les met dans sa bouche aussi. Et outre qu'il y a du danger à se brûler, cette activité met le disciple en danger supplémentaire qui est représenté par sa respiration de l'oxyde de carbone qui se dégage de la combustion du morceau de charbon dans la bouche. Il est clair que ces activités comprennent une résistance au feu et dans le cas du charbon une résistance à un gaz toxique aussi.

Deuxièmement—la résistance au venin des vipères et des scorpions: dans ces activités les disciples exposent leurs mains aux piqûres des scorpions et aux morsures des vipères venimeuses (image 15). De même, ils exposent leurs langues intentionnellement aux morsures des vipères (image 16). Et le plus souvent, après que le disciple pratique ces activités, il mange la tête de la vipère ou avale rapidement le scorpion tout entier. Et il est clair que ces activités pratiquées par le disciple sans qu'il subisse un mal comprennent la production d'une résistance au venin. Ce qu'il faut mentionner ici est que les blessures causées par les morsures des vipères peuvent s'enflammer comme toute blessure ordinaire à laquelle s'expose le corps et cela les rend complètement différentes des blessures causées par les activités de la réforme des lésions corporelles produites intentionnellement parce que le corps montre une résistance paranormale aux infections.

Puisque la nature paranormale, renfermée particulièrement dans l'activité de l'exposition du corps au venin des vipères, est inconnue même chez beaucoup de chercheurs, il y a ci-dessous un aperçu rapide des facteurs qui déterminent la gravité de la morsure de la vipère et les symptômes maladifs qui résultent de celle-ci dans les circonstances «ordinaires». Le degré de la gravité de toute morsure de vipère à laquelle s'expose l'homme est basé sur un certain nombre de facteurs concernant les caractéristiques de la vipère, la nature de la morsure et les caractéristiques de l'homme mordu. Ces facteurs sont la dimension et le genre de la vipère, le degré de toxicité du venin de la vipère, la profondeur et l'endroit de la morsure dans le corps, la quantité du venin transmis par la morsure au corps de la personne, l'âge, le poids et l'état de santé générale de la personne. C'est à travers l'interaction de tous ces facteurs qu'on peut déterminer la gravité de la morsure et ses influences sur l'homme. Et pour prendre connaissance des symptômes maladifs causés par les morsures des vipères, on va traiter en résumé la classification clinique des chercheurs Wood, Hoback et Green, qui divise les cas d'empoisonnement résultant des morsures des genres de vipères connues par les crotales en trois degrés selon la gravité des symptômes d'empoisonnement et le développement du cas pendant les 12 premières heures après qu'on fait entrer la personne empoisonnée à l'hôpital (Wood, Hoback & Green 1955).

L'empoisonnement du premier degré ou le minimum d'empoisonnement se distingue, dans la classification des chercheurs mentionnés, «par une douleur ou une palpitation normale et locale dans les blessures causées par les crochets de la vipère, avec la survenance de l'œdème [la concentration des liquides dans les interstices ou les tissus du corps] dans une région qui ne s'étend pas plus que quelques pouces de l'endroit du commencement de l'empoisonnement dans le corps. Aucun nouveau symptôme n'apparaît chez la personne durant son séjour à l'hôpital pour 12 heures après la morsure». En cas d'empoisonnement du second degré qui est connu aussi par l'empoisonnement normal, apparaissent chez les personnes empoisonnées, à un «stade précoce et court de leur empoisonnement, les mêmes manifestations de l'empoisonnement du premier degré», néanmoins, ces symptômes se développent en «une douleur plus aiguë qui s'étend et un œdème plus clair qui augmente à partir du membre qui avait été mordu [si un des membres était mordu, comme est le cas dans la plupart des cas d'empoisonnement dû aux morsures des vipères] vers le torse durant les 12 premières heures du séjour à l'hôpital. Dans la plupart des cas, la région atteinte d'un œdème couvre à peu près la moitié de la distance entre l'endroit de la morsure et le torse. Et les nœuds lymphatiques locaux sont palpables et fins». De plus, la personne empoisonnée au second degré souffre d'«une nausée, un vomissement et un vertige. Et l'apparition des pétéchies et de l'ecchymose [bleuissement du sang] est limitée à la région de l'œdème. Et il y a généralement une diminution du degré de la température qui dure de un à quatre jours». Quant aux cas d'empoisonnement du troisième degré qui est appelé aussi l'empoisonnement intense, « les mêmes symptômes d'empoisonnement du premier degré apparaissent chez les personnes mordues et le plus souvent l'empoisonnement du second degré quand on les fait entrer à l'hôpital, néanmoins, les manifestations de l'empoisonnement chez elles se développent très rapidement. Et ces malades peuvent être dans un état de choc quand ils arrivent à l'hôpital après quelques minutes de leur empoisonnement. Pendant 12 heures, l'œdème se développe dans leurs corps pour qu'il couvre la région à partir de l'endroit de la morsure sur un des membres [si un des membres était mordu] jusqu'au torse et il peut couvrir une partie du torse aussi. Et le plus souvent les pétéchies et l'ecchymose sont répandues en général dans le corps. Durant les 12 premières heures de la guérison, le pouls augmente rapidement et il diminue et le degré de la température diminue et le malade s'approche de l'état de choc» (Wood, Hoback & Green 1955: 130-131). Et le médecin Henry Parrish ainsi que son collègue le professeur de chimie Pollard ajoutent en disant que les personnes empoisonnées du troisième degré souffrent le plus souvent d'«un coma, une contorsion des muscles dans l'endroit de l'empoisonnement ou partout dans le corps en général» (Parrish & Pollard 1959: 279).

En prenant en considération les facteurs mentionnés ci-dessus pour déterminer la gravité de la morsure de la vipère, il est important de remarquer que les activités des disciples de la Tariqa renferment l'utilisation des genres différents de vipères venimeuses ayant des dimensions différentes. Pour cela, et selon le genre de la vipère, la classification des symptômes maladifs selon les trois degrés mentionnés ci-dessus peut différer en ce qui concerne les symptômes plus ou moins graves et cela en se basant sur la toxicité de la vipère utilisée par comparaison avec le crotale. Et les disciples essayent généralement d'utiliser les genres de vipères les plus grandes et les plus dangereuses qu'ils apportent certaines de celles-ci des régions désertiques. En ce qui concerne l'état physique général des disciples qui pratiquent ces activités, ils sont de tous les âges et les poids mais bien sûr leur état de santé est différent. Et comme on a déjà mentionné, le disciple expose des endroits différents de son corps aux morsures de la vipère, pendant qu'il laisse les crochets de la vipère enfoncés dans son corps pour longtemps et cela suffit pour que son corps soit empoisonné par une grande quantité de venin. Pour cela, l'empoisonnement qui est supposé avoir lieu dans le corps du disciple, sans l'existence d'un élément paranormal dans l'activité, est un empoisonnement du troisième degré qui peut être mortel.

Il faut attirer ici l'attention sur une erreur répandue parmi les gens ordinaires et même certains chercheurs, qui déprécie la réalité du degré de la paranormalité et de l'étrangeté renfermées dans ces activités et c'est la croyance que le corps humain développe naturellement une résistance interne au venin de la vipère quand il s'expose à une morsure plusieurs fois. Néanmoins, la réalité est qu'il n'y a aucune preuve scientifique de la justesse de cette croyance. Plutôt il y a des études, même si elles étaient en nombre limité, qui montrent complètement l'inverse. Parrish et Pollard ont montré, dans une étude qu'ils ont faite sur des genres déterminés de vipères qui existent aux Etats-Unis d'Amérique, que le fait que l'homme soit mordu continuellement par ces vipères au cours d'un certain temps, ne laisse pas le corps avoir une résistance au venin de la vipère (Parrish & Pollard 1959). Plutôt ces deux chercheurs ont remarqué que certaines personnes souffrent dans des morsures suivantes des degrés d'empoisonnement plus hauts que les degrés d'empoisonnement causé par les morsures précédentes par le même genre de vipère. Ce que cela veut dire est que l'élément de l'étrangeté et de paranormalité existe toujours chaque fois que le disciple expose lui-même à la morsure d'une vipère, plutôt la réalité est que l'élément de l'étrangeté et de paranormalité dans chaque nouvelle morsure est plus grand que celui qui existe dans les morsures précédentes. Et la cause est que les venins des vipères sont des matières compliquées qui sont constituées essentiellement des protéines (Porges 1953), et pour cela il est très probable que les morsures des vipères causent une allergie dans le corps au venin des vipères, et par conséquent toute morsure suivante va être plus dangereuse pour la personne que les morsures précédentes. Plutôt Parrish et Pollard montrent qu'il est très probable que les cas de décès, à cause des morsures des vipères, des personnes qui s'étaient exposées précédemment à une morsure, sont causés par une allergie au venin de la vipère de laquelle les corps de ces personnes étaient atteints à cause des morsures précédentes (Parrish & Pollard 1959: 284).

Troisièmement—la résistance au choc électrique: le disciple s'expose pour quelques minutes à un courant électrique qui provient d'une tension intermittente de 220 volts. Et pour prouver la réalité du passage du courant électrique dans son corps, le disciple allume une lampe électrique liée à un circuit électrique qui passe par son corps.

Les phénomènes qu'on a déjà expliqués sont des genres d'activités de réforme des lésions corporelles produites intentionnellement et de résistance aux lésions corporelles produites intentionnellement que pratiquent les disciples de la Tariqa Casnazaniyyah plus que les autres, néanmoins, il y a d'autres activités de guérison paranormale des lésions corporelles produites intentionnellement qui sont pratiquées par certains disciples. Il y a celui qui frappe sa tête avec une grosse pierre ou qui se tape la tête contre le mur ou le sol fortement d'une façon qui peut endommager le crâne d'une manière dangereuse dans les cas ordinaires, mais sans qu'il subisse un mal. Et il y a celui qui fait passer la lame d'un couteau tranchant sur sa langue plusieurs fois en causant des blessures profondes qui se cicatrisent immédiatement quand il s'arrête, ou qui fait passer une broche dans la région du cou (image 17). De plus, il y a parmi les disciples celui qui tire des coups de feu sur lui-même sans qu'il subisse un mal. Néanmoins, la discussion va être concentrée sur les activités de la guérison paranormale des lésions corporelles produites intentionnellement qu'on a déjà expliquées parce qu'elles sont pratiquées de la part de la plupart des derviches, ce qui a rendu possible de les étudier facilement au laboratoire.

La pratique des activités de la guérison paranormale des lésions corporelles produites intentionnellement n'est pas une des obligations imposées par la Tariqa au disciple, car ces activités constituent un moyen et non un but. Puisque les cheikhs de la Tariqa, en permettant aux disciples de la Tariqa de pratiquer les activités de la guérison paranormale des lésions corporelles produites intentionnellement, ont pour but d'utiliser ces activités paranormales comme un moyen pour instruire les gens et les encourager à suivre le chemin de la Tariqa en leur donnant la preuve de la force spirituelle des cheikhs de la Tariqa. Pour cela, les cheikhs de la Tariqa exigent des disciples qu'ils n'utilisent pas ces activités en dehors de leur contexte exact d'instruction, parce qu'il ne faut pas les utiliser pour se vanter devant les gens par exemple. Donc, les activités de la guérison paranormale des lésions corporelles produites intentionnellement sont considérées, selon la pensée de la Tariqa, comme des miracles faits par les cheikhs de la Tariqa, c'est-à-dire que le disciple pratique ces activités grâce à la force spirituelle de ses cheikhs et non grâce à une force spirituelle qu'il possède. Et c'est le disciple qui détermine combien il a besoin de pratiquer les activités de la guérison paranormale des lésions corporelles produites intentionnellement lorsqu'il fait une instruction qui est considérée dans la pensée de la Tariqa Casnazaniyyah comme un des cultes les plus importants qui sont imposés au disciple et une obligation imposée au disciple en tout temps et non en des temps déterminés comme les autres cultes. Mais, puisque l'instruction est un des devoirs de la Tariqa, et si le disciple voit que son instruction d'une personne déterminée ou un groupe déterminé de gens a une influence plus forte si elle est accompagnée de la pratique de certaines activités de la guérison paranormale des lésions corporelles produites intentionnellement, dans ce cas la pratique de ces activités devient une obligation pour lui.

Quant à la manière dont le disciple commence à pratiquer les activités de la guérison paranormale des lésions corporelles produites intentionnellement, c'est en demandant la permission de les pratiquer parce qu'il doit faire le serment d'allégeance une deuxième fois à travers le calife qui va lui donner la permission. Et l'obtention de la permission de pratiquer la guérison paranormale des lésions corporelles produites intentionnellement ne nécessite pas que le disciple soit dans un état de santé particulier. De plus, le fait de permettre de pratiquer la guérison paranormale des lésions corporelles produites intentionnellement ne renferme pas la détermination des activités déterminées, plutôt le disciple peut pratiquer ce qu'il veut parmi les merveilles de la guérison paranormale des lésions corporelles produites intentionnellement. Mais, on peut remarquer la concentration des disciples sur la pratique des activités déterminées parmi les activités de la guérison paranormale des lésions corporelles produites intentionnellement pour des raisons pratiques. Car les phénomènes de la réforme des lésions corporelles produites intentionnellement, par exemple, sont en général les activités les plus pratiquées de la part des disciples dans l'instruction que la résistance aux lésions corporelles produites intentionnellement et cela parce qu'il est possible de la pratiquer facilement et rapidement. Puisqu'elle ne nécessite pas de pratiquer une de ces activités sauf le fait de faire entrer l'instrument tranchant dans les parties déterminées du corps après qu'on se déshabille. Quant aux activités de la résistance aux lésions corporelles produites intentionnellement, elles nécessitent des préparations particulières comme le fait d'allumer le feu ou d'apporter des vipères et des scorpions ou d'établir un circuit électrique. La seule chose que le disciple doit faire avant de pratiquer une des activités de la guérison paranormale des lésions corporelles produites intentionnellement est ce qui est connu par «la demande d'aide». On entend par «la demande d'aide» le fait que le disciple demande l'intervention de son cheikh spirituellement pour qu'il l'aide à pratiquer l'activité paranormale déterminée sans qu'il subisse un mal.

Et il n'y a pas une façon déterminée pour que le disciple demande la force spirituelle de son cheikh, mais la façon la plus répandue parmi les disciples de la Tariqa Casnazaniyyah est de citer la phrase «Aide-moi cheikh Muhammad Al-Kasnazani». Néanmoins, lors de la demande d'aide, il est important que le disciple cite le verbe «aider» ou un de ses dérivés ainsi que le nom ou un des titres de son cheikh. Il est clair que la demande d'aide dérive linguistiquement du Coran comme il apparaît dans le verset coranique: ((Et rappelez-vous) le moment où vous imploriez le secours de votre Seigneur et qu'Il vous exauça aussitôt: «Je vais vous aider d'un millier d'Anges déferlant les uns à la suite des autres») [Al-'Anfal: 9], et dans un certain nombre de versets coraniques comme [Al-'Imran: 124, 225]. Et on peut demander l'aide cordialement, néanmoins, il cst préférable de demander l'aide en public.

Ce qu'il faut mentionner en ce qui concerne les activités de la réforme des lésions corporelles produites intentionnellement est que le calife ou le disciple peut pratiquer ces activités non seulement en utilisant son corps mais aussi en utilisant les corps d'autres gens même s'ils n'étaient pas des disciples de la Tariqa. Pour cela, quand un des spectateurs met en doute la réalité des activités de la guérison paranormale des lésions corporelles produites intentionnellement que pratique le disciple, alors ce dernier propose d'utiliser le corps de la personne qui doute, pour pratiquer l'activité afin de prouver sa réalité. Et les disciples peuvent utiliser aussi les corps des enfants dans ces activités (image 18).

Beaucoup de chercheurs ont écrit à propos des phénomènes semblables aux deux genres d'activités de la guérison paranormale des lésions corporelles produites intentionnellement qui sont pratiquées de la part des individus parmi les gens qui se trouvent partout dans le monde. Et pour comprendre plus les activités de la guérison paranormale des lésions corporelles produites intentionnellement et ces phénomènes semblables, il faut étudier les points de ressemblance et de différence entre les caractéristiques des activités de la guérison paranormale des lésions corporelles produites intentionnellement selon ce qu'ont montré les études faites dans les laboratoires du Programme Paramann et les caractéristiques de leurs semblables parmi les activités chez ceux qui ne sont pas des disciples de la Tariqa, comme il a été mentionné dans les études sur le terrain et en laboratoire faites par un certain nombre de chercheurs. Et les deux parties suivantes montrent cette comparaison entre les deux genres d'activités de la guérison paranormale des lésions corporelles produites intentionnellement et leurs semblables séparément.

5-2 Les différences entre la réforme des lésions corporelles produites intentionnellement chez les disciples et les non disciples

Plusieurs chercheurs ont montré l'existence de telles activités parmi les pratiques de magie et les pratiques religieuses de plusieurs sociétés, et précisément celles dont les coutumes et les traditions ne sont pas influencées trop par la civilisation occidentale contemporaine. Car dans le rite de la danse du soleil qui est pratiquée par les Indiens de l'Amérique du Nord qui font partie des tribus des plaines, le meneur de la danse frotte la sauge sur la poitrine de chaque danseur parmi les danseurs qui ont obtenu la permission de participer à l'activité de la réforme des lésions corporelles produites intentionnellement. Ensuite, le meneur de la danse utilise un couteau propre à ce rite en faisant des petits trous, le plus souvent sans que le sang sorte, dans la couche supérieure de la peau de la poitrine de chacun des danseurs, ensuite il fait entrer une ou deux broches dans le trou qu'il a fait sur la peau du participant (Jilek 1982: 334, 336). Et le psychologue James McClenon décrit ce qui a lieu durant la cérémonie religieuse annuelle au Sri Lanka où les participants qui font partie des hindous et des bouddhistes font entrer des broches dans leurs joues et leurs mains, tandis que d'autres se pendent des tenailles fixées sur leurs dos (McClenon 1983: 99). De plus, McClenon montre comment une des disciples venant de Thaïlande et ayant des pouvoirs de guérison paranormale a fait entrer des aiguilles dans ses joues, sa langue, son bras et sa main après avoir pratiqué des rites déterminés (McClenon 1994: 88). Et le professeur d'anthropologie, Raymond Lee, décrit des états d'obsession qu'il avait observés en Malaisie où la personne obsédée frappe son ventre avec un genre de couteau courbe qui est connu par Kris sans qu'elle subisse un mal, toutefois, c'est le couteau qui se courbe (Lee 1989: 259). De plus, la personne obsédée blesse sa langue avec le couteau (Lee 1989: 264). Et au Singapour, il y a une cérémonie religieuse et magique organisée par les Chinois parmi ceux qui font partie des groupes spirituels et religieux déterminés durant laquelle un médium spirituel fait entrer des broches dans ses joues et son cou. De plus, le médium fait entrer des aiguilles dans la chair des avant-bras de ses assistants (Barclay 1973: 115). Et en Inde, les médiums frappent eux-mêmes avec des épées sans qu'ils sentent une douleur (Chandra shekar 1989: 89).

Ceux-ci sont seulement des modèles de plusieurs sociétés dans lesquelles sont pratiquées les activités de la réforme des lésions corporelles produites intentionnellement que les chercheurs spécialistes les ont signalées. Quand on compare les caractéristiques de ces activités telles qu'elles sont mentionnées dans les belles-lettres scientifiques qui les ont traitées avec les activités de la réforme des lésions corporelles produites intentionnellement que pratiquent les disciples de la Tariqa Casnazaniyyah, on remarque un ensemble de différences fondamentales qu'on ne peut pas les négliger. La majorité de ces différences constituent des entraves et des restrictions déterminées que ceux qui pratiquent les phénomènes de la réforme des lésions corporelles produites intentionnellement parmi les non disciples ne peuvent pas les dépasser. Et ces différences qui sont posées le plus souvent par les chercheurs dans ce domaine directement et qu'on peut parfois les déduire indirectement sont représentées par le suivant:

Premièrement—après que le disciple obtient la permission de pratiquer les activités de la guérison paranormale des lésions corporelles produites intentionnellement, il devient capable de les pratiquer n'importe quand sans qu'il ait besoin de se préparer ou de faire des exercices déterminés. Puisque la demande d'aide ne dure qu'une ou deux secondes et le plus souvent le disciple demande l'aide pendant qu'il prépare l'instrument qu'il va utiliser dans l'activité. Et le disciple a souvent besoin de pratiquer certaines activités de la guérison paranormale des lésions corporelles produites intentionnellement d'une manière soudaine durant l'instruction sur la Tariqa quand un des spectateurs lui demande de fournir une preuve de la force spirituelle de la Tariqa. Contrairement à ce pouvoir immédiat de pratiquer la guérison paranormale des lésions corporelles produites intentionnellement chez les disciples, la plupart des chercheurs ont confirmé que les activités de la réforme des lésions corporelles produites intentionnellement pratiquées par d'autres gens sont pratiquées dans des circonstances déterminées seulement et après qu'ils pratiquent des rites préparatoires particuliers qui durent parfois longtemps. La majorité des chercheurs tombent d'accord sur le fait que ces rites préparatoires sont essentiels pour permettre à ces pratiquants de montrer leurs prédispositions à la réforme des lésions corporelles produites intentionnellement. Par exemple, la psychologue Colleen Ward signale la pratique des individus parmi les hindous en Malaisie de certaines activités de la réforme des lésions corporelles produites intentionnellement durant la cérémonie religieuse connue par Thaipusam. Ward dit à propos de la période préparatoire que passent les disciples qui veulent pratiquer ces activités que «la détermination de sa durée est laissée à l'évaluation du disciple, mais généralement elle prend une semaine malgré que certains imposent à eux-mêmes un système sévère de maîtrise de soi pour une durée d'un mois avant le commencement de la cérémonie de Thaipusam. Pendant cette période, le disciple s'engage à suivre un système de diète et de coucher et il jeûne et mange un seul repas de légumes par jour et il dort peu la nuit. De plus, il doit (ou elle doit) cesser de boire l'alcool et de fumer et d'avoir des relations sexuelles et de pratiquer des activités sociales. Et s'il était possible, le disciple demeure au sanctuaire durant la période préparatoire, où il se réveille tôt le matin pour prendre un bain de propreté et rituel et pour prier et il passe la plupart de la journée en priant, méditant ou faisant une offrande» (Ward 1984: 319).

Ce que Ward mentionne ici à propos du besoin de faire des préparations rituelles déterminées n'est pas limité à ceux qui pratiquent la réforme des lésions corporelles produites intentionnellement en Malaisie, mais c'est un cas général qui s'applique à la plupart si ce n'est à tous ceux qui pratiquent ces activités et que les chercheurs ont transmis leurs observations de ceux-ci, même si les genres de ces rites diffèrent d'une société à l'autre. Cela est un point de différence essentiel entre ces pratiquants et les disciples de la Tariqa Casnazaniyyah.

Deuxièmement—de plus, le disciple de la Tariqa Casnazaniyyah est capable de pratiquer la réforme des lésions corporelles produites intentionnellement n'importe où, dans les couvents des mystiques et en dehors de ceux-ci, donc il peut montrer ses prédispositions n'importe quand il a besoin de cela. Contrairement à cela, nous trouvons que la plupart de ceux qui pratiquent ces activités parmi les non disciples les pratiquent en des jours déterminés de l'année, comme s'ils les pratiquent durant les cérémonies religieuses particulières, comme est le cas par exemple au Sri Lanka où certains pratiquent ces activités durant la cérémonie religieuse qu'on a déjà mentionnée (McClenon 1983). Puisque les activités de la guérison paranormale des lésions corporelles produites intentionnellement représentent pour le disciple un des moyens pour l'instruction sur la Tariqa et que cette instruction est une obligation permanente pour le disciple en tout lieu, cela veut dire que beaucoup parmi les disciples pratiquent ces activités continuellement tous les jours de l'année et partout dans le monde.

Troisièmement—le paragraphe ci-dessus montre l'existence d'une grande différence entre le taux de la pratique des activités de la réforme des lésions corporelles produites intentionnellement de la part du disciple et du non disciple, et cette différence a des significations très importantes. Car pendant que le corps de la personne qui pratique ces activités s'expose à quelques blessures dans son corps et dans des périodes différentes, le corps du disciple s'expose à des blessures continues quotidiennement ou presque quotidiennement parfois aux mêmes endroits de son corps. Le taux élevé de reproductibilité de ces activités est un autre aspect parmi les aspects paranormaux par lesquels se distinguent les activités des disciples. Car cela va sans dire que les pouvoirs de la réforme des lésions corporelles produites intentionnellement (et la résistance aux lésions corporelles produites intentionnellement aussi) ne sont pas parmi les pratiques auxquelles le corps peut «s'habituer», c'est-à-dire que chaque fois que le disciple pratique une de ces activités, il expose son corps aux mêmes dangers auxquels il s'est exposé quand il a pratiqué ces activités pour la première fois, alors les muscles de la poitrine par exemple ne peuvent pas «s'habituer» à l'entrée d'une broche dans ceux-ci, et ni les organes de l'appareil digestif ne peuvent «s'habituer» à digérer des morceaux de verre et des lames de rasoir.

Quatrièmement—pendant que les disciples utilisent plusieurs membres et parties de leurs corps quand ils pratiquent les activités de la réforme des lésions corporelles produites intentionnellement, la plupart du reste de ceux qui pratiquent ces activités utilisent une seule région ou des régions déterminées de leurs corps dans leurs activités. Car par exemple les Indiens qui font partie des tribus des plaines utilisent dans la cérémonie de la danse du soleil la région de la peau de la poitrine

(Jilek 1982), tandis que les hindous et les bouddhistes au Sri Lanka se concentrent sur la langue, les joues et la peau du dos (McClenon 1983) et ainsi font les hindous en Inde (Sayce 1933).

Cinquièmement—les disciples font entrer les broches dans leurs corps profondément. Contrairement à cela, un certain nombre de chercheurs ont montré que plusieurs parmi ceux qui pratiquent la réforme des lésions corporelles produites intentionnellement ne font entrer les instruments tranchants que dans la couche extérieure de la peau. Car la psychologue Colleen Ward commente les activités des hindous de Malaisie durant la cérémonie de Thaipusam en disant: «pour faire entrer les aiguilles et les tenailles dans le dos, ou la poitrine ou l'avant-bras ou le front, il est nécessaire de faire entrer les instruments tranchants dans la couche supérieure de la peau sans parvenir aux muscles» (Ward 1984: 321). Quant au professeur de psychiatrie Raymond Jilek, il a montré aussi que dans les activités semblables durant la danse du soleil des Indiens de l'Amérique, on utilise la couche extérieure de la peau de la poitrine du participant. Et ce qu'il faut mentionner ici est que les rapports des chercheurs sur ces phénomènes dans le monde montrent que l'utilisation du ventre avec ses parties différentes dans ces activités est une chose rare, tandis que l'utilisation des joues est la plus répandue.

Sixièmement—quand le disciple obtient la permission de pratiquer la guérison paranormale des lésions corporelles produites intentionnellement, il ne suit aucune formation pour faire entrer ces instruments d'une manière déterminée ou attentive. Tandis que nous trouvons que les pratiques de la réforme des lésions corporelles produites intentionnellement que les scientifiques ont signalées renferment l'existence «des experts» dans la manière de faire entrer les instruments tranchants et ce sont eux qui les font entrer dans le corps de la personne, plutôt les chercheurs accordent une grande importance au rôle de «l'expert» dans la réussite de l'activité et la non-survenance d'une blessure dangereuse. Et Colleen Ward dit à propos des activités de la réforme des lésions corporelles produites intentionnellement qu'elle a observées en Malaisie que l'action de faire entrer les instruments tranchants dans le corps de la personne qui participe à l'activité est faite par «les experts» dans les techniques de faire entrer les aiguilles et les tenailles (Ward 1984: 321). Et Raymond Jilek a montré aussi que l'action de faire entrer la broche dans la couche supérieure de la peau des poitrines des participants est faite par une seule personne qui est «le meneur de la danse» (Jilek 1982). Quant au chercheur Sayce qui a observé en Inde l'action de faire entrer des aiguilles et des tenailles dans les corps de certains pratiquants parmi les hindous, il dit que ces instruments «peuvent être enfoncés dans le corps de la personne de la part du prêtre seulement» (Sayce 1933: 5).

Septièmement—une des manifestations très importantes dans les activités de la guérison paranormale des lésions corporelles produites intentionnellement est que le disciple ne stérilise pas les instruments tranchants qu'il utilise et qu'il les garde généralement dans une boîte en bois ou métallique. Plutôt le disciple salit, la plupart du temps, ces instruments intentionnellement avant de les faire entrer dans son corps. Dans de telles conditions, il n'est pas étrange de remarquer des effets d'oxydation à la surface de certains de ces instruments. Quant à l'étude exacte des détails de la réforme des lésions corporelles produites intentionnellement chez les autres pratiquants, elle découvre des mesures déterminées dont le but peut être l'action d'éviter de laisser la blessure s'enflammer. Par exemple, les hindous que Sayce a étudiés utilisent des aiguilles et des tenailles fabriquées de l'argent pur. Et celles-ci, bien sûr, ne s'oxydent pas facilement dans les circonstances ordinaires. Quant à Jilek, il a montré que le meneur de la danse frotte avec la sauge la poitrine de toute personne qu'on va faire entrer une broche dans la peau de sa poitrine. De même, Ward a montré que les Malaisiens mettent un genre de sol que les hindous le considèrent comme sanctifiant à l'endroit de la blessure que cause l'instrument tranchant.

Huitièmement—il y a une différence essentielle, importante et grande entre le nombre de ceux qui pratiquent les activités de la réforme des lésions corporelles produites intentionnellement parmi les disciples et le nombre de ceux qui pratiquent ces activités parmi les non disciples dans leurs sociétés auxquelles ils appartiennent. Car comme on a déjà mentionné, chaque disciple peut obtenir la permission de pratiquer les activités de la réforme des lésions corporelles produites intentionnellement. Et en ce qui concerne les pratiquants de ces activités parmi les non disciples, nous trouvons que leur nombre est très petit par rapport au nombre général des membres des sociétés qu'ils représentent. Par exemple, tous ceux qui pratiquent ces activités et qu'on les a mentionnés dans les recherches signalées ci-dessus ne constituent qu'un petit nombre dans leurs sociétés. Plutôt le nombre des personnes qui font entrer les aiguilles et les tenailles dans les corps des participants est très petit.

Les différences déjà mentionnées entre les activités de la réforme des lésions corporelles produites intentionnellement chez les disciples et les autres sont très importantes parce qu'elles montrent que le degré de la violation des lois naturelles que renferment les activités des disciples est beaucoup plus élevé que celles que renferment les activités semblables des non disciples. La réalité que les activités de la guérison paranormale des lésions corporelles produites intentionnellement chez les disciples se distinguent des activités semblables chez les autres peut être remarquée dès que le disciple obtient la permission de pratiquer ces activités puisque les chercheurs n'ont mentionné dans les belles-lettres scientifiques aucune observation d'une telle acquisition immédiate de la prédisposition à la réforme des lésions corporelles produites intentionnellement.

5-3 Les différences entre la résistance aux lésions corporelles produites intentionnellement chez les disciples et les non disciples

Les activités de la résistance aux lésions corporelles produites intentionnellement sont beaucoup plus répandues que la réforme des lésions corporelles produites intentionnellement puisqu'elles sont pratiquées par des individus et des groupes dans des lieux différents du monde. Néanmoins, la plupart des rapports scientifiques disponibles sur ces phénomènes parlent des activités qui renferment la résistance au feu. Et la grande majorité de ces rapports traitent en particulier le phénomène de la marche sur le charbon ardent et cela parce que ce phénomène est répandu dans plusieurs pays et sociétés, néanmoins, il y a aussi un certain nombre de rapports scientifiques sur les observations des chercheurs des activités qui renferment d'autres formes de l'exposition du corps à des agents thermiques comme le toucher du feu.

En ce qui concerne la résistance aux venins des vipères et des scorpions, il n'y a qu'un petit nombre d'études sur les états des individus doués d'une résistance paranormale à ces venins. Et en ce qui concerne la résistance au choc électrique, ce phénomène semble presque inexistant dans le monde ou au moins il est très rare puisqu'il n'y a pas des études scientifiques sur des personnes ayant une résistance paranormale au choc électrique.

Comme est le cas avec la réforme des lésions corporelles produites intentionnellement, il y a des différences importantes entre les activités de la résistance aux lésions corporelles produites intentionnellement chez les disciples et les activités semblables chez les non disciples. En ce qui concerne les disciples, les circonstances dans lesquelles ils pratiquent les activités de la résistance aux lésions corporelles produites intentionnellement ne diffèrent en rien de celles concernant les activités de la réforme des lésions corporelles produites intentionnellement qu'on a déjà mentionnées, puisque le fait de donner au disciple la permission de pratiquer les activités de la guérison paranormale des lésions corporelles produites intentionnellement est le fait d'obtenir la permission de pratiquer toutes ces activités sans exception. On peut résumer les différences entre les activités de la résistance aux lésions corporelles produites intentionnellement chez le disciple et le non disciple comme suit:

Premièrement—pendant que le disciple acquiert la prédisposition pour pratiquer immédiatement toutes les activités de la résistance aux lésions corporelles produites intentionnellement, la seule activité parmi ces activités qui ont été mentionnées, a montré dans les écrits des chercheurs qu'il y avait entre le reste des pratiquants celui qui pouvait la pratiquer d'une manière presque immédiate et c'est le phénomène de la marche sur le charbon ardent. Et certains chercheurs ont montré qu'un certain nombre de spectateurs qui observaient les pratiques de certains parmi ceux qui exercent cette activité, ont marché aussi sur le charbon ardent sans qu'ils se soient brûlés (voir par exemple Iannuzzo 1983 ; Cassoli 1958 ; Brown 1938). De plus, le médium spirituel célèbre, Daniel Douglas Home, qui a vécu au siècle dernier, est connu non seulement par sa capacité de montrer sa résistance au feu, mais il a montré aussi le pouvoir de «transmettre» cette capacité aux autres (Alvarado 1980 ; Home 1921). Néanmoins, la grande majorité de ceux qui pratiquent les activités de la résistance aux lésions corporelles produites intentionnellement parmi ceux qui ne sont pas des disciples de la Tariqa, ne commencent leurs activités qu'après la pratique des rites préparatoires particuliers. Par exemple, en Inde, les hindous ne marchent sur le charbon ardent qu'après la pratique des rites déterminés pendant dix jours. Durant cette période, les individus qui veulent participer à la marche sur le charbon ardent s'abstiennent de manger les viandes et leur nourriture se limite aux légumes, fruits et au lait. De même, ils doivent s'abstenir d'avoir des rapports sexuels (Sayce 1933: 4). Le besoin de pratiquer des rites déterminés avant de marcher sur le charbon ardent, peut être remarqué même dans certains pays et sociétés dans lesquels on pratique la marche sur le charbon ardent dans des contextes non religieux, comme les Etats-Unis d'Amérique où ce phénomène est répandu largement dans les années quatre-vingt en tant que commerce actuel. Puisque les individus qui font de telles pratiques et qui reçoivent des gens de grosses sommes d'argent vis-à-vis de l'obtention de la permission pour qu'ils participent aux cérémonies de la marche sur le charbon ardent et pour qu'on «les aide» à réussir à marcher sur le charbon ardent, ni eux ni les gens qui les suivent ne commencent à marcher sur le charbon ardent qu'après la pratique des rites déterminés (Kotzsch 1985). Et en ce qui concerne les activités de la résistance au venin des vipères et des scorpions, aucune étude scientifique n'a mentionné qu'il y a une acquisition immédiate de tels pouvoirs.

Deuxièmement—les disciples de la Tariqa pratiquent les activités de la résistance au feu en utilisant un feu ardent (image 14). Et en cas d'utilisation des boîtes métalliques ou des morceaux de charbon, ceux-ci sont chauffés jusqu'à ce qu'ils rougissent et le fait de les approcher du corps dans les cas ordinaires peut brûler le corps. Et celui qui assiste à l'observation des activités des disciples de la Tariqa, peut sentir une chaleur brûlante venant de la source thermique qu'utilise le disciple à une distance plus d'un mètre. Quant aux activités de la résistance au feu chez les non disciples, elles sont le plus souvent la marche sur le charbon ardent ou le bois brûlant, comme on a déjà mentionné, ce qui représente un agent thermique ayant une influence limitée, comme plusieurs chercheurs ont remarqué. Plutôt la cause du développement du phénomène de la marche sur le charbon ou le bois brûlant précisément à l'exclusion du reste des phénomènes de la résistance aux agents thermiques en particulier, comme le toucher du feu, ou à l'exclusion des phénomènes de la résistance aux lésions corporelles produites intentionnellement en général, est que l'activité de la marche sur le charbon ardent ou le bois brûlant peut être pratiquée en utilisant un charbon ou un bois ayant un degré de température normale qui empêche le danger auquel s'expose le corps (Leikind & McCarthy 1988). Et en négligeant les cas de tromperie que ceux qui la font utilisent un charbon dont le degré de température a baissé à un niveau qui ne constitue pas un danger pour le corps, le degré normal du danger de ces activités par comparaison avec l'utilisation du feu directement par exemple, ne veut pas dire que ces activités se trouvent parmi les capacités naturelles du corps humain, c'est-à-dire qu'elles constituent un phénomène ayant un genre de paranormalité. De plus, il faut mentionner la réalité que le charbon ou le bois utilisé dans certains cas peut être très brûlant et que le degré de sa température parvient à peu près à 700 degrés centigrades (à peu près 1300 Fahrenheit) (Dennett 1985: 40).

Troisièmement—puisque le disciple peut pratiquer ses activités n'importe quand ou n'importe quel jour de l'année, ce qu'il y a de remarquable chez la plupart de ceux qui pratiquent les activités de la résistance aux lésions corporelles produites intentionnellement et précisément ceux qui utilisent des agents qui constituent un grave danger, est qu'ils pratiquent leurs activités à des occasions et en des temps limités durant l'année. On peut remarquer cela chez ceux qui pratiquent la marche sur le charbon ardent en Inde (Sayce 1933) et en Bulgarie (Slavchev 1983) et au Sri Lanka (Mc Clenon 1983) et au Paraguay (Ahearn 1987) ainsi que d'autres lieux. Cette observation montre que la prédisposition à la résistance au feu chez les non disciples est un peu limitée.

Quatrièmement—on a déjà mentionné que les disciples incitent les vipères et les scorpions à les mordre quand ils pratiquent les activités de la résistance au venin, de plus, ils mangent ces vipères et scorpions pour prouver que le venin a pénétré dans leurs corps. Quant au phénomène semblable qui est pratiqué dans certains lieux dans le monde et qui est connu par le «serpent de manutention», il renferme une différence très importante des pratiques des disciples de la Tariqa, et c'est que les vipères mordent rarement ces personnes qui les tiennent. Le médecin Berthold Schwarz qui a étudié certaines pratiques de la résistance aux lésions corporelles produites intentionnellement chez les disciples d'une secte chrétienne aux Etats-Unis et qui est appelée l'église pentecostale, dit que malgré qu'il ait «observé plus de 200 cas de serpent de manutention, néanmoins, il n'a pas observé la survenance d'une morsure» (Schwarz 1960: 411). L'observation de Schwarz semble comme si elle montre que les vipères utilisées dans ces activités sont anesthésiées sinon elles auraient mordu celui qui les tient. Et la réalité est que Schwarz confirme que «beaucoup de vipères semblent comme si elles agissent d'une manière semblable à celle qui a été remarquée chez d'autres animaux quand ils sont dans des états différents d'hypnose, c'est-à-dire d'un état semblable à la somnolence à un état de cataplexie» (Schwarz 1960: 412). Donc, malgré la classification des chercheurs de ces pratiques généralement comme étant une résistance au venin, elles constituent en réalité un phénomène différent parce que ceux qui les pratiquent ne s'exposent pas aux morsures des vipères et elles sont plus proches du phénomène du magnétisme animal.

Schwartz montre en se basant sur ce qu'il a entendu des pratiquants qu'il a observés qu'il y a des cas où les vipères avaient mordu ceux qui les tenaient (néanmoins, Schwartz n'a pas observé de tels cas). Malgré que ces pratiquants aient informé Schwartz des cas de décès de certains de leurs amis après qu'ils s'étaient exposés à la morsure des vipères, néanmoins ils prétendent que le nombre de ces cas est petit par comparaison avec le nombre de ceux qui s'étaient exposés à des morsures et ils n'étaient pas morts. Néanmoins, il est impossible de donner une évaluation statistique et exacte des résultats des cas de morsure à laquelle ceux-ci se sont exposés et cela parce qu'il n'y a pas d'informations sur le nombre de ceux qui se sont exposés à la morsure d'une vipère et le nombre de ceux qui étaient morts à cause de cela, et le nombre de ceux qui n'étaient pas morts mais des symptômes d'empoisonnement sont apparus chez eux et ils ont eu besoin d'une intervention médicale pour sauver leur vie. Et quand on étudie les cas dans lesquels les pratiquants se sont exposés à une morsure et ils ne sont pas influencés, il est important aussi de savoir si les vipères qui étaient utilisées étaient vraiment du genre venimeux, et combien la vipère est venimeuse et la quantité de venin qui pénètre dans le corps de la personne et autres facteurs déjà mentionnés. En tout cas, l'existence des cas de décès parmi ces pratiquants met en doute leur prétention de posséder une résistance au venin des vipères. De plus, le fait que les vipères ne les mordent pas durant leurs pratiques à cause d'être dans un état surnaturel d'hypnose ou d'anesthésie rend ce phénomène différent d'une manière fondamentale de l'activité du serpent de manutention chez les disciples de la Tariqa Casnazaniyyah. Ce qu'on peut remarquer facilement chez les vipères quand les disciples les tiennent est que contrairement à leur état chez les pratiquants signalés ci-dessus, elles sont dans un état d'action et de mouvement naturel et pour cela elles mordent maintes fois celui qui les tient tout en essayant de s'évader de sa main (image 16).

Schwarz a montré aussi que parmi certains pratiquants qu'il a observés, il y a un nombre limité de ceux qui peuvent avaler des quantités de sulfate de strychnine connue par son absorption rapide de la part des intestins et de l'estomac. Ce poison qui existe généralement sous forme de poudre cause à celui qui avale de 5 à 20 mg de celui-ci des convulsions de 15 à 45 minutes et qui peuvent être mortelles. Néanmoins, la dose qui tue l'homme varie généralement de 60 à 90 mg. Durant les pratiques que Schwartz a observées, deux personnes ont bu à peu près 34 mg de ce poison après qu'elles l'ont mélangé avec l'eau, c'est-à-dire à peu près 17 mg pour chacune, sans qu'elles subissent un symptôme maladif. Schwartz dit que cette quantité pouvait causer des convulsions à ces deux personnes ou d'autres symptômes d'empoisonnement, ou même la mort, néanmoins, il rectifie et dit que les preuves d'un seul cas isolé comme celui-ci ne peuvent pas être généralisées. De plus, il faut mentionner que la dose utilisée malgré la supposition qu'elle contient une quantité toxique était peut-être insuffisante pour causer des convulsions» (Schwarz 1960: 425). De plus, Schwarz montre que les pratiquants de cette activité sont très rares.

Donc, la résistance des disciples au venin des vipères est sans pareille dans les études scientifiques. Quant à l'utilisation des scorpions de la part des disciples de la Tariqa, elle semble aussi qu'elle est sans pareille puisqu'on ne mentionne pas dans les belles-lettres scientifiques des gens capables de manger des scorpions ou d'exposer le corps intentionnellement à leurs piqûres. De plus, le fait de manger les vipères venimeuses est aussi inconnu même chez les pratiquants de l'activité du serpent de manutention.

5-4 La réforme des lésions corporelles produites intentionnellement dans les belles-lettres scientifiques

Malgré les manifestations paranormales et claires dans les activités de la réforme des lésions corporelles produites intentionnellement et la grande utilité qu'elles peuvent offrir aux connaissances scientifiques et la caractéristique de reproductibilité par laquelle elles se distinguent, néanmoins la société scientifique n'a pas prêté à ces phénomènes l'attention qu'ils méritent (Hussein et autres 1994b). Car malgré l'augmentation du nombre des recherches de la parapsychologie et leur diversité, il n'y a qu'un nombre très limité d'expériences de laboratoire qui ont étudié ces phénomènes. Quant au domaine des études sur le terrain, il n'était pas mieux, car souvent les études sur le terrain des chercheurs signalaient marginalement les activités de la réforme des lésions corporelles produites intentionnellement et ne distinguaient pas entre ces phénomènes et les autres phénomènes moins importants que pratiquent certains individus et groupes dans les cérémonies rituelles. Et le plus souvent les chercheurs dans le domaine des sciences sociales préfèrent se concentrer sur la ressemblance entre certains éléments et bagages religieux ou sociaux ou psychologiques ou culturels des activités de la réforme des lésions corporelles produites intentionnellement et ceux qui sont attribués à d'autres phénomènes ou rites ordinaires en ignorant ou négligeant la caractéristique qui distingue ces activités et qu'il est nécessaire de la prendre en considération quand on les étudie et c'est que ces phénomènes montrent des pouvoirs paranormaux. Une des premières manifestations du fait de prêter à la réforme des lésions corporelles produites intentionnellement l'attention qu'elle mérite est de la distinguer des autres phénomènes et de lui donner une identité propre à elle.

A cause de la négligence des chercheurs de ces activités, les recherches scientifiques qui les ont traitées, étaient pleines d'erreurs et de conjectures et de mal compréhension de ces phénomènes. Il y a ci-dessous les critiques les plus importantes qu'on peut faire à l'image des activités de la réforme des lésions corporelles produites intentionnellement dans les belles-lettres scientifiques:

Premièrement—les chercheurs dans le domaine de la psychiatrie et de la psychologie se sont habitués à classifier les activités de la réforme des lésions corporelles produites intentionnellement avec les autres phénomènes qui sont connus par l'automutilation (voir par exemple Favazza & Favazza 1987). L'automutilation telle qu'elle est définie par le professeur de psychiatrie à l'université américaine du Missouri—Colombie, Armando Favazza, est «un ensemble compliqué de comportements qui renferment une destruction ou un changement intentionnel dans les tissus du corps sans avoir l'intention de se suicider» (Favazza 1989: 113). C'est-à-dire que le but de ceux qui pratiquent l'automutilation est de subir un dommage. Cela constitue une différence essentielle entre le phénomène d'automutilation et les activités de la réforme des lésions corporelles produites intentionnellement.

Il est clair bien sûr que l'automutilation et la réforme des lésions corporelles produites intentionnellement renferment la destruction intentionnelle des tissus du corps. Néanmoins, la chose importante ici, comme remarque Barclay (Barclay 1973: 114), est pendant que le but de l'automutilation est «la destruction» des tissus du corps, le but de la réforme des lésions corporelles produites intentionnellement est complètement le contraire, c'est-à-dire «la réforme» des lésions dans les tissus. C'est-à-dire que le fait de causer des blessures au corps dans les activités de la réforme des lésions est utilisé comme un moyen pour produire des prédispositions paranormales afin de réformer les tissus endommagés.

En plus de ce qui a été mentionné, les phénomènes que les scientifiques appellent «l'automutilation» sont des pratiques «maladives» auxquelles ont recours les personnes atteintes de psychose ou les débiles mentaux ou ceux qui sont atteints d'autres maladies mentales (Favazza & Rosenthal 1990, 1993) parmi ceux qui sont poussés par leurs maladies à se déchirer leurs corps. Et celle-ci est une autre différence importante entre les deux phénomènes d'automutilation et de réforme des lésions corporelles produites intentionnellement puisque la dernière ne comporte aucune cause maladive. Le fait de laisser passer cette différence claire précisément met en doute l'intention de plusieurs parmi ceux qui pratiquent les activités de la réforme des lésions corporelles produites intentionnellement à travers le phénomène maladif d'automutilation.

L'autre différence essentielle entre les deux phénomènes d'automutilation et de réforme des lésions corporelles produites intentionnellement est que la première ne renferme aucune prédisposition extraordinaire comme celle que renferment les activités de la réforme des lésions corporelles produites intentionnellement, telles que les résistances paranormales et la guérison instantanée des blessures, et ni d'autres caractéristiques paranormales. Parce que les blessures et les brûlures qui résultent de l'automutilation causent une douleur et une hémorragie et peuvent mener aussi à des infections comme le cas des blessures ordinaires, de plus, la guérison de ces blessures prend le temps ordinaire et nécessaire pour que de telles blessures se cicatrisent. Pour cela, les blessures qui résultent de l'automutilation ne peuvent pas être classées avec les phénomènes paranormaux qui apparaissent sur le corps humain. Car dans sa description de l'automutilation, l'expert en ce phénomène, le professeur Favazza dit: «le plus souvent les malades chroniques qui exercent une automutilation ont besoin d'un soin médical de leurs blessures et brûlures. Ceux qui arrachent leurs cheveux et ceux qui interviennent dans la guérison de leurs blessures peuvent être atteints des infections fréquentes» (Favazza 1989: 115). Malgré que certains malades qui exercent une automutilation aient une prédisposition pour supporter une douleur plus aiguë que la douleur normale, comme est le cas chez certains débiles mentaux, cette augmentation dans le fait de supporter la douleur est très légère et on ne peut pas la comparer avec la non-existence de la douleur «non maladive» dans les phénomènes de la réforme des lésions corporelles produites intentionnellement.

En résumé, la classification de la psychologie et de la psychiatrie du phénomène de la réforme des lésions corporelles produites intentionnellement comme étant une automutilation renferme une mal compréhension des causes de la pratique de ces activités ainsi qu'une autre mal compréhension qui n'est pas moins importante de la précédente et qui touche la réalité des merveilles qui se produisent dans ces activités. Parmi les pratiquants des activités de la réforme des lésions corporelles produites intentionnellement et de l'automutilation, il y a des différences importantes dans les comportements psychologiques et biologiques. Pour cela, le regard de la psychologie et de la psychiatrie envers la réforme des lésions corporelles produites intentionnellement, qui renferme le rapprochement entre ce phénomène et l'automutilation, est un regard faux et plein de sophisme.

Deuxièmement—la plupart des rapports des chercheurs sur les activités de la réforme des lésions corporelles produites intentionnellement sont concentrés sur la production de ces phénomènes comme s'ils renferment parmi les caractéristiques paranormales la maîtrise de la douleur seulement, en ignorant les autres caractéristiques paranormales de ces activités. Par exemple, le psychiatre indien Chandra shekar dit dans son commentaire sur certaines prédispositions surnaturelles que montrent les médiums indiens dans les états d'obsession qu'on sait à propos de certains parmi ceux-ci qu'ils «blessent eux-mêmes avec des épées sans qu'ils sentent une douleur» (Chandra shekar 1989: 89). De même, James McClenon décrit les activités dans lesquelles on fait entrer des broches dans les joues et les mains ainsi que la marche sur le charbon ardent qu'il les a observées au Sri Lanka, en disant qu'elles sont «des rites pour défier d'une manière étrange la douleur» (McClenon 1983: 99). Cette concentration sur la maîtrise de la douleur et la négligence des résistances paranormales à l'hémorragie et l'infection et de la guérison paranormale des blessures donne une fausse impression que la maîtrise de la douleur est le seul comportement paranormal dans les activités de la réforme des lésions corporelles produites intentionnellement. Cette description imprécise des activités de la réforme des lésions corporelles produites intentionnellement a conduit vers une autre direction fausse afin d'essayer de comprendre le phénomène comme il est montré ci-dessous.

Troisièmement—l'observation de la réforme des lésions corporelles produites intentionnellement comme étant des phénomènes de maîtrise de la douleur seulement a encouragé plusieurs chercheurs à proposer des explications de la résistance à la douleur sans que les modèles explicatifs proposés prennent en considération l'existence d'autres résistances paranormales et la guérison instantanée et paranormale qui accompagne la résistance paranormale à la douleur. Le fait que les activités de la réforme des lésions corporelles produites intentionnellement renferment un ensemble de prédispositions paranormales différentes exige de toute théorie proposée pour les expliquer qu'elle soit capable d'expliquer tous les pouvoirs paranormaux que renferme ce phénomène et non seulement la résistance à la douleur. C'est-à-dire que l'explication doit observer le phénomène en général couvrant tous ses aspects paranormaux et non seulement certains parmi ceux-ci. Et par exemple, le médecin James

Henry présente un modèle pour expliquer la prédisposition à la maîtrise de la douleur observée dans certains phénomènes de «la transe»—que la plupart des chercheurs considèrent la réforme des lésions corporelles produites intentionnellement comme un de ses genres—en supposant que la cause est la survenance d'une augmentation dans «les niveaux de la circulation de l'endorphine[14] jusqu'à atteindre des niveaux qui peuvent mener à des cas d'analgésie» (Henry 1982: 405). Ensuite, Henry continue à supposer pour expliquer l'augmentation supposée dans les niveaux de l'endorphine et il dit qu'elle peut être à cause de deux facteurs: le premier est la survenance «des états modifiés de conscience» ; et le deuxième est la survenance d'un effet placebo qui résulte de la suggestion et l'espérance. Et maintenant, si ce modèle devait expliquer la maîtrise de la douleur observée durant les activités de la réforme des lésions corporelles produites intentionnellement, il est évident que les facteurs qui sont supposés être responsables de l'augmentation des niveaux de l'endorphine soient aussi responsables de l'arrêt de l'hémorragie et l'empêchement de l'infection et la guérison instantanée des blessures. Néanmoins, il n'y a pas une preuve scientifique que les états modifiés de conscience ou l'effet placebo ou la suggestion ou l'espérance peuvent mener à de telles résistances paranormales. Donc, l'erreur dans laquelle Henry est tombé est qu'il a posé un modèle qu'il le croit expliquer la maîtrise de la douleur dans les phénomènes qui renferment ce pouvoir, néanmoins, ce modèle même s'il était bon pour expliquer certains phénomènes de maîtrise de la douleur, il n'est absolument pas bon pour expliquer les phénomènes semblables dans les activités de la réforme des lésions corporelles produites intentionnellement où la maîtrise de la douleur constitue seulement une parmi plusieurs potentialités paranormales dans le phénomène.

Quatrièmement—les chercheurs ont tendance à expliquer les activités de la réforme des lésions corporelles produites intentionnellement en disant qu'elles sont le produit du fait que la personne soit dans «un état

---

[14] On appelle endorphine tout groupe de composants chimiques qui se forment naturellement dans le cerveau et ont des caractéristiques qui soulagent la douleur comme l'opium. Le premier genre d'endorphine a été découvert de la part de John Hughes en 1974, néanmoins, le terme «endorphine» a été forgé par le chercheur Simon (Simon 1976).

de transe» ou «un état modifié de conscience». Par exemple, Raymond Jilek a expliqué de la même façon les activités des Indiens d'Amérique pendant la danse du soleil (Jilek 1982). Colleen Ward a fait la même chose dans son explication des activités qu'elle a observées en Malaisie (Ward 1984). Néanmoins, il y a aussi parmi les chercheurs, ceux qui ont confirmé que les pratiquants de la réforme des lésions corporelles produites intentionnellement qu'ils les ont observés n'étaient pas dans un état de conscience autre que l'état ordinaire, comme James McClenon qui a observé des démonstrations au Sri Lanka (McClenon 1983).

On a déjà expliqué dans le troisième chapitre les erreurs méthodiques et fondamentales que renferme l'utilisation des termes ambigus comme «la transe» et «les états modifiés de conscience» pour expliquer les phénomènes étranges et paranormaux. Et malgré l'utilisation des chercheurs de tels termes ambigus d'une manière intensive pour expliquer certains phénomènes paranormaux néanmoins, ils sont en réalité inutiles pour «expliquer» tout phénomène parce qu'ils sont des termes généraux qui ne signifient absolument pas une chose déterminée, que cette chose visée soit un état psychologique ou physiologique. La réalité est que l'utilisation des chercheurs de tels termes est seulement pour prétendre qu'il y a «une explication scientifique» du phénomène, et qu'il y a beaucoup de causes, qu'on a traité certaines de celles-ci, qui poussent les chercheurs à suivre cette mauvaise méthode.

Cinquièmement—en plus des belles-lettres scientifiques qui ont traité la réforme des lésions corporelles produites intentionnellement en général et ont contenu les erreurs mentionnées ci-dessus, il y a un certain nombre de recherches qui ont signalé les activités des disciples des ordres soufis en particulier et ont donné des images pleines de sophisme à propos de la réalité des activités des disciples. Chaque exemple parmi ces écrits représente généralement un mélange qui unit trois erreurs méthodiques: premièrement, l'éloignement du phénomène parapsychologique en général à propos duquel on a déjà parlé, deuxièmement, la mal compréhension scientifique des phénomènes de la réforme des lésions corporelles produites intentionnellement telle qu'elle est représentée par les points expliqués ci-dessus, et troisièmement, la mal compréhension et l'imprécision et la dénaturation intentionnelle de la présentation des réalités concernant les observations des activités des disciples de la Tariqa et qui sont des caractéristiques qui ont souvent distingué de la Tariqa les écrits des orientalistes et des explorateurs occidentaux. De plus, plusieurs parmi ces écrivains sont tombés dans l'erreur quand ils ont essayé d'expliquer les phénomènes étranges de leurs milieux culturels à travers les idées et les concepts que posent ces cultures ou ce qui est connu par le phénomène de l'ethnocentrisme, dans leur traitement des phénomènes de la guérison paranormale des lésions corporelles produites intentionnellement et du reste des affaires de la Tariqa. L'ethnocentrisme est un phénomène qu'on peut remarquer clairement et exceptionnellement dans les écrits des anthropologues qui exagèrent plus que les autres chercheurs dans l'évaluation du rôle des facteurs ethniques et sociaux dans tout ce qu'ils voient de phénomènes et ils sont très loin d'accepter la probabilité de l'existence de nouveaux phénomènes qu'il est impossible de les comprendre à travers les critères qu'ils ont appris dans leurs sociétés. Et la réalité est que le phénomène de l'ethnocentrisme est une des raisons d'une erreur méthodique dont on peut remarquer les racines dans toutes les sciences et c'est la tentative pour expliquer les phénomènes nouveaux ou paranormaux à travers les axiomes qui sont connus ou convenus.

Un certain nombre d'orientalistes et d'explorateurs occidentaux ont signalé leurs observations des activités de la guérison paranormale des lésions corporelles produites intentionnellement (Ruthven 1984: 250 ; de Jong 1978: 94, 98 ; Garnett 1912: 131 ; Brown 1968: 281-282 ; Tritton 1966: 97 ; Seabrock 1991: 278-280). Néanmoins, parmi les études qu'il faut mentionner un peu en détail ici est l'étude faite par l'anthropologue hollandais Martin Van Bruinessen qui avait observé certaines activités de la guérison paranormale des lésions corporelles produites intentionnellement des disciples au nord de l'Irak. Car malgré que ce chercheur n'ait pas présenté des informations claires sur ces disciples néanmoins, on peut conclure d'après ce qu'il a posé en disant que ceux qu'il a observés et qui pratiquaient les activités de la guérison paranormale des lésions corporelles produites intentionnellement ou au moins certains de ceux-ci, sont parmi les disciples de la Tariqa Casnazaniyyah. En plus des erreurs claires et du sophisme que renferment les avis de Van Bruinessen sur les causes de la pratique de la guérison paranormale des lésions corporelles produites intentionnellement et sa prétention que c'est la classe la plus basse socialement parmi les disciples qui pratique ces activités pour des raisons sociales, il met en doute les manifestations paranormales que renferment ces phénomènes en disant: «il n'y avait pas parmi les disciples que j'ai observés quelqu'un qui s'est vraiment blessé d'une manière dangereuse ; parce qu'ils évitaient de blesser les organes vitaux» (Bruinessen 1992: 237). Van Bruinessen ainsi que la grande majorité des chercheurs occidentaux qui ont pris connaissance de ces phénomènes et ont mis en doute le danger qu'ils renferment (Seabrock 1991: 280), ou qui s'efforçaient d'accuser les disciples qui pratiquent ces activités par la tromperie (Brown 1968: 282) mettaient en doute la paranormalité des phénomènes de la guérison paranormale des lésions corporelles produites intentionnellement. Malgré que ceux qui mettent en doute la paranormalité des phénomènes de la guérison paranormale des lésions corporelles produites intentionnellement ne sont pas, en général, des spécialistes en sciences médicales pour qu'ils puissent décider le degré de la gravité de chacune parmi ces activités, néanmoins cela n'éloigne pas de ces chercheurs l'accusation de malhonnêteté dans la transmission de leurs observations puisque la compréhension des résistances à l'hémorragie et l'infection en plus de la guérison instantanée et paranormale des blessures ne nécessite pas des expériences particulières de la part de la personne. Il en est de même en ce qui concerne l'évaluation de la gravité des blessures causées par ces activités.

Malgré que Van Bruinessen ne décrive pas en détail les activités qu'il a observées néanmoins, il confirme qu'elles renfermaient le fait de faire entrer «des broches et des épées» dans les parties du corps. Il n'y a pas de doute que les activités différentes de la guérison paranormale des lésions corporelles produites intentionnellement ne soient pas égales en gravité, parce que le fait de faire entrer une broche dans le foie par exemple est plus dangereux que le fait de la faire entrer dans les muscles de la poitrine, parce qu'un dommage dans le foie influence plus dangereusement la santé générale du corps qu'un dommage qui touche les muscles de la poitrine, en plus la première action se guérit d'habitude plus lentement, néanmoins, cela ne veut pas dire que le fait de faire entrer une broche dans les muscles de la poitrine est une activité non dangereuse. Toute activité de guérison paranormale des lésions corporelles produites intentionnellement dans laquelle on utilise des instruments tranchants comme les broches et les épées ne peut que renfermer un danger. Et nous trouvons que Van Bruinessen a lui-même rectifié et a confirmé que malgré que tous les instruments utilisés par les disciples n'aient pas été propres ou stérilisés néanmoins, il n'y a pas parmi ceux qui ont pratiqué les activités de la guérison paranormale des lésions corporelles produites intentionnellement celui qui était atteint d'une infection dangereuse. Et ce chercheur néglige, comme font les autres, la résistance paranormale à l'hémorragie et la guérison instantanée des blessures qui apparaissent chez les disciples.

En suivant la méthode explicative manquée à laquelle la grande majorité des chercheurs se sont habitués à avoir recours en attribuant les phénomènes de la réforme des lésions corporelles produites intentionnellement à «des états de transe» ou «des états modifiés de conscience» (Wheatcroft 1993:259), Van Bruinessen croit que les disciples qu'il a observés pouvaient pratiquer leurs activités parce qu'ils étaient dans des états de transe dont la cause était leur participation aux séances d'invocation qui avaient précédé la pratique des activités de la guérison paranormale des lésions corporelles produites intentionnellement qu'il avait observées. Mais, en plus de la négligence de Van Bruinessen de la réalité que le disciple peut pratiquer la guérison paranormale des lésions corporelles produites intentionnellement en tout temps et lieu et pas nécessairement après la séance d'invocation ou dans les couvents des mystiques, ce chercheur contredit l'explication qu'il pose en montrant que le calife qui dirigeait les activités de la guérison paranormale des lésions corporelles produites intentionnellement, essayait de faire participer les spectateurs qui n'étaient pas parmi les disciples de la Tariqa aux activités et cela en faisant entrer lui-même l'instrument tranchant dans le corps de la personne, plutôt le calife a voulu laisser Van Bruinessen pratiquer aussi une des activités de la guérison paranormale des lésions corporelles produites intentionnellement en utilisant une épée. Van Bruinessen ne prétend pas que les spectateurs étaient aussi dans un état de transe et il n'aurait certainement pas classifié son état de conscience comme étant un état de transe, alors comment le calife faisait participer les spectateurs qui n'étaient pas parmi les disciples aux activités et essayait de le faire participer aussi? Celle-ci est une question que Van Bruinessen évite de poser parce qu'elle détruit la base de son explication de la guérison paranormale des lésions corporelles produites intentionnellement comme étant le produit des états de transe. La prétention de Van Bruinessen du rôle de la transe est fausse, parce que comme on a déjà mentionné, le disciple est dans son état de conscience ordinaire quand il pratique les activités de la guérison paranormale des lésions corporelles produites intentionnellement. Et même si le disciple est surexcité ou enthousiaste quand il pratique l'activité, alors cela ne veut pas dire que cette excitation ou cet enthousiasme qui peut être ce que Van Bruinessen appelle ici la transe, est la cause de sa réussite dans la pratique de la guérison paranormale des lésions corporelles produites intentionnellement. En plus de cela, «la transe» mentionnée ne représente pas une chose ou un état défini clairement, comme on a déjà expliqué dans le troisième chapitre, et pour cela le fait de dire que «l'état de transe» est l'explication des activités de la réforme des lésions corporelles produites intentionnellement est un dire sans fondement.

Il est vraiment étrange que les chercheurs qui expliquent les phénomènes de la réforme des lésions corporelles produites intentionnellement comme étant le produit des états modifiés de conscience ou des états de transe ou des termes ambigus pareils à ceux-ci, ne font pas un effort pour s'approfondir un peu plus dans leur pensée et expliquer comment est-ce que l'état de conscience prétendu permet au corps de produire des pouvoirs paranormaux que renferme la guérison paranormale des lésions corporelles produites intentionnellement ou toute prédisposition pour une guérison paranormale. Car il est clair que le but des chercheurs du fait de poser de telles suppositions ambiguës n'est pas réellement l'explication du phénomène, sinon ils ne se seraient pas contentés de poser la supposition, mais leur but essentiel est de convaincre les autres, qu'ils soient parmi le reste des scientifiques ou parmi les gens ordinaires, que ces phénomènes sont des phénomènes «naturels» et qu'ils ne représentent aucune menace pour les théories scientifiques répandues. Les scientifiques ont voulu rendre les termes ambigus comme «les états modifiés de conscience» et «les états de transe» un exil pour les phénomènes paranormaux dans lequel ils les jettent pour que nul ne puisse les voir, néanmoins, l'objectivité des manifestations paranormales des phénomènes de la réforme des lésions corporelles produites intentionnellement a mis fin à cette tentative manquée et ils sont tombés eux-mêmes dans cet exil, et ils ont perdu de vue, ainsi que ceux qui les ont suivis, la paranormalité de ces phénomènes.

Une des idées fausses de la guérison paranormale des lésions corporelles produites intentionnellement et qui sont émises par les chercheurs occidentaux est la prétention que les disciples de la Tariqa pratiquent la guérison paranormale des lésions corporelles produites intentionnellement après qu'ils fument du haschich pour qu'il les rende capables de résister à la douleur. Par exemple, le botaniste et l'explorateur allemand, Leonhard Rauwolf, qui a voyagé au Moyen-Orient de 1573 à 1575, a dit à propos des disciples qu'ils «fument beaucoup de haschich, ce qui les laisse entrer rapidement dans un état de somnolence et un état d'insensibilité, pour cela quand ils blessent ou brûlent eux-mêmes par leur méthode barbare, ils sentent moins le mal ou la douleur» (Dannenfelt 1968: 248). Cette prétention répétée aussi par des chercheurs contemporains (Prince 1982c) est fondée sur ce que certains écrivains ont mentionné en disant que certains disciples fumaient jadis du haschich (voir par exemple Ruthven 1984: 155 ; Rosenthal 1971). Il est connu que l'Islam a interdit de boire le vin et tout ce qui a une influence enivrante en général, comme le haschich par exemple. Pour cela, si les contes de ces écrivains étaient justes lorsqu'ils disent que des individus ou des groupes parmi ceux qui prétendent qu'ils sont des disciples de la Tariqa fumaient du haschich, la réponse est simplement qu'on ne peut pas considérer ceux-ci comme des disciples et pour cela on ne peut pas les comparer aux autres. Parce que ce n'est pas le disciple qui a appelé lui-même un disciple mais celui que les actions étaient des actions d'un disciple. Quant à la tentative pour expliquer la guérison paranormale des lésions corporelles produites intentionnellement pendant que le disciple fume du haschich, elle renferme ce regard faux et naïf qu'on a déjà mentionné en considérant que ces phénomènes renferment, parmi les prédispositions paranormales, la résistance à la douleur seulement. Parce que le haschich peut aider à diminuer le sentiment de la douleur comme plusieurs matières stupéfiantes néanmoins, il n'empêche certainement pas l'infection ou l'hémorragie et n'a pas une influence sur la guérison de la blessure immédiatement. De plus, il n'est pas difficile de s'assurer du fait que les disciples de la Tariqa pratiquent la guérison paranormale des lésions corporelles produites intentionnellement sans avoir besoin de fumer du haschich ou tout genre de drogues.

5-5 La résistance aux lésions corporelles produites intentionnellement dans les belles-lettres scientifiques

La plupart des belles-lettres scientifiques qui parlent de la résistance aux lésions corporelles produites intentionnellement se concentrent sur le phénomène de la résistance au feu, et précisément l'activité de la marche sur le charbon ardent. De plus, il y a certains rapports sur le serpent de manutention, néanmoins, il n'y a pas des études scientifiques sur des individus qui ont une résistance au choc électrique. Pour cela, ce qui va suivre, discute principalement la résistance au feu et rapidement le serpent de manutention.

Les chercheurs ont prêté attention à l'étude de la résistance au feu et précisément l'activité de la marche sur le charbon ardent depuis le siècle dernier. Et ils ont continué à prêter attention à ce phénomène pendant le siècle actuel à travers des études qui sont publiées de temps en temps, parfois de la part de ceux qui reconnaissent la justesse du phénomène et parfois de la part de ceux qui le mettent en doute. Néanmoins, les années quatre-vingt de ce siècle, ont connu une attention exceptionnelle prêtée au phénomène et de laquelle ont résulté un grand nombre de recherches qui ont traité, même si avec une précision différente, les diverses manifestations de la marche sur le charbon ardent. Et la cause de la grande attention soudaine prêtée à ce phénomène est sa pratique répandue aux États-Unis d'Amérique par l'intermédiaire d'un certain nombre d'organisateurs de cérémonies collectives pour marcher sur le charbon, et quiconque peut participer à cette activité en payant une somme déterminée d'argent. Les organisateurs les plus célèbres de cérémonies de la marche sur le charbon sont Tolly Burkan et Tony Robbins.

Les chercheurs ont suivi des démarches différentes dans leur traitement du phénomène de la marche sur le charbon ardent ainsi que le phénomène du toucher du feu. Et des théories contradictoires sont apparues en prétendant réussir à expliquer le phénomène. La présentation suivante de ces théories et la faiblesse de certaines parmi celles-ci donne un exemple vivant de la méthode à laquelle ont recours les chercheurs pour faire face au phénomène parapsychologique qui n'appartient pas au système des phénomènes ordinaires et de la naïveté des idées que certains parmi eux peuvent les poser tout en étant très enthousiastes pour «réfuter» la paranormalité du phénomène et se débarrasser de sa classification en tant que phénomène inexplicable.

En essayant d'expliquer la marche sur le charbon ardent, Eusebe Salverte a emprunté une idée qui avait été posée avant à peu près 2000 ans par le Grec Varro qui dit que ceux qui marchent sur le charbon ardent doivent nécessairement mettre une crème isolatrice qui protège leurs pieds nus du feu. Salverte dit: «que la solution saturée d'alun protège toute partie imbibée fortement de celle-ci à cause d'être influencée par le feu» et il ajoute en disant: «surtout si on frotte la peau avec le savon après qu'on l'expose à l'alun» (Salverte 1829: 321).

En 1871, le physiologiste William Benjamin Carpenter a présenté une supposition pour expliquer le pouvoir de certaines personnes douées de mettre leurs mains dans des minerais en métal ayant des degrés de température très élevés. L'avis de Carpenter était que l'évaporation de la sueur qui se forme sur la main à cause de la température élevée constitue un airbag qui fonctionne comme un isolateur de la main du métal dissous (Carpenter 1877: 67). On peut comprendre ce que Carpenter veut dire ici en imaginant le balancement de la goutte d'eau lorsqu'elle tombe sur un métal chaud comme sur une friteuse par exemple. Parce que la cause du balancement de la goutte d'eau est l'airbag ayant une épaisseur d'environ 0,09 mm qui se forme au-dessous de celle-ci à cause de l'évaporation d'une partie de celle-ci lorsqu'elle touche la plaque chaude. Ce phénomène est connu par l'effet Leidenfrost par rapport à celui qui l'a découvert en 1756 le médecin allemand Johann Gottlieb Leidenfrost. Dans les années trente de ce siècle, Harry Price a posé de nouveau la théorie de Carpenter en disant que l'effet Leidenfrost est l'explication de la résistance au feu (Price 1939: 250). Néanmoins, cette explication n'est connue largement qu'en 1977 quand il l'a posée de nouveau sans mentionner qu'elle a été posée précédemment par le physicien Jearl Walker dans un article qu'il avait écrit dans le magazine connu Scientific American (Walker 1977). Une autre explication pareille a été mentionnée par le Hongrois George Egely qui confirme le rôle de la transpiration dans la protection des pieds de celui qui marche sur le charbon ardent (Egely 1985).

Avant que Harry Price mentionne la théorie de Leidenfrost, il avait posé une autre explication. Car en 1936, Price a cru que le poids des personnes qui marchent sur le charbon ardent peut être un facteur qui les empêche de se brûler. Puisque Price a cru que les personnes maigres exercent une pression légère sur le charbon et pour cela leur contact avec le charbon n'est pas suffisant pour qu'elles se brûlent (Price 1936: 12).

Quant à Sir James Frazer, l'anthropologue célèbre, il a apporté aussi une nouvelle explication du phénomène et il a prétendu que c'est parce qu'ils sont habitués depuis l'enfance à marcher nu-pieds, alors «les villageois peuvent marcher en sûreté sur le charbon flamboyant à condition qu'ils ne perdent pas leur équilibre et ne trébuchent pas, puisque l'utilisation avait endurci les plantes de leurs pieds de sorte que la peau s'est transformée en un genre de peau tannée ou une matière solide qui est à peu près insensible au feu» (Frazer 1900: 308).

En plus des explications qui ont été déjà mentionnées, certains chercheurs ont fait un effort pour présenter des explications physiques. Parmi ces théories qui ont été acceptées par un certain nombre de chercheurs est celle qui a été posée par le physicien Bernard Leikind qui était alors dans le département de physique à l'université de Californie à Los Angeles et le psychologue William McCarthy du département de psychologie à l'université mentionnée. Ces deux chercheurs croient que le fait que les pieds de ceux qui marchent sur le charbon ardent ne se brûlent pas revient au fait que le charbon ardent ou les autres matières qui peuvent être utilisées, comme le bois, ont une capacité thermique basse c'est-à-dire qu'elles gardent peu de chaleur et leur conductivité thermique est faible, c'est-à-dire que leur transmission de la chaleur aux autres corps est lente. Leikind et McCarthy entendent par ce dire que la période dans laquelle les pieds de celui qui marche sur le charbon ardent touchent le charbon lorsqu'il traverse le fossé est courte pour permettre la transmission d'une chaleur suffisante pour que ses pieds subissent une brûlure (Leikind & McCarthy 1985, 1988). Et un certain nombre de chercheurs acceptent la théorie de Leikind et de McCarthy (Dennett 1985 ; Hines 1988).

Et Dennis Stillings a donné une autre explication physique du phénomène en supposant la survenance d'un processus d'adoucissement des pieds de celui qui marche sur le charbon ardent qui résulte de l'électrostatique en signalant le phénomène qui avait été découvert au dix-huitième siècle concernant la formation «d'un courant électrique» froid à l'aide des générateurs de l'électrostatique en ce temps (Stillings 1985b). De plus, la chercheuse grecque Victoria Manganas a proposé que pendant la marche sur le feu se forme autour du corps de la personne une armure qui protège de la bioénergie. Manganas explique cela en supposant que le plasma biologique du corps (l'état ionique de la matière) augmente durant la pratique de la marche sur le charbon ardent et que ce «plasma biologique protège des brûlures parce que les corpuscules chargés ou les électrons libres qu'il les forme produisent un état de supraconductivité dans la peau» (Manganas 1983: 82). Et cette chercheuse essaie de lier cette augmentation qu'elle suppose dans «le plasma biologique» aux états de conscience particuliers.

De plus, un certain nombre de chercheurs ont proposé des explications psychologiques du phénomène (Blake 1985) dont la plupart s'est concentrée, comme il est prévu, sur la supposition que celui qui marche sur le feu est dans un état modifié de conscience ou dans un état de transe. Car le chercheur Giovanni Iannuzzo a confirmé le rôle de la suggestion et de l'enthousiasme de la personne dans sa réussite à traverser le fossé plein de charbon (Iannuzzo 1982), ensuite il a fait suivre cette supposition par une autre plus étrange, dans son explication de la transmission de la prédisposition à la marche sur le charbon ardent de certaines personnes professionnelles à d'autres gens, en disant que «ce n'est pas la prédisposition à la résistance au feu qui est transmise mais c'est l'état modifié de conscience qui est semblable à la transe» (Iannuzzo 1983: 72). Quant à Mary Ahearn, elle croit que la confiance en soi, le tempérament positif et la foi, sans tenir compte de la nature de cette foi, sont des facteurs essentiels pour que le pratiquant réussisse (Ahearn 1987: 17). Et Larissa Vilenskaya est convaincue aussi que la cause de la réussite à traverser le fossé plein de charbon ardent est la croyance de la personne à sa capacité de réussir à faire cela, sans tenir compte si sa croyance voulait dire l'effet Leidenfrost ou l'action de la pensée sur la matière ou autres explications (Vilenskaya 1985: 93), et Tart partage aussi son avis sur cela (Tart 1987: 4). De plus, Ruth Inge-Heinze répète la même supposition qui dit que c'est la foi de la personne qui l'aide à traverser le fossé plein de charbon et elle considère la marche sur le charbon ardent comme une preuve vivante de la domination de la pensée sur la matière (Heinze 1985: 50). Quant à Gibson, il croit que la résistance au feu qu'il a étudiée chez les Indiens d'Amérique est liée aux états de transe semblables aux états d'hypnose néanmoins, elle diffère de ceux-ci (Gibson 1952: 153). Pekala et Ersek croient aussi que l'hypnose n'est pas la cause de la résistance au feu ni «du changement dans la conscience», certes ils proposent une alternative qui est «le changement dans l'attention» qui est représenté par le fait que la personne se concentre longtemps sur une chose déterminée (Pekala & Ersek 1992-93: 225). Et parmi ceux qui ont montré que les états d'hypnose sont la cause de la marche sur le charbon ardent sont James McClenon (McClenon 1983) et Steve Kane (Kane 1982).

Ce grand nombre de suppositions qui sont posées pour expliquer le phénomène de la résistance au feu, et précisément l'activité de la marche sur le charbon ardent, montre non seulement la grandeur de la difficulté que rencontrent les scientifiques pour expliquer ce phénomène, mais aussi il montre combien ils insistent sur le fait de donner une explication «naturelle» du phénomène à tout prix. Car les explications «scientifiques» mentionnées ci-dessus renferment des regards complètement différents et contradictoires envers le phénomène et ces explications diffèrent entre des idées faibles et hâtives et autres qui sont cachées derrière un groupe de termes ambigus, sachant que nulle parmi ces explications théoriques n'est soutenue par une étude scientifique et pratique. Et l'observation des critiques faites par les partisans de chaque explication des autres explications n'est pas meilleure que la découverte de la faiblesse de ces explications, puisque ceux qui soutiennent chaque théorie découvrent comment les partisans de chacune parmi les autres explications ont ignoré les réalités et les rapports scientifiques qui contredisent leur explication du phénomène de la résistance au feu pour qu'ils gardent le rang de l'explication qu'ils donnent.

Le chercheur célèbre dans le domaine de la parapsychologie Brian Inglis a critiqué la théorie de l'utilisation de ceux qui marchent sur le charbon ardent d'une matière isolatrice qui protège leurs pieds et il a accusé ceux qui adoptent cette théorie en disant qu'ils n'avaient pas vu dans leur vie une marche sur le charbon ardent sinon ils n'auraient pas donné cette explication faible (Inglis 1986). Car une des réalités accomplies actuellement est que ceux qui marchent sur le charbon ardent font cela en ayant les pieds nus et certains chercheurs les ont bien analysés. De plus, l'activité a été pratiquée de la part des chercheurs sérieux qui ont voulu connaître la réalité de ce qui se passe dans celle-ci comme le professeur Charles Tart qui nie certainement le fait d'avoir mis une crème pour protéger ses pieds (Tart 1987: 4).

Stillings a critiqué l'utilisation du phénomène de Leidenfrost pour expliquer la marche sur le charbon ardent parce que ce phénomène se produit à des degrés de température qui varient de 150 à 400 degrés centigrades, tandis que les degrés de température de plusieurs fossés pleins de charbon sont parfois plus élevés, parfois moins élevés que cela (Stillings 1985a: 55). Quant à Tart, il critique ce modèle explicatif pour plusieurs raisons et la plus importante parmi celles-ci est que le poids du corps humain ne peut pas être comparé avec le poids d'une goutte d'eau, car un airbag léger comme celui qui peut se former s'il y a une évaporation de la sueur des pieds ne peut pas protéger le corps et l'empêcher de toucher le charbon ardent (Tart 1987: 4). Leikind et McCarthy croient aussi que ce modèle est incapable d'expliquer la marche sur le charbon ardent (Leikind & McCarthy 1985, 1988).

Quant à l'explication qui n'est pas moins naïve en ce qui concerne «la rigidité des plantes» des pieds de celui qui marche sur le charbon ardent, elle a été critiquée par un grand nombre de chercheurs qui se sont assurés de sa fausseté en remarquant que ce phénomène ne peut pas être pratiqué seulement de la part des villageois qui ont vécu les pieds nus, comme prétend James Frazer, mais de la part des gens différents, que les plantes des pieds de la plupart de ceux-ci ont une flexibilité naturelle (Iannuzzo 1983: 72 ; Sayce 1933: 7). Certains chercheurs qui ont critiqué cette théorie avaient eux-mêmes pratiqué cette activité (McClenon 1983: 101 ; Tart 1987: 4). La première chose qui se présente à l'esprit parmi les points faibles clairs dans la théorie de la rigidité des plantes des pieds est que la marche sur le charbon ardent n'est pas la seule activité qui est utilisée pour montrer la prédisposition à la résistance au feu, car il y a par exemple l'activité du toucher du feu ou de l'immersion de la main dans une solution chaude, et ce sont des cas auxquels la théorie de la rigidité des plantes des pieds ne peut pas s'appliquer.

L'explication de Leikind et McCarthy qui est basée sur la faiblesse de la capacité thermique et la conductivité thermique du charbon et qui s'est exposée aussi à la critique des chercheurs (Stillings 1985a) n'est pas plus qu'une supposition théorique qui n'est pas soutenue par des expériences scientifiques précises, en plus, elle néglige l'existence des activités de la résistance au feu dans lesquelles on n'utilise pas le charbon mais des métaux comme l'aluminium qui se distingue par une capacité et une conductivité thermiques très élevées. Une autre critique faite par Tart montre que tous ceux qui marchent sur le charbon ardent ne réussissent pas à traverser le fossé, car les pieds de certains parmi eux se brûlent lorsqu'ils traversent le même fossé et parfois la brûlure est tellement forte qui les laisse dormir plusieurs jours à l'hôpital. Et si l'explication de Leikind et McCarthy était juste, tout le monde réussirait à traverser ou tout le monde se brûlerait les pieds (Tart 1987).

La prétention de Stillings en ce qui concerne l'existence d'une électrostatique n'est pas plus qu'une supposition que nul ne la partage. De même, nul ne partage l'explication de Victoria Manganas du «plasma biologique», car cette chercheuse reconnaît elle-même que ce modèle explicatif n'est pas plus qu'une «supposition».

Quant aux explications psychologiques sous leurs différentes formes, elles sont plus proches d'être un jeu de mots que d'être des tentatives sérieuses pour expliquer le phénomène. Et en plus de cela, elles ne sont que des suppositions qu'il n'y a aucune preuve expérimentale qui les soutient, comme confirment Leikind et McCarthy (Leikind & McCarthy 1988: 313-314). Et Tart commente les explications qui montrent que le phénomène de la marche sur le charbon ardent est un phénomène hypnotique en disant que l'hypnose peut être la cause du fait que la personne ne sente pas une douleur pendant qu'elle marche sur le charbon ardent, parce que le fait de sentir la douleur est basé largement sur des facteurs psychiques, néanmoins, l'hypnose ne peut pas expliquer le fait que les pieds de la personne ne soient pas brûlés (Tart 1987).

Il y a dans ce qui a été déjà mentionné une présentation concise de la plupart des avis explicatifs que renferment les belles-lettres scientifiques qui parlent de la résistance au feu et des avis qu'elles réfutent. Et ce qu'il y a de remarquable est qu'il y a des désaccords fondamentaux entre les scientifiques sur l'explication du phénomène, et que les chercheurs en réfutant les théories des autres ont recours à une précision qu'ils perdent complètement quand ils posent leurs explications remplaçantes. De plus, beaucoup de théories posées ignorent intentionnellement le traitement des cas de résistance au feu qui ne leur conviennent pas. Car certains chercheurs ont bâti des théories explicatives qui s'appliquent à l'activité de la marche sur le charbon ardent seulement tout en ignorant que la résistance au feu apparaît dans les autres activités comme le toucher du feu. De plus, toutes les théories mentionnées ci-dessus ignorent plusieurs rapports sur l'observation des chercheurs durant ces activités des cas de résistance au feu non seulement des corps des participants mais aussi de leurs habits et autres matières inertes, comme le montrent Barclay et Brian Inglis (Barclay 1973 ; Inglis 1986).

Il est important de montrer qu'il y a parmi les chercheurs celui qui voit qu'il n'y a pas une théorie, parmi les théories posées pour expliquer ce phénomène, qui est capable de l'expliquer et que le phénomène de résistance au feu n'a pas une explication scientifique convaincante jusqu'à maintenant (Beaumanoir & Xenakis 1979 ; Inglis 1986). Berthold Schwartz voit aussi dans les activités du toucher du feu qu'il les a étudiées un phénomène qu'on ne peut pas l'expliquer surtout que la résistance au feu apparaissait aussi sur les habits de ceux qui pratiquaient l'activité (Schwartz 1960). Quant à Gibson, malgré sa supposition que les états de transe ont une relation avec la résistance au feu, néanmoins, il était obligé de reconnaître que le mécanisme physiologique qui engendre cette résistance est inconnu (Gibson 1952: 153).

Quant à la résistance au venin, les études scientifiques qui parlent de celle-ci sont peu nombreuses et l'étude la plus connue à laquelle ont recours les chercheurs à ce propos est la recherche de Berthold Schwartz (Schwartz 1960) sur les activités du serpent de manutention chez les disciples de l'église pentecostale. Schwartz voit que ce phénomène aussi est inexplicable selon les informations scientifiques disponibles. Steve Kane a remarqué (Kane 1982) aussi ce phénomène chez ces pratiquants mais il s'est concentré dans son étude sur la résistance au feu. Néanmoins, comme on a déjà mentionné, les activités du serpent de manutention chez ces pratiquants semblent être un genre de magnétisme animal et non une résistance au venin, parce que les vipères semblent être anesthésiées et ne mordent pas ceux qui les tiennent.

Malgré la non-existence des recherches qui étudient les activités de la réforme des lésions corporelles produites intentionnellement des disciples des ordres soufis, néanmoins, les écrits de certains orientalistes et explorateurs ont mentionné ces phénomènes et ce sont des écrits qui sont pleins d'erreurs déjà mentionnées dans la partie précédente de ce chapitre. Tritton a montré que les disciples marchent sur le charbon ardent et le tiennent à la main, en plus, ils mangent les vipères et les scorpions (Tritton 1966: 84, 97). De plus, d'autres écrivains ont mentionné les activités de la résistance au feu (Ruthven 1984: 250) et le fait de manger les vipères venimeuses (de Jong 1978: 94). Et l'explorateur musulman Ibn Battuta a mentionné aussi rapidement les activités de la résistance au feu et la manutention de grosses vipères venimeuses et l'exposition du corps à leurs morsures (Ibn Battuta 1929: 86).

Les erreurs dans lesquelles tombent les chercheurs lorsqu'ils essayent d'expliquer les activités de la résistance aux lésions corporelles produites intentionnellement chez les disciples sont les mêmes erreurs qu'ils commettent quand ils traitent les phénomènes de la réforme des lésions corporelles produites intentionnellement. Et on a déjà mentionné un des exemples du fait de lier ces phénomènes à la prétention que les disciples fument du haschich (Dannenfelt 1968: 248). Et à peu près tous les chercheurs lient entre les prédispositions à la guérison paranormale des lésions corporelles produites intentionnellement en général et les états modifiés de conscience ou les états de transe qu'ils supposent que le disciple est dans un de ces états durant sa pratique de ces activités. Une des manifestations claires de la confusion des avis des chercheurs dans ce domaine est la considération des états de conscience parfois comme «une cause» du pouvoir du disciple de pratiquer les activités paranormales et parfois comme «un but». Plutôt le même chercheur peut échanger ces deux suppositions sans précision, comme Tritton qui considère l'état d'extase comme «une cause» des pouvoirs de la guérison paranormale des lésions corporelles produites intentionnellement chez le disciple (Tritton 1966: 84), ensuite il fait suivre cet avis dans les pages suivantes d'un avis contraire considérant l'extase comme «un but» des activités de la guérison paranormale des lésions corporelles produites intentionnellement (Tritton 1966: 97). Et comme il est prévu, les études qui ont traité les prédispositions à la résistance aux lésions corporelles produites intentionnellement chez les disciples ont pris des recherches, qui ont traité ces activités en général, leurs erreurs et ont ajouté à celles-ci d'autres erreurs à cause de leur mauvais traitement du cas particulier des disciples de la Tariqa.

5-6 La guérison paranormale des lésions corporelles produites intentionnellement et l'hypnose

Plusieurs chercheurs ont montré que des pouvoirs paranormaux semblables à ceux qui apparaissent dans les deux genres d'activités de la guérison paranormale des lésions corporelles produites intentionnellement, et qui sont la réforme des lésions corporelles produites intentionnellement et la résistance aux lésions corporelles produites intentionnellement, peuvent être expliqués en supposant que ceux qui possèdent ces pouvoirs pratiquent leurs activités pendant qu'ils sont dans un état d'hypnose ou un état semblable à l'hypnose (voir par exemple Kane 1982 ; Larbig et autres 1982). Ce qui a poussé plusieurs chercheurs à adopter ce regard est l'existence de plusieurs études sur l'hypnose dans les belles-lettres scientifiques qui confirment la possibilité de l'apparition des prédispositions paranormales chez certaines personnes quand on les hypnotise et que certains chercheurs les ont considérées comme des prédispositions semblables, dans une certaine mesure, aux prédispositions à la guérison paranormale des lésions corporelles produites intentionnellement. Le grand nombre de scientifiques qui ont tendance à expliquer les activités de la guérison paranormale des lésions corporelles produites intentionnellement d'une manière ou d'une autre comme étant le produit de l'hypnose et les mauvaises pensées qui sont répandues dans ce domaine nécessitent la discussion en détail de la relation prétendue entre la guérison paranormale des lésions corporelles produites intentionnellement et l'hypnose.

La première chose que nécessite l'étude de la relation probable entre l'hypnose et la guérison paranormale des lésions corporelles produites intentionnellement est le traitement de la question suivante: y a-t-il un hypnotisme traditionnel qui est suivi par les disciples de la Tariqa? Parce que l'existence d'une pratique régulière de l'hypnose veut dire qu'il est vraiment très probable que l'hypnose soit responsable de la réussite du disciple dans les activités de la guérison paranormale des lésions corporelles produites intentionnellement qu'il pratique. Néanmoins, la réponse à cette question est négative, parce que les disciples de la Tariqa Casnazaniyyah ne pratiquent aucun rite renfermant une des formes des suggestions de l'hypnose sous leur forme connue. Certains peuvent mentionner le serment d'allégeance lorsque le disciple obtient la permission de pratiquer les activités de la guérison paranormale des lésions corporelles produites intentionnellement, néanmoins, le serment d'allégeance n'a pas pour but de suggérer au disciple le courage ou le convaincre qu'il est capable de pratiquer les activités de la guérison paranormale des lésions corporelles produites intentionnellement, parce qu'on permet au disciple d'obtenir la permission de pratiquer la guérison paranormale des lésions corporelles produites intentionnellement après qu'il exprime son désir de la pratiquer. En plus de cela, ce serment d'allégeance est pour une fois seulement et cela quand le disciple obtient la permission de pratiquer la guérison paranormale des lésions corporelles produites intentionnellement et il n'est pas répété ultérieurement. Et cela précisément contredit ce qu'on connaît à propos de la suggestion hypnotique qu'il est nécessaire de la répéter n'importe quand on veut hypnotiser la personne. Et en général, il n'y a pas parmi les pratiques de la Tariqa ce qu'on peut considérer comme un facteur qui engendre un état d'hypnose chez le disciple et qui lui permet de pratiquer les activités de la guérison paranormale des lésions corporelles produites intentionnellement.

Certains peuvent discuter en montrant ce que croient la plupart des chercheurs actuellement que la création d'un état d'hypnose chez une certaine personne ne nécessite pas de faire des rites formels et traditionnels de l'hypnose et qui renferment l'existence d'un hypnotiseur qui donne des suggestions de l'hypnose à la personne hypnotisée. Car beaucoup de gens peuvent pratiquer ce qui est connu par l'autohypnose, où la personne donne une suggestion à elle-même d'une manière ou d'une autre. Cela peut être exploité pour prétendre que le disciple pratique un genre d'autohypnose avant de commencer à pratiquer les activités de la guérison paranormale des lésions corporelles produites intentionnellement. Néanmoins, cette supposition est aussi sans fondement parce que le disciple peut pratiquer les activités de la réforme des lésions corporelles produites intentionnellement en tout temps et lieu sans aucune préparation, de même, quand le disciple obtient la permission de pratiquer les activités de la guérison paranormale des lésions corporelles produites intentionnellement, il ne reçoit aucune consigne en ce qui concerne la pratique de tout genre d'hypnose ou de suggestion ou autres pratiques semblables.

Le point crucial pour discuter ce sujet est que l'observation des disciples pendant qu'ils pratiquent les activités de la guérison paranormale des lésions corporelles produites intentionnellement montre qu'ils sont dans un état de veille totale et qu'ils contrôlent leurs sens et leurs comportements tout en étant complètement capables de réagir à tout changement dans leur environnement et interagir avec celui-ci tout en étant très attentifs. C'est-à-dire qu'il n'y a aucune preuve que le disciple pratique la guérison paranormale des lésions corporelles produites intentionnellement pendant qu'il est dans un état d'hypnose. Malgré que certains disciples pratiquent les activités de la guérison paranormale des lésions corporelles produites intentionnellement tout en étant enthousiastes ou surexcités, néanmoins, certains peuvent voir en cela une preuve qu'ils sont «dans un état de conscience extraordinaire», tandis que le reste des disciples fait ses démonstrations très calmement. Plutôt le même disciple qui semble parfois surexcité durant la pratiquc dc la guérison paranormale des lésions corporelles produites intentionnellement peut être calme plus tard tout en pratiquant la même activité. En plus de ce qui a été déjà mentionné, il y a d'autres causes qui rendent très claire l'erreur de la supposition de l'hypnose en tant qu'explication des activités de la guérison paranormale des lésions corporelles produites intentionnellement des disciples de la Tariqa Casnazaniyyah:

Premièrement—l'acquisition des disciples des prédispositions à la guérison paranormale des lésions corporelles produites intentionnellement ne nécessite aucune expérience précédente de l'hypnose ou la visualisation ou la méditation ou une des pratiques semblables ayant une relation avec la suggestion. De plus, quand les disciples pratiquent leurs activités, ils les font immédiatement sans faire une des pratiques préparatoires mentionnées ci-dessus.

Deuxièmement—la grande majorité des disciples et peut-être tous les disciples ne connaissent pas les prédispositions extraordinaires que l'hypnose et certaines pratiques semblables peuvent les créer dans le corps humain. De plus, de telles pratiques sont presque inexistantes dans la majorité des sociétés dans lesquelles coexistent les disciples de la Tariqa Casnazaniyyah. Plutôt de telles pratiques sont en réalité contre les instructions de la Tariqa qui confirme que le disciple doit toujours «invoquer», autant que possible, Allah qui est puissant et grand. Car les pratiques comme l'hypnose et la méditation qui ne mènent pas à invoquer Allah qui est puissant et grand représentent du point de vue de la Tariqa un genre de «négligence» de l'invocation d'Allah qui est puissant et grand.

Troisièmement—quand on prend en considération le grand nombre de disciples qui pratiquent les activités de la guérison paranormale des lésions corporelles produites intentionnellement, apparaît un autre problème qu'on ne peut pas résoudre devant celui qui veut expliquer les activités de la guérison paranormale des lésions corporelles produites intentionnellement par l'hypnose. Car malgré que les médecins et les guérisseurs qui utilisent l'hypnose pour guérir des états maladifs déterminés croient qu'à peu près 80 à 90 % des malades peuvent être hypnotisés à un point qui peut être utile pour guérir leurs maladies, néanmoins, le nombre de ceux qui peuvent parvenir à un état d'hypnose profonde est très peu. L'infirmière et la professeur adjointe à l'université américaine Duke, Patricia Cotanch, dit dans une étude qu'elle a faite avec ses collègues que «25% des malades peuvent parvenir à un état d'hypnose qui cause l'anesthésie» (Cotanch, Harrison & Roberts 1987: 700). Quant au nombre, il paraît très peu selon Hezer Brown et Donna McInnes (Brown & McInnes 1986), car ces deux chercheuses croient que 13 à 26 % des gens peuvent être dans un état profond d'hypnose tandis que 66% peuvent être dans un état faible d'hypnose. Néanmoins, le chercheur célèbre dans le domaine de l'hypnose, Theodore Barber, croit que le nombre «des gens qui ont la prédisposition excellente à être influencés par les suggestions de l'hypnose» constitue à peu près 4% seulement des gens (Barber 1984: 109). Et maintenant si c'est l'hypnose qui aide les disciples à pratiquer les activités de la guérison paranormale des lésions corporelles produites intentionnellement, il n'y a pas de doute que le nombre de ceux qui peuvent parvenir à travers l'hypnose à des capacités paranormales comme la maîtrise de l'hémorragie et l'infection et la guérison instantanée et la résistance à la brûlure, aux venins et aux chocs électriques est certainement très peu que le petit nombre de ceux qui peuvent être hypnotisés profondément. Néanmoins, cette conclusion ne correspond pas à la réalité puisque le nombre de ceux qui pratiquent la guérison paranormale des lésions corporelles produites intentionnellement parmi les disciples de la Tariqa est beaucoup plus grand que prévoit la supposition que l'hypnose est le secret des activités de la guérison paranormale des lésions corporelles produites intentionnellement.

La discussion précédente rend clair que les disciples de la Tariqa Casnazaniyyah ne pratiquent pas la guérison paranormale des lésions corporelles produites intentionnellement tout en étant sous hypnose. Néanmoins, on peut en réalité généraliser ce point pour qu'il englobe tous ceux qui pratiquent les activités de la réforme des lésions corporelles produites intentionnellement et la résistance aux lésions corporelles produites intentionnellement parmi ceux qui ne font pas partie des disciples de la Tariqa aussi. Car aucun parmi les chercheurs n'a pu jusqu'à maintenant fournir une preuve scientifique que quiconque parmi ceux qui pratiquent ces activités les pratique tout en étant sous hypnose. De plus, aucun chercheur n'a montré qu'on peut à l'aide de la suggestion laisser un homme quelconque pratiquer les activités de la réforme des lésions corporelles produites intentionnellement ou la résistance aux lésions corporelles produites intentionnellement (Hussein et autres 1994c). La cause pour laquelle les chercheurs ont recours à l'hypnose pour expliquer les activités de la guérison paranormale des lésions corporelles produites intentionnellement et les phénomènes semblables à celles-ci est la non-existence d'une autre explication du phénomène. Et afin de donner une image claire de l'impossibilité de l'explication des activités de la guérison paranormale des lésions corporelles produites intentionnellement par l'hypnose, il est nécessaire d'étudier d'une manière détaillée la relation entre l'hypnose et tout genre parmi les deux genres de la guérison paranormale des lésions corporelles produites intentionnellement.

Premièrement—La réforme des lésions corporelles produites intentionnellement et l'hypnose

Un certain nombre de chercheurs ont montré que la réforme des lésions corporelles produites intentionnellement est un phénomène hypnotique. Car on a déjà signalé dans le deuxième chapitre la tentative des chercheurs Nagato Azuma et Ian Stevenson pour expliquer la chirurgie psychique aux Philippines en disant qu'elle est le produit d'un état de conscience semblable à l'état d'hypnose (Azuma & Stevenson 1988), et la tentative de Sidney Greenfield pour expliquer la chirurgie psychique au Brésil par la même supposition (Greenfield 1987, 1991a). Et il est clair qu'il y a des points de ressemblance entre les activités de la réforme des lésions corporelles produites intentionnellement et la chirurgie psychique même si la dernière ne renferme pas une guérison instantanée comme celle qu'on remarque dans les activités de la réforme des lésions corporelles produites intentionnellement, de plus elle ne renferme pas nécessairement une résistance à l'hémorragie. Et parmi les études de laboratoire qui ont traité précisément la réforme des lésions corporelles produites intentionnellement et l'ont attribuée à l'hypnose, il y a un ensemble d'études faites par le chercheur allemand célèbre

Wolfgang Larbig et ses collègues au centre de psychologie à l'université allemande de Tübingen.

Larbig et ses collègues ont étudié d'une manière intensive les prédispositions d'un des pratiquants du yoga qui pouvait faire entrer des broches non stérilisées dans des régions différentes de son corps. Après avoir fait un certain nombre d'expériences, ces chercheurs sont parvenus à la conclusion que «le fait que le yogi devienne insensible à la douleur lorsqu'il s'expose à une stimulation qui est supposée être douloureuse, a eu lieu à travers sa pratique des bonnes méthodes d'autohypnose pour longtemps, y compris la concentration d'une manière longue et continuelle sur un point au-dessus de ses sourcils». Larbig et ses assistants ont conclu que le yogi est dans un état de transe hypnotique lorsqu'il pratique ses activités parce qu'ils ont remarqué que «son visage est vide d'expressions, et ses yeux braquent le regard et clignotent peu» (Larbig et autres 1982: 299). Néanmoins, ce qu'il y a de remarquable est qu'il n'y a pas parmi ces caractéristiques ce sur quoi les scientifiques sont tombés d'accord en disant qu'il est un signe prouvé pour conclure que la personne est dans un état d'hypnose. Larbig et ses collègues ont supposé que l'hypnose est la cause des pouvoirs paranormaux du yogi parce que l'hypnose est connue par sa réussite dans le fait de laisser certains gens réaliser des degrés différents de maîtrise de la douleur et l'anesthésie. Et leur recours à cette explication revient à l'erreur essentielle qu'ils ont commise et qu'on l'a déjà mentionnée quand ils n'ont vu dans les prédispositions du yogi qu'un pouvoir de maîtriser la douleur et ont négligé la réalité que ce pouvoir était accompagné d'une résistance à l'hémorragie et l'infection aussi. Larbig et ses assistants ont dévalorisé les autres prédispositions, de plus ils ont négligé totalement la réalité que les blessures qu'a causées le yogi doivent nécessairement être suivies d'une guérison instantanée.

Parmi les réalités que nul ne peut les nier, il y a la réalité de la non-existence d'une preuve qu'il y a quelqu'un qui a pu pratiquer les activités de la réforme des lésions corporelles produites intentionnellement en utilisant l'hypnose. Mais la non-existence de celui qui a utilisé l'hypnose pour pratiquer les activités de la réforme des lésions corporelles produites intentionnellement n'élimine pas une question très importante qui est la suivante: est-il possible d'utiliser l'hypnose, de toute manière, pour parvenir à des pouvoirs paranormaux comme ceux que renferment les activités de la réforme des lésions corporelles produites intentionnellement tels que la résistance à l'hémorragie, la résistance à l'infection et la guérison paranormale? Pour répondre à cette question, il est nécessaire de retourner aux belles-lettres scientifiques qui parlent de l'utilisation de l'hypnose dans la chirurgie précisément puisque celle-ci est une des applications de l'hypnose les plus proches des activités de la réforme des lésions corporelles produites intentionnellement.

Dans une étude complète et récente sur les belles-lettres scientifiques qui parlent des utilisations cliniques de l'hypnose, le médecin Robert Blankfield montre que l'hypnose avait été utilisée en tant que facteur aidant à faciliter la guérison postopératoire. Néanmoins, il confirme qu' «une grande partie des belles-lettres scientifiques qui parlent de l'utilisation de l'hypnose pour faciliter la guérison postopératoire, est constituée d'anecdotes [elles ne sont pas des études scientifiques contrôlées]», et que la plupart des recherches scientifiques récentes et publiées qui discutent les utilisations chirurgicales de l'hypnose sont des rapports sur des cas isolés qui ne parviennent pas au niveau des études contrôlées (Blankfield 1991: 173). Néanmoins, Blankfield a mentionné que l'hypnose est encore utilisée pour l'insensibilisation, malgré que cette utilisation soit limitée à un petit nombre de malades qui préfèrent l'hypnose ou qui ont peur que des complications leur arrivent s'ils prennent des médicaments chimiques. Pour cela, malgré que certains chercheurs eussent montré les influences palpables de l'hypnose dans l'empêchement de la douleur et de l'insensibilisation dans les utilisations chirurgicales récentes, néanmoins, il n'y a rien qui justifie scientifiquement la comparaison de ces influences limitées avec la maîtrise totale de la douleur qui se réalise dans les activités de la réforme des lésions corporelles produites intentionnellement.

D'autre part, les études montrent que l'hypnose est moins utile pour contrôler l'hémorragie que pour soulager la douleur et l'insensibilisation. Car par exemple, il y a des rapports sur les réussites limitées dans l'utilisation de l'hypnose pour contrôler l'hémorragie chez les hémophiles (LaBaw 1970, 1975). De plus, il y a certaines études qui ont montré «la diminution» de l'hémorragie dans les grandes et petites opérations chirurgicales comme l'extraction des dents (Chaves 1980), la chirurgie de la moelle épinière (Bennett, Benson & Kuiken 1986), l'extirpation des tumeurs (Benson 1971) et autres cas chirurgicaux. Mais, l'affaire principale qu'il faut remarquer ici est que les études mentionnées ci-dessus et les études semblables décrivent les cas de réussite dans l'utilisation de l'hypnose dans la production d'une «diminution limitée» de l'hémorragie et non «un empêchement» de celle-ci comme dans les activités de la réforme des lésions corporelles produites intentionnellement.

Lors de la discussion de la relation de l'hypnose avec la résistance à l'hémorragie, il faut mentionner un modèle théorique qui donne à l'hypnose un rôle pour contrôler la circulation du sang dans le corps et qui avait été posé par le chercheur Theodore Barber. Barber dit après une révision complète des belles-lettres scientifiques qui parlent de l'hypnose que «certains individus savent d'avance et la plupart des individus peuvent apprendre facilement la manière de contrôler la circulation du sang dans des régions déterminées de leur peau» (Barber 1984: 101). Barber a fondé sa conclusion sur l'étude d'un grand nombre d'expériences dans lesquelles on a utilisé l'hypnose pour causer une congestion, des boutons et une ulcération et pour élargir les cellules du sein et pour guérir la verrue et le psoriasis congénital et pour changer le degré de la température du corps et pour produire d'autres effets qu'on peut les expliquer en supposant que l'hypnose aide la personne à contrôler la circulation du sang dans des régions déterminées de sa peau. Néanmoins, on peut remarquer facilement que le modèle que pose Barber, même s'il était capable d'expliquer la diminution limitée de l'hémorragie dans les cas mentionnés ci-dessus, cependant, il ne peut pas expliquer la résistance à l'hémorragie dans les activités de la réforme des lésions corporelles produites intentionnellement qu'il n'est pas logique de comparer entre celles-ci et le contrôle limité de la circulation du sang dans les cas que Barber a étudiés. Un autre point très important qu'il faut mentionner ici est que l'existence ou le développement du pouvoir de contrôler la circulation du sang dans les régions de la peau ou les régions limitées du corps ne peut absolument pas expliquer la résistance à l'hémorragie dans le cas des blessures profondes dans des régions différentes du corps comme celles qui se produisent dans les activités de la réforme des lésions corporelles produites intentionnellement.

En ce qui concerne les infections, il ne paraît pas qu'il y ait une preuve fournie par une étude scientifique de la possibilité de contrôler l'infection des blessures à l'aide de l'hypnose. C'est la même chose pour l'influence de l'hypnose sur la guérison parce qu'on la mentionne rarement, et la seule influence de l'hypnose sur la guérison et sur laquelle les chercheurs tombent d'accord est la diminution limitée de la durée du séjour à l'hôpital de laquelle a besoin le malade après l'opération, c'est-à-dire le fait de faciliter la guérison postopératoire. Et même ces influences limitées ne peuvent pas être obtenues toujours. Pour cela, la conclusion qu'il faut reconnaître est qu'il n'y a aucune preuve qu'une guérison instantanée comme celle qui a lieu dans les activités de la réforme des lésions corporelles produites intentionnellement avait été remarquée chez les malades qu'ils ont subi des opérations chirurgicales sous hypnose ou étaient exposés à l'hypnose après l'opération.

La discussion ci-dessus montre la réalité que les utilisations récentes et actuelles de l'hypnose dans la chirurgie ne sont pas parvenues aux pouvoirs tels que les résistances à la douleur, l'hémorragie, l'infection et la guérison instantanée qui sont remarquées dans les activités de la réforme des lésions corporelles produites intentionnellement. Pour cela, les prétentions fausses de certains chercheurs dans le domaine du phénomène de l'hypnose que l'hypnose est la cause des activités de la réforme des lésions corporelles produites intentionnellement sont à cause d'une tendance générale à la dévalorisation des manifestations paranormales que renferment les activités de la réforme des lésions corporelles produites intentionnellement et en même temps l'exagération des pouvoirs auxquels l'hypnose peut faire parvenir. De plus, ce qui a conduit, au moins, certains scientifiques à ce regard faux est la mauvaise exagération de ce qui a été mentionné dans les anciennes recherches sur les cas d'utilisation de l'hypnose dans la chirurgie. Car il avait été mentionné dans les belles-lettres qui parlent de l'hypnotisme et les belles-lettres récentes qui parlent de l'hypnose qu'on les utilise pour bien contrôler la sensibilité à la douleur pour des buts chirurgicaux. Et la date de l'utilisation de l'hypnotisme pour soulager la douleur dans les petites chirurgies revient à la deuxième décennie du dix-neuvième siècle et peut-être avant celle-ci, tandis qu'on croit que son utilisation dans la première grande opération chirurgicale était en 1829 (Gauld 1992: 220). Quant à l'utilisation de l'hypnose pour l'insensibilisation ou pour soulager la douleur dans les petites opérations chirurgicales, le premier qui l'avait pratiquée est le chirurgien James Braid qui a publié en 1843 un livre sur un certain nombre d'opérations qu'il a faites en utilisant l'hypnose pour ce but (Braid 1843)[15], de plus il y a quelques exemples des grandes chirurgies qui ont été faites en se basant sur l'hypnose comme une allégeance de la douleur (Gauld 1992: 489-492).

Il y a un grand nombre d'anciens cas racontés à propos de l'utilisation de l'hypnotisme et l'hypnose pour obtenir à ce qu'il paraît être une insensibilisation totale à la douleur durant les opérations chirurgicales. Néanmoins, il n'y a aucune prétention que cette influence anesthésique a été accompagnée de l'empêchement de l'hémorragie, l'infection ou d'une guérison instantanée comme celle qu'on voit dans les activités de la réforme des lésions corporelles produites intentionnellement. Et même James Esdaile (1808-1859), le chirurgien écossais célèbre, en faisant une série de petites et grandes opérations chirurgicales tout en utilisant l'hypnotisme en tant que moyen pour l'insensibilisation, n'a trouvé parmi les autres influences de l'hypnotisme que le fait «que dans les opérations hypnotiques l'hémorragie était moins et la guérison était meilleure que ce qu'elles sont dans les opérations dans lesquelles on utilise le chloroforme pour l'insensibilisation ou on n'utilise absolument pas d'anesthésique» (Gauld 1992: 223). C'est-à-dire tout ce qu'on peut obtenir en utilisant l'hypnose est la maîtrise de la douleur et la diminution de l'hémorragie, tandis qu'il est impossible d'empêcher l'hémorragie ou de contrôler l'infection ou de produire une guérison instantanée.

La conclusion que l'hypnose ne peut pas mener à des résistances paranormales et une guérison instantanée comme celles remarquées dans les activités de la réforme des lésions corporelles produites intentionnellement peut être généralisée pour qu'elle englobe les pratiques comme la méditation et la relaxation et toute technique qui utilise la suggestion ou les influences psychologiques. Par exemple, il y a plusieurs études qui ont montré que ce qu'on peut réaliser à partir de l'hypnose comme le contrôle de la circulation du sang dans certaines régions du corps, peut être réalisé à travers les autres techniques comme la visualisation (Dugan & Sheridan 1976) et le yoga (Benson et autres 1982 ; Wenger & Bagchi 1961). Néanmoins, il n'y a aucune preuve scientifique et pratique que de tels changements physiologiques peuvent être la cause de l'acquisition des prédispositions aux résistances

---

[15] Les premiers médicaments chimiques: éther et chloroforme n'ont été découverts qu'en 1846 et 1847 successivement.

paranormales à l'infection et l'hémorragie et la guérison instantanée que renferment les activités de la réforme des lésions corporelles produites intentionnellement. De plus, il n'y a aucun modèle théorique qui lie tous changements physiologiques et psychologiques que peut causer l'hypnose à l'apparition des prédispositions paranormales que renferment les activités de la réforme des lésions corporelles produites intentionnellement.

Enfin, il est important de signaler ce qui a été déjà mentionné dans un chapitre précédent à propos de la non-existence d'une seule définition ou une seule compréhension parmi les chercheurs du terme «hypnose». Car la question qui se pose ici est la suivante: est-ce que les opérations chirurgicales hypnotiques et anciennes, comme celles faites par le chirurgien célèbre du siècle dernier James Esdaile, sont le produit de ce qui est connu aujourd'hui par l'hypnose selon la manière dont les médecins et les hypnotiseurs la pratiquent et qui est représentée par le fait de donner au malade des suggestions qui raffermissent sa croyance à sa guérison, ou que ces opérations sont en réalité plus proches du phénomène de la chirurgie psychique dans laquelle la réussite de l'opération est basée sur une influence surnaturelle dont la survenance est basée sur l'existence du chirurgien qui fait l'opération? La plupart des chercheurs ne répondent pas à cette question, plutôt ils négligent la question et ils analysent et expliquent les phénomènes concernés comme s'ils ont prouvé que des opérations comme celles faites par James Esdaile appartiennent au genre de phénomènes qui sont connus aujourd'hui par l'hypnose.

Deuxièmement—La résistance aux lésions corporelles produites intentionnellement et l'hypnose

Comme est le cas avec les phénomènes de la réforme des lésions corporelles produites intentionnellement, plusieurs scientifiques croient que les activités de la résistance aux lésions corporelles produites intentionnellement peuvent être pratiquées sous hypnose (McClenon 1988: 211). Ces chercheurs fondent leur supposition sur ce qui a été remarqué dans certaines expériences de laboratoire comme possibilité d'utiliser l'hypnose pour changer les réactions «autonomes» du corps contre les agents qui sont supposés être nuisibles, pour que le corps ne soit pas influencé par ceux-ci. Néanmoins, ces chercheurs ont répété ici la même erreur qu'ils ont commise quand ils ont lié l'hypnose aux prédispositions à la réforme des lésions corporelles produites intentionnellement et cela en exagérant leurs observations des expériences déterminées à tel point qui leur permet de prétendre que les phénomènes de la résistance aux lésions corporelles produites intentionnellement peuvent être expliqués tout en étant basés sur ces observations. En ce qui concerne la résistance au venin et au choc électrique, il n'y a pas des études dans les belles-lettres scientifiques qui prétendent que l'hypnose peut aider à obtenir une des deux résistances même médiocrement, tandis qu'il y a un petit nombre d'expériences que la date de certaines revient au siècle dernier, sur l'utilité de l'hypnose pour que le corps acquière une résistance à la température élevée. Et ce sont les résultats de ces expériences qui sont exagérés généralement pour expliquer le phénomène de la résistance paranormale au feu dans les activités de la résistance aux lésions corporelles produites intentionnellement. Et afin de prendre connaissance de la réalité de la relation entre l'hypnose et la résistance à la brûlure, nous exposons ci-dessous d'une manière concise les trois ensembles de ces expériences les plus connues et les plus précises.

Peut-être une des premières expérimentations-contrôle dans ce domaine est une série de six expériences faites par le chirurgien Arthur Hadfield en 1917 en ayant recours à un des malades de la première guerre mondiale. Les résultats les plus importants des six expériences étaient ceux qui concernaient la deuxième expérience et la cinquième expérience. Dans la deuxième expérience, Hadfield a hypnotisé le malade, ensuite il lui a donné une suggestion en lui disant qu'il touche son bras avec un morceau de fer brûlant jusqu'à atteindre une rougeur et qu'une blessure va apparaître à cet endroit de son bras. Néanmoins, Hadfield touchait en réalité le bras du malade avec son doigt au lieu du morceau de fer brûlant. Hadfield a couvert avec un bandage cet endroit du bras pour que le malade ou une autre personne ne le touche pas et produit un certain effet autre que l'effet que l'expérience est supposée le produire. Après six heures, Hadfield a enlevé le bandage et il a trouvé une blessure complète qui était apparue à cet endroit du bras du malade comme s'il était exposé à un vrai agent thermique. Il y avait une tache blanche de peau morte au milieu et il y avait au-dessous de celle-ci un peu de liquide et autour de celle-ci il y avait une hyperémie. Ensuite, la blessure a continué à se développer jusqu'à ce qu'elle est devenue le jour prochain comme une blessure ordinaire qui résulte de la brûlure. Quant à la cinquième expérience, elle était le contraire de la deuxième. Parce qu'après que Hadfield a hypnotisé le malade, il lui a suggéré qu'il ne sentira pas une douleur malgré qu'il touche son bras avec l'extrémité d'un plumier en acier brûlant. Et vraiment, le malade n'a pas senti une douleur, ni quand son bras était touché par le plumier brûlant et ni après. En plus de cela, malgré l'apparition de deux blessures ordinaires aux endroits de la brûlure, elles n'étaient pas entourées d'une hyperémie comme il a lieu dans la circonstance ordinaire, mais elles étaient entourées seulement d'une ligne rouge et fine (Hadfield 1917).

Après trente ans d'expériences faites par Hadfield, le médecin Montague Ullman a fait une expérience semblable en ayant recours à un des malades qui était un soldat et qui a été fait entrer à l'hôpital pour être atteint d'une maladie nerveuse à cause de la chute d'une bombe près de lui pendant la deuxième guerre mondiale. Ullman a hypnotisé son malade, ensuite il lui a suggéré de vivre l'ambiance de la bataille dans laquelle il a été atteint. Et quand Ullman est parvenu, dans sa suggestion qu'il a donnée au malade, au moment de la chute de la bombe qui était la cause de son entrée à l'hôpital, il lui a suggéré en disant qu'un des éclats de la bombe est tombé sur le revers de sa main. A ce moment, le médecin a frotté le revers de la main du malade très légèrement avec une petite lime plate qu'on utilise pour ouvrir les ampoules de verre contenant des médicaments injectés, et la lime était à la température de la chambre. Après cela directement, un cercle de couleur pâle et de 1cm a commencé à apparaître à l'endroit touché par la lime et pendant vingt minutes une ligne rouge entourant l'endroit est apparue. En ce moment, Ullman a éveillé le malade. Pendant une heure après qu'il a donné la suggestion, une blessure avait commencé à se former et après trois heures, une blessure de 1cm s'était formée (Ullman 1947: 829).

Quant au troisième ensemble des expériences qu'il faut mentionner dans ce domaine, elles sont celles faites par Loring Chapman et ses deux collègues Helen Goodell et Harold Wolff. Et cette série d'expériences est plus importante que les expériences précédentes, plutôt et peut-être elles sont les meilleures expériences scientifiques dans ce domaine, à cause d'être très précises et très grandes puisqu'on a utilisé dans celles-ci treize personnes qui ont participé à plus de quarante expériences.

Dans douze parmi ces expériences, on a donné une suggestion à chaque personne après l'avoir hypnotisée en disant qu'un de ses deux bras est très sensible à la blessure et la douleur, tandis que l'autre a une sensibilité naturelle, ensuite les deux bras de chaque participant aux expériences ont été exposés à un agent thermique stable (500/mille calories/cm^2/seconde, pour 3 secondes). Les chercheurs ont trouvé dans neuf parmi ces expériences que la congestion et la destruction des tissus étaient plus grandes dans le bras «plus sensible» que celles dans le bras ayant une sensibilité naturelle, et dans une seule expérience le résultat était inverse, tandis qu'il n'y avait pas une différence entre les deux bras dans les deux autres expériences.

Dans vingt sept expériences suivantes, les chercheurs ont hypnotisé les participants et ont donné une suggestion à chacun d'eux en disant qu'un de ses deux bras est «sensible» à la douleur tandis que l'autre est «insensibilisé», ensuite les deux bras ont été exposés au même agent thermique. Les résultats ont montré l'existence d'un seul état dans lequel le dommage causé dans le bras «insensibilisé» est plus grand que celui causé dans le bras sensible, et la non existence d'une différence entre le dommage qui a été causé sur les deux bras dans six autres cas. Mais dans vingt parmi les vingt sept expériences, la réaction contre la congestion dans le bras sensible était plus forte que celle contre la congestion dans le bras insensibilisé.

Dans une autre expérience, on a donné une suggestion en disant qu'un des deux bras est «insensibilisé» et l'autre «a une sensibilité naturelle» à la douleur, ensuite les deux bras ont été exposés à l'agent thermique. Les chercheurs ont remarqué que la réaction du bras «ayant une sensibilité naturelle» était plus forte que la réaction du bras «insensibilisé». C'est-à-dire que le résultat de quarante expériences était que trente parmi celles-ci ont montré que la congestion et la destruction qui ont atteint le bras le plus sensible étaient plus grandes que leurs pareilles sur l'autre bras ; dans huit expériences, il n'y avait pas une différence entre les deux bras ; et dans deux expériences la blessure était plus grave sur le bras «ayant une sensibilité naturelle» ou le bras «insensibilisé». Chapman et ses collègues ont conclu de leurs expériences que «malgré que la différence dans la réaction était plus grande entre l'insensibilisation suggestive et la sensibilité suggestive, néanmoins, il était clair aussi que la suggestion par «l'insensibilisation» a aidé à diminuer la réaction contre la congestion par comparaison avec la non suggestion ou la suggestion donnée en disant que le bras «a une sensibilité naturelle» (Chapman, Goodell & Wolff 1959: 100).

Les chercheurs ont signalé les expériences précédentes et les autres qui sont semblables en prétendant que les phénomènes de la résistance paranormale au feu et aux divers agents thermiques peuvent être expliqués en disant qu'ils sont le résultat de l'existence de la personne dans un état hypnotique (voir par exemple Kane 1982). Néanmoins, cette conclusion basée sur la généralisation des résultats des études mentionnées ci-dessus n'est pas juste parce qu'elle contient les erreurs fondamentales suivantes:

Premièrement—les études de Hadfield, Ullman, Chapman et ses collègues ainsi que les expériences semblables montrent qu'il est possible de produire des effets thermiques qui ont une influence limitée sur le corps en utilisant l'hypnose et sans avoir besoin de l'existence d'un agent thermique réel. De plus, ces expériences confirment ce qui est considéré actuellement comme une réalité scientifique accomplie et c'est que la prévision de la personne atteinte de la douleur peut être elle-même la cause de l'augmentation de la destruction des tissus résultant d'une blessure déterminée (Melzack & Wall 1988). Néanmoins, ces études ne prouvent pas, comme essayent de prétendre certains chercheurs, que la non-prévision de la douleur ou l'insensibilité à la douleur empêchent la destruction des tissus lors de la survenance d'une certaine blessure. Car ce qu'il y a de remarquable est que même dans les cas où les chercheurs ont donné une suggestion aux participants à l'expérience que leurs mains ou leurs bras sont insensibilisés, il y avait une destruction et une congestion dans les tissus malgré qu'elles fussent moins que la destruction et la congestion qui ont lieu quand on ne donne pas une telle suggestion. C'est-à-dire qu'il est faux de croire que le dommage corporel résultant d'un agent thermique est causé par la prévision de la douleur ou la sensibilité à la douleur. Et comme preuve qu'on ne peut pas empêcher la destruction qui atteint les tissus vivants du corps en tuant simplement la sensibilité à la douleur, il suffit de signaler des cas connus dans l'histoire de la médecine concernant certaines personnes qui avaient «une analgésie congénitale» qui est considérée comme une des maladies que la médecine est encore incapable de connaître ses causes. Car l'insensibilité de ces personnes à la douleur ne les a pas empêchées de s'exposer à des blessures dangereuses comme celles qui arrivent à toute personne ayant un corps naturel, plutôt la vie de la plupart de ces malades a pris fin d'une manière précoce à cause de leur insensibilité aux blessures dangereuses desquelles ils étaient atteints. Et ce qu'il faut mentionner ici est que les malades qui sont insensibles à la douleur s'exposent le plus souvent à des brûlures profondes parce qu'ils ne sentent pas qu'ils sont proches d'une source thermique ou qu'ils la touchent (Wall & Jones 1991: 95-96). C'est-à-dire que l'insensibilité de ces malades à la douleur n'a pas empêché qu'ils soient brûlés par le feu.

Deuxièmement—il y a des différences fondamentales entre les conditions de ces expériences de laboratoire et les activités de la résistance au feu telles qu'elles sont pratiquées réellement. Les agents thermiques utilisés dans ces expériences sont du genre qui cause des influences thermiques très limitées et on ne peut absolument pas les comparer avec le feu enflammé qui est utilisé dans certaines activités de la réforme des lésions corporelles produites intentionnellement comme les activités des disciples de la Tariqa Casnazaniyyah. De plus, toutes ces expériences ont renfermé l'exposition du corps aux agents thermiques pour une durée très courte ; par exemple, dans l'expérience de Chapman et ses collègues, on a appliqué l'agent thermique pour trois secondes et cette durée est bien sûr plus courte que celle durant laquelle le disciple expose son corps au feu. Et pendant que les expériences ont renfermé l'application des agents thermiques faibles à un seul endroit du corps pour une fois et pour une durée courte, le disciple expose plusieurs endroits de son corps au feu ou à l'agent thermique dangereux plusieurs fois durant une activité. Et si l'agent thermique dans les expériences mentionnées était appliqué au corps du participant pour une durée plus longue ou que l'agent utilisé était plus fort, la destruction causée serait plus grande et la suggestion que le bras est «insensibilisé» ou «sensible» n'aurait absolument pas un effet palpable dans la diminution de la destruction causée dans les tissus. En d'autres termes, chaque fois que l'agent thermique devient intense, par conséquent la destruction causée par la blessure, l'influence de la prévision de la douleur chez la personne devient plus faible, elle devient même sans une influence palpable dans le cas des activités qui renferment des agents thermiques dangereux comme les activités des disciples de la Tariqa Casnazaniyyah. L'influence faible de l'état psychologique sur la destruction des tissus peut être sentie si la destruction était minime, néanmoins, cette influence faible ne peut absolument pas être sentie lors de la survenance d'une grande destruction dans les tissus. Et il y a une série d'études expérimentales excellentes faites par les deux médecins Moritz et Henriques qui montrent les changements destructifs qui ont lieu dans les tissus de la peau humaine quand elle est exposée à divers agents thermiques (Henriques & Moritz 1947 ; Moritz 1947 ; Moritz & Henriques 1947).

Troisièmement—chacune des deux expériences de Hadfield et Ullman ainsi que la plupart des expériences qui les ont précédées ont utilisé une seule personne seulement parmi ceux qui possèdent des prédispositions excellentes à l'hypnose, ce qui représente un élément de limitation dans les résultats de ces expériences parce que les gens réagissent différemment aux suggestions de l'hypnose et qu'on peut faire parvenir un petit nombre parmi ceux-ci seulement, comme on a déjà mentionné, à un état d'hypnose très profonde. Pour cela, nous trouvons que les résultats de l'expérience de Chapman et ses collègues, dans laquelle ils avaient utilisé plus d'une personne, étaient incohérents parce qu'il y a un certain nombre de personnes chez qui l'influence prévue n'est pas apparue tandis que des influences contraires sont apparues chez les autres. Ainsi, quand Johnson et Barber ont fait une expérience plus grande dans laquelle ils ont utilisé quarante personnes, ces deux chercheurs n'ont pas trouvé les résultats qu'ont montrés les études limitées comme celles déjà mentionnées (Johnson & Barber 1976).

L'intensité d'un certain agent thermique et la durée pendant laquelle le corps s'expose à celui-ci sont deux facteurs principaux qui déterminent la grandeur de l'influence que peut avoir cet agent thermique sur les tissus du corps qui s'expose à celui-ci. Par exemple, tout homme sait qu'il peut toucher un métal très brûlant avec sa main sans qu'il se soit brûlé ou même qu'il sente la chaleur de celui-ci s'il le touche très rapidement. Néanmoins, il n'y a pas de personne normale qui conclut de cette expérience que «le métal brûlant n'a pas une influence sur sa main et qu'elle peut tenir ce métal brûlant pour quelques minutes par exemple sans qu'elle subisse un mal» ! Donc, seul l'enfant qui n'a pas une expérience suffisante des influences du feu sur le corps peut tomber dans une telle erreur. Ainsi, il faut préciser quand on explique les résultats des expériences scientifiques concernant le rôle de l'hypnose dans l'obtention d'une résistance au feu et il ne faut pas exagérer ceux-ci. Parce qu'il est vraiment étrange que certains chercheurs essayent d'expliquer la résistance au feu dans les activités très dangereuses comme celles que pratiquent les disciples de la Tariqa en les comparant avec les expériences dans lesquelles ont été utilisés des agents thermiques très faibles pour une durée très courte.

Et il est clair que ce que les chercheurs ont montré en disant qu'il est possible de réaliser un changement dans la réaction du corps contre les agents thermiques à travers l'hypnose sont des prédispositions très limitées qui ne peuvent absolument pas être comparées avec les prédispositions à la résistance au feu dans les activités de la résistance aux lésions corporelles produites intentionnellement. Pour cela, le fait de prétendre que les activités de la résistance aux lésions corporelles produites intentionnellement peuvent être pratiquées à travers l'hypnose est une prétention fausse et elle est sans fondement scientifique. Et en plus de cette différence quantitative, il y a une preuve très claire que ce qui a lieu à travers l'hypnose diffère en son mécanisme, c'est-à-dire qualitativement aussi, de ce qui a lieu dans les activités de la résistance aux lésions corporelles produites intentionnellement. Barber a attribué la maîtrise, dans l'état d'hypnose, de certaines réactions autonomes du corps contre les agents thermiques, comme la destruction des tissus, au fait que la personne durant l'hypnose devient capable de contrôler la circulation du sang dans les régions atteintes (Barber 1984), parce que l'augmentation ou la diminution de l'arrivée du sang aux régions concernées du corps peut être la cause de l'apparition des réactions extraordinaires du corps. Quant à Chapman et ses collègues, ils ont commenté cette partie de leurs expériences qui a étudié l'augmentation de la sensibilité de la peau aux agents thermiques en disant: «l'homme possède, parmi ce qu'il possède comme systèmes d'adaptation et de prévention, des interactions nerveuses de haut niveau qui causent la congestion dans les tissus apparents et augmentent la possibilité que l'endroit du corps soit influencé par la blessure en renforçant, de cette façon, la protection du corps entier aux dépens de la santé d'une de ses parties» (Chapman, Goodell & Wolff 1959: 106). Car il est clair qu'un de ces mécanismes avec lesquels on explique l'influence de l'hypnose sur le changement de la réaction du corps contre les agents thermiques ne peut pas être une explication de la résistance du corps du disciple au feu parce qu'il applique le feu à son visage non seulement sans que la peau se brûle mais aussi la moustache. Car cela va sans dire que la résistance de la moustache au feu ne peut pas être expliquée par la preuve de la circulation du sang dans le corps ou par la preuve de toute énergie nerveuse. Pour cela, il est logique ici de conclure que le mécanisme des activités de la réforme des lésions corporelles produites intentionnellement diffère qualitativement du mécanisme du changement dans la réaction du corps contre l'agent thermique que crée l'hypnose et il n'est pas comme ont cru certains chercheurs comme Steve Kane (Kane 1982) et James McClenon (McClenon 1988).

Les expériences précédentes faites par les chercheurs, sont plus proches du fait de prouver qu'il est possible de causer un dommage corporel limité sans un agent thermique ou d'augmenter l'influence d'un agent déterminé par la suggestion, que du fait de prouver la possibilité de la diminution du dommage que cause un agent déterminé. Et ceci est un résultat naturel car la différence entre les deux cas est la différence entre la production d'une influence destructive et la production d'une influence qui garde les tissus du corps de la destruction à cause d'être exposés à l'agent thermique. Et comme il est prévu, toute production de destruction est beaucoup plus facile que la réforme ou l'évitement d'une destruction.

5-7 Un aperçu historique des laboratoires du programme Paramann

Puisque ce livre était le fruit de certains résultats des recherches dans les laboratoires du programme Paramann, il y a ci-dessous une exposition rapide de l'histoire de ces laboratoires pionniers dans le sujet de leur recherche et le développement historique des notions sur lesquelles est basée la recherche scientifique.

La date de ce qui est devenu ultérieurement la base intellectuelle des recherches du programme Paramann revient à un temps avant 1978 quand le premier auteur de ce livre a établi un plan pionnier pour classifier les phénomènes parapsychologiques et c'est «la classification binaire». Selon cette classification, les phénomènes parapsychologiques sont divisés en deux parties qu'on les a appelées les phénomènes parapsychologiques indépendants et les phénomènes parapsychologiques dépendants. Et on entend par le mot «indépendant» ici que le phénomène parapsychologique est humain en énergie et influence, tandis que le mot «dépendant» indique les phénomènes parapsychologiques dont la survenance est liée à l'intervention des sources d'énergie «supra-humaine» qui peuvent interagir avec le reste des corps matériels, y compris l'homme, et avec les autres énergies. On a fini d'établir les bases théoriques finales pour la classification binaire le 4/5/1978.

La première chose qu'on peut remarquer dans la classification binaire est qu'elle est fondée sur une base complètement opposée à la base sur laquelle est fondée la classification traditionnelle des phénomènes parapsychologiques qu'on l'a mentionnée dans le premier chapitre. Car pendant que la classification suivie par la grande majorité des parapsychologues se concentre sur «le genre» de l'influence qu'exerce le phénomène déterminé à travers «l'endroit» de son apparition, la classification binaire classe le phénomène selon «la source» de l'influence qui cause la survenance de ce phénomène. Et en d'autres termes, la classification traditionnelle détermine «le genre» de l'influence paranormale selon l'endroit de l'apparition de l'influence, c'est-à-dire selon «la résidence» de l'influence paranormale, tandis que la classification binaire diffère complètement par sa concentration sur la détermination de «la source» de cette influence.

Il n'y a pas de doute que la classification binaire semble plus compliquée que la classification traditionnelle parce que le fait de sentir les influences qu'exercent les phénomènes parapsychologiques dans le monde physique réel est beaucoup plus facile que le fait d'essayer de déterminer la source de cette influence. Néanmoins, la classification binaire prend en considération une difficulté réelle renfermée dans la nature du phénomène parapsychologique tandis que la classification traditionnelle adopte un élément faux et irréel de facilité. Pour cela, nous voyons que la classification traditionnelle laisse encore un phénomène sans qu'elle trouve un endroit pour celui-ci dans un de ses genres, tandis que la classification binaire considère tout phénomène parapsychologique comme un phénomène inclassable s'il n'était pas possible de savoir la source de sa survenance. L'utilité espérée de l'étude de tout phénomène parapsychologique se concentre d'une façon presque totale sur la possibilité de savoir sa source pour qu'il soit possible de connaître le trajet de la transmission de l'influence et de déterminer la manière de traiter cette source, tandis qu'il y a une utilité très limitée dans la concentration sur l'étude de l'influence exercée seulement. Et la réalité est que cela est un principe général qui s'applique à tout phénomène physique.

Le 26/2/1981, les deux auteurs de ce livre se sont mis d'accord pour étudier les dimensions épistémologiques de la classification binaire ainsi que les conditions qu'elle impose dans le domaine de l'étude expérimentale de laboratoire des phénomènes parapsychologiques, cela parce que cette classification observe les phénomènes paranormaux du côté de leur indépendance ou de leur dépendance des sources d'énergie supra-humaine. Il est important ici de montrer que la méthode suivie pour l'étude de l'indépendance ou la dépendance du phénomène parapsychologique d'une manière pratique et dans le laboratoire est basée largement en tant que méthode de recherche parapsychologique et traditionnelle sur l'étude de «la résidence» de l'influence paranormale, mais dans le sens d'une expérimentation réactionnaire pour déterminer «la source» de l'influence, c'est-à-dire l'agent, et non pour étudier d'une manière profonde les détails de la même influence et l'endroit de son apparition sans prêter une attention suffisante à l'étude du trajet de la transmission de l'influence et cela comme il a lieu dans les études parapsychologiques en général. Et pour expliquer cette méthode, on peut prendre comme exemple la division des activités de la guérison paranormale des lésions corporelles produites intentionnellement en deux genres. La division de la guérison paranormale des lésions corporelles produites intentionnellement en réforme et résistance aux lésions corporelles produites intentionnellement est une nécessité pratique créée directement par la nature des belles-lettres scientifiques disponibles qui parlent du sujet, tandis que la cause indirecte était l'absence de toute possibilité de poursuivre la source de ces phénomènes d'une manière directe et simple. Néanmoins, la méthode suivie dans l'étude des deux genres de phénomènes de la guérison paranormale des lésions corporelles produites intentionnellement a eu pour but de suivre un chemin vers la détermination de «la source» de ces phénomènes. Et on peut remarquer que les premiers fruits de cette méthode étaient d'éviter de tomber dans le piège de la croyance que ces phénomènes sont le résultat des états modifiés de conscience ou des états de transe. Tandis que nous trouvons que le fait que la plupart des chercheurs sont tombés dans cette illusion à cause de leur concentration sur l'étude de «la résidence» du phénomène, c'est-à-dire l'homme, était un résultat naturel de la démarche qu'ils ont suivie dans leurs études.

Après les discussions intensives de la classification binaire et ses détails différents, le terme «paramann» a été fait dériver le 31/1/1982 à Vienne de la part du premier auteur de ce livre, qui était alors un étudiant en physique et en philosophie l'Autrichien Eric Heiligenstein et l'étudiante en anthropologie l'Italienne Carla Giovanni et l'étudiant en mathématiques l'Espagnol Juan C. Márquez. Le terme Paramann qui veut dire «ce qui se trouve à côté de l'homme et coexiste en dehors de lui» est composé de deux parties, la première est para en grec qui veut dire «à côté» et la deuxième est mann en allemand qui veut dire «homme». Le terme paramann montre l'idée sur laquelle est basée la classification binaire qui divise les phénomènes parapsychologiques en indépendant et dépendant par rapport à l'indépendance de leur survenance ou leur dépendance des sources d'énergie supra-humaine impalpable qui coexistent près de l'homme et qu'on peut sentir leur existence à travers leurs influences sur l'homme.

L'idée de paramann a eu, depuis qu'elle a été établie, une nature physique dans son traitement du phénomène parapsychologique dépendant. Puisque la relation entre l'homme et la source d'énergie supra-humaine dans ce genre de phénomènes paranormaux ressemble à la relation entre l'appareil électrique qui constitue avec la source de son énergie électrique un circuit électrique intégral. Ceux qui ont forgé le terme paramann sont tombés d'accord que la parapsychologie a quitté l'itinéraire physique qu'elle devait suivre et cela quand ses chercheurs ont limité leur préoccupation au phénomène humain tout en imaginant qu'il représente le circuit électrique intégral et négligeant la réalité que l'homme n'est qu'une partie du circuit électrique et pour cela il ne peut pas produire tout seul une influence sans l'intervention de la source d'énergie électrique. Et ceux qui ont forgé le terme paramann ont choisi la télévision comme exemple pour expliquer et soutenir l'idée de paramann. Car la télévision est basée complètement sur la source d'énergie électrique et le poste émetteur pour qu'elle puisse exercer l'influence de la télévision comme transmettre l'image et le son, car sans la source d'énergie électrique et le poste émetteur la télévision n'est qu'une boîte inutile.

L'idée de paramann s'est développée pour devenir un programme scientifique qui a adopté les critères scientifiques suivis dans la science occidentale en tant que critères pionniers pour établir les bases épistémologiques et les démarches philosophiques qui le distinguent. Ainsi, l'idée est devenue un programme scientifique signifiant qu'on l'a appelé «le Programme Paramann» le 21/7/1983. Ce programme a étudié d'une manière scientifique plusieurs phénomènes et les a confirmés selon ce que la nouvelle science expérimentale et statistique a apporté. Et on a commencé à faire les premières expériences de laboratoire le 15/12/1985 sur certains parmi ceux qui possèdent des pouvoirs parapsychologiques différents et qui peuvent les produire quand ils veulent sous les conditions des laboratoires de contrôle. Après avoir fait un ensemble d'expériences sur des pouvoirs parapsychologiques différents, le programme paramann a commencé le 4/5/1986 à se concentrer sur le fait de faire des expériences sur un certain nombre de ceux qui pratiquent ce qu'on appelle les techniques de la maîtrise du corps parmi ceux qui pratiquent le yoga et les techniques différentes de méditation et de concentration qui peuvent contrôler certaines fonctions physiologiques autonomes du corps, et qu'il y avait parmi ceux-ci un groupe qui était capable de pratiquer certaines activités de la réforme des lésions corporelles produites intentionnellement et la résistance aux lésions corporelles produites intentionnellement.

Le 15/4/1988, on a appelé ces laboratoires pionniers les Laboratoires du Programme Paramann qui avaient pour but d'étudier les phénomènes parapsychologiques dépendants. Les recherches des laboratoires du programme paramann ont réussi à attirer l'attention de beaucoup de chercheurs connus dans plusieurs universités mondiales et centres de recherche spécialisés, de plus, un certain nombre de philosophes et de penseurs partout dans le monde ont prêté une attention au programme et ont vu en cela une possibilité prometteuse de surmonter l'échec qui a atteint la méthode scientifique contemporaine dans son traitement de beaucoup parmi les détails du phénomène humain qu'ils soient paranormaux ou normaux. Et l'annexe n° 1 placée à la fin du livre contient les noms d'un certain nombre d'universités et de centres de recherche spécialisés qui suivent les résultats des recherches des laboratoires du programme paramann d'une manière continuelle. Les contacts intensifs et continuels avec ces chercheurs qui soutiennent ce programme pionnier par leurs expériences de longues années, chacun selon sa spécialisation, ont donné des résultats scientifiques qui ont montré sans aucun doute qu'il y a des phénomènes parapsychologiques que l'homme ne peut pas être la source d'énergie qui les cause mais leur explication nécessite la reconnaissance de l'existence d'une source d'énergie supra-humaine qui coexiste près de l'homme et qui exerce ses influences sur lui. Et on a appelé paramannologie la science qui traite par la recherche expérimentale la relation de l'interaction physique entre l'homme et les énergies qui coexistent près de lui et qu'on ne peut pas les sentir et desquelles résultent ce qu'on appelle les phénomènes parapsychologiques dépendants.

Et les résultats des recherches des laboratoires du programme paramann ont été exposés d'une manière officielle dans les conférences mondiales suivantes:

Premièrement—la huitième conférence mondiale des recherches psychotroniques, Wisconsin, Etats-Unis d'Amérique, 9-13 juillet 1993.

Deuxièmement—la première conférence mondiale de la médecine holistique, Crimea, Ukraine, 2-9 octobre 1993.

Troisièmement—la deuxième conférence mondiale des recherches et des applications du yoga, Bangalore, Inde, 19-26 décembre 1993.

Quatrièmement—la conférence mondiale de la physique médicale et du génie biomédical, Rio de Janeiro, Brésil, 21-26 août 1994.

Cinquièmement—la deuxième réunion soufie, San Francisco, Etats-Unis d'Amérique, 1-2 avril 1995.

De plus, les revues scientifiques ont publié plusieurs articles sur les recherches des laboratoires du programme paramann, et une grande attention est prêtée à ces résultats de la part des milieux spécialistes partout dans le monde. Et l'annexe (2) comprend la liste de ce qui a été publié à propos des recherches des laboratoires du programme paramann et des recherches qui ont été exposées dans les conférences mondiales mentionnées ci-dessus.

5-8 Les résultats des expériences des laboratoires du programme paramann et les résultats des autres chercheurs

Un grand nombre d'expériences ont été faites dans les laboratoires du programme paramann durant lesquelles on a expérimenté les prédispositions à la guérison paranormale des lésions corporelles produites intentionnellement d'un groupe de disciples de la Tariqa Casnazaniyyah. Vingt-huit disciples ont participé à ces expériences et quand on les a choisis on a fait attention à ce qu'ils représentent un exemple de tous les âges et niveaux culturels et bagages sociaux. Et le groupe d'expérimentation a renfermé de nouveaux disciples et autres anciens, puisque ça a fait moins d'un mois que le nouveau disciple a commencé à suivre le chemin de la Tariqa Casnazaniyyah quand il a participé aux expériences, tandis que certains parmi les anciens disciples ont passé plusieurs années. Le fait de dire que les individus du groupe d'expérimentation ont des caractéristiques différentes les unes des autres rend la généralisation des résultats des expériences sur le groupe des disciples en entier et sur les phénomènes à l'étude en général très authentique. Quant à l'état de santé du groupe d'expérimentation, la plupart des disciples avaient un bon état de santé générale, néanmoins deux parmi eux étaient atteints d'asthme et un d'eux était atteint d'épistaxis. Et les expériences auxquelles a participé ce dernier disciple précisément ont une importance particulière en ce qui concerne la résistance à l'hémorragie.

Chaque individu parmi les individus du groupe d'expérimentation a participé au moins à cinquante démonstrations durant lesquelles il a pratiqué les différentes activités de la réforme des lésions corporelles produites intentionnellement et la résistance aux lésions corporelles produites intentionnellement. Lors de sa pratique de ces activités, le disciple était exposé à des expérimentations et des tests qualitatifs et quantitatifs des différents changements psychologiques et physiologiques de son corps durant sa pratique de ces activités, et on les comparait avec ce qu'ils sont dans l'état ordinaire du corps, avant et après sa pratique de l'activité. Parmi les changements physiologiques sur lesquels on s'est concentré, il y a l'activité électrique du cerveau, la résistance électrique de la peau, le degré de la température de la peau, la tension artérielle veineuse, le taux de la consommation de l'oxygène, l'activité électrique des muscles internes, l'activité du cœur, le taux de la respiration, le taux de la transpiration, etc. De plus, on a fait dans le laboratoire différents tests chimiques du sang, de l'urine et des excréments.

Le résultat général des expériences a montré la non-existence des changements physiologiques réguliers et stables qui ont lieu dans le corps du disciple durant sa pratique des activités de la guérison paranormale des lésions corporelles produites intentionnellement avec ses deux genres. Et malgré qu'on remarque certains changements sur les changements physiologiques déterminés dans certaines expériences, comme l'augmentation de la résistance électrique de la peau, néanmoins, la répétition des expériences de la part de la même personne et dans les mêmes conditions de laboratoire, ne menait pas à la répétition de l'apparition du changement surnaturel ce qui veut dire que ce changement n'est pas un changement régulier et stable qui accompagne la pratique déterminée ou les activités de ce disciple précisément. Il est nécessaire ici de comparer les résultats des recherches du programme paramann avec les expériences semblables qui ont été faites dans les autres laboratoires partout dans le monde.

On a déjà mentionné l'attention limitée qu'a prêtée la société scientifique aux phénomènes de la réforme des lésions corporelles produites intentionnellement et la résistance aux lésions corporelles produites intentionnellement, malgré l'importance claire de ces phénomènes et leur capacité prometteuse de développer beaucoup de connaissances scientifiques et médicales concernant le corps humain. Car malgré l'existence d'un grand nombre d'études sur la résistance aux lésions corporelles produites intentionnellement, néanmoins, la plupart de celles-ci sont des recherches théoriques pures ou dans le meilleur des cas elles sont des études sur le terrain parce qu'il n'y a pas encore ce qu'on peut considérer comme une recherche-contrôle de laboratoire dans ce domaine. Comme exemple des études qui ont expérimenté certains changements physiologiques, il y a l'étude faite par les deux chercheurs grecs dans laquelle ils ont étudié quatre personnes qui possèdent le pouvoir de marcher sur le charbon ardent dans la ville grecque de Salonique. Les deux chercheurs ont trouvé que même si les tracés des ondes cérébrales de ces personnes avaient montré l'activité des ondes «thêta» pendant la période préparatoire pour traverser le fossé, néanmoins, ces tracés pendant la marche des personnes sur le charbon ardent étaient semblables à ce qu'ils sont dans l'état naturel. Et les résultats de l'étude ont poussé ces deux chercheurs à reconnaître que le phénomène est inexplicable selon les informations scientifiques actuelles (Beaumanoir & Xenakis 1979). Quant à ce qui concerne la réforme des lésions corporelles produites intentionnellement, le nombre des études sur le terrain qui parlent de celle-ci est aussi très limité, tandis qu'il n'y a que trois études de laboratoire qui ont été faites dans des conditions contrôlées. Ces études ont été faites par Wolfgang Larbig et ses collègues dans les laboratoires de l'université allemande de Tübingen (Larbig 1982 ; Larbig et autres 1982), et le spécialiste en psychologie biologique l'Américain Elmer Green et ses assistants dans les laboratoires de la fondation Menninger dans la ville de Topeka dans l'Etat américain du Kansas (Green & Green 1978) et enfin les deux scientifiques américains Kenneth Pelletier et Erik Peper qui ont fait leurs recherches dans un certain nombre de laboratoires aux Etats-Unis d'Amérique (Pelletier & Peper 1977). Et on signale ci-dessous rapidement les prédispositions des personnes douées qui ont été étudiées dans ces recherches et les remarques des chercheurs sur l'activité électrique «du cerveau des personnes qu'ils ont étudiées, puisque les chercheurs se sont basés largement sur l'activité électrique du cerveau pour comprendre ce qui se passe dans ces phénomènes.

L'équipe de l'université de Tübingen a fait ses expériences sur un des pratiquants du yoga qui était capable de faire entrer des broches dans sa langue et la peau de son cou et son ventre sans qu'il stérilise les broches. Ces chercheurs ont remarqué que le tracé des ondes cérébrales de ce yogi durant sa pratique des activités de la réforme des lésions corporelles produites intentionnellement a montré une augmentation claire des ondes thêta (4-8 Hertz) (Larbig 1982).

Quant à Elmer Green et ses collègues, ils ont fait leurs expériences sur Jacques Schwartz qui a plusieurs prédispositions parapsychologiques, y compris une capacité limitée de pratiquer la réforme des lésions corporelles produites intentionnellement et qui est représentée par son pouvoir de faire entrer une aiguille longue dans le biceps dans son bras, parfois après qu'il salit l'aiguille en la frottant au sol. Elmer Green, son collègue Green et son épouse Alyce Green ont commenté le tracé des ondes cérébrales de Schwartz en disant que «pendant le temps dans lequel l'aiguille était enfoncée dans son bras, 60% du tracé des ondes cérébrales enregistré dans la région occipitale [l'occiput] ont montré l'existence des ondes alpha [8-12 Hertz]» (Green & Green 1978: 232).

Pelletier et Peper ont fait des expériences sur trois personnes douées de prédispositions à la réforme des lésions corporelles produites intentionnellement. La première personne possédait un pouvoir de faire entrer les essieux de la roue d'une bicyclette dans ses joues et les flancs de son corps, en plus, elle était capable de manger des morceaux de verre d'une lampe électrique. Ces activités ont été accompagnées d'une augmentation de 100% dans le taux de l'activité des ondes alpha enregistrée dans la région occipitale et une augmentation de 73% dans son amplitude, par comparaison avec les mesures quand l'œil est fermé, et c'est le cas où l'activité alpha est généralement la plus grande (Pelletier & Peper 1977: 65). Quant à la deuxième personne douée qui a été expérimentée par Peper, elle avait un pouvoir de faire entrer une broche aiguë dans le pli de la peau de son avant-bras. Néanmoins, le tracé des ondes cérébrales de la région occipitale est composé principalement de «l'activité des ondes bêta avec un taux bas des ondes alpha ayant une amplitude basse» (Pelletier & Peper 1977: 66). De plus, Pelletier a expérimenté Jacques Schwartz qui avait participé aux expériences de la fondation Menninger (Pelletier 1974). Pelletier et Peper ont décrit Jacques Schwartz en disant qu'il «est resté dans un état de méditation accompagnée d'un taux élevé de alpha avant, durant et après qu'il a fait entrer l'aiguille» (Pelletier & Peper 1977: 66), de plus, ils ont montré que leurs remarques sur Schwartz étaient semblables aux résultats de la fondation Menninger (Green & Green 1978).

Malgré que Larbig et ses collègues, Green et ses collègues, Pelletier et Peper aient suivi tous une démarche expérimentale et de laboratoire dans leur étude des activités de la réforme des lésions corporelles produites intentionnellement des personnes douées qu'ils ont étudiées et qu'ils ont mesuré à peu près les mêmes changements physiologiques, néanmoins ces chercheurs n'étaient pas d'accord radicalement sur ce qu'ils ont conclu de leurs études. On a déjà mentionné dans la partie précédente que Larbig et ses collègues ont conclu que la personne douée qu'ils ont étudiée a pu parvenir à ses pouvoirs de réformer les lésions corporelles produites intentionnellement à cause de sa pratique d'un genre d'«autohypnose». Et on a remarqué dans ce qui a été mentionné comme discussion que cette conclusion est basée sur une erreur fondamentale et que l'hypnose ne peut pas mener à des résistances paranormales à la douleur, l'hémorragie, l'infection et la guérison instantanée des blessures, en plus du fait que ces chercheurs adoptent le terme ambigu «transe» «pour expliquer» les prédispositions de cette personne. Et comme il est prévu, ils ne déterminent pas le mécanisme qu'on suppose que la transe hypnotique aide à travers celui-ci à l'apparition de ces prédispositions. Larbig et ses collègues ont commenté les informations fournies par la mesure des changements physiologiques de la personne qu'ils ont expérimentée en disant «qu'il est clair qu'elles ne sont pas suffisamment convaincantes pour conclure que des types psycho-physiologiques accompagnent toujours l'état méditatif de la conscience comme la méditation qui est pratiquée par le yogi en maîtrisant la douleur» (Larbig et autres 1982: 308). Et cette conclusion correspond à ce qu'ont montré les résultats des recherches du programme paramann qui disent que la pratique des disciples des activités de la guérison paranormale des lésions corporelles produites intentionnellement avec ses deux genres n'était pas accompagnée du type des changements physiologiques déterminés.

Quant à Pelletier et Peper, ils ont conclu de leur expérience sur la première personne douée «qu'il peut être possible de maîtriser la douleur en augmentant alpha dans le tracé des ondes cérébrales» (Pelletier & Peper 1977: 65). Et comme il est clair, les deux chercheurs posent le même regard faible envers les phénomènes de la réforme des lésions corporelles produites intentionnellement en disant qu'ils sont des activités de maîtrise de douleur seulement et en ignorant le reste des pouvoirs paranormaux renfermés dans l'activité. Pelletier et Peper ont expliqué la prédisposition de cette personne en disant qu'elle est le résultat de la déviation de la conscience et de l'attention loin de la région de la survenance des lésions corporelles produites intentionnellement, puisque cette explication correspond à l'augmentation de l'activité alpha dont l'influence augmente dans les cas de relaxation et de distraction. Néanmoins, le tracé des ondes cérébrales de la deuxième personne était complètement différent de celui de la première personne, car il a montré l'augmentation des ondes bêta à fréquences élevées et que la production du cerveau de celles-ci augmente généralement dans le cas de la grande attention et la concentration. Et pour réunir ces résultats contradictoires, Pelletier et Peper ont prétendu que comme il est possible de maîtriser la douleur en distrayant l'attention loin de la région de la douleur, il est possible aussi d'obtenir le même résultat en se concentrant sur la région de la douleur, parce que l'important est de garder l'attention dans un seul état, ou la distraction ou la concentration. Quant à la conclusion de Pelletier et Peper concernant la troisième personne qu'ils ont étudiée, elle n'était pas différente de leur conclusion concernant la première personne. Néanmoins, Pelletier et Peper ne se basent pas trop sur l'explication physiologique des prédispositions à la réforme des lésions corporelles produites intentionnellement pour cela, ils ont posé une explication psychologique dans laquelle ils ont supposé que les personnes qu'ils ont étudiées étaient parvenues à ces pouvoirs paranormaux à travers les pratiques d'autodiscipline «qui leur a donné un degré élevé de confiance en soi et de courage» (Pelletier & Peper 1977: 70).

Les études de Larbig et ses collègues, Green et ses collègues, Pelletier et Peper montrent la survenance des changements déterminés dans les tracés des ondes cérébrales des personnes douées qu'ils ont étudiées quand celles-ci commencent à pratiquer leurs activités. Et ces remarques diffèrent des résultats des expériences des laboratoires du programme paramann qui ont montré, en général, la non-survenance de tout changement physiologique dans le corps du disciple durant sa pratique des activités de la guérison paranormale des lésions corporelles produites intentionnellement avec ses deux genres. Certains peuvent attribuer cette différence à la différence de la nature des prédispositions de ces pratiquants de celle des prédispositions des disciples, néanmoins, cette probabilité n'a pas une justification scientifique. De plus, les pratiques des disciples sont plus dangereuses et par conséquent paranormales, comme on a déjà mentionné, et pour cela si ces changements étaient liés au degré de la paranormalité de l'activité, ils seraient plus clairs dans le cas des disciples de la Tariqa Casnazaniyyah. L'explication qui semble plus proche de la réalité est que cette différence revient au fait que ces chercheurs ont fait leurs études sur un nombre très limité de pratiquants qui sont habitués à pratiquer certaines techniques de méditation et de concentration qui causent par nature un changement dans l'activité électrique du cerveau. Et si ces chercheurs avaient étudié des personnes qui ont des prédispositions à la réforme des lésions corporelles produites intentionnellement mais qui ne pratiquent pas les techniques de méditation et de concentration, ils n'auraient trouvé aucune différence dans le tracé des ondes cérébrales de chacune d'elles durant sa pratique de la réforme des lésions corporelles produites intentionnellement, comme a montré l'étude sur les personnes grecques qui marchent sur le charbon ardent (Beaumanoir & Xenakis 1979).

Il faut confirmer ici aussi qu'une des principales différences entre les études des laboratoires du programme paramann d'une part et les recherches de l'université de Tübingen et la fondation Menninger et les expériences de Pelletier et Peper d'autre part, est qu'il faut observer d'une manière attentive les résultats de ces expériences parce qu'ils sont basés sur l'étude d'un très petit nombre de pratiquants. Et l'étude de Larbig et ses collègues, et celle de Green et ses collègues ont traité une seule personne, quant à l'étude de Pelletier et de Peper, elle a été faite sur trois personnes, une d'elles était la même personne que l'équipe de recherche de la fondation Menninger l'avait expérimentée. Et ce qu'il y a de remarquable dans l'étude de Pelletier et de Peper est que les chercheurs ont remarqué, à cause d'étudier plusieurs personnes, qu'il n'y a pas un type déterminé de l'activité électrique du cerveau durant la pratique de la réforme des lésions corporelles produites intentionnellement. Ce résultat correspond aux résultats des recherches des laboratoires du programme paramann qui ont montré la non-existence d'un type physiologique déterminé qui accompagne la pratique des activités de la guérison paranormale des lésions corporelles produites intentionnellement avec ses deux genres de la part des disciples.

En ce qui concerne le rôle des changements physiologiques dans l'étude de la réforme des lésions corporelles produites intentionnellement, Pelletier et Peper étaient parvenus à une conclusion intelligente qui est qu' «un des facteurs les plus importants que l'analyse physiologique pure l'exclut est la manière dont cette maîtrise [des réactions autonomes du corps] avait été développée et préservée» (Pelletier & Peper 1977: 69). C'est-à-dire que ces deux chercheurs montrent que l'apparition des prédispositions à la réforme des lésions corporelles produites intentionnellement ne peut pas être comprise à travers l'étude des changements physiologiques qui ont lieu dans le corps durant la pratique des activités de la réforme des lésions corporelles produites intentionnellement, même s'il y avait de tels changements. Néanmoins, cette conclusion juste contredit l'avis faux qu'ont donné en disant qu' «il est possible de maîtriser la douleur en augmentant alpha dans le tracé des ondes cérébrales», et c'est un avis qu'ils avaient fondé sur leur observation de l'activité électrique du cerveau d'une des personnes qu'ils ont étudiées et qui ressemble à la prétention des autres chercheurs qui disent qu'il est possible d'acquérir des prédispositions à la réforme des lésions corporelles produites intentionnellement à travers la pratique des techniques de maîtrise et de contrôle des activités physiologiques dans le corps comme la rétroaction biologique (Rossner 1979: 248). Néanmoins, la réalité est la non-existence d'une étude scientifique qui montre que toute technique psychologique ou état mental déterminé peut fournir au pratiquant des prédispositions à la réforme des lésions corporelles produites intentionnellement.

L'explication de Pelletier et Peper des prédispositions à la réforme des lésions corporelles produites intentionnellement qui dit qu'elles sont le résultat «de la confiance en soi et du courage» ne diffère pas trop de l'avis de Larbig et ses collègues qui disent que la prédisposition de la personne douée qu'ils ont étudiée était le résultat de sa pratique de «l'autohypnose». Puisque les deux modèles explicatifs observent la réforme des lésions corporelles produites intentionnellement comme étant un phénomène d' «auto-guérison» et c'est le même regard qu'ont adopté beaucoup de chercheurs dans le domaine du phénomène de la chirurgie psychique qu'on a discutée dans le deuxième chapitre (Azuma & Stevenson 1988 ; Greenfield 1987, 1991a). Pelletier et Peper essayent de soutenir l'explication qu'ils proposent en montrant que les individus qu'ils ont étudiés «étaient gratifiés dans leur enfance pour avoir fait des actions extraordinaires», considérant que ce facteur est la source de «la confiance en soi et du courage» prétendus. Néanmoins, un des deux exemples que donnent les deux chercheurs pour soutenir leur théorie est en réalité une réfutation de celle-ci. Parce que Pelletier et Peper montrent que la première personne qu'ils ont étudiée avait dans son enfance une prédisposition à «hypnotiser ses amis et ensuite à coudre des boutons sur leurs bras sans douleur» (Pelletier & Peper 1977: 70). Il est clair que celui-ci est un exemple de «guérison d'autrui» et non d'«auto-guérison». On peut considérer cela comme un exemple d'autohypnose, c'est-à-dire une auto-guérison, seulement si la personne hypnotisée était la personne principale dans l'évènement, néanmoins, les deux chercheurs mentionnent cet exemple pour montrer «le talent» de la personne qu'ils ont étudiée, c'est-à-dire l'hypnotiseur et non la personne hypnotisée. Et si «la confiance en soi et le courage» expliquaient d'une manière inconnue bien sûr l'auto-guérison c'est-à-dire le pouvoir de la personne de contrôler et exercer une influence sur son corps, alors comment peut-on expliquer le changement de «la confiance en soi et du courage» d'une certaine personne en un contrôle des réactions physiologiques dans le corps d'une autre personne sans conclure que le phénomène est «une guérison d'autrui» et non «une auto-guérison»? Malgré que Pelletier et Peper aient refusé à juste titre la démarche physique pure dans l'étude de la réforme des lésions corporelles produites intentionnellement en critiquant le rôle exagéré des changements physiologiques, néanmoins, ils sont tombés dans une erreur qui n'est pas moins grave en supposant que des facteurs psychologiques qui peuvent par définition influencer le corps de la même personne seulement sont responsables de l'apparition des prédispositions à la réforme des lésions corporelles produites intentionnellement. L'explication de Pelletier et de Peper pourrait être acceptable s'ils pouvaient prouver que «la confiance en soi et le courage» peuvent fournir à la personne des prédispositions mentales paranormales pour exercer une influence sur les corps des autres gens, néanmoins, cela n'est pas ce que les deux chercheurs ont voulu dire parce qu'ils n'ont pas traité la transmission surnaturelle des influences entre les personnes différentes.

Les observations pratiques que présentent Larbig et ses collègues, Pelletier et Peper des prédispositions à la réforme des lésions corporelles produites intentionnellement ne correspondent pas à leur tentative pour décrire ces phénomènes comme étant une auto-guérison parce qu'il y a des preuves de la possibilité d'utiliser ces prédispositions pour exercer une influence sur les autres gens aussi. Et ces observations correspondent aux résultats des études des laboratoires du programme paramann sur les prédispositions des disciples de la Tariqa. Car en plus de son utilisation de son corps pour produire ses prédispositions à la réforme des lésions corporelles produites intentionnellement, le disciple peut utiliser les corps des autres aussi. C'est-à-dire que le disciple peut, par exemple, faire entrer des broches dans les corps d'autres personnes sans que celles-ci sentent une douleur ou qu'il leur arrive une hémorragie ou une infection, de plus, les blessures résultant de ces atteintes se cicatrisent immédiatement. Donc, il y a une preuve claire que la réforme des lésions corporelles produites intentionnellement est un phénomène de «guérison d'autrui» et non d'«auto-guérison».

Il y a un exemple mentionné par Elmer Green et Alyce Green qui explique la supposition fausse de Pelletier et de Peper qui disent que les prédispositions à la réforme des lésions corporelles produites intentionnellement résultent de «la confiance en soi et du courage», et montre qu'elles ne peuvent pas être «une auto-guérison». Car quand Jacques Schwartz faisait une démonstration devant un groupe de médecins, un d'eux a proposé qu'il essaye lui aussi de faire ce que fait Jacques Schwartz. Et le médecin qui a fait la proposition a pris une des aiguilles que Jacques Schwartz utilise et a commencé lui aussi à essayer de la faire entrer dans son avant-bras. Néanmoins, après qu'il l'a fait entrer un peu il s'est arrêté à cause de la douleur qu'il a sentie. Jacques Schwartz est intervenu ici en demandant au médecin de fermer ses yeux et il a continué à pousser l'aiguille dans l'avant-bras du médecin sans que ce dernier sente une douleur. De plus, quand Schwartz a retiré l'aiguille la blessure n'a saigné que légèrement et elle s'est cicatrisée sans qu'elle soit atteinte d'une infection, malgré que Elmer Green montre que quand il a vu le médecin après deux jours, il a remarqué qu'une hémorragie sous la peau avait eu lieu dans la région de la blessure. Cet évènement a des significations très importantes. Parce qu'il n'y a pas de doute que le médecin avait «la confiance en soi et le courage» suffisants pour qu'il commence à faire entrer l'aiguille dans son avant-bras, néanmoins, ces deux facteurs psychologiques n'étaient pas suffisants pour sa réussite. Et la réalité est que l'hémorragie interne qu'a remarquée Elmer Green revient peut-être à la première tentative faite par le médecin pour faire entrer lui-même l'aiguille. Mais l'intervention de Jacques Schwartz a laissé l'aiguille entrer dans l'avant-bras du médecin comme s'il la fait entrer dans son avant-bras, et sans que le médecin subisse un mal (Green & Green 1978: 234). Cet exemple montre clairement que l'entrée de l'aiguille n'était pas «une auto-guérison» mais «une guérison d'autrui» c'est-à-dire l'influence qu'a eue Schwartz sur le médecin et non l'influence qu'a eue le médecin sur lui-même. On a répété dans les laboratoires du programme paramann et dans des conditions différentes plusieurs expériences qui ont montré que les pouvoirs de réformer les lésions corporelles produites intentionnellement ne peuvent pas être acquis en contrôlant tous facteurs psychologiques ou physiologiques.

Pendant que Larbig et ses collègues et les deux chercheurs Pelletier et Peper n'ont pas su que la guérison instantanée qui a lieu dans la réforme des lésions corporelles produites intentionnellement est «une guérison d'autrui» parce qu'ils ont cru qu'elle est «une auto-guérison», les deux chercheurs Elmer Green et Alyce Green ont remarqué cela. Néanmoins, l'erreur qui n'est pas moins grave et dans laquelle sont tombés ces deux chercheurs est qu'ils n'ont pas défini correctement l'essence de cet «autrui» qui guérit, parce qu'ils ont cru qu'il est une énergie produite par le cerveau de l'homme doué et ils ont essayé en se basant sur cela d'expliquer les prédispositions à la réforme des lésions corporelles produites intentionnellement et plusieurs autres prédispositions parapsychologiques qu'ils avaient remarquées chez un groupe de personnes douées qu'ils ont étudiées dans le laboratoire, comme la psychokinésie, la télépathie et la guérison paranormale, etc. (Green & Green 1978). Mais, qu'elle est la preuve du fait qu'ils ont commis vraiment une erreur dans la détermination de l'agent?

Il est évident et connu que l'homme ordinaire n'a pas des prédispositions à la réforme des lésions corporelles produites intentionnellement, et cela est aussi une chose de laquelle on peut s'assurer facilement. De plus, la confiance en soi et le courage et les autres facteurs psychologiques ne peuvent pas, comme on a remarqué, fournir à l'homme des prédispositions paranormales comme la résistance à l'hémorragie et l'infection, etc. Pour cela, quand une des personnes ayant des prédispositions à la réforme des lésions corporelles produites intentionnellement cause des réactions paranormales dans le corps d'une personne ordinaire qui n'a pas ces prédispositions, ce qui se passe dans le corps de cette personne est inévitablement le résultat d'un «agent extérieur» qui n'appartient absolument pas à son corps même s'il interagissait avec celui-ci. Car cette même personne ordinaire ne peut pas pratiquer une des activités de la réforme des lésions corporelles produites intentionnellement sans qu'elle expose elle-même à un grave danger ou même à la mort selon le genre de l'activité et l'endroit de la blessure dans le corps, comme dans l'évènement du médecin qu'on a déjà mentionné. Néanmoins, la chose importante ici que Elmer Green et Alyce Green n'ont pas su, est que la pratique d'une des personnes douées d'une activité parmi les activités de la réforme des lésions corporelles produites intentionnellement sur le corps d'une personne ordinaire explique que les résistances paranormales que montre l'activité dans le corps de cette personne ordinaire sont causées par l'intervention d'un «agent extérieur», néanmoins, elles ne veulent pas dire que le disciple qui pratique l'activité est lui-même cet «agent extérieur». En d'autres termes, le phénomène du pouvoir du disciple de pratiquer les activités de la réforme des lésions corporelles produites intentionnellement sur les corps des personnes ordinaires parmi celles qui n'ont pas des résistances paranormales et une guérison instantanée montre que la réussite de l'activité résulte de «l'intervention d'un agent extérieur», néanmoins, ce phénomène ne montre rien à propos de «l'essence de cet agent extérieur». Et ci-dessous on parle plus en détail à propos de ce sujet selon ce qu'on remarque dans le cas des disciples de la Tariqa Casnazaniyyah.

Pour qu'on comprenne le sens de la distinction entre le disciple qui pratique l'activité et l'agent extérieur qui est la cause des prédispositions paranormales, il faut mentionner la réalité que le disciple avait lui-même acquis ou plutôt on lui a fourni d'une manière immédiate une prédisposition à la réforme des lésions corporelles produites intentionnellement qu'il ne l'avait pas. C'est-à-dire que le disciple ne peut pas lui-même être la source des prédispositions paranormales que renferme la réforme des lésions corporelles produites intentionnellement. Car la personne ordinaire qui n'a aucune prédisposition paranormale, nous la trouvons que dès qu'elle reçoit le pacte de la Tariqa et devient un disciple de la Tariqa Casnazaniyyah, selon la méthode déjà mentionnée dans le chapitre précédent, elle devient capable de pratiquer les activités de la guérison paranormale des lésions corporelles produites intentionnellement avec ses deux genres: la réforme des lésions corporelles produites intentionnellement et la résistance aux lésions corporelles produites intentionnellement, ce qui veut dire que le serment d'allégeance la soumet à cet agent extérieur, parce qu'il est clair que le serment d'allégeance ne cause pas des changements physiologiques ou psychologiques chez la personne qui peuvent être considérés comme la cause de la prédisposition fournie. Donc, le serment d'allégeance de la Tariqa change l'homme en un disciple capable de pratiquer «toujours» les activités de la guérison paranormale des lésions corporelles produites intentionnellement parce qu'elles le laissent être en contact «permanent» avec l'agent extérieur. Quant à la pratique du disciple des activités de la réforme des lésions corporelles produites intentionnellement sur le corps d'une personne ordinaire, elle laisse le corps de cette personne avoir des prédispositions paranormales «temporaires» parce qu'elles lient cette personne «temporairement» à l'agent extérieur, et pour cela ces prédispositions paranormales disparaissent quand le disciple finit de pratiquer l'activité et la deuxième personne ne serait pas elle-même capable de répéter l'activité toute seule.

On remarque à partir de ce qui a été mentionné que c'est l'agent extérieur qui guérit les blessures et non le corps. De plus, il est devenu clair aussi que les activités de la réforme des lésions corporelles produites intentionnellement et la résistance aux lésions corporelles produites intentionnellement en général ne sont pas des phénomènes parapsychologiques indépendants mais ils sont dépendants et la source d'énergie liée à ceux-ci est cet agent extérieur qu'ils ne peuvent pas se produire sans l'intervention de celui-ci. Pour cela, une des bases de toute théorie qui vise à expliquer la réforme des lésions corporelles produites intentionnellement doit être la reconnaissance que le mécanisme de ces phénomènes renferme l'intervention d'une source d'énergie extérieure, même si elle n'insiste pas sur l'explication des phénomènes en disant qu'ils sont «humains» en source et réceptivité. L'erreur méthodique dans laquelle tombent souvent les chercheurs dans le domaine des phénomènes parapsychologiques qui renferment des influences qui ont une source inconnue et qui apparaissent chez l'homme, est la conclusion d'une manière automatique que l'homme est «la source» de ces influences parce que c'est lui qui est influencé.

Une des manifestations de la guérison paranormale des lésions corporelles produites intentionnellement qui montrent clairement qu'elle est un phénomène dépendant est que le disciple réussit à pratiquer ces activités seulement quand il les pratique d'une manière «intentionnelle». C'est-à-dire si le disciple est atteint d'une blessure «spontanée», avec un couteau par exemple, cette blessure se distingue par tout ce que la même blessure se distingue si elle atteint tout homme ordinaire qui ne fait pas partie des disciples de la Tariqa. Et selon sa nature, la blessure peut être douloureuse et causer une hémorragie et être atteinte d'une infection et prend la période normale qu'elle nécessite pour se cicatriser. Car le disciple peut pendant l'instruction faire entrer le poignard profondément dans l'os du crâne sans douleur, ou hémorragie ou infection, de plus la blessure se cicatrise rapidement, néanmoins, si le même disciple est atteint spontanément au même endroit de sa tête d'une petite blessure par exemple à cause de se heurter à un corps solide, la blessure va être douloureuse et va saigner et peut s'enflammer et sa guérison dure quelques jours. Et la question qui se pose ici est: si le phénomène de la guérison paranormale des lésions corporelles produites intentionnellement était un phénomène parapsychologique indépendant, c'est-à-dire si le corps de l'homme contrôlait vraiment les prédispositions paranormales, alors pourquoi ces prédispositions n'apparaissent-elles pas quand un membre de celui-ci est atteint d'une blessure spontanément? Si c'est le disciple qui guérit lui-même, alors est-il logique qu'il souffre de toutes les douleurs et de tous les effets négatifs que laissent les blessures spontanées sur son corps et que certains peuvent être mortels, au lieu qu'il intervienne pour arrêter ses souffrances et guérir ses blessures d'une manière immédiate?[16]

Il y a un autre côté à travers lequel on peut s'intéresser à ce sujet. Quand les scientifiques étudient les activités biologiques dans le corps humain, ils se concentrent toujours sur ce que présente chacune de ces activités à la santé du corps en entier, même si certaines de ces activités semblent avoir des influences contraires. Par exemple, le professeur de psychiatrie Raymond Prince a remarqué que le corps humain peut réagir avec deux mécanismes contradictoires quand il s'expose à un agent douloureux. «D'une part, il y a le système qui sent la douleur très aiguë et qui contribue largement au fait que l'homme garde lui-même des agents nuisibles. Et d'autre part, les recherches sur les endorphines montrent qu'il y a aussi un système opposé qui soulage la douleur» (Prince 1982b: 300-301). Prince explique cette contradiction entre la fonction des deux systèmes en disant que pendant que le système qui sent la douleur garde des atteintes dans certains cas, il a parfois des effets négatifs par exemple quand la douleur très aiguë influence les activités de l'homme, ce qui nécessite de la soulager. Ce regard qui dit que le corps de l'homme choisit toujours parmi ses prédispositions ce qui est meilleure pour garder sa santé et que beaucoup de scientifiques partagent le regard de Prince, veut dire que ce qu'on attend du corps du disciple quand il est atteint d'une blessure spontanée est qu'il agisse d'une manière paranormale envers la blessure alors il ne sente plus la douleur, et ne lui arrive pas une hémorragie ni une infection, et il guérisse la blessure d'une manière instantanée. Néanmoins, cela n'a pas lieu en réalité, car comme on l'a déjà mentionné, la blessure spontanée passe dans le corps du disciple par les mêmes étapes par lesquelles passe la même blessure sur le corps de l'homme ordinaire. Et devant cette contradiction, l'individu a deux choix: ou que le regard des scientifiques qui disent que l'utilisation du corps de ses prédispositions est toujours parfaite pour sa santé est

---

[16] Il faut montrer ici qu'il y a des cas déterminés dans lesquels apparaissent sur les blessures «spontanées» des disciples les résistances paranormales et la guérison paranormale des lésions corporelles produites intentionnellement, néanmoins, l'explication de ces cas rares relativement est liée à la nature de l'interaction entre la source d'énergie extérieure et le disciple et que le sixième chapitre va la traiter.

un regard faux ou que les prédispositions à la guérison paranormale des lésions corporelles produites intentionnellement ne sont pas des prédispositions personnelles dans le corps. Cela parce qu'il était possible de poser plusieurs questions à propos du premier choix, néanmoins, la deuxième solution est la réponse aux questions que posent les résultats de l'étude de la guérison paranormale des lésions corporelles produites intentionnellement et elle confirme que la guérison paranormale des lésions corporelles produites intentionnellement est un phénomène parapsychologique dépendant.

Et puisqu'on fournissait au disciple des prédispositions à la réforme des lésions corporelles produites intentionnellement et la résistance aux lésions corporelles produites intentionnellement ainsi que lors du serment d'allégeance, il est naturel de conclure que toutes ces prédispositions sont dépendantes du même agent extérieur. Et le fait d'ignorer la dépendance de ces phénomènes et de les traiter comme étant indépendants est la cause de l'échec des tentatives des chercheurs pour les expliquer, comme leur échec dans l'explication des phénomènes de la résistance aux lésions corporelles produites intentionnellement et précisément la résistance au feu. Néanmoins, un des points qu'il faut signaler est que les phénomènes dépendants ne sont pas tous dépendants de la même source d'énergie extérieure. Par exemple, la source d'énergie à laquelle sont liés les pouvoirs de la guérison paranormale des lésions corporelles produites intentionnellement chez les disciples diffère de la source d'énergie à laquelle sont liées les prédispositions semblables chez les non disciples, et cela est en réalité la cause des différences entre les prédispositions des disciples et les prédispositions semblables à celles-ci chez les autres et qu'on les a mentionnées dans les parties précédentes de ce chapitre. Et cette conclusion semble naturelle aussi, si l'individu prend en considération la réalité que la manière de la survenance de la liaison dans chacun de ces phénomènes diffère de l'autre. Car pendant que la liaison se forme dans le cas de la guérison paranormale des lésions corporelles produites intentionnellement à travers le serment d'allégeance, nous trouvons que la liaison dans les autres cas, peut se former par exemple à travers la pratique de certaines retraites spirituelles dont la pratique renferme des tentatives pour communiquer avec des sources d'énergies extérieures du corps de l'homme. Néanmoins, la complexité du monde des énergies extérieures et la diversité de leurs formes ont mené à l'existence des moyens complètement différents pour communiquer avec chacune de ces sources.[17]

Et il faut signaler un dernier point ici qui est que la notion du phénomène dépendant n'est pas une notion inconnue dans la science traditionnelle moderne qui étudie les phénomènes naturels, car il y a beaucoup de phénomènes humains que la science les traite comme des phénomènes dépendants.

Et peut-être la première chose qui se présente à l'esprit comme exemple sont la santé et la maladie. Car la santé du corps de l'homme est considérée comme un phénomène dépendant et une des sources d'énergies extérieures sur laquelle elle est basée est la nourriture. Et beaucoup parmi les maladies de l'homme sont aussi des phénomènes dépendants quand leur cause est un virus ou une bactérie qui attaquent le corps de l'extérieur. Néanmoins, la notion du phénomène dépendant est complètement exclue lorsqu'on étudie le phénomène parapsychologique comme si l'homme vit loin de son entourage. Et il est étrange plutôt très étrange de trouver les sciences modernes se concentrer sur l'interaction de l'homme avec son environnement par ses créatures visibles et invisibles, quand elles étudient plusieurs points faibles en lui en tant qu'individu, mais elles le rendent de nouveau le centre de toutes les prédispositions paranormales dont les influences apparaissent sur lui. La réalité simple est que l'homme, cet être vivant, ayant un corps très faible devant son environnement, ne peut pas être celui qui possède ces forces paranormales qui lui sont attribuées et que la grande faiblesse de son corps devant son environnement démontre que les manifestations de sa force paranormale doivent provenir aussi de son environnement.

---

[17] C'est un sujet très ample et séparé que les deux auteurs ont l'intention de le traiter en détail dans une recherche suivante si Allah le veut.

Sixième Chapitre

Le fond spirituel des phénomènes parapsychologiques dans la pensée de la Tariqa Casnazaniyyah

La Tariqa Casnazaniyyah a un regard particulier envers l'univers, qui est basé sur le Coran, la tradition du Prophète et les paroles des cheikhs de la Tariqa. Et en prenant connaissance de ce regard spirituel, on peut comprendre l'explication de la Tariqa Casnazaniyyah des miracles et des merveilles en général.

Le regard de la Tariqa Casnazaniyyah diffère ipso facto du regard répandu actuellement dans les sciences et les philosophies matérialistes qui rendent l'homme l'être vivant le plus fort dans ce monde et nient l'existence des créatures «invisibles» et «imperceptibles». Car le Coran confirme clairement l'existence de plusieurs créatures raisonnables et invisibles qui peuvent interagir avec l'homme sans qu'il sente leur présence comme les anges, les djinns et les démons, et qui sont des créatures qui sont gouvernées dans le monde où elles vivent par des lois particulières qui diffèrent de celles connues à propos du monde réel (on va utiliser le terme «créatures spirituelles» pour montrer ces genres de créatures). Pour cela, le monde du point de vue de la Tariqa Casnazaniyyah renferme deux mondes qui sont le monde réel que nous connaissons et que la science traditionnelle reconnaît son existence et l'étudie, et le monde spirituel qui renferme les créatures spirituelles et c'est un monde qu'il est impossible de le percevoir d'une manière directe et pour cela la science ne reconnaît pas son existence. Et cette différence fondamentale dans la confirmation de la réalité du monde et des créatures entre la Tariqa Casnazaniyyah et la théorie scientifique répandue mène, comme il est prévu, à une grande différence entre les deux dans l'explication de la plupart des phénomènes parapsychologiques, plutôt dans l'explication de plusieurs autres phénomènes ordinaires, comme on va voir ultérieurement.

Une des preuves fournies par le Coran du fait que l'homme peut être influencé par des créatures spirituelles qu'il ne les voit pas et ne sent pas leur présence, se trouve dans le verset coranique: (Et quiconque s'aveugle (et s'écarte) du rappel du Tout Miséricordieux, Nous lui désignons un diable qui devient son compagnon inséparable) [Az-Zukhruf: 36], puisque ce qu'on entend par (le rappel du Tout Miséricordieux) dans le verset coranique n'est pas l'invocation orale seulement mais l'invocation cordiale et sincère. Car l'homme qui n'invoque pas sincèrement Allah qu'il soit loué et exalté est continuellement influencé par le diable qui le pousse au péché et l'éloigne du droit chemin: (Et Nous leur avons destiné des compagnons inséparables [des démons] qui leur ont enjolivé ce qui était devant et derrière eux) [Fussilat: 25]. Néanmoins, l'homme qui néglige l'invocation ne sent pas cette influence. Et Allah qu'il soit loué et exalté confirme que le diable n'exerce une influence que sur les gens désobéissants, comme dans le verset coranique où il s'adresse au diable: (Sur Mes serviteurs tu n'auras aucune autorité, excepté sur celui qui te suivra parmi les dévoyés) [Al-Hijr: 42]. Et c'est ce qu'Allah qui est puissant et grand veut dire quand il parle à propos du serviteur qui s'approche de lui vertueusement: «et s'il cherche en Moi un refuge, Je le protégerai», c'est-à-dire qu'Allah qui est puissant et grand éloigne de son serviteur qui l'invoque les influences des diables et les autres causes et sources du mal.

Le cheikh Abdel-Qader Al-Kilani montre que la lutte contre le diable se fait par l'invocation et pour cela il conseille le disciple et il dit: «fais-le fuir de chez toi par l'invocation continuelle car celle-ci le fait périr et le tue et disperse ceux qui le suivent» (Al-Kilani 1989: 44). Et comme l'invocation engagée éloigne les diables, alors elle veut dire en même temps le rapprochement des bons anges. Le cheikh Abdel-Qader Al-Kilani dit à propos du cœur de celui qui invoque Allah qu'il soit loué et exalté: «ce cœur devient un jardin où il y a des arbres, des fruits, des steppes, des déserts, des mers, des fleuves et des montagnes et il devient le lieu de réunion des hommes, des djinns, des anges et des esprits» (Al-Kilani 1989: 46). Et le cheikh Abdel-Qader Al-Kilani conseille en disant: «si tu raffermis ta foi tu parviendras à la vallée de l'extinction, ensuite tu seras épris de Lui ni de toi-même ni des gens. C'est alors que ta peur disparaîtra, tu seras protégé et enthousiaste, tu réussiras et seras entouré des anges et les esprits viendront pour te saluer» (Al-Kilani 1989: 63). Et contrairement à celui qui n'invoque pas Allah qui est puissant et grand et qui lui destine un diable qui sera son camarade inséparable, celui qui s'approche d'Allah qui est puissant et grand a des anges qui sont chargés de sa protection en tout temps. S'il dort ils le gardent de ce qui a devant et derrière lui et le diable n'ose pas s'approcher de lui. Il dort avec son âme qui est aussi protégée, il bouge et se repose sous la protection d'Allah qu'il soit exalté» (Al-Kilani 1989: 36-37). Et le cheikh Muhammad Al-Kasnazani explique la description de Mahomet (qu'Allah le bénisse et le salue) de la séance de l'invocation en disant qu'elle est «un des jardins du Paradis» puisqu'elle confirme la descente des anges et la présence des bons esprits.

A la lumière de la relation entre l'invocation et l'éloignement des diables, on peut comprendre la règle principale dans la Tariqa qui dit que: «celui qui n'a pas un cheikh, son cheikh est le diable». Car c'est le cheikh de la Tariqa qui enseigne au disciple l'invocation et lui donne des conseils pour qu'il s'attache à celle-ci. Plutôt l'invocation d'Allah est le moyen pour lier le disciple à son cheikh et pour cela le cheikh Muhammad Al-Kasnazani dit: «celui qui cesse de faire les petites prières, Allah ne lui prête pas secours». Car la relation du disciple avec son cheikh est une relation spirituelle pure, comme on a déjà expliqué dans le quatrième chapitre. Pour cela, tant que le disciple continuait à faire les petites prières, il serait en relation spirituelle et continuelle avec son cheikh, et il serait par conséquent fort face aux diables qui ne peuvent pas s'approcher de lui parce qu'il est protégé par la force spirituelle de son cheikh qui est tirée de la force spirituelle de Mahomet (qu'Allah le bénisse et le salue).

Cette image coranique a des significations très importantes. Car elle montre que l'homme ne peut pas vivre dans le monde sans qu'il soit influencé par le monde des esprits. Et s'il était parmi ceux qui invoquent Allah, les bons esprits viennent chez lui en tout temps pour satisfaire ses différents besoins et lui apportent tout le bien. Mais s'il négligeait l'invocation, il serait tombé dans les mains des diables qui font de leur mieux pour le garder dans l'égarement loin de l'invocation de son Seigneur. De plus, l'invocation continuelle et sincère d'Allah qu'il soit loué et exalté, ainsi que l'extinction en lui, élève l'homme qui l'invoque à un haut niveau qui le laisse avoir lui-même une force spirituelle, comme est le cas des cheikhs de la Tariqa. Car grâce à leurs efforts faits pour rendre un culte à leur Seigneur, Allah donne aux cheikhs de la Tariqa une force spirituelle qui les rend capables de faire des miracles comme la limpidité du cœur, la clarté de la vue et de l'ouïe, la traversée de grandes distances en un clin d'œil, la marche sur l'eau et le vol dans l'air, la guérison des malades, la résurrection des morts et autres actions paranormales. Le cheikh Abdel-Qader Al-Kilani dit: «Est parmi les bons celui qui mange en dormant de la nourriture du Paradis et boit de son eau ainsi il voit tout ce qu'il renferme. Et certains parmi eux ne mangent pas et ne boivent pas et se retirent des gens et vivent longtemps dans le monde sans mourir comme Elie et Khodr qu'Allah soit satisfait d'eux. Pour Allah qui est puissant et grand, il y a un grand nombre de ceux-ci qui sont invisibles sur terre et qui voient les gens mais ceux-ci ne les voient pas ; les bons parmi eux sont en grand nombre et les mauvais sont en petit nombre, ils sont des individus uniques et tout le monde vient chez eux et s'approche d'eux ; c'est à travers eux que la terre pousse et la pluie tombe et la souffrance des gens est soulagée» (Al-Kilani 1989: 51). Le cheikh Abdel-Qader découvre ici une partie de la notion de la Tariqa à propos du rôle des bons dans le monde des esprits et les interventions qu'ils peuvent faire dans le monde réel.

L'extinction en Allah qui est puissant et grand rend l'homme dépourvu de toute volonté autre que la volonté d'Allah qu'il soit loué et exalté, et pour cela Allah donne à ce serviteur qui a possédé une force spirituelle le pouvoir de faire les différentes actions que le cheikh Abdel-Qader montre certaines de celles-ci en disant: «c'est à travers eux que la terre pousse et la pluie tombe et la souffrance des gens est soulagée». Et il n'y a pas ici une différence entre le miracle d'un des cheikhs dans sa guérison d'un certain malade de sa maladie ou son intervention dans un évènement comme le fait de causer la chute de la pluie ou un évènement plus ou moins important que celle-ci, car celui qui fait le miracle accomplit dans les deux cas la volonté d'Allah qui est puissant et grand. Et la tentative faite par certains chercheurs pour mettre en doute certains miracles parce qu'ils traitent les phénomènes naturels est une tentative infructueuse parce qu'il est impossible de déterminer ou de limiter ce qui est possible parmi les merveilles, sinon cela aurait renfermé une détermination du pouvoir divin comme on va le montrer ci-dessous.

Pendant que beaucoup de chercheurs sont tombés dans l'erreur de l'insistance sur le refus de la reconnaissance de l'existence des miracles (Qadir 1990: 132), d'autres ont commis une erreur quand ils ont essayé de «rationaliser» les miracles et distinguer ce qui est «possible» parmi ceux-ci de ce qui est «impossible» (Al-Rawi 1994 ; Abdo 1953: 229-240). Et l'erreur ici est que du côté de la paranormalité le miracle est comme la merveille et la raison ne peut pas les comprendre et ils ne sont soumis à aucune loi parmi les lois que la raison a établies, plutôt ce par quoi ils se distinguent est «la paranormalité». Alors, est-ce que la raison peut expliquer ou comprendre une merveille comme le voyage nocturne dans lequel les distances raccourcissent jusqu'à ce qu'elles n'existent plus et le temps se ralentit jusqu'à ce qu'il s'arrête? Et est-ce que la raison peut imaginer la manière dont le coup du bâton de Moïse a déchiré la mer? La raison peut comprendre d'une manière très simplifiée les détails généraux de l'évènement néanmoins, elle ne peut pas comprendre par exemple les petits détails de la manière dont le coup du bâton s'est transformé en une déchirure dans la mer et pourquoi la déchirure n'a-t-elle disparu qu'après que Moïse et son peuple l'ont traversée, ainsi que d'autres questions qui ne finissent pas. Et la même chose s'applique aux miracles. Alors, quels sont les critères «logiques» sur lesquels on peut se baser pour distinguer entre ce qui est possible et ce qui est impossible parmi les miracles? Et est-ce que la guérison instantanée d'une blessure dangereuse que subit le corps peut être comprise mentalement pour que la raison refuse la survenance d'un miracle comme le fait d'arrêter la pluie? Parce qu'on connaît à propos de Mahomet (qu'Allah le bénisse et le salue) qu'il priait pour obtenir de la pluie dans certains de ses miracles et c'est lui qui a invoqué Allah pour qu'il laisse le soleil se lever de nouveau pour l'Imam Ali pour qu'il fasse la prière d'après-midi parce que le soleil était sur le point de se coucher et l'Imam Ali n'était pas présent et parce que Mahomet avait eu la révélation divine, le soleil s'est alors retourné jusqu'à ce qu'il a atteint la moitié de la mosquée (Al-Mawardi 1935: 89). Toute merveille faite par un prophète peut, si Allah le veut, apparaître comme un miracle fait par un saint.

La seule chose que la merveille ou le miracle ne peut pas l'être est qu'elle/il contienne ce qui contredit ce qu'Allah, qu'il soit loué et exalté, a ordonné, parce que cela contredit leur essence, sinon il n'y a pas de limites pour les merveilles qu'Allah veut qu'elles soient faites par ses serviteurs. Le cheikh Abdel-Qader Al-Kilani dit: «la croyance de ceux qui suivent le Coran et la Tradition du Prophète Mahomet (qu'Allah le bénisse et le salue) au fait que l'épée ne coupe pas par nature mais Allah qui est puissant et grand coupe à l'aide de celle-ci et le feu ne brûle pas par nature mais c'est Allah qui brûle à l'aide de celui-ci et que la nourriture n'assouvit pas par nature mais c'est Allah qui assouvit à l'aide de celle-ci et que l'eau n'étanche pas la soif par nature mais Allah qui est puissant et grand étanche la soif à l'aide de celle-ci, ainsi, toutes les choses sous leurs différents genres sont gérées par Allah qui est puissant et grand et elles constituent un outil entre ses mains avec lequel il fait ce qu'il veut» (Al-Kilani 1989: 31). Et le cheikh Abdel-Qader Al-Kilani ajoute en montrant l'évènement dans lequel le feu ne brûle pas Abraham que la paix soit sur lui après qu'Allah, qui est puissant et grand, lui a ordonné de faire ainsi en disant: («Ô feu, sois pour Abraham une fraîcheur salutaire) [Al-Anbiya: 69] parce que l'ordre d'Allah, qu'il soit loué et exalté, donné aux choses, est comme explique le verset coranique: (Quand Il veut une chose, Son commandement consiste à dire: «Sois», et c'est) [Ya-Sin: 82]. Et avec («Sois», et c'est)les merveilles et les miracles se produisent, car si Allah qui est puissant et grand a voulu anéantir les lois pour un de ses prophètes ou un des gens de bien, il les anéantit, alors l'action paranormale sera une merveille ou un miracle. Pour cela, la tentative faite pour déterminer ce qui est possible parmi les merveilles ou les miracles n'est pas une tentative faite pour déterminer ce qu'un prophète ou un saint peut faire comme miracles, mais elle est une tentative faite pour déterminer ce qu'Allah peut faire et le pouvoir d'Allah est illimité. Le fait de nier la possibilité de la survenance d'une certaine action paranormale, qu'elle soit une merveille ou un miracle, en mettant en doute le genre de paranormalité qu'elle renferme est comme le fait de dire qu'il y a des lois établies par Allah qui est puissant et grand et qui ne peut pas les modifier et cela est certainement une conclusion fausse. Ce qui rend un phénomène, comme «le pouvoir du feu de brûler», une loi naturelle et commune est l'habitude et non pas autre chose et ce qui rend un évènement, comme «l'échec du feu à brûler», un évènement paranormal est qu'il est rare et viole la loi naturelle commune. Car cette classification n'existe pas dans la raison de nature mais elle est établie quand la raison s'habitue à remarquer que «le feu est brûlant». Et puisque le phénomène paranormal était par définition extraordinaire, alors la raison qui fonctionne et juge à travers «l'ordinaire» ne pourra pas, par la nature de sa fonction et de son pouvoir, déterminer ce qui peut avoir lieu à travers «l'extraordinaire».

Les preuves multiples qu'ont fournies les études scientifiques des phénomènes paranormaux rendent le fait de mettre en doute l'existence de ces phénomènes une chose refusée du côté scientifique. Mais puisque ces phénomènes sont encore «inexpliqués» scientifiquement, cela est juste néanmoins, cela ne veut pas dire que ces phénomènes «n'existent pas». Et il est bien sûr évident de conclure que tout modèle scientifique ou philosophique du monde, qui reconnaît l'existence des merveilles, doit nécessairement être complètement différent de tout autre modèle qui ne reconnaît pas l'existence du phénomène parapsychologique. Et la moindre chose qu'on peut dire à propos de la différence qui existe entre ces deux modèles est que le premier est plus global que le deuxième parce qu'il englobe les phénomènes naturels et les phénomènes parapsychologiques, quant au deuxième, il néglige entièrement l'existence du phénomène paranormal. Néanmoins, il est important de montrer ici qu'il n'y a aucun modèle scientifique et sérieux qui prend en considération l'existence des phénomènes parapsychologiques à côté des phénomènes naturels. Et certains peuvent discuter en disant que le temps n'est pas venu encore d'étudier un tel modèle scientifique global considérant que la théorie scientifique actuelle renferme encore beaucoup de négligence et qu'il y a beaucoup de choses qu'elle ne peut pas expliquer malgré qu'elle étudie les phénomènes naturels seulement, et par conséquent la tentative faite pour développer une théorie scientifique qui prend en considération les phénomènes parapsychologiques, c'est-à-dire les phénomènes dans lesquels il y a ce qui viole certaines lois scientifiques actuelles, est vouée d'avance à l'échec. Néanmoins, cette analyse est en réalité incorrecte. Parce que la tentative faite pour bâtir une théorie scientifique partielle en négligeant un genre déterminé de phénomènes ne peut pas mener à une bonne théorie ayant des détails cohérents. La recherche scientifique est donc capable de prendre en considération tous les phénomènes connus lorsqu'elle va bâtir une théorie ou une philosophie scientifique déterminée et non d'abandonner certains de ces phénomènes parce que l'établissement d'un modèle du reste des phénomènes semble plus facile. L'établissement d'un modèle partiel est certainement plus facile que la tentative faite pour établir un modèle global, néanmoins, le premier n'aura aucune valeur cognitive, de plus, ses réussites pratiques, s'il avait des réussites, seront limitées.

Les chercheurs sérieux dans le domaine de la parapsychologie qui insistent sur le fait que les phénomènes paranormaux soient pris en considération quand on bâtit les théories scientifiques et philosophiques, ont sans doute une attitude plus saine du côté scientifique que l'attitude de ceux qui refusent ou négligent les phénomènes parapsychologiques. Et pour cela, il semble du côté théorique que ces scientifiques ont la chance de réussir à bâtir des théories scientifiques plus globales qui prennent en considération l'existence des phénomènes parapsychologiques. Néanmoins, cette chance de réussite est irréelle. Parce que ces chercheurs traitent les phénomènes parapsychologiques d'une manière physique pure et ne prennent pas au sérieux, même à titre de supposition, la probabilité que ces phénomènes aient des dimensions spirituelles qui dépassent leurs manifestations physiques. Ce fond spirituel des phénomènes paranormaux, qui est étudié par cette partie, est la cause réelle de la chute de la parapsychologie et qui est une chute double: parce que la parapsychologie a échoué à être une science qui étudie des phénomènes métaphysiques puisqu'elle a refusé de reconnaître le fond immatériel des phénomènes qu'elle étudie, de plus, elle a échoué à être une science matérielle comme le reste des sciences traditionnelles parce que les phénomènes qu'elle étudie renferment des éléments immatériels, c'est-à-dire spirituels.

L'explication de la Tariqa Casnazaniyyah des phénomènes parapsychologiques part d'une image spirituelle profonde de l'univers et de l'existence qui diffère complètement des regards faux que portent les chercheurs dans le domaine de la parapsychologie et qui rendent l'homme l'être le plus intelligent et le plus fort dans le monde. Pour cela, il est naturel qu'il y ait des différences fondamentales entre les explications de la Tariqa Casnazaniyyah des phénomènes parapsychologiques et les explications que donnent les chercheurs occidentaux dans le domaine de la parapsychologie. Car le fait que l'homme soit influencé continuellement par les différentes créatures du monde des esprits veut dire que le rôle probable que jouent ces créatures dans ce qui arrive à l'homme ou ce qui arrive à travers lui, y compris les phénomènes parapsychologiques, doit être pris en considération.

Allah qui est puissant et grand mentionne dans le Coran plusieurs exemples de phénomènes qu'on appelle maintenant les phénomènes parapsychologiques. Et les versets coraniques montrent clairement que beaucoup de ces phénomènes sont des phénomènes dépendants, c'est-à-dire qu'ils se produisent par l'intervention des sources d'énergie extérieures autres que l'homme. Comme exemple des phénomènes que le Coran montre leur dépendance des sources d'énergie supra-humaine, il y a le phénomène de l'évocation des créatures qu'Allah les appelle «les djinns». Allah qu'il soit loué et exalté dit: (Or, il y avait parmi les humains, des mâles qui cherchaient protection auprès des mâles parmi les djinns mais cela ne fit qu'accroître leur détresse) [Al-Jinn: 6]. Et les djinns sont des créatures qui diffèrent complètement par leur nature de l'homme, et il y en a qui sont bons et d'autres qui sont méchants et ils ont la prédisposition à apparaître sous différentes formes, en plus, ils possèdent des pouvoirs et une rapidité excessive à bouger et à se déplacer. Et cette évocation des djinns de la part de certains hommes peut être sous différentes formes comme le fait de pratiquer certains rites qui causent l'exploitation d'un djinn méchant pour causer un dommage à certains gens comme la maladie, etc. Un des exemples d'un des moyens de l'évocation d'un djinn méchant de la part des hommes est montré par le verset coranique: (contre le mal de celles qui soufflent (les sorcières) sur les nœuds) [Al-Falaq: 4].

Un des phénomènes de l'évocation des djinns qui était et est pratiquée encore largement et relativement partout dans le monde est le phénomène de la médiumnité qu'on a déjà mentionnée dans le premier chapitre. Et le phénomène de la médiumnité, comme son nom l'indique, veut dire qu'une des personnes joue le rôle d'un médium entre les créatures du monde des esprits d'une part et les hommes d'autre part, durant lequel on demande aux créatures spirituelles auxquelles on a eu recours à propos de plusieurs choses. Et la chose intéressante est que le phénomène de spiritisme, tel qu'il est appelé aussi, est connu en anglais par le terme «mediumship» qui veut dire littéralement «médiation», ce qui montre que la notion claire de ce phénomène est qu'il consiste à avoir recours à un médium humain pour communiquer avec les créatures spirituelles. Néanmoins, quiconque étudie ce qui a été mentionné à propos de ces phénomènes dans les belles-lettres scientifiques peut remarquer la tendance des chercheurs à insister sur le fait d'imposer des explications déterminées de ce phénomène dépendant pour le laisser paraître comme étant un phénomène indépendant. Car il est connu qu'il y a plusieurs phénomènes paranormaux qui se produisent durant les séances de la médiumnité et il y a par exemple le fait que le médium découvre des informations concernant un des spectateurs, qui est supposé ne pas les connaître, et cela à l'aide de la créature spirituelle qu'on l'évoque, ou certaines choses qui existent à cet endroit où on pratique la séance de spiritisme bougent sans raison apparente, ou on entend des bruits intelligibles ou inintelligibles, etc. Et pendant que le médium attribue généralement de tels évènements et les informations qu'il reçoit et qu'il ne les connaît pas à «l'esprit» qui se manifeste durant la séance, les chercheurs dans le domaine de la parapsychologie attribuent les phénomènes qui se produisent au médium et ils considèrent par exemple sa découverte des informations personnelles concernant un des spectateurs comme «une télépathie» entre lui et les spectateurs, et ils observent les mouvements étranges qui se produisent à l'endroit où la séance a lieu comme étant un genre de «psychokinésie» causée par le médium (Cerullo 1982). Et comme il est clair ici, c'est la même tendance scientifique à «humaniser» les phénomènes parapsychologiques qui pousse les scientifiques à proposer de telles explications. Les chercheurs voient que la prétention du médium la communication avec les esprits est une chose injustifiée, néanmoins, les théories remplaçantes qu'ils posent sont aussi injustifiées. Pour cela, on ne peut pas être accusé d'avoir conclu que les scientifiques n'ont pour but que de se débarrasser de l'explication «spirituelle» du phénomène en proposant des explications remplaçantes.

La chose la plus connue qui est faite durant les séances de spiritisme est que les médiums prétendent qu'ils évoquent les âmes des morts. Car le médium évoque ce qui semble être l'âme d'une personne morte, qui est une des proches d'un des spectateurs, et commence ensuite à lui demander à propos de sa vie précédente et ce que «sa vie dans le monde des esprits» est supposée être. Et les chercheurs dans le domaine de la parapsychologie ont prêté une attention exceptionnelle à ces pratiques précisément des séances de médiumnité parce qu'elles semblent comme si elles fournissent la preuve de la vie après la mort, ce qui constitue une menace pour le regard matériel que porte la science. Et la réalité est que l'attention que prêtent les parapsychologues à ce phénomène était grande à tel point que la naissance de la parapsychologie en tant que science était à l'origine pour étudier ces phénomènes en particulier. Et à cause du grand élément d'étrangeté dans ces phénomènes durant lesquels l'esprit prétendu donne souvent des informations précises concernant la personne morte à travers le médium, certains chercheurs dans le domaine de la parapsychologie ont opiné pour l'explication de tels phénomènes par des suppositions qu'on a désignées par le terme «super psi» pour les distinguer des explications que nécessite le reste des phénomènes psi déjà mentionnés dans le premier chapitre, considérant que les séances de l'évocation «des âmes des morts» nécessitent des explications plus compliquées que les explications précédentes (Braude 1989). Et la réalité est qu'il n'y a pas de mécanisme qui a des caractéristiques et des détails déterminés et qui est appelé «super psi», néanmoins, ce qu'on entend par l'utilisation de cette appellation n'est pas plus que la supposition que les phénomènes parapsychologiques comme l'évocation des âmes des morts, qui semblent plus compliqués que les phénomènes psi connus et qui sont expliqués généralement comme étant des prédispositions humaines comme la perception extra-sensorielle et la psychokinésie, peuvent aussi être expliqués comme étant des phénomènes humains et non spirituels, néanmoins, leur explication nécessite la prétention que la personne ou les personnes concernées ont des prédispositions psi plus compliquées et plus fortes que les prédispositions psi ordinaires. Il est clair que la cause de la proposition d'une supposition super psi est la même cause qui a poussé la parapsychologie avec ses deux côtés théorique et expérimental vers la mauvaise direction qu'elle a suivie et c'est qu'elle a essayé de prouver que les phénomènes parapsychologiques sont des phénomènes «humains» qui n'ont pas de relation avec aucune des créatures spirituelles, c'est-à-dire qu'elle a essayé de réfuter toute preuve de l'existence du monde des esprits. Et vraiment nous voyons que le professeur de philosophie à l'université américaine du Maryland, Steven Braud, qui est un des partisans de la supposition super psi, confirme que tous les phénomènes de spiritisme peuvent être expliqués par la supposition super psi et qu'il n'est pas nécessaire de supposer une intervention spirituelle dans le phénomène (Braude 1992b), malgré que le super psi ne représente pas une théorie ayant des détails déterminés !

Il est devenu clair maintenant la faiblesse de l'argument des parapsychologues dans leur discussion du phénomène de médiumnité en général et de spiritisme en particulier. Et il est devenu clair aussi que la cause du traitement fragile des chercheurs dans le domaine de la parapsychologie de ce phénomène est leur désir de prouver à tout prix que le phénomène est indépendant et non dépendant. Et le problème des parapsychologues avec le spiritisme précisément est plus grand que leur problème avec les phénomènes de médiumnité en général parce que le spiritisme renferme non seulement la prétention de l'existence des esprits, c'est-à-dire des créatures supra-humaines, mais il renferme aussi la prétention que certains de ces esprits appartiennent à des gens morts. Quant à la notion des médiums en général, elle est la notion adoptée par la plupart des gens ordinaires, et c'est que le phénomène est dépendant, c'est-à-dire dans lequel a lieu une intervention réelle de la part des créatures spirituelles. Néanmoins, la compréhension des détails du phénomène renferme aussi beaucoup d'erreurs comme il devient clair à travers l'étude de l'explication de la Tariqa Casnazaniyyah de ce phénomène.

Le phénomène de médiumnité est un genre d'évocation des djinns qui sont mentionnés dans le Coran. Car ce qui a lieu dans le phénomène de médiumnité est l'utilisation du médium des moyens particuliers renfermant la pratique des rites déterminés qui mène à établir une communication entre lui et des djinns déterminés qu'il est possible dans certains cas qu'ils fassent des choses déterminées que le médium leur demande de faire. Et l'apparition de l'esprit à l'endroit où la séance a lieu, est le plus souvent accompagnée de signes déterminés comme la survenance d'un vent doux et froid ou le mouvement de la table à laquelle se met le médium, etc. Et c'est ce qui a lieu aussi dans le cas du spiritisme. Puisque celui qui se manifeste réellement n'est pas «l'âme du mort» que le médium veut l'évoquer mais c'est un «djinn» méchant qui prétend être l'âme de la personne morte visée pour égarer le médium et ceux qui participent aux séances de spiritisme. Et parce que le djinn a des prédispositions à se manifester sous différentes formes et possède le pouvoir de parvenir à des informations concernant la vie de la personne morte d'une manière rapide en devinant les pensées des personnes qui connaissent cette personne parmi ceux qui participent à la séance et parfois à travers les moyens qui dépassent l'endroit où la séance a lieu, il sera alors capable de faire croire au médium et à ceux qui participent à la séance de spiritisme qu'il est vraiment l'âme de la personne morte en donnant certaines informations. Plutôt le djinn peut apparaître parfois sous une forme très semblable à la personne morte devant celui qui peut le voir. Quant à la cause de la prétention du djinn qu'il est l'âme de la personne morte est pour égarer les gens comme font les diables et les djinns méchants pour raffermir les croyances fausses chez les gens. Et ce qui confirme que ce genre de comportement entre les djinns et les hommes est un mauvais comportement qu'Allah qu'il soit loué et exalté le montre en disant qu'il va punir les djinns et les hommes le jour du Jugement dernier à cause de ces communications entre eux et comme le montre le verset coranique: («Ô communauté des djinns, vous avez trop abusé des humains». Et leurs alliés parmi les humains diront: Ô notre Seigneur, nous avons profité les uns des autres, et nous avons atteint le terme que Tu avais fixé pour nous») [Al-Anam: 128].

Il y a certaines remarques importantes mentionnées par certains chercheurs qui ont participé aux séances de spiritisme et qui démontrent que ce qui a lieu dans les séances de spiritisme contient beaucoup de tromperie de la part du djinn qui se manifeste. Car il y a d'abord l'apparition répétée des cas où l'âme prétendue dit des bagatelles et des paroles qui n'ont pas de sens (Lewis 1976: 145). Ensuite il y a ce que le professeur de psychiatrie Ian Stevenson a remarqué en disant que les séances de spiritisme connaissent souvent l'apparition d'une créature spirituelle qui prétend être l'âme d'une personne autre que l'âme de la personne que le médium a voulu l'évoquer et sans que le médium l'eût évoquée, et cette créature qui se présente est souvent inconnue au médium et à ceux qui participent à la séance. Et à cause de la nature d'une telle apparition, Stevenson a appelé la créature qui se manifeste de cette façon «le communicateur à l'improviste» en montrant qu'il «communique» avec le médium et le public d'une manière soudaine et sans appel. Et peut-être une des preuves les plus claires de la tromperie que renferme la pratique du spiritisme est l'apparition de ceux que les chercheurs sont convenus de les désigner par le mot «pseudo-communicateurs». Et la cause de cette appellation étrange est que quand la créature spirituelle se manifeste, elle se présente en disant qu'elle est l'âme d'une certaine personne que ni le médium et ni le public ne la connaissent et quand on vérifie cela, il devient clair que les informations que cette créature a données sont complètement fausses parce qu'il n'y avait pas une personne ayant les caractéristiques qu'elle prétend. Et une des autres manifestations des informations fausses que donne «le pseudo-communicateur» est sa prétention qu'il est «l'âme» d'une personne qu'il devient clair, après la vérification, que la personne concernée est vivante et qu'elle est en bonne santé. Ce cas précisément a eu lieu avec un des premiers chercheurs dans le domaine de la parapsychologie qui est l'Anglais Soal qui a étudié le spiritisme en ayant recours au médium Blanche Cooper. Puisque dans une des expériences une créature est apparue et a prétendu qu'elle est l'âme d'un ami d'enfance de Soal qui le croyait mort pendant la première guerre mondiale. Néanmoins, Soal a découvert ultérieurement que son ami était en réalité vivant et pendant l'apparition de «son âme» il travaillait d'une manière naturelle ! (Soal 1925). C'est-à-dire que la créature qui est apparue a menti en disant qu'elle était l'âme de l'ami de Soal tout en exploitant la croyance fausse de Soal que son ami était mort. De plus, Soal a inventé dans les autres expériences une personne de son cru et a demandé au médium d'évoquer son âme, et vraiment il est apparu celui qui prétend être l'âme de cette personne imaginaire et Soal a trop discuté avec celui-ci à propos du fait qu'il soit l'âme de cette personne. Les expériences de Soal ne sont pas uniques dans leur genre, plutôt le phénomène des «pseudo-communicateurs» a été souvent remarqué par ceux qui étudient le spiritisme. Parmi ces cas, il y a un ensemble qui a été étudié par le parapsychologue célèbre Alan Gauld (Gauld 1966).

Parmi les autres phénomènes parapsychologiques que produisent les créatures spirituelles méchantes pour égarer les gens, il y a le phénomène qu'on appelle «la réincarnation» et que beaucoup de ses cas ont été étudiés d'une manière scientifique et intensive de la part d'Ian Stevenson (Stevenson 1966). Car dans ces cas, l'homme commence à «se rappeler» d'une manière soudaine les évènements précédents qui avaient eu lieu dans la vie d'une personne qui avait vécu réellement dans le passé, et à cause de ces affectueux souvenirs, l'homme croit qu'ils appartiennent à une vie précédente qu'il avait vécue. La réalité dans de tels cas aussi est que l'homme serait obsédé par les djinns méchants qui mettent dans sa raison ces souvenirs qui ne font pas en réalité partie de ses souvenirs. Le phénomène de «la réincarnation» est aussi un phénomène de tromperie par lequel on entend la transmission des opinions fausses qui sont les idées répandues sur «la réincarnation».

Donc, l'évocation des «esprits» dans le phénomène de médiumnité ne renferme pas vraiment la communication avec «les âmes des morts» mais avec des djinns qui jouent le rôle des «âmes des morts». Cela veut dire que la survenance d'une intervention extérieure dans le phénomène de médiumnité, c'est-à-dire le fait qu'il soit un phénomène dépendant, n'aurait pas représenté une preuve de la vie après la mort comme ont cru les parapsychologues et pour cela ils se sont précipités de poser des suppositions explicatives remplaçantes. Tout ce que peuvent montrer les phénomènes de médiumnité d'une manière certaine est l'existence des créatures spirituelles seulement, néanmoins, toutes informations obtenues de la créature spirituelle qui se manifeste sont douteuses et on ne peut absolument pas avoir confiance en celles-ci ou tirer des conclusions de celles-ci. Plutôt une des choses qui ne peuvent pas être expliquées par les médiums et ceux qui partagent leur croyance au fait que celui qui se manifeste est vraiment l'âme de la personne morte est l'imprécision de certaines informations que donne le djinn qui se manifeste et parfois la fausseté de ces informations.

L'homme peut parvenir à la preuve de la vie après la mort et aux autres réalités spirituelles en s'engageant à suivre le chemin de la Tariqa. Car à l'aide de la bonne foi de l'homme et la prière engagée, les portes du monde des esprits s'ouvrent devant l'homme, il voit alors ce qui ne peut être vu qu'en priant et s'approchant d'Allah qu'il soit loué et exalté. Toute vision venant de ce chemin est une vision réelle qui ne peut pas être déformée par un djinn ou un diable ou toute créature méchante qu'il soit du monde matériel ou du monde des esprits. Et le rôle de la foi de l'homme dans ce cas n'est pas d'«inventer» des choses spirituelles que l'homme voit, comme croient les psychologues et les parapsychologues mais de développer la perspicacité de l'homme pour qu'il puisse vraiment voir le monde des esprits. C'est-à-dire que les choses spirituelles que voit celui qui suit le chemin de la Tariqa à cause du degré de la foi auquel il parvient ne sont pas des choses personnelles qui existent dans son esprit seulement à cause de sa foi mais elles ont une existence objective que toute personne qui parvient à un degré déterminé de piété peut les voir.

Un des meilleurs phénomènes parapsychologiques qu'à travers son étude on peut montrer la différence qui existe entre le regard de la Tariqa Casnazaniyyah envers les phénomènes paranormaux et le regard des parapsychologues est la guérison paranormale des lésions corporelles produites intentionnellement. On a traité dans le chapitre précédent les explications «scientifiques» des phénomènes de la guérison paranormale des lésions corporelles produites intentionnellement qui traitent ces phénomènes en tant que phénomènes indépendants. De plus, on a expliqué les résultats des recherches des laboratoires du programme paramann qui ont montré les erreurs des explications des parapsychologues de la guérison paranormale des lésions corporelles produites intentionnellement et ont prouvé que ces activités ne peuvent être que des phénomènes dépendants qui se produisent par l'intervention des sources d'énergie extérieures. L'explication de la Tariqa Casnazaniyyah de la guérison paranormale des lésions corporelles produites intentionnellement est que ce phénomène avec ses deux genres: la réforme et la résistance aux lésions corporelles produites intentionnellement peut être produit par le disciple à cause de l'intervention de bonnes créatures spirituelles et l'ordre donné par les cheikhs de la Tariqa et qui se chargent de pratiquer les activités paranormales dans le corps du disciple qui pratique ces activités de sorte qu'il ne subisse pas un mal. Car sans l'intervention spirituelle dans ces pratiques, le disciple subira ce que tout homme ordinaire subit s'il essaye d'exposer lui-même à une des blessures qui se produisent dans ces activités. Et la question qui se pose ici est qu'en est-il de ceux qui pratiquent les phénomènes de la réforme et de la résistance aux lésions corporelles produites intentionnellement parmi ceux qui ne font pas partie des disciples de la Tariqa? Et à quel point ces phénomènes ressemblent-ils aux phénomènes de la guérison paranormale des lésions corporelles produites intentionnellement que pratiquent les disciples de la Tariqa?

Puisque les phénomènes de la réforme et de la résistance aux lésions corporelles produites intentionnellement que pratiquent les non disciples étaient aussi certainement au-dessus des prédispositions ordinaires du corps humain, alors il n'y a pas de doute que la pratique de ces activités est faite à l'aide des créatures spirituelles venant de l'extérieur. Quant à la différence entre ces pratiques et la guérison paranormale des lésions corporelles produites intentionnellement que pratiquent les disciples de la Tariqa Casnazaniyyah, elle est que pendant que les bonnes créatures spirituelles interviennent pour aider les disciples à pratiquer ces activités, néanmoins, ce sont les créatures spirituelles méchantes qui aident les autres parmi ceux qui ne font pas partie des disciples de la Tariqa et qui ne pratiquent pas de telles activités pour diriger vers le droit chemin mais pour d'autres buts, c'est-à-dire que l'intervention des créatures spirituelles dans ce cas serait un genre de ce qui est connu par la tromperie, parce qu'on égare la personne qui pratique ces activités en lui faisant croire d'une manière indirecte que la réussite des activités qu'elle pratique est une preuve de la justesse du principe ou du but déterminé pour lequel la personne pratique ces activités, et c'est ce qui a lieu exactement dans ce qu'on appelle le phénomène de «spiritisme».

Certains parmi ceux qui pratiquent les activités de la réforme et de la résistance aux lésions corporelles produites intentionnellement et qui ne font pas partie des disciples commettent une erreur comme les chercheurs dans le domaine de la parapsychologie commettent une erreur en croyant que ces phénomènes sont indépendants et renferment des prédispositions humaines pures, puisque la personne ne peut pas, le plus souvent, sentir l'intervention des créatures spirituelles. Et si la personne n'était pas capable d'une certaine façon de sentir l'intervention des créatures spirituelles ou de déduire la survenance d'une telle intervention, elle va tomber alors dans une croyance fausse au fait que c'est son corps qui possède vraiment ces prédispositions. D'autre part, la plupart de ceux qui pratiquent la réforme et la résistance aux lésions corporelles produites intentionnellement parmi ceux qui ne font pas partie des disciples de la Tariqa savent que ces phénomènes renferment l'intervention des créatures spirituelles. Car par exemple, Raymond Lee signale les pratiques qu'il a observées en Malaisie et qui sont faites après que la personne entre dans un état d'obsession, c'est-à-dire qu'elle soit dominée par un djinn (Lee 1989). Quant à l'avis des Chinois au Singapour sur les activités de la réforme et de la résistance aux lésions corporelles produites intentionnellement qu'ils pratiquent, il contient beaucoup de détails justes. Car ceux-ci croient que pendant qu'ils pratiquent ces activités, une des créatures spirituelles déterminées qui sont appelées «shen» protège leurs corps. Et ce qui est étrange ici est non seulement la ressemblance linguistique entre le mot «shen» et le mot «djinn» en arabe, mais aussi la ressemblance entre les caractéristiques de ces deux. Car à l'avis de ces pratiquants, les créatures appelées «shen» peuvent habiter à n'importe quel endroit sur la terre comme elles peuvent habiter les corps des hommes. En plus, les créatures appelées «shen» suivent des lois qui diffèrent des lois de ce monde et pour cela on ne peut pas prévoir leurs comportements (Barclay 1973: 114).

Il faut mentionner que des activités simples parmi les activités de la résistance aux lésions corporelles produites intentionnellement étaient observées en Europe comme étant des phénomènes dépendants depuis une date ancienne relativement. Car pendant les campagnes de chasse aux sorcières au moyen âge et qui ont atteint leur apogée au seizième siècle, un des moyens de chasse aux «sorcières» qui étaient considérées comme étant en contact avec le diable, était en cherchant dans leurs corps des régions dans lesquelles on peut enfoncer une épingle sans que la sorcière sente une douleur et sans que le sang sorte de ces endroits. Parce que de tels endroits étaient considérés comme étant créés par le diable qui fait ces taches sur le corps de la sorcière comme une preuve de «l'acte» de coopération entre les deux. Et les belles-lettres scientifiques qui parlent de l'histoire de la magie et du recours aux diables en Europe au moyen âge sont riches en plusieurs détails concernant ce sujet (Hansen 1969: 48, 176 ; Hart 1971 ; Henningsen 1980: 117 ; Hughes 1965 ; Parrinder 1963: 69-71, 81, 84 ; Scott 1884: 208, 239-241 ; Summers 1969: 70-77 ; Tindall 1972: 44, 116-117, 137-141). L'important ici n'est pas les opinions qui étaient répandues sur la magie ou les sorcières mais c'est de remarquer la liaison qui existe entre la résistance à la douleur et l'hémorragie d'une part et l'intervention d'une créature supra-humaine d'autre part.

Les phénomènes de la chirurgie psychique qu'on a traités dans le deuxième chapitre sont aussi des phénomènes dépendants contrairement à ce que croient les chercheurs comme Greenfield (Greenfield 1987, 1991a) et Azuma et Stevenson (Azuma & Stevenson 1988). Et les pratiquants de la chirurgie psychique savent eux-mêmes que leurs activités renferment des interventions de la part des créatures spirituelles supra-humaines qui aident du côté paranormal de l'opération comme le fait d'empêcher la douleur et l'infection. Et pour cela ils reconnaissent que leur rôle dans l'opération est de pratiquer les activités ordinaires comme le fait d'ouvrir la blessure, etc. et que toute chose paranormale qui a lieu dans ces opérations est faite par les créatures spirituelles qui interviennent après qu'ils les évoquent. C'est-à-dire que la créature spirituelle qui se manifeste fait la chirurgie psychique à travers le chirurgien que son rôle est tout à fait comme le rôle du médium dans le phénomène de médiumnité et de spiritisme. Néanmoins, les pratiquants de la chirurgie psychique croient que les esprits qui se manifestent pour faire l'opération chirurgicale sont les âmes d'anciens médecins morts et cette erreur dans la détermination de l'identité des créatures spirituelles qui font les opérations est la même erreur dans laquelle tombent les médiums spirituels qui échouent à connaître la réalité des djinns qu'ils évoquent et ils les croient être les âmes des morts déterminés. Et Greenfield montre que tous les genres de guérison paranormale faits par les partisans du mouvement «spiritualiste» auquel appartiennent les pratiquants de la chirurgie psychique d'origine brésilienne renferment des rites particuliers pour évoquer les esprits et que leur mouvement «spiritualiste» est en réalité un mélange du christianisme et des pratiques de magie d'origine africaine (Greenfield 1991b).

Les chercheurs démontrent souvent que beaucoup de prédispositions surnaturelles chez certains individus parmi les humains sont des prédispositions indépendantes et non dépendantes et cela en montrant que ces prédispositions sont apparues chez ces individus et se sont développées à cause de leur pratique de certains exercices comme le yoga et les autres genres de méditation. C'est-à-dire que le fait que des prédispositions paranormales se soient développées chez ces individus à travers des pratiques qui semblent être «psychologiques», a laissé les chercheurs croire que l'origine de ces prédispositions est le corps de l'individu même. Néanmoins, l'explication de tels cas est en réalité complètement différente de ce que croient ces chercheurs. Car selon ce qui a été mentionné à propos des influences continuelles exercées par le monde des esprits sur l'homme, qu'il soit un homme qui invoque Allah ou non, le fait que l'homme pratique à fond certains exercices de méditation et de concentration comme le yoga mène parfois à la survenance d'une communication inconsciente avec les créatures spirituelles dont les résultats seront parfois l'apparition de certaines prédispositions paranormales chez ces individus et cela selon le genre de la communication qui a lieu. Et malgré que cette explication puisse sembler à première vue étrange, néanmoins, un regard plus profond porté sur celle-ci éloigne toute l'étrangeté qu'elle renferme. Car comme on l'a déjà montré, les pensées et les opinions qui se trouvent dans la raison de l'homme le laissent être influencé d'une manière autonome par les anges et les bons esprits, s'il invoque Allah qu'il soit loué et exalté ou être dominé par les diables et les créatures spirituelles méchantes, s'il se préoccupe de ce qui le laisse négliger l'invocation d'Allah qui est puissant et grand. Pour cela, puisque les techniques connues de méditation et de concentration sont basées à l'origine et selon le genre de la pratique ou sur la tentative pour «vider» la raison de toute pensée ou au contraire la tentative pour la laisser se concentrer sur une pensée déterminée qu'elle ne quitte pas et puisque ces pensées n'ont généralement pas de relation avec l'invocation d'Allah plutôt elles ont parfois une nature polythéiste, ces pratiques facilitent la survenance des communications avec les créatures spirituelles méchantes qui dépassent, par leur nature, le genre et la force des communications ordinaires qui ont lieu entre tout homme qui néglige l'invocation d'Allah qu'il soit loué et exalté et les diables. Et pour expliquer la relation entre les activités de la réflexion et le genre des pensées qui se trouvent dans la raison de l'homme et entre les relations extraordinaires qui peuvent naître inconsciemment entre lui et les créatures spirituelles, il faut mentionner la folie.

Il est nécessaire au début d'attirer l'attention sur la liaison linguistique claire entre le mot «djinn» qui désigne les créatures spirituelles déjà mentionnées et le verbe «devenir fou» dont la source est «folie», au sens de «perdre la tête». Car cette liaison exprime la relation réelle dont la source est la réalité des phénomènes de la folie et non une simple conformité linguistique involontaire. Car beaucoup des cas de folie sont d'origine spirituelle parce que la cause est que l'homme est influencé par les djinns méchants qui le laissent perdre son pouvoir naturel de comprendre les choses. Et la réalité est que parmi les réalités rares et connues à propos de la folie est qu'à l'exception des cas rares, elle n'est pas une maladie organique et pour cela la médecine traditionnelle la classifie généralement parmi un ensemble de maladies «psychologiques» qui englobe plusieurs maladies que les médecins ne peuvent pas déterminer pour celles-ci une cause organique dans le corps. De plus, une des opinions justes et répandues parmi les gens sur la folie et ce qu'ils ont connu de celle-ci à travers l'expérience est que beaucoup parmi les états de folie se produisent parce que l'homme est dominé par une pensée ou des pensées déterminées et il y réfléchit à fond. Parce que les processus déterminés de réflexion et les états mentaux déterminés peuvent laisser l'homme être influencé fortement par un djinn et c'est ce qui a lieu durant certaines pratiques des techniques de méditation et de concentration même si la communication qui a lieu dans ce cas ne laisse pas l'individu perdre sa tête. Pour cela, la guérison des cas des personnes atteintes de folie que leurs parents les emmènent aux hospices de la Tariqa Casnazaniyyah en demandant de les guérir, parce que la médecine traditionnelle comme on la connaît est incapable de guérir de telles maladies, se fait en prenant des parents du malade et du malade même s'il est possible le pacte de la Tariqa et on leur demande de s'engager à prier les petites prières et les formules d'invocation de la Tariqa. Parce que le fait de réciter les formules d'invocation de la Tariqa, comme on a déjà expliqué, laisse l'homme entrer en contact spirituel avec les cheikhs de la Tariqa et avec les bons esprits et éloigne de lui les esprits méchants et leurs influences. De plus, on demande aux parents du malade parfois de rester avec le malade dans l'hospice parce que l'hospice est un lieu béni d'invocation et pour cela les âmes des cheikhs, les anges et les bons esprits sont toujours présents là-bas.

Il est clair que le fait de prouver la dépendance d'un phénomène quelconque à travers la découverte des créatures spirituelles qui interviennent dans celui-ci n'est absolument pas une affaire facile, néanmoins, il n'est pas aussi une affaire impossible. Ce qui a laissé les expériences parapsychologiques loin d'une telle découverte est que les chercheurs ne l'ont pas prise au sérieux et même à titre de probabilité. Car les parapsychologues ont concentré leurs études sur les personnes qui font partie du phénomène déterminé et ils n'ont pas étudié sérieusement le milieu dans lequel se produit le phénomène déterminé puisqu'il allait être possible de remarquer tout changement qui peut avoir lieu à cause de l'intervention d'une créature extérieure. Par exemple, on connaît que le phénomène de médiumnité est accompagné le plus souvent d'une diminution palpable du degré de la température du lieu où a lieu l'évocation ou de la survenance d'un vent doux et froid qui coïncide avec la déclaration du médium de l'apparition de la créature spirituelle. Néanmoins, les chercheurs dans le domaine de la parapsychologie n'ont prêté aucune attention à l'étude de tels phénomènes et ce à quoi ils peuvent conduire. Et il faut montrer aussi ce qu'un certain nombre de chercheurs ont confirmé en supposant faussement que la découverte des «énergies» extérieures qui interviennent dans les phénomènes parapsychologiques «doit» être possible en utilisant des moyens physiques et traditionnels de découverte de l'énergie (Aldridge 1993: 13). Car il est connu que même les énergies traditionnelles que connaît la physique nécessitent des genres différents d'appareils pour les découvrir, pour cela il est évident de conclure que la découverte et l'étude des énergies qui participent au phénomène parapsychologique nécessitent une étude sérieuse du genre des appareils qu'il faut construire pour accomplir cette tâche.

On peut dire à travers ce qui a été mentionné à propos de la grande interférence entre les activités de l'homme et les influences exercées par les créatures du monde des esprits sur lui qu'en général beaucoup de phénomènes qui sont décrits aujourd'hui comme étant parapsychologiques sont des phénomènes spirituels et non des phénomènes humains purs. Plutôt il y a des influences exercées par les créatures du monde des esprits même sur les phénomènes ordinaires comme les comportements de l'homme dans sa vie quotidienne. Donc, l'impasse dans laquelle se trouve la parapsychologie en négligeant les influences exercées par le monde des esprits sur les phénomènes du monde visible est plus grande que sa capacité de sortir de celle-ci en augmentant la complexité des bases et des structures des théories explicatives qu'elle pose pour expliquer les phénomènes paranormaux. Ce que la parapsychologie a besoin est d'éliminer ses suppositions théoriques et matérielles sur lesquelles elle est basée actuellement et de retourner à ce qu'elle doit être en tant que science expérimentale qui étudie les phénomènes paranormaux expérimentalement et d'être prête à accepter toutes les preuves théoriques, cognitives et philosophiques auxquelles peut conduire la recherche expérimentale sans essayer de discuter pour accepter ces preuves en les évaluant selon les échelles établies d'avance par les théories scientifiques traditionnelles ou les philosophies répandues.

Malgré le négativisme presque absolu dans lequel se trouvait la parapsychologie lors du traitement du côté spirituel des phénomènes paranormaux parce qu'elle a coopéré avec les sciences traditionnelles et a prétendu faussement qu'il y a une opposition entre le regard «spirituel» envers les phénomènes paranormaux et le regard «scientifique» envers ceux-ci qui est basé sur les réalités connues, néanmoins, cela n'a pas empêché l'apparition de certains parapsychologues qui ont suivi une démarche très différente pour montrer les points de ressemblance et la possibilité de réunir les deux théories spirituelle et scientifique pures des phénomènes parapsychologiques. Un de ces chercheurs, qui est en même temps un des chercheurs les plus célèbres dans le domaine de la parapsychologie, est le professeur américain de psychologie Charles Tart.

Tart prête une grande attention à ce que les nouvelles découvertes dans la neurophysiologie ont montré en disant que l'image que donne l'homme du monde ne correspond pas à l'image «réelle» du monde mais elle est une image «irréelle» d'impressions et d'influences qu'a l'image réelle sur les structures nerveuses dans le cerveau. Pour cela, il différencie le monde extérieur tel qu'il existe réellement et le monde que nous vivons et l'apercevons à travers ce qu'il appelle «le processus de simulation du monde» qui est un monde qui ressemble au monde extérieur et représente l'image qui parvient à nos sens et notre perception du monde extérieur. Tart dit: «en réalité ce que nous vivons directement n'est pas le monde extérieur mais un genre d'activité neurophysiologique dans le cerveau qui est le produit du processus de simulation du monde, c'est-à-dire un genre de structure presque aléatoire qui «représente» mais qui «ne correspond pas» à la réalité extérieure» (Tart 1992: 72). Et pour expliquer comment l'homme peut être trompé par une image irréelle du monde, Tart ajoute que «l'exemple le plus clair de la vie dans un monde simulé est le rêve nocturne. Parce que nous pouvons apercevoir un monde tout à fait réel de gens, d'actions, de pensées, de sentiments et une série d'évènements jusqu'à ce que nous nous réveillons et nous nous débarrassons de ce que nous voyions comme étant une illusion» (Tart 1992: 73). Et Tart confirme que la simulation peut être utile pour suivre et satisfaire aux exigences simples de notre vie quotidienne, néanmoins cette simulation n'est pas utile dans les choses plus profondes parce qu'il montre que «la simulation dans laquelle notre conscience vit et que nous la représentons comme étant une perception «directe» de la réalité, est trop imprécise. Elle est bien sûr bonne à un degré suffisant dans plusieurs choses ordinaires: par exemple nous pouvons en général traverser la rue sans subir un accident de voiture et nous nous comporter d'une manière convenable quand nous achetons une nourriture au supermarché et ainsi de suite. Mais quand nous nous demandons le sens de notre existence et la manière dont nous devons vivre notre vie et établir des relations avec les autres, la simulation ordinaire de la réalité est le plus souvent très déformée» (Tart 1992: 74). Plutôt Tart va jusqu'à dire que le monde que nous apercevons à travers le processus de simulation est «une illusion».

Les idées que pose Tart ici sont très proches du regard de la Tariqa envers le monde comme étant en réalité constitué de deux mondes: le monde réel et visible et le monde invisible des esprits. Car le monde que l'homme aperçoit et qui résulte du processus de simulation du monde dans le modèle présenté par Tart correspond au monde réel tandis que le monde réel correspond au monde des esprits. Car la Tariqa considère le monde réel comme un monde visible renfermant le monde des esprits. Et c'est d'ici qu'on peut comprendre comment il n'y a pas de différence entre le phénomène parapsychologique et le phénomène ordinaire dans «la réalité» des phénomènes et l'origine de leurs causes, parce que la cause de la survenance du phénomène ordinaire appartient au monde des esprits comme appartient à celui-ci la cause de la survenance du phénomène parapsychologique. Et par exemple, un phénomène comme le fait que le feu soit brûlant est considéré comme un phénomène ordinaire néanmoins, le phénomène comme le fait que le feu ne soit pas brûlant est décrit comme étant un phénomène parapsychologique. Ces deux phénomènes diffèrent par les taux de leur survenance, néanmoins, ils ne diffèrent pas par leur réalité ou la source de la cause de la survenance de chacun d'eux, plutôt on peut dire que les deux sont parapsychologiques parce que les causes réelles de leur survenance reviennent au monde des esprits. C'est-à-dire il n'y a pas un phénomène dont toutes les causes de sa survenance reviennent au monde réel. Et en d'autres termes, la seule différence réelle entre les phénomènes ordinaires et les phénomènes parapsychologiques est que les premiers se produisent plus tandis que les phénomènes parapsychologiques sont des cas qui se produisent rarement ou peu comme la violation des lois que représente le phénomène ordinaire.

La démarche que suit Tart ici peut jouer un rôle important pour établir un lien entre la pensée spirituelle de la Tariqa et ce que les nouvelles découvertes scientifiques ont apporté. Et qu'une telle démarche peut faire retourner la parapsychologie à sa fonction principale pour étudier les liens entre le spiritualisme selon la manière dont la pensée spirituelle l'explique et le matérialisme à la lumière des découvertes scientifiques contemporaines.

Le sommaire du livre

Nous avons remarqué à travers les chapitres du livre un ensemble de réalités que la première de celles-ci est qu'il n'y a aucune justification scientifique pour mettre en doute l'existence du phénomène parapsychologique. Car indépendamment des phénomènes parapsychologiques spontanés que les adversaires de la parapsychologie ne les acceptent pas comme une preuve de l'existence du phénomène parapsychologique parce qu'ils ne se produisent pas dans les conditions normales de laboratoire mais d'une manière instantanée et soudaine, il y a beaucoup de recherches scientifiques contrôlées de laboratoire qui confirment l'existence des influences parapsychologiques qui ne peuvent pas être expliquées par les théories scientifiques actuelles, plutôt un grand nombre de celles-ci contredisent certaines bases de ces théories. Et pour cela, il est devenu clair que l'attitude de ceux qui mettent en doute le phénomène parapsychologique n'est pas une attitude de doute scientifique mais une attitude d'insistance sur le refus non scientifique des phénomènes parapsychologiques et pour des raisons multiples qui sont le plus souvent personnelles et très loin de la probité scientifique. Pour cela, les sceptiques «nient» en réalité le phénomène paranormal sans condition ni réserve.

Quant aux parapsychologues qui ont franchi l'obstacle de la reconnaissance du phénomène parapsychologique sur lequel se sont appesantis les sceptiques, ils ont diminué eux-mêmes la valeur scientifique de leur attitude à cause de la nature de leur traitement partial du phénomène paranormal. Et il n'y a pas de doute qu'une des manifestations les plus claires de cette partialité est leur concentration sur l'étude d'un nombre déterminé de phénomènes que certains de ceux-ci ne méritent pas plus qu'une petite partie de l'attention qui leur a été prêtée, et leur négligence totale des autres, malgré qu'il y ait parmi ces phénomènes négligés ceux dont l'étude est considérée très importante des deux côtés pratique et théorique pour les sciences modernes. Quant à la deuxième manifestation principale parmi les manifestations de la partialité dans les recherches de la parapsychologie, elle est la tentative faite pour imposer des explications théoriques inconsistantes et déterminées par tous les moyens ; les explications qui utilisent des termes généraux comme «les états modifiés de conscience» et «les états de transe» sont un exemple de ces explications manquées auxquelles s'attachent fortement les parapsychologues. Parce qu'on remarque à travers les belles-lettres scientifiques que les termes comme «les états modifiés de conscience» et «les états de transe» sont très ambigus, ce qui rend leur proposition, «en tant qu'explications» des phénomènes, un phénomène en lui-même qui nécessite une explication. Et l'explication de ce «phénomène d'explication» est que la dernière chose que souhaitent les chercheurs est qu'ils reconnaissent l'existence des phénomènes qu'ils ne peuvent pas expliquer ou que leurs explications paraissent inadéquates à ce qu'ils souhaitent.

Toutes les manifestations de l'échec de cette science à être au niveau de sa définition et des réalisations qu'on attend d'elle se matérialisent par la nature du traitement de la parapsychologie des phénomènes de la guérison paranormale des lésions corporelles produites intentionnellement. Car malgré la grande importance de ces phénomènes du côté de leur contact direct avec un certain nombre de sciences médicales et physiques et du côté de la nature de leurs significations cognitives, néanmoins, les parapsychologues les ont négligés presque entièrement. Et malgré le larmoiement des parapsychologues sur les phénomènes reproductibles qu'ils peuvent les expérimenter dans les conditions de laboratoire, néanmoins, le coefficient de reproductibilité duquel jouissent les phénomènes de la guérison paranormale des lésions corporelles produites intentionnellement ne les a pas poussés à étudier ces phénomènes. Mais quand les chercheurs «se rappellent» ces phénomènes, il n'y a pas une chose plus facile que la prétention d'une manière simple et irresponsable que leur explication est «les états modifiés de conscience» et de cette façon le dossier de la guérison paranormale des lésions corporelles produites intentionnellement se ferme dès qu'il est ouvert.

Les recherches des laboratoires du programme paramann ont découvert beaucoup de choses en ce qui concerne les attitudes partiales des parapsychologues dans leur traitement des phénomènes paranormaux en général et de la guérison paranormale des lésions corporelles produites intentionnellement en particulier. Et ces recherches ont montré sans aucun doute que la guérison paranormale des lésions corporelles produites intentionnellement est un phénomène dépendant qui ne peut pas être expliqué seulement par la simple étude du disciple qui la pratique. C'est-à-dire qu'elle est un phénomène dont l'explication nécessite la recherche d'une source extérieure d'énergie qui produit les effets paranormaux dans le corps du disciple qui pratique ces activités.

La guérison paranormale des lésions corporelles produites intentionnellement a une importance particulière du côté scientifique et expérimental parce qu'ils sont des phénomènes reproductibles 100%. Néanmoins, la guérison paranormale des lésions corporelles produites intentionnellement n'est qu'un genre parmi plusieurs genres de miracles faits par la Tariqa Casnazaniyyah qui peuvent enrichir la parapsychologie avec un grand nombre de cas paranormaux qui nécessitent l'étude et avec une matière riche pour la recherche scientifique. Et en plus de la grande contribution que peuvent apporter les miracles faits par la Tariqa Casnazaniyyah à la parapsychologie expérimentale, il y a dans la pensée de la Tariqa Casnazaniyyah ce qui peut ouvrir de nouvelles portes devant le côté théorique de la parapsychologie qui la font sortir de l'espace étroit du matérialisme qu'elle a coincé elle-même derrière ses murailles.

L'étude de l'histoire de la parapsychologie durant la période qui a dépassé un siècle depuis que l'association britannique pour la recherche psychique a été fondée en 1882 et une association américaine semblable et plus active a été fondée après celle-ci en trois ans, découvre les dérivations regrettables des méthodes de recherche que cette science a suivies. Parce que la parapsychologie est née à l'origine en tant que science à travers les deux associations mentionnées pour étudier les cas et les phénomènes dépendants comme la médiumnité. Plutôt ce sont les significations «spirituelles» de tels phénomènes que les premiers chercheurs prêtaient une attention principale à celles-ci. Néanmoins, la parapsychologie a dévié progressivement de son but pour qu'elle se transforme en une science dont le premier et le seul but est de prouver que tous les phénomènes paranormaux sont des phénomènes «humains» et qu'il n'y a pas de justification pour supposer l'existence de toutes influences spirituelles dans ces phénomènes. Selon les exigences de ce nouveau but, la parapsychologie est morte en tant que science expérimentale prometteuse pour découvrir les liens entre le monde visible et le monde des esprits, pour qu'elle ne devienne pas plus qu'une philosophie sans identité qui se cache derrière l'empirisme scientifique. Car la parapsychologie n'a réussi ni à être une des sciences matérielles traditionnelles ni à être une science qui dépasse les limites de ce qui est matériel pour qu'elle traite ce qui est spirituel.

La réanimation de la parapsychologie et son établissement sur une base solide exigent de ceux qui travaillent dans le domaine qu'ils prêtent une grande attention à la découverte du phénomène parapsychologique expérimentalement et en laboratoire en prenant en considération non seulement le côté matériel du phénomène, mais aussi le fond spirituel de celui-ci et qui est expliqué par la pensée spirituelle. Et pour profiter largement de la recherche scientifique, il est très important que le chercheur dans le domaine de la parapsychologie ne perd pas de vue la réalité scientifique qui est confirmée par Charles Tart et qui concerne le processus de simulation du monde qui a lieu dans nos cerveaux à chaque instant que nous traitons la réalité extérieure et le chercheur doit aussi prendre en considération l'influence qu'a cette réalité sur les explications probables du phénomène et ses significations spirituelles.

References

1. Aaronson, B. S. (1973), "ASCID Trance, Hypnotic Trance, Just Trance", American Journal of Clinical Hypnosis, 16(2), 110-117.
2. Abelson, P. H. (1978), A Stepchild of Science Starts to Win Friends, U. S. News & World Report, July 31.
3. Achterberg, J. (1985), Imagery in Healing: Shamanism and Modern Medicine, Boston, New Science Library.
4. Ader, R. (Ed.) (1981), Psychoneuroimmunology, New York, Academic Press.
5. Ahearn, M. L. (1987), "Firewalking: From Sacred to Secular", Journal of Popular Culture, 21, 11-18.
6. Alcock, J. E. (1987), "Parapsychology: Science of the Anomalous or Search for the Soul?", Behavioral and Brain Sciences, 10(4), 553-565.
7. Aldridge, D. (1991), "Spirituality, Healing and Medicine", British Journal of General Practice, 41, 425-427.
8. Aldridge, D. (1993), "Is There Evidence for Spiritual Healing", Advances, 9(4), 4-21.
9. Alvarado, C. S. (1980), "On the 'Transference' of Psychic Abilities: A Historical Note", European Journal of Parapsychology, 3, 209-211.
10. Alvarado, C. S. (1987), "Observations of Luminous Phenomena Around the Human Body: A Review", Journal of the Society of Psychical Research, 54(806), 38-60.
11. Anand, B. K., Chhina, G. S., & Singh, B. (1961a), "Studies on Shri Ramanand Yogi During His Stay in an Air-tight Box", Indian Journal of Medical Research, 49 (1), 82-89.

12. Anand, B. K., Chhina, G. S., & Singh, B. (1961b), "Some Aspects of Electroencephalographic Studies in Yogis", Electroencephalography and Clinical Neurophysiology, 13, 452-456.

13. Arberry, A. J. (1950), Sufism: An Account of the Mystics of Islam, London, George Allen & Unwin Ltd.

14. Azuma, N., & Stevenson, I. (1988), ""Psychic Surgery" in the Philippines As a Form of Group Hypnosis", American Journal of Clinical Hypnosis, 31(1), 61-67.

15. Bagchi, B. K., & Wenger, M. A. (1957), "Electrophysiological Correlates of Some Yogi Exercises", Electroencephalography and Clinical Neurophysiology, 7, 132-149.

16. Bair, J. H. (1901), "Development of Voluntary Control", Psychological Review, 8, 474-510.

17. Baldick, J. (1989), Mystical Islam: An Introduction to Sufism, London, I. B. Tauris & Co. Ltd.

18. Baldwin, J. M. (Ed.) (1902), Dictionary of Philosophy and Psychology, Volume I, New York, Macmillan Company.

19. Banquet, J. P. (1973), "Spectral Analysis of the EEG in Meditation", Electroencephalography and Clinical Neurophysiology, 35, 143-151.

20. Barber, B. (1961), "Resistance by Scientists to Scientific Discovery", Science, 134, September, 596-602.

21. Barber, T. X. (1961), "Physiological Effects of "Hypnosis"", Psychological Bulletin, 58(5), 390-419.

22. Barber, T. X. (1984), "Changing "Unchangeable" Bodily Processes by (Hypnotic) Suggestions: A New Look at Hypnosis, Cognitions, Imagining, and the Mind-Body Problem", in Sheikh, A. A. (Ed.), Imagination and Healing, New York, Baywood Publishing Company, 69-127.

23. Barclay, G. (1973), Mind Over Matter: Beyond the Bounds Of Nature, USA, Barker.

24. Beardslee, D. C., & O'Dowd, D. D. (1967), "The College-Student Image of the Scientist", In: Barber, B., & Hirsch, W. (Eds.), The Sociology of Science, New York, The Free Press, 247-258.

25. Beaumanoir, A., & Xenakis, C. (1979), "Anastenaria", Hellenic Armed Forces Medical Review, 13(2). (translated and summarized by V. Manganas in Psi Research 1983, 2, 84).

26. Becker, R. O. (1992), "Electromagnetism and Psi Phenomena", Journal of the American Society for Psychical Research, 86(1), 1-17.

27. Bem, D. J., & Honorton, C. (1994), "Does Psi Exist? Replicable Evidence for an Anomalous Process of Information Transfer", Psychological Bulletin, 115(1), 4-18.

28. Bender, H. (1969), "New Developments in Poltergeist Research", Proceedings of the Parapsychological Association, 6, 81-102.

29. Bennett, H. L., Benson, D. R., & Kuiken, D. A. (1986), "Preoperative Instructions for Decreased Bleeding During Spine Surgery", Paper presented to the American Society of anesthesiologists Annual Convention, Las Vegas, October 21.

30. Benor, D. J. (1984), "Psychic Healing", In: Salmon, J. W., Alternative Medicines: Popular and Policy Perspectives, New York, Tavistock Publications, 165-190.

31. Benor, D. J. (1990), "Survey of Spiritual Healing Research", Complementary Medical Research, 4(3), 9-33.

32. Benor, D. J. (1993), Healing Research: Holistic Energy Medicine and Spirituality; Volume I: Research In Healing, München, Helix.

33. Benor, D. J. (1994), Healing Research: Holistic Energy Medicine and Spirituality; Volume II: Holistic Energy Medicine and the Energy Body, München, Helix.

34. Bensen, V. B. (1971), "One Hundred Cases of Post-Anesthetic Suggestion in the Recovery Room", American Journal of Clinical Hypnosis, 14, 9-15.

35. Benson, H., Lehmann, J. W., Malhotra, M. S., Goldman, R. F., Hopkins, J., & Epstein, M. D. (1982), "Body Temperature Changes During the Practice of g Tum-mo Yoga", Nature, 295, 234-236.

36. Benson, H., Malhotra, M. S., Goldman, R. F., Jacobs, G. D., & Hopkins, P. J. (1990), "Three Case Reports of the Metabolic and Electroencephalographic Changes During Advanced Buddhist Meditation Techniques", Behavioral Medicine, Summer, 90-95.

37. Berger, H. (1929), "Uber das Elektrenkephalogramm des Menschen", Translated and reprinted in: Gloor, P., Hans Berger on the Electroencephalogram of Man, Electroencephalography and Clinical Neurophysiology (Supp. 28) 1969, Amsterdam, Elsevier.

38. Bibby, C. (1959), T. H. Huxley: Scientist, Humanist, and Educator, New York, Horizon.

39. Birge, W. R., & Rhine, J. B. (1942), "Unusual Types of Persons Tested for ESP. I. A Professional Medium, Journal of Parapsychology, 6, 85-94.

40. Blake, J. (1985), "Attribution of Power and the Transformation of Fear: an Empirical Study of Firewalking", Psi Research, 2, 62-87.

41. Blankfield, R. P. (1991), "Suggestion, Relaxation, and Hypnosis as Adjuncts in the Care of Surgery Patients: A Review of the Literature", American Journal of Clinical Hypnosis, 33(3), 172-186.

42. Bourguignon, E. (1989), "Trance and Shamanism: What's in a Name?", Journal of Psychoactive Drugs, 2(1), 9-15.

43. Braid, J. (1843), Neurypnology: or, The rationale of nervous sleep considered in relation with animal magnetism, London, J. Churchill.

44. Braud, W. G. (1991), "Conscious Interactions With Remote Biological Systems: Anomalous Intentionality effects", Subtle Energies, 2(1), 1-4 (cited in Dossey 1992).

45. Braud, W. G., Davis, G., & Wood, R. (1979), "Experiments With Matthew Manning", Journal of the Society for Psychical Research, 50, 199-223.

46. Braude, S. E. (1987), "Psi and Our Picture of the World", Inquiry, 30, 277-294.

47. Braude, S. E. (1989), "Evaluating the Super-Psi Hypothesis", In: Zollschan, G. K., Schumaker, J. F., & Walsh, G. F. (Eds.), Exploring the Paranormal: Perspectives on Belief and Experience, Dorset, Prism, 25-38

48. Braude, S. E. (1992a), "Psi and the Nature of Abilities", Journal of Parapsychology, 56, 205-228.

49. Braude, S. E. (1992b), "Survival or Super-Psi?", Journal of Scientific Exploration, 6(2), 127-144.

50. Broad, C. D. (1953), Religion, Philosophy, and Psychical Research, New York, Harcourt.

51. Broad, W., & Wade, N. (1986), Betrayers of the Truth, Oxford, Oxford University Press.

52. Brown, C. H. (1984), "Tourism and Ethnic Competition in a Ritual Form: The Firewalkers of Fiji", Ocenia, 54(3), 223-244.

53. Brown, H., & McInnes, D. (1986), "Hypnosis and Its Effects on Pain Control", British Dental Journal, 161(6), 222-225.

54. Brown G. (1938), "A Report of Three Experimental Fire-walks by Ahmed Hussain and Others", Bulletin IV, London, University of London Council for Psychical Investigation.

55. Brown, J. P. (1968), The Darvishes or Oriental Spiritualism, London, Frank Crass & Co.

56. Carpenter, W. B. (1877), Mesmerism, Spiritualism, London, Longmans.

57. Al-Casnazani, S. M., Hussein, J. N., Al-Dargazelli, S. S., An-Niaimi, H. M., Fatoohi, L. (1992), "Finding the Julian Dates of the Islamic Events Before Hijra Using Computer", Journal of the Institute of the Middle East Studies, 11, 179-201.

58. Al-Casnazani, S. M., Hussein, J. N., Al-Dargazelli, S. S., An-Niaimi, H. M., Fatoohi, L. (1993), "A New Approach Toward Accurate Chronology of the Early Islamic History", Journal of the Institute of the Middle East Studies, 12, 163-201.

59. Al-Casnazani, S. M., Hussein, J. N., Al-Dargazelli, S. S., An-Niaimi, H. M., Fatoohi, L. (1994a), "Two comprehensive Islamci Religious and Civil Calendars for Accurate Chronology of Islam", Journal of the Institute of the Middle East Studies, 13, 139-174.

60. Al-Casnazani, S. M., Hussein, J. N., Al-Dargazelli, S. S., An-Niaimi, H. M., Fatoohi, L. (1994b), "An Investigation of the Julian Chronology of the Early Islamic History: A Pilot Study", Al-Masaq, 7, 1-40.

61. Cassoli, P. (1958), "La Pirobazia in Grecia (La Anastenaria)", Minerva Medica, 77, 3679-3686.

62. Caton, R. (1875), "The Electric Currents of the Brain", British Medical Journal, 2, 278.

63. Caton, R. (1877), "Interim Report on Investigation of the Electric Currents of the Brain", British Medical Journal, 1(Supp.), 62-65.

64. Cerullo, J. (1982), Secularization of the Soul, Philadelphia, Institute for the Study of Human Issues.

65. Chandra shekar, C. R. C. (1989), "Possession Syndrome in India", In: Ward, C. A. (Ed.), Altered States of Consciousness and Mental Health: A Cross-Cultural Perspective, California, Sage Publications, 79-95

66. Cohen, I. B. (1957), Lives in Science, New York, Simon & Schuster.

67. Chapman, L. F., Goodell, H. & Wolff, H. G. (1959), "Increased Inflammatory Reaction Induced by Central Nervous System Activity", Transactions Association of American Physicians, 72, 84-110.

68. Chaves, J. F. (1980), "Hypnotic Control of Surgical Bleeding", Paper presented at Annual Meeting of the American Psychological Association, Montreal, September.

69. Cotanch, P. H., Harrison, M. & Roberts, J. (1987), "Hypnosis as an Intervention for the Pain Control", Nursing Clinics of North America, 22(3), 699-704.

70. Crawford, H. J., & Gruzelier, J. H. (1992), "A Midstream View of the Neuropsychophysiology of Hypnosis: Recent Research and Future Directions", In: Fromm, E, & Nash, M. R. (Eds.), Contemporary Hypnosis Research, New York, Guilford Press, 227-266.

71. Crick, F., & Koch, C. (1992), "The Problem of Consciousness", Scientific American, September, 111-117.

72. Dannenfelt, K. H. (1968), Leonhard Rauwolf / Sixteenth-Century Physician, Botanist and Traveler, Cambridge, Mass., Harvard University Press.

73. Das, N. N., & Gastaut, H. (1955), "Variations de L'activité électrique du Cerveau, du Coeur, et des Muscles Squelettiques au Cours de la Méditation et de L'extase Yogique", Electroencephalography and Clinical Neurophysiology, Suppl. 6, 211-219.

74. Davenas, E., et al (1988), "Human Basophil Degranulation Triggered by Very Dilute Antiserum Against IgE", Nature, 333, 816-818.

75. Davidson, J. M. (1976), "The Physiology of Meditation and Mystical States of Consciousness", Perspectives in Biology and Medicine, 19, 345-379.

76. De Jong, F. (1978), Turuq and Turuq-Linked Institutions in Nineteenth Century Egypt, Leiden, Brill.

77. Deikman, A. J. (1973), "Bimodal Consciousness", In: Ornstein, R. E. (Ed.), The Nature of Human Consciousness, San Francisco, W. H. Freeman Company, 67-86.

78. Delmonte, M. M. (1984), "Electrocortical Activity and Related Phenomena Associated With Meditation Practice: A Literature Review", International Journal of Neuroscience, 24, 217-231.

79. Dennett, M. R. (1985), "Firewalking: Reality or Illusion?", Skeptical Inquirer, 10, 36-40.

80. Dossey, L. (1992), "Era III Medicine: The Next Frontier", ReVision, 14(3), 128-139.

81. Du Bios-Reymond, E. (1848), Untersuchungen Uber Thierische Elektricitat, Berlin, Reimer.

82. Dugan, M. & Sheridan, C. (1976) "Effects of Instructed Imagery on Temperature of Hands", Perceptual and Motor Skills, 42, 14.

83. Earle, J. B. (1981), "Cerebral Laterality and Meditation: A Review of the Literature", Journal of Transpersonal Psychology, 13, 155-173.

84. Egely, G. (1985), Letter to the Editor, Psi Research, 4, 60-61.

85. Engel, G. L. (1977), "The Need for a New Medical Model: A Challenge for Biomedicine", Science, 196(4286), 129-136.

86. English, H. B., & English, A. C. (Eds.) (1958), A Comprehensive Dictionary of Psychological and Psychoanalytic Terms, New York, Longmans, Green.

87. Evans, F. J. (1985), "Expectancy, Therapeutic Instructions, and the Placebo Response", In White, L., Tursky, B., & Schwartz, G. E. (Eds.), Placebo: Theory, Research and Mechanism, New York, Guilford Press, 215-228.

88. Favazza, A. R. (1989), "Normal and Deviant Self-Mutilation", Transcultural Psychiatric Research Review, 26, 113-127.

89. Favazza, A. R. & Favazza, B. (1987), Bodies Under Siege: Self-mutilation in Culture and Psychiatry, Baltimore, The Johns Hopkins University Press.

90. Favazza, A. R. & Rosenthal, R. J. (1990), "Varieties of Pathological Self-mutilation", Behavioural Neurology, 3, 77-85.

91. Favazza, A. R. & Rosenthal, R. J. (1993), Diagnostic Issues in Self-Mutilation, Hospital and Community Psychiatry, 44(2), 134-140.

92. Fellows, B. J. (1990), "Current Theories of Hypnosis: A Critical Overview", British Journal of Experimental and Clinical Hypnosis, 7(2), 81-92.

93. Fenwick, P. (1960), "Computer Analysis of the EEG During Mantra Meditation", Paper presented at Conference on the Effects of Meditation, Concentration and Attention on the EEG. University of Marseilles.

94. Feuer, L. S. (1982), Einstein and the Generations of Science, New Jersey, Transaction Books.

95. Field, N. (1992), "The Therapeutic Function of Altered States", Journal Of Analytical Psychology, 37(2), 211-233.

96. Fischer, R. (1979), "State-bound Knowledge", In: Coleman, D., & Davidson, R. J. (Eds.), Consciousness: The Brain, States of Awareness, and Alternate Realities, New York, Irvington Publishers, Inc.

97. Franklin, A. D. (1981), "Millikan's Published and Unpublished Data on Oil Drops", Historical Studies in the Physical Sciences, 11, 185-201.

98. Frazer, J. (1900), The Golden Bough, Volume III, London, Macmillan.

99. Frecska, E., & Kulcsar, Z. (1989), "Social Bonding in the Modulation of the Physiology of Ritual Trance", Ethos, 17(1), 70-87.

100. Galin, D. (1974), "Implications for Psychiatry of Left and Right Cerebral Specialization", Archives of General Psychiatry, 31, 572-83.

101. Galin, D., & Ornstein, R. (1972), "Lateral Specialization of Cognitive Mode: An EEG Study", Psychophysiology, 9(4), 412-418.

102. Garnett, L. M. J. (1912), Mysticism and Magic in Turkey: An Account of the Religious Doctrines, Monastic Organisation, and Ecstatic Powers of the Dervish Orders, London, I. Pitman.

103. Gauld, A. (1966), "The "Drop In" Communicators II: Communicators Whose Statements About Themselves Remain Unverified", Proceedings of the Society for Psychical Research, 55, 286-294.

104. Gauld, A. (1992), A History of Hypnosis, Cambridge, Cambridge University Press.

105. Gibson, E. P. (1952), "The American Indian and the Fire Walk", Journal of the American Society for Psychical Research, 46, 149-153.

106. Gill, M. M. & Brenman, M. (1959), Hypnosis and Related States: Psychoanalytic Studies in Regression, New York, International Universities Press.

107. Gillispie, C. C. (1960), The Edge of Objectivity, Princeton, N. J., Princeton University Press.

108. Glicksohn, J. (1986), "Psi and Altered States of Consciousness: The "Missing" Link", Journal of Parapsychology, 50, 213-233.

109. Glicksohn, J. (1993), "Altered Sensory Environments, Altered States of Consciousness and Altered-State Cognition", Journal of Mind and Behavior, 14(1), 1-12.

110. Goodman, F. D. (1986), "Body Posture and the Religious Altered State of Consciousness: An Experimental Investigation", Journal of Humanistic Psychology, 26(3), 81-118.

111. Gowan, J. C. (1978), "Altered States of Consciousness: A Taxonomy", Journal of Altered States of Consciousness, 4(2), 141-156.

112. Grad, B. R. (1965a), "PK Effects of Fermentation of Yeast", Proceedings of the Parapsychological Association, 2, 15-16.

113. Grad, B. R. (1965b), "Some Biological Effects of Laying-on of Hands: A Review of Experiments With Animals and Plants", Journal of the American Society for Psychical Research, 59, 95-127.

114. Grad, B. R. (1991), "The Healer Phenomenon: What is it and How Might it be Studied?", Newsletter of the International Society for the Study of Subtle Energies and Energy Medicine, 2(2), 4-7.

115. Green, E., & Green, A. (1978), Beyond Biofeedback, New York, Delta Book.

116. Greenfield, S. M. (1986), "Psychodrama, Past Life Regression, and Other Therapies Used By Spiritist Healers in Rio Grande Do Sul, Brazil", Newsletter of the Association for the Anthropological Study of Consciousness, 2(2), 1-2 and continued on 10-11.

117. Greenfield, S. M. (1987), "The Return of Dr Fritz: Spiritist Healing and Patronage Networks in Urban, Industrial Brazil", Social Science & Medicine, 24(12), 1095-1108.

118. Greenfield, S. M. (1991a), "Hypnosis and Trance Induction in the Surgeries of Brazilian Spiritist Healer-Mediums", Anthropology of Consciousness, 2(3-4), 20-25.

119. Greenfield, S. M. (1991b), "Pilgrimage, Therapy, and the Relationship Between Healing and Imagination", Revised version of a paper presented at the annual meetings of the American Anthropological Association, Chicago, IL, November 20-24.

120. Greenfield, S. M. (1992), "Spirits and Spiritist Therapy in Southern Brazil: A Case Study of an Innovative, Syncretic Healing Group", Culture, Medicine, and Psychiatry, 16, 23-51.

121. Grove, J. W. (1989), In Defence of Science: Science, Technology, and Politics in Modern Society, Canada, University of Toronto Press.

122. Guberman, I. (1983), "Way Beyond the Horizon", Psi Research, 2, 75-77.

123. Hadfield, A. (1917), The Influence of Hypnotic Suggestion of Inflammatory Conditions", Lancet, November 3, 678-679.

124. Hall, H. R., Minnes, L., Tosi, M., & Olness, K. (1992), "Voluntary Modulation of Neutrophil Adhesiveness Using A Cyberphysiologic Strategy", The International Journal of Neuroscience, 63, 287-297.

125. Hansen, C. (1969), Witchcraft at Salem, New York, George Braziller, Inc.

126. Haraldsson, E. & Osis, K. (1977), "The Appearance and Disappearance of Objects in the Presence of Sri Sathya Sai Baba", Journal of the American Society for Psychical Research, 71, 33-43.

127. Hart, R. (1971), Witchcraft, London, Wayland Publishers Ltd.

128. Heinze, R. (1985), ""Walking on Flowers" in Singapore", Psi Research, 4, 46-50.

129. Henningsen, G. (1980), The Witches' Advocate: Basque Witchcraft and the Spanish Inquisition (1609-1614), Reno, Nevada, University of Nevada Press.

130. Henriques, F. C., & Moritz, A. R. (1947), "Studies of Thermal Injury: I. The Conduction of Heat to and Through Skin and the Temperatures Attained Therein. A Theoretical and An Experimental Investigation", American Journal of Pathology, 23, 531-549.

131. Henry, J. L. (1982), Possible Involvement of Endorphins in Altered States of Consciousness", Ethos, 10(4), 394-408.

132. Herbert, B. (1973), "Near and Distant Healing", Journal of Paraphysics, 7(5), 213-218.

133. Herbert, B. (1975), "Theory and Practice of Psychic Healing", Parapsychology Review, 6(6), 22-23.

134. Hines, T. (1988), Pseudoscience and the Paranormal: A Critical Examination of the Evidence, Buffalo, Prometheus Books.

135. Holt, H. (1914), On the Cosmic Relations, (2 Vol.), Boston, Houghton-Mifflin.

136. Holton, G. (1978), "Subelectrons, Presuppositions, and the Millikan-Ehrenhaft Dispute", Historical Studies in the Physical Sciences, 9, 166-224.

137. Home, Mme D. (1921), D. D. Home: His Life and Mission, London, Kegan Paul Trench Trubner.

138. Honorton, C. (1977), "Psi and Internal Attention States", In: Wolman, B. B. (Ed.), Handbook of Parapsychology, New York, Van Nostrand Reinhold, 435-472.

139. Hughes, D. J., & Melville, N. T. (1990), "Changes in Brainwave Activity During Trance Channeling: A Pilot Study", Journal of Transpersonal Psychology, 22(2), 175-189.

140. Hughes, P. (1965), Witchcraft, Baltimore, Penguin Books.

141. Hussein, J. N., Fatoohi, L. J., Al-Dargazelli, S. S., & Almuchtar, N. (1994a), "The Deliberately Caused Bodily Damage Phenomena: Mind, Body, Energy or What?", Part I, International Journal of Alternative and Complementary Medicine, 12(9), 9-11.

142. Hussein, J. N., Fatoohi, L. J., Al-Dargazelli, S. S., & Almuchtar, N. (1994b), "The Deliberately Caused Bodily Damage Phenomena: Mind, Body, Energy or What?", Part II, International Journal of Alternative and Complementary Medicine, 12(10), 21-23.

143. Hussein, J. N., Fatoohi, L. J., Al-Dargazelli, S. S., & Almuchtar, N. (1994c), "The Deliberately Caused Bodily Damage Phenomena: Mind, Body, Energy or What?", Part III, International Journal of Alternative and Complementary Medicine, 12(11), 25-28.

144. Iannuzzo, G. (1982), "Fire-Immunity and Fire-Walks: Some Historical and Anthropological Notes", European Journal of Parapsychology, 4(2), 271-275.

145. Iannuzzo, G. (1983), ""Fire-Immunity": Psi Ability or Psychophysiological Phenomenon", Psi Research, 2, 68-74.

146. Ibn Battuta (1929), Travels in Asia and Africa, 1325-1354, translated and selected by Gibb, H. A. R., New York, R. M. McBride.

147. Inglis, B. (1986), "The Fire-Walk", Speculations in Science and Technology, 9(3), 163-167.

148. Jahn, R. G., & Dunne, B. J. (1987), Margins of Reality: The Role of Consciousness in the Physical World, New York, Harcourt Brace Jovanovich.

149. James, W. (1977), "What Psychical Research Has Accomplished", In: Moor, R., In Search of White Crows, New York, Oxford University Press.

150. Jilek W. G. (1982), "Altered States of Consciousness in North American Indian Ceremonials", Ethos, 10(4), 326-343.

151. Jilek, W. G. (1989), "Therapeutic Use of Altered States of Consciousness in Contemporary North American Indian Dance Ceremonials", In: Ward, C. A. (Ed.), Altered States of Consciousness and Mental Health: A Cross-Cultural Perspective, California, Sage Publications, 167-185.

152. Johnson, L. C. (1970), "A Psychophysiology for All States", Psychophysiology, 6(5), 501-516.

153. Johnson, R. F. Q., & Barber, T. X. (1976), "Hypnotic Suggestions for Blister Formation: Subjective and Physiological Effects", The American Journal of Clinical Hypnosis, 18(3), 172-181.

154. Jones, R. L., & Jenkins, M. D. (1981), "Plant Responses to Homeopathic Remedies", British Homeopathic Journal, 70, 120-128.

155. Kaiser, N. (1986), "Some Laboratory Findings on Psychic Surgery", Curare, 5, 339-342.

156. Kane, S. M. (1982), "Holiness Ritual Fire Handling: Ethnographic and Psychophysiological Considerations", Ethos, 10(4), 369-384.

157. Kaplan, H. (1980), "History of Psychosomatic Medicine", In: Kaplan, H., Freedman, A., & Saddock, B. (Eds.), Comprehensive Textbook of Psychiatry, Volume II, Baltimore, Williams & Wilkins, 1155-1160.

158. Kasamatsu, A., & Hirai, T. (1969), "An Electroencephalographic Study on the Zen Meditation (Zazen)", In: Tart, C. T. (Ed.), Altered States of Consciousness, New York, John Wiley & Sons Inc., 489-501.

159. Katz, R. (1982), "Accepting "Boiling Energy": The Experience of !Kia-Healing Among the !Kung", Ethos, 10(4), 344-368.

160. Kelly, E. F., & Locke, R. G. (1981), Altered States of Consciousness and Psi: An Historical Survey and Research Prospects (Parapsychological Monograph, No. 18), New York, Parapsychological Foundation.

161. Kirsch, I. (1991), "Current Theories of Hypnosis: An Addendum", Contemporary Hypnosis, 8(2), 105-108.

162. Kotzsch, R. E. (1985), "Fire-Walking", East West Journal, April, 40-45.

163. Krippner, S. (1972), "Altered States of Consciousness", In: White, J. (Ed.), The Highest State of Consciousness, New York, Doubleday and Company Inc., 1-5.

164. Krippner, S. (Ed.) (1977), Advances in Parapsychological Research, Volume I, Psychokinesis, New York, Plenum.

165. Krippner, S., & George, L. (1986), "Psi Phenomena as Related to Altered States of Consciousness", In: Wolman, B. B. & Ullman, M. (Eds.), Handbook of States of Consciousness, New York, Van Nostrand Reinhold Company, 332-364.

166. Kuhn, T. S. (1962), The Structure of Scientific Revolutions, Chicago, Chicago University Press.

167. Kuhn, T. S. (1972), "Scientific Paradigms", In: Barnes, B. (Ed.), Sociology of Science: Selected Readings, England, Penguin Books, 80-104.

168. LaBaw, W. L. (1970), "Regular Use of Suggestibility by Pediatric Bleedings", Haematologia, 4(3-4), 419-425.

169. LaBaw, W. L. (1975), "Auto-Hypnosis in Haemophilia", Haematologia, 9(1-2), 103-110.

170. Lambek, M. (1989), "From Disease to Discourse: Remarks on the Conceptualization of Trance and Spirit Possession", In: Ward, C. A. (Ed.), Altered States of Consciousness and Mental Health: A Cross-Cultural Perspective, California, Sage Publications, 36-61.

171. Larbig, W. (1982), Schmerz Und Schmerzbehandlung, Stuttgart, Kohlhammer.

172. Larbig, W., Elbert, T., Lutzenberger, W., Rockstroh, B., Schnerr, G., & Birbaumer, N. (1982), "EEG and Slow Brain Potentials During Anticipation and Control of Painful Stimulation", Electroencephalography and Clinical Neurophysiology, 53, 298-309.

173. Lee, R. L. M. (1989), "Self-Presentation in Malaysian Spirit Seances: A Dramaturgical Perspective on Altered States of Consciousness in Healing Ceremonies", In: Ward, C. A. (Ed.), Altered States of Consciousness and Mental Health: A Cross-Cultural Perspective, California, Sage Publications, 251-266.

174. Leikind, B. J. & McCarthy, W. J. (1985), "An Investigation of Firewalking", Skeptical Inquirer, 10, 23-35.

175. Leikind, B. J. & McCarthy, W. J. (1988), "Firewalking", Experientia, 44, 310-315.

176. Levitan, A. A. (1991), "Hypnosis in the 1990s- and Beyond", American Journal of Clinical Hypnosis, 33(3), 141-149.

177. Lex, B. W. (1979), "The Neurobiology of Ritual Trance", In: d'Aquili, E. G., Laughlin, C. D. and McManus J. (Eds.), The Spectrum of Ritual: A Biogenetic Structural Analysis, New York, Columbia University Press, 117-151.

178. Lewis, H. D. (1976), "Religion and the Paranormal", In: Thakur, S. C., Philosophy and Psychical Research, London, George Allen & Unwin Ltd., 142-156.

179. Li-Da, F. (1983), "The Effects of External Qi on Bacterial Growth Patterns, China Qi Gong Magazine, 1, 36. (Quoted in Eisenberg, D. (1985), Encounters With Qi, New York, W. W. Norton.)

180. Longuet-Higgins, H. C. (1980), "Is Consciousness a Phenomenon?", In: Josephson, B. D., & Ramachadran, V. S., Consciousness and the Physical World, Oxford, Pergamon Press, 49-52.

181. Ludwig, A. M. (1966), "Altered States of Consciousness", Archives of General Psychiatry, 15, 225-234.

182. Mandell, A. J. (1980), "Toward a Psychobiology of Transcendence", In: Davidson, D., & Davidson, R. J. (Eds.), The Psychobiology of Consciousness, New York, Plenum, 379-464.

183. Manganas, V. (1983), "Fire Dancing in Greece", Psi Research, 2, 80-83.

184. Marks, D. & Kammann, R. (1980), Psychology of the Psychic, Buffalo, Prometheus Books.

185. Maslach C., Marshall, G., & Zimbardo, P. G. (1972), "Hypnotic Control of Peripheral Skin Temperature: A Case Report", Psychophysiology, 9(6), 600-605.

186. Mason, A. A. (1952), "A Case of Congenital Ichthyosiform Erythrodermia of Brocq Treated By Hypnosis", British Medical Journal, 2, 422-423.

187. Mason, A. A., & Black, S. (1958), "Allergic Skin Responses Abolished Under Treatment of Asthma and Hay Fever by Hypnosis", Lancet, 1, April 26, 877-880.

188. McClenon, J. (1982), "A Survey of Elite Scientists: Their Attitudes Toward ESP and Parapsychology", Journal of Parapsychology, 46(2), 127-152.

189. McClenon, J. (1983), "Firewalking in Sri Lanka", Psi Research, 2, 99-101.

190. McClenon, J. (1988), "Firewalking in Japan, Sri Lanka, and the USA: Social Ecology and Applied Ideology", International Journal of Comparative Sociology, 29(3-4), 202-213.

191. McClenon, J. (1993), "The Experiential Foundations of Shamanic Healing", Journal of Medicine and Philosophy, 18, 107-127.

192. McClenon, J. (1994), Wondrous Events: Foundations of Religious Belief, Philadelphia, University of Pennsylvania Press.

193. McGuire, M. B. (1993), "Health and Spirituality as Contemporary Concerns", Annals of the American Academy, 527, 144-154.

194. Mead, M., & Métraux, R. (1967), "The Image of the Scientist Among High-School Students: A Pilot Study", In: Barber, B., & Hirsch, W. (Eds.), The Sociology of Science, New York, The Free Press, 230-246.

195. Melzack, R., & Wall, P. (1988), The Challenge of Pain, England, Penguin Books.

196. Miller, R. N. (1977), "Methods of Detecting and Measuring Healing Energies", In: White, J., & Krippner, S. (Eds.), Future Science, Garden City, NY, Anchor/Doubleday.

197. Moritz, A. R. (1947), "Studies of Thermal Injury: III. The Pathology and Pathogenesis of Cutaneous Burns. An Experimental Study", American Journal of Pathology, 23, 915-941.

198. Moritz, A. R., & Henriques, F. C. (1947), "Studies of Thermal Injury: II. The Relative Importance of Time and Surface Temperature in the Causation of Cutaneous Burns", American Journal of Pathology, 23, 695-720.

199. Moss, T. S. (1972), "Photographic Evidence of Healing Energy on Plants and People", Dimensions of Healing: Symposium of

the academy of Parapsychology and Medicine at Los Altos, CA 1972, 121-131.

200. Motoyama, H. (1972), Psychic Surgery in the Philippines, Tokyo, The Institute of Religious Psychology.

201. Motoyama, H. (1981), Theories of the Chakras: Bridge to Higher Consciousness, Wheaton, IL, Theosophical.

202. Murphy, G. (1966), "Research in Creativeness: What Can It Tell Us About Extrasensory Perception?", Journal of the American Society for Psychical Research, 60, 8-22.

203. Murphy, G. (1969), "Psychology in the Year 2000", American Psychologist, 24, 523-530.

204. Murray, R. H. (1825), Science and Scientists in the Nineteenth Century, London, Sheldon.

205. Myers, F. W. H. (1895), "The Subliminal Self", Part 8, Proceedings of the Society for Psychical Research, 11, 334-407.

206. Myers, R. E. & Sperry, R. W. (1953), "Interocular Transfer of a Visual Form Discrimination Habit in Cats After Section of the Optic Chiasma and Corpus Callosum", Anat. Record, 115, 351-352.

207. Myers, S. S., & Benson, H. (1992), "Psychological Factors in Healing: A New Perspective on an Old Debate", Behavioral Medicine, 18, 5-11.

208. Newton, R. R. (1977), The Crime of Claudius Ptolemy, Baltimore, Johns Hopkins University Press.

209. Nicholson, R. A. (1921), Studies in Islamic Mysticism, Cambridge, Cambridge University Press.

210. Nishimura, K. (1987), "Shamanism and Medical Cures", Current Anthropology, 28(4), S59-S64.

211. Norris, P. (1989), "Current Conceptual Trends in Biofeedback and Self-Regulation", In: Sheikh, A. A., & Sheikh, K. S. (Eds.), Eastern and Western Approaches to Healing, New York, John Wiley & Sons, 264-295..

212. Onetto-Büchler, B. (1983), "Ritalin and ESP: A Pilot Study", Journal of the American Society for Psychosomatic Dentistry and Medicine, 30, 17-20.

213. Ornstein, R. E. (1975), The Psychology of Consciousness, London, Jonathan Cape.

214. Osis, K., & Haraldsson, E. (1979), "Parapsychological Phenomena Associated With Sri Sathya Sai Baba", The Christian Parapsychologist, 3, Part 5, 159-163.

215. Ostrander, S., & Schroeder, L. (1970), Psychic Discoveries Behind the Iron Curtain, New York, Bantam.

216. Otis, L., & Alcock, J. E. (1982), "Factors Affecting Extraordinary Belief", Journal of Social Psychology, 118, 77-85

217. Pagenstecher, G. (1924), Aussersinnliche Warhrnehmung, Halle, C. Marhold.

218. Palmer, D. D. (1910), The Science, Art, and Philosophy of Chiropractic, Portland, OR, Portland Printing House.

219. Palmer, J. (1986a), "Progressive Skepticism: A Critical Approach to the Psi Controversy", Journal of Parapsychology, 50, 29-41.

220. Palmer, J. (1986b), "Have We Established Psi?", Journal of the Society for Psychical Research, 81, 111-123.

221. Parrinder, E. G. (1963), Witchcraft: European and Africa, New York, Barnes and Noble.

222. Parrish, H. M., & Pollard, C. B. (1959), "Effects of Repeated Poisonous Snakebites in Man", American Journal of the Medical Sciences, 237, 277-286.

223. Partington, J. R. (1939), "The Origins of the Atomic Theory", Annals of Science, 4, 278.

224. Pattison, E. M., Kahan, J., & Hurd, G. S. (1986), "Trance and Possession States", In: Wolman, B. B. & Ullman, M. (Eds.), Handbook of States of Consciousness, New York, Van Nostrand Reinhold Company, 286-310.

225. Pekala, R., & Ersek, B. (1992-93), "Firewalking Versus Hypnosis: A Preliminary Study Concerning Consciousness, Attention, and Fire Immunity", Imagination, Cognition, and Personality, 12(3), 207-229.

226. Pekala, R. J., & Kumar, V. K. (1986), "The Differential Organization of the Structures of Consciousness During Hypnosis and a Baseline Condition", Journal of Mind and Behavior, 7(4), 515-539.

227. Pekala, R. J., & Levine, R. L. (1981), "Mapping Consciousness: Development of an Empirical Phenomenological Approach", Imagination, Cognition, and Personality, 1(1), 29-47.

228. Pekala, R. J., & Levine, R. L. (1982), "Quantifying States of Consciousness Via an Empirical-Phenomenological Approach", Imagination, Cognition, and Personality, 2(1), 51-71.

229. Pelletier, K. R. (1974), "Neurological Psychophysiological, and Clinical Differentiation of the Alpha and Theta Altered States of Consciousness", Unpublished Doctoral Dissertation, Berkeley, University of California (cited in Zimbardo & Ruch 1975: 305).

230. Pelletier, K. R. & Peper E. (1977), "The Chutzpah Factor in Altered States of Consciousness", Journal of Humanistic Psychology, 17(1), 63-73.

231. Perry, C., & Laurence, J. R. (1983), "Hypnosis, Surgery, and Mind-Body Interaction: An Historical Evaluation", Canadian Journal of Behavioral Sciences, 15(4), 351-372.

232. Peters L. G., & Price-Williams, D. (1983), "A Phenomenological Overview of Trance", Transcultural Psychiatry Research Review, 20, 5-39.

233. Petkova, K., & Boyadjieva, P. (1994), "The Image of the Scientist and Its Function", Public Understanding of Science, 3(2), 215-224.

234. Planck, M. (1948), Wissenschaftliche Selbistbiographie, Leipzig.

235. Pomeranz, B. (1982), "Acupuncture and the Endorphins", Ethos, 10(4), 385-393.

236. Porges, N. (1953), "Snake Venoms, Their Biochemistry and Mode of Action", Science, 117, 47-51.

237. Price, H. (1936), Bulletin II: A Report on Two Experimental Firewalks, London, University of London Council for Psychical Investigation.

238. Price, H. (1939), Fifty Years of Psychical Research, London, Longmans.

239. Price, G. R. (1955), "Science and the Supernatural", Science, 122(3165), 359-367.

240. Prince, R. (1980), "Variations in Psychotherapeutic Procedures", In: Triandis, H. C., & Draguns, J. G. (Eds.), Handbook of Cross-Cultural Psychology, Volume VI: Psychopathology, Boston, Allyn and Bacon, Inc.

241. Prince, R. (1982a), "Shamans and Endorphins: Hypotheses for a Synthesis", Ethos, 10(4), 409-423.

242. Prince, R. (1982b), "Introduction", Ethos, 10(4), 299-302.

243. Prince, R. (1982c), "The Endorphins: A Review for Psychological Anthropologists", Ethos, 10(4), 303-316.

244. Qadir, C. A. (1990), Philosophy and Science in the Islamic World, London, Routledge.

245. Ramachadran, V. S. (1980), "Introduction", In: Josephson, B. D., & Ramachadran, V. S., Consciousness and the Physical World, Oxford, Pergamon Press, 1-15.

246. Ramaswami, S. & Sheikh, A. A. (1989), "Meditation East and West", In: Sheikh, A. A., & Sheikh, K. S. (Eds.), Eastern and Western Approaches to Healing, New York, John Wiley & Sons, 427-469.

247. Randi, J. (1982), The Truth About Uri Geller, Buffalo, Prometheus Books.

248. Rao, K. R., & Palmer, J. (1987), "The Anomaly Called Psi: Recent Research and Criticism", Behavioral and Brain Sciences, 10(4), 539-551.

249. Rauscher, E. A., & Rubik, B. A. (1983), "Human Volitional Effects on a Model Bacterial System", Psi Research, 2(1), 38-48.

250. Ravitz, L. J. (1970), "Electromagnetic Field Monitoring of Changing State-Function, Including Hypnotic States", Journal of the American Society of Psychosomatic Dentistry and Medicine, 17(4), 119-127.

251. Rawlins, D. (1986), "The Unexpurgated Almajest: The Secret Life of the Greatest Astronomer of Antiquity, Journal for the History of Astronomy, 17.

252. Resch, G., & Gutmann, V. (1987), Scientific Foundations of Homeopathy, Berlin, Barthel & Barthel.

253. Rhine, J. B. (1934), Extra-sensory Perception, Boston, Boston Society for Psychic Research.

254. Rhine, L. E., & Rhine, J. B. (1943), "The Psychokinetic Effect: I. The First Experiment, Journal of Parapsychology, 7, 20-43.

255. Rosenthal, F. (1971), The Herb: Hashish Versus Medieval Muslim Society, Leiden, Brill.

256. Rossi, E. L. (1986), "Altered States of Consciousness in Everyday Life: The Ultradian Rhythms", In: Wolman, B. B. & Ullman, M. (Eds.), Handbook of States of Consciousness, New York, Van Nostrand Reinhold Company, 97-132.

257. Rossner, J. (1979), Toward Recovery of The Primordial Tradition: Ancient Insights & Modern Discoveries, Volume I: Toward a Parapsychology of Religion, Book One: From Ancient Magic to Future Technology, Washington, University Press of America.

258. Rowland, L. W. (1939), "Will Hypnotized Persons Try to Harm Themselves or Others?", Journal of Abnormal and Social Psychology, 34, 114-117.

259. Rubik, B. (1993), A Comment in Correspondence, Frontier Perspectives, 3(2), 5.

260. Ruthven, M. (1984), Islam in the World, London, Oxford University Press.

261. Sabourin, M. E., Cutcomb, S. D., Crawford, H. J., & Pribram, K. (1990), "EEG Correlates of Hypnotic Susceptibility and Hypnotic Trance: Spectral Analysis and Coherence", International Journal of Psychophysiology, 10, 125-142.

262. Salverte, E. (1829), Des Sciences Occultes, Volume I, Paris, Baillière.

263. Sayce, R. U. (1933), "An Indian Fire-Walking Ceremony in Natal", Man, January, No. 2, 2-7.

264. Schechter, E. I. (1984), "Hypnotic Induction Vs. Control Conditions: Illustrating an Approach to the Evaluation of Replicability in Parapsychological Data", Journal of the American Society for Psychical Research, 78, 1-27.

265. Schmeidler, G. R. (1970), "High ESP Scores After a Swami's Brief Instruction in Meditation and Breathing", Journal of the American Society for Psychical Research, 64, 100-113.

266. Schmidt, H. (1969), "Clairvoyance Tests With a Machine", Journal of Parapsychology, 33, 300-306.

267. Schuman, M. (1980), "The Psychophysiological Model of Meditation and Altered States of Consciousness: A Critical Review", In: Davidson, J. M., & Davidson, R. J. (Eds.), The Psychobiology of Consciousness, New York, Plenum Press, 333-378.

268. Schwarz, B. E. (1960), "Ordeal by Serpents, Fire and Strychnine: A Study of Some Provocative Psychosomatic Phenomena", The Psychiatry Quarterly, 34, 405-429.

269. Schwarz, B. E. (1967), "Possible Telesomatic Reactions", Journal of the Medical Society of New Jersey, 64(11), 600-603.

270. Schwartz, G. E. (1984), "Psychophysiology of Imagery and Healing: A Systems Perspective", in Sheikh, A. A. (Ed.), Imagination and Healing, New York, Baywood Publishing Company, 35-50.
271. Scott, W. (1884), Demonology and Witchcraft, London,
272. Seabrock, W. B. (1991), Adventures in Arabia.
273. Shaara, L., & Strathern, A. (1992), "A Preliminary Analysis of the Relationship Between Altered States of Consciousness, Healing, and Social Structure", American Anthropologist, 94, 145-160.
274. Shapiro, D. H. (1983), "Meditation As an Altered State of Consciousness: Contributions of Western Behavioral Science", Journal of Transpersonal Psychology, 15(1), 61-81.
275. Shealy, C. N., & Myss, C. M. (1988), The Creation of Health: Merging Traditional Medicine With Intuitive Diagnosis, Walpole, N.H., Stillpoint.
276. Simon, E. J. (1976), "The Opiate Receptors", Neurochemical Research, 1, 3-28.
277. Singer, P. (1990), ""Psychic Surgery": Close Observation of a Popular Healing Practice", Medical Anthropology Quarterly, 4(4), 443-451.
278. Slavchev, S. (1983), "Fire Dancing", Psi Research, 2, 77-79.
279. Smith, J. M. (1972), "Paranormal Effects on Enzyme Activity", Human Dimensions, 1, 15-19.
280. Smith, R. B., & Boericke, G. W. (1966), "Modern Instrumentation for the Evaluation of Homeopathic Drug Structure", Journal of the American Institute of Homeopathy, 59, 263-280.
281. Smith, R. B., & Boericke, G. W. (1968), "Changes Caused by Succussion on NMR Patterns and Bioassay of Bradykinin Triacetate (BKTA) Succussions and Dilutions", Journal of the American Institute of Homeopathy, 61, 197-212.
282. Soal, S. G. (1925), "A Report on Some Communications Received Through Mrs. Blanche Cooper", Proceedings of the Society for Psychical Research, 35, 471-594.
283. Soal, S. G. & Bateman, F. (1954), Modern Experiments in Telepathy, New Haven, Conn., Yale University Press.
284. Spanos, N. P. (1986), "Hypnotic Behavior: A Social-psychological Interpretation of Amnesia, Analgesia, and "Trance Logic", Behavioral and Brain Sciences, 9, 449-502.

285. Sperry, R. W. (1964), "The Great Cerebral Commissure", Scientific American, 210, 42-52.
286. Stanway, A. (1994), Complementary Medicine: A Guide to Natural Therapies, London, Penguin Books.
287. Stelter, A. (1976), Psi-Healing, New York, Bantam.
288. Stevenson, I. (1966), "Twenty Cases Suggestive of Reincarnation", Proceedings of the Society for Psychical Research, 26.
289. Stevenson, I. (1970), Telepathic Impressions: A Review and Report of 35 New Cases, Charlottesville, University Press of Virginia.
290. Stevenson, I. (1987), "Guest Editorial: Changing Fashions in the Study of Spontaneous Cases", Journal of the American Society for Psychical Research, 81, 1-10.
291. Stevenson, I. (1988), "Guest Editorial: Was the Attempt to Identify Parapsychology as a Separate Field of Science Misguided?", Journal of the American Society for Psychical Research, 82(4), 309-317.
292. Stillings, D. (1985a), "Observations of Firewalking", Psi Research, 4, 51-59.
293. Stillings, D. (1985b), "More on Physics of Firewalking", Psi Research, 4, 59-60.
294. Summers, M. (1969), The History of Witchcraft and Demonology, London, Routledge and Kegan Paul LTD.
295. Targ, R., & Puthoff, H. (1974), "Information Transfer Under Conditions of Sensory Shielding", Nature, 251, 602-607.
296. Targ, R., & Puthoff, H. (1977), Mind Reach, New York, Delacorte Press.
297. Tart, C. T. (1969) (Ed.), Altered States of Consciousness, New York, John Wiley & Sons Inc.
298. Tart, C. T. (1973a), "Preliminary Notes on the Nature of Psi Processes", In: Ornstein, R. E. (Ed.), The Nature of Human Consciousness, San Francisco, W. H. Freeman Company, 468-492.
299. Tart, C. T. (1973b), "States of Consciousness and State-Specific Sciences", In: Ornstein, R. E. (Ed.), The Nature of Human Consciousness, San Francisco, W. H. Freeman Company, 41-60.
300. Tart, C. T. (1980), "A Systems Approach to Altered States of Consciousness", In: Davidson, J. M., & Davidson, R. J. (Eds.), The Psychobiology of Consciousness, New York, Plenum Press, 243-269.

301. Tart, C. T. (1986), "Who's Afraid of Psychic Powers? Me?", American Society for Psychical Research Newsletter, XII(1), 3-5.
302. Tart, C. T. (1987), "Firewalk", Parapsychology Review, 18(3), 1-5.
303. Tart, C. T. (1992), "Perspective on Scientism, Religion, and Philosophy Provided by Parapsychology", Journal of Humanistic Psychology, 32(2), 70-100.
304. Tebecis, A. K. (1975), "A Controlled Study of the EEG During Transcendental Meditation: Comparison With Hypnosis", Folia Psychiatrica et Neurologica Japonica, 29(4), 305-313.
305. Thalbourne, M. A. (1984), A Glossary of Terms Used in Parapsychology, London, Heinmann.
306. Thouless, R. H. (1942), "The Present Position of Experimental Research into Telepathy and Related Phenomena", Proceedings of the Society for Psychical Research, 42, 1-19.
307. Tindall, G. (1972), A Handbook on Witches, London, Granada Publishing Limited.
308. Tittmar, H., & Chandran, S. (1992), "Psychological and Social Aspects of Disease: A Comparison of Traditional and Complementary Medicine", Work & Stress, 6(1), 81-83.
309. Trimingham, J. S. (1971), The Sufi Orders of Islam, Oxford, Clarendon Press.
310. Tritton, A. S. (1966), Islam, Belief and Practices, London.
311. Truzzi, M. (1990), "Reflections on the Reception of Unconventional Claims in Science", Frontier Perspectives, 1(2).
312. Ullman, M. (1947), "Herpes Simplex and Second Degree Burn Induced Under Hypnosis", American Journal of Psychiatry, 103(6), 828-830.
313. Ullman, M., & Dudek, S. (1960), "On the Psyche and Warts: II. Hypnotic Suggestion and Warts", Psychosomatic Medicine, 22(1), 68-76.
314. Ullman, M., Krippner, S., & Vaughan, A. (1973), Dream Telepathy, New York, Macmillan.
315. Van Bruinessen, M. (1992), Agha, Shaikh, and State: The Social and Political Structures of Kurdistan, London, Zed books.
316. Van der Waerden, B. L. (1968), "Mendel's Experiments", Centaurus, 12, 275-288.
317. Van der Walde, P. H. (1968), "Trance States and Ego Psychology", In: Prince, R. (Ed.), Trance and Possession States, Proceedings

of the Second Annual Conference of R. M. Bucke Memorial Society- March 1966, l'Imprimerie Electra, Montreal, 57-68.

318. Van Quekelberghe, R., Altstotter-Gleich, C., & Hertweck, E. (1991), "Assessment Schedule for Altered States of Consciousness: A Brief Report", Journal of Parapsychology, 55, 377-390.

319. Veith, I. (1949), The Yellow Emperor's Classic of Internal Medicine, Baltimore, Johns Hopkins University Press.

320. Velimirovic, B. (1984), "Alternative Medicine, Dried Lizards and Holistic Fad: A Polemic", Part 2, Curare, 7, 85-93.

321. Vilenskaya, L. (1983), "An Eyewitness Report: Firewalking in Portland, Oregon", Psi Research, 2, 85-97.

322. Vilenskaya, L. (1985), "Firewalking and Beyond", Psi Research, 4, 89-105.

323. Vlgyesi, F. A. (1966), Hypnosis of Man and Animals, London, Baillière, Tindall, and Cassell.

324. Wagner, M. W. & Monnet, M. (1979), "Attitudes of College Professors Toward Extra-Sensory Perception, Zetetic Scholar, No. 5, 7-16.

325. Wagstaff, G. F. (1981), Hypnosis. Compliance and Belief, Brighton, Harvester Press.

326. Walker, J. (1977), "Drops of Water Dance on a Hot Skillet and the Experimenter Walks on Hot Coals", Scientific American, 237, 126-131.

327. Wall, P. D., & Jones, M. (1991), Defeating Pain: The War Against a Silent Epidemic, New York, Plenum Press.

328. Wallace, R. K., & Benson, H. (1973), "The Physiology of Meditation", In: Ornstein, R. E. (Ed.), The Nature of Human Consciousness, San Francisco, W. H. Freeman Company, 255-267.

329. Ward, C. (1984), "Thaipusam in Malaysia: A Psycho-Anthropological Analysis of Ritual Trance, Ceremonial Possession and Self-Mortification Practices", Ethos, 12(4), 307-334

330. Ward, C. A. (1989), "The Cross-Cultural Study of Altered States of Consciousness and Mental Health", In: Ward, C. A. (Ed.), Altered States of Consciousness and Mental Health: A Cross-Cultural Perspective, California, Sage Publications, 15-35.

331. Warner, J. H. (1986), The Therapeutic Perspective, Cambridge, Harvard University Press.

332. Warner, L. (1952), "A Second Survey of Psychological Opinion on ESP", Journal of Parapsychology, 16, 284-295.

333. Warner, L., & Clark, C. C. (1938), "A Survey of Psychological Opinion on ESP", Journal of Parapsychology, 2, 296-301.
334. Wells, W. R. (1941), "Experiments in the Hypnotic Production of Crime", Journal of Psychology, 11, 63-102.
335. Wenger, M. A., & Bagchi, B. K. (1961), "Studies of Autonomic Functions in Practitioners of Yoga in India", Behavioural Science, 6, 312-323.
336. West, M. A., (1980), Meditation and the EEG, Psychological Medicine, 10, 369-375.
337. Westfall, R. S. (1973), "Newton and the Fudge Factor", Science, 179, 751-758.
338. Wheatcroft, A. (1993), The Ottomans, London, Viking.
339. Winkelman, M. J. (1986), "Trance States: A Theoretical Model and Cross-Cultural Analysis", Ethos, 14(2), 174-203.
340. Winkelman, M. J. (1989), "A Cross-Cultural Study of Shamanistic Healers", Journal of Psychoactive Drugs, 21(1), 17-24.
341. Winkelman, M. J. (1990), "Shaman and Other "Magico-Religious" Healers": A Cross-Cultural Study of Their Origins, Nature, And Social Transformations", Ethos, 18(3), 308-352.
342. Winkelman, M. J. (1991), "Physiological and Therapeutic Aspects of Shamanistic Healing", Subtle Energies, 1(2), 1-18.
343. Wirth, D. P. (1992), Unorthodox Healing: The Effect of Noncontact Therapeutic Touch on the Healing Rate of Full Thickness Dermal Wounds, Unpublished study. (cited in Dossey 1992)
344. Wood, J. T., Hoback, W. W., & Green, T. W. (1955), "Treatment of Snake Venom Poisoning With ACTH and Cortisone", Virginia Medical Monthly, 82, 130-135.
345. Wright, P. A. (1989), "The Nature of the Shamanic State of Consciousness: A Review", Journal of Psychoactive Drugs, 21(1), 25-33.
346. Zimbardo, P. G., & Ruch, F. L. (1975), Psychology and Life, Scott, Illinois, Foresman and Company.
347. Zinsser, H. (1940), As I Remember Him: The Biography of R. S., Boston, Little Brown.
348. The Society for Psychical Research, 42, 1-19.
349. Tindall, G. (1972), A Handbook on Witches, London, Granada Publishing Limited.

350. Tittmar, H., & Chandran, S. (1992), "Psychological and Social Aspects of Disease: A Comparison of Traditional and Complementary Medicine", Work & Stress, 6(1), 81-83.

351. Trimingham, J. S. (1971), The Sufi Orders of Islam, Oxford, Clarendon Press.

352. Tritton, A. S. (1966), Islam, Belief and Prac